グローバリゼーションと福祉国家の変容

ノーマン・ジョンソン 著
Norman Johnson

国際比較の視点

青木郁夫・山本隆 監訳
山本惠子・村上真・永井真也 訳

MIXED ECONOMIES OF WELFARE
A Comparative Perspective

法律文化社

MIXED ECONOMIES OF WELFARE First Edition by Norman Johnson

Copyright © 1999 Prentice Hall Europe

This translation of MIXED ECONOMIES OF WELFARE 01 Edition is published by arrangement with Pearson Education Limited, United Kingdom through The English Agency (Japan) Ltd.

日本の読者への前文

　日本の福祉国家は多くの際立った特徴をもっている。そのような特徴が，比較を目的として福祉国家を類型化するなかで，日本を独自のカテゴリーに入れるのに十分特有のものであるかについて長い議論がなされてきた。最初に，比較研究の大半が日本の制度に関する詳細な知識と文化的影響に対する明確な理解をもたない西欧の社会科学者（これは本書の著者についてもあてはまる）によって行われてきたことを記しておきたい。そうした比較研究は欧米を想定してなされており，応用的な概念枠組みの中でしばしば行われてきた。多くのこうした研究において，日本は他の東アジア諸国に並列すると考えられている。ローズと白鳥［1986］およびローズ［1989］は，アメリカ太平洋モデルの例を検討しながら，進展させている。このことは東アジアの福祉国家とアメリカ，カナダ，オーストラリアの福祉国家との類似性を根拠にしており，先の研究者たちが検証してきた。彼らがいうところの共通する特徴とは，国家部門が制限されており，企業による職域福祉と家族福祉への依存が大きく，給付水準は低く，自助努力と相互扶助が重視されている点である。

　福祉国家を類型化するのに最も有名であり広く使われている体系のひとつは，エスピン－アンデルセン［1990］の研究によるものである。そこでは3つの福祉レジーム体系が明らかにされている[1]。独自の制度形成において，日本は限られた給付，広範囲なミーンズテスト（資産調査）の採用，広範な市場による供給という特徴をもつリベラル福祉国家として，オーストラリア，アメリカ，カナダとともに分類されている。エスピン－アンデルセンは1997年に日本型福祉国家を再検討しているが，日本が以下の3つの福祉レジームすべてに関する要素を含むという点で厄介な事例であると彼は認めている。つまり，リベラルな要素はすでに述べたが，日本は完全雇用への取り組みという点で社会民主主義的な政策（例えば，デンマーク，ノルウェー，スウェーデン，オランダ）と共通しており，さらに企業による職域福祉は保守主義的なコーポラティスト・レジーム

(例えば,オーストリア,ベルギー,フランス,ドイツ,イタリア)という要素を強くもっている。エスピン－アンデルセン [1997, p. 187] は,日本型福祉国家にみられるリベラルな要素と保守主義の要素を重要視している。例えば彼は,「詳細に検討すればするほど,きわめて公平にみて,日本の福祉システムはリベラル・残余モデルと保守主義モデルの双方の要素を同程度にあわせもっていることは明らかである」と述べている。しかしながら,日本の福祉システムはいまだ進展しており,(東アジアとあわせて)日本が異なる第4のレジームになると結論するのは早計と論じている。エスピン－アンデルセンは,日本型福祉の最も際立った特徴が家族福祉や企業による職域福祉への依存であるとする他の多くの見解に同意している。しかしながら家族への過度な依存は南欧でもみられ,職域福祉もアメリカの福祉施策において大きな特徴となっている,と彼は指摘している。

またジョーンズ [1993] は,企業主義(corporationalism)という用語を用いているが,家族と地域,職域福祉を日本の福祉システムの主な特徴と考えている。しかし彼女は,日本と東アジアの福祉国家が,エスピン－アンデルセンの用語を使えば第4の福祉レジームとして独自の福祉国家のカテゴリーを形成すると確信している。彼女の主張によれば,これらの国々における福祉施策の形態と広がりは概して儒教の産物であるという。儒教において問題となるのは,個人ではなく集団である。家族,企業,そして社会全体が,「職務と義務が下から果たされ,責任と保護が上から履行されていくという原則に根ざしており」,階層的に構造化されている [ジョーンズ,1993,p. 202]。これらの儒教の原則が実践されれば,福祉のパターンは多様な「供給者」を生み出すことになり,国家福祉の必要性は弱まることになる。その結果,福祉国家ではなく福祉社会が生まれるのである。グッドマンとペンは以下のように論じている [1996]。

> 台湾や韓国にみられるように,「日本照準型の東アジア福祉レジーム」とも呼べる展開を論じるのに適切な事例がある。これらのレジームは,日本と同様に,西欧の社会福祉理念の多くの側面を取り入れてきたが,実際には西欧の経験から根本的に逸脱してきている。……東アジア諸国の社会福祉をこれまでとは異なる視点からひとつの地域群として検討し始める必要がある。

日本において社会的，経済的発展の原動力は国家建設の要請から生じた。こうして日本は西欧から積極的に学ぶ一方，西欧の理念を日本の地域的状況にうまく適合させたのである。ジョーンズと同じように，グッドマンとペンは儒教の影響を重要視するが，彼らは福祉国家の独自の形態を発展させようと願う政治エリートによって使われる儒教という用語を強調している。[2]

　ホリデイ［2000］は，（日本を含む）東アジアの福祉システムを概括するものとして，「生産主義的な福祉資本主義の国々（the productivist world of welfare capitalism）」という用語を使っている。この生産主義的世界の2つの主な特徴は「成長指向国家と，社会政策を含むすべての国家政策を経済／産業の目的に従属させること」である（p. 709）。しかしながら，このことは程度の問題であることを指摘しなければならない。つまり，西欧の福祉国家は時として社会政策を経済政策に従属させており，不況時において特にその傾向が強いということである。

　ホリデイの分析は経済政策と社会政策との重要な関係に焦点を当てている。日本では，1970年代半ばまでの戦後の福祉サービスは，経済成長と歩調をあわせて進展した。しかし今では，いくらか矛盾する影響力が作用している。一方で，経済成長は日本における福祉国家の発展のための資源を提供したが，他方で，経済的繁栄と実質的な完全雇用は時として，西欧諸国と同じ規模の福祉国家は不必要であるとして理解された。もちろん，（特に高齢者に対する）福祉サービスの拡充と統合化はなされてきたが，国家による供給は西欧よりも限定されている。グッドマンとペン［1996, p. 201］は，「1955年から1975年にわたる高度経済成長期においてさえ，政府は国家歳入に対する社会福祉支出をGDPの2％前後に抑えた」と記している。もちろんこの時期において，GDP全体は急速に上昇していた。エスピン-アンデルセン［1997, p. 180］は，「日本型福祉国家は非常に貧弱である」として，以下のように述べている。

　　日本を研究する西欧の主流の研究者たちは，経済発展と社会支出の驚くべき低さとのギャップにたいてい衝撃を受ける。……日本の1人当たりGDPは世界の最高水準であるが，対GDP比でみた日本の社会支出は，……今日にあって1960年代のOECDの平均水準にある。

厚生労働省の1999年度報告は，社会保障費の上昇をめぐる大衆の不安感を除けば，現在の社会保障制度の負担は，欧米諸国と比較すれば，国民経済や家計支出の双方の点からは比較的少額であると述べている。

　本書の第2章では，福祉サービスの直接提供者としての国家の役割が，ほとんどの福祉国家で縮小されていることを示している。しかしながら，それらの見直しの後にもかかわらず，日本政府による直接供給は他の先進工業国よりはるかに限られている。第2章で示すように，国家は直接供給の責任を破棄すると同時に，規制と財政の役割を拡大するかもしれない。日本の中央官僚は常に影響力をもってきたし，グッドマン，ホワイト，クワン [1997] は，提供者としてよりはむしろ規制者としての政府の役割を強調している。しかしながら，彼らは，「たとえ国家の規制機能が拡充すると楽観的な評価をしてみても，東アジアの政府は西欧諸国よりも狭い福祉の役割を果たすだろう」と付け加えている（p. 374）。

　世界の他の国々と同様に，日本は公的支出，特に福祉支出の増大を制限しようとすることにより，1970年代後半の世界経済の落ち込みに対応した。この時期まで，多くの研究者は日本がヨーロッパ型福祉国家へむかうものと捉えていた。現在日本政府は，より伝統的な日本型福祉制度の長所を強調し始めた。ある程度の削減がなされたが，多くの国と同様に，日本政府も望みどおりに経済全体を発展させるのは困難と認識している。このような失敗の理由は，第2章において，他国の例をあげながら「評価」という項目で説明されている。そこでは，人口動態および政治的な要素と処理困難な給付体系から生じた問題とが混在している。日本において，ある程度の分権化と地方自治体への責任の移譲により財務省の支出は減少したが，福祉費全体は自動的には減らなかった。それは責任と義務を部分的に移行するにとどまったからである。しかしながら，政府は地方自治体への補助金を削減していった。ただし，自治体はサービス水準の大幅な切り下げを避けるために部分的ないし完全に不足額を補った。高尾 [1999] は，政府戦略が納税と公的サービスの水準との関係を隠蔽するものだったと主張しており，「中央政府は特定の投票者集団の実際的な利益を巧妙に隠し，また協力をとりつけるのに有効な成果が得られるように削減策を実施できた」と結論づけている [1999, p. 287]。

日本の公的福祉が比較的低い水準であることを示すいくつかの説明がある。ひとつは個人的な意見に関するものである。つまり，政府，特に中央政府に対する根深い不信である。また自助努力を好む国民感情があり，本当に困ったときにのみ家族や勤労者仲間，近隣の地域関係といった特定の集団内で，支援を求めるのである。国家の支援，特に社会扶助には依然としてスティグマがつきまとっている。自助努力という姿勢は日本では異常に高い水準の個人貯蓄に示されている。個人貯蓄は逆境の際に必需品に支払われ，国家扶助を利用する必要性を小さくしている。

　福祉の代替的な供給源として，より重要なのは企業と家族である。高い水準の福祉がそれらの供給源から得られるため，国家システムを改善する必要性はあまりないという議論がある。ペン［2000］によれば，戦後大企業は急激な高度経済成長と引き換えに労働者とその扶養家族が組織原則を受け入れるように労働組合および国家と交渉を行ったという（p. 93）。エスピン－アンデルセン［1997］は，低い水準の公的福祉と広範な職域福祉との関係を以下のように注視している。

　　日本にみられるような企業福利の巨大な機構は，明らかに公的施策の残余化に根ざしている。……交渉で得た契約福祉は福祉国家の空隙を埋め，ひとたび実施され拡大されると，それは多分に福祉国家の改善を求める大衆の要求を鈍らせる効果をもったのだろう（p. 184）。

日本の職域福祉は他のいかなる福祉国家よりも広範に発展している。それは，年金，保健医療，教育，住宅や娯楽施設を含んでいる。企業の狙いは企業への忠誠をつくりだし，人々を懸命に働かせ，家庭に妻兼母がいる核家族という特定モデルを支援することである。企業システムは伝統的に終身雇用と年功序列制を含んでいた。しかしながら，企業制度は大きな不平等を生みだしている。つまり，福祉給付の範囲と内容は企業の規模によって異なるのである。大企業で働く者はそうでないものより多くの給付を受ける。現在の不況下で，企業福祉は削減されている。企業は，強制保険の費用増大と，グローバル経済において効果的に競争するために経費削減を実施する必要性に直面している。こうし

た圧力を考慮して，雇用主は福祉支出を減らそうとし，終身雇用と年功序列制は徐々に撤廃されている。企業システムは家族という他の主要な供給源に流れ込んでいる。それは2つのやり方で行われる。第1に，給付を扶養家族に拡大することと，第2に，賃金を労働者の家族構成と関係づけることである。

第5章で示すように，家族介護はすべての福祉国家において重要であるが，日本ではさらに重要性をもっている。第5章において，近親者のひとりが在宅介護を行っており，それが供給されるサービスの種類を決める主要な要因となっていることを検証している。明らかに，同居は異なる世代に最も親密な絆をもたらす。日本では二世代もしくは三世代間で同居する高齢者の数は減少しているが，子どもや孫と同居する高齢者の比率については，日本は他の先進工業国よりも非常に高くなっている。厚生労働省の1999年度報告は，「健康と福祉に関する生活状況の総合調査［1988］」から数字を示している。そこでは，高齢男性の場合，86％が配偶者と住んでいる。彼らのうち半数が配偶者とのみ住んでおり，残りの半数が配偶者および子どもと住んでいる。女性の場合，24％以下が配偶者とのみ住んでおり，56％が子どもと住んでいる（22.5％は配偶者および子どもと住んでいる）。1997年には，子どももしくは孫と住んでいる65歳以上のものの比率は52％であった。このことは，スウェーデンの5％以下，英米の約14％と比較される。南欧では高い比率であるが，日本の数字と近いのはギリシャだけである。労働がより流動的になり若者が都市に移動するため，日本において子どもと住む高齢者の比率は毎年約1％ずつ低下している。このことは，日本の福祉ミックスにおける継続的な変化を意味することになるだろうし，家族は重要な要素であることには変わりはないが，公的サービスに対する要請がさらに強まることになるだろう。

同時に，家族の介護力は人口動態の変化と社会的変化の組み合わせによって弱められている。例えば，出生率は数年間低下してきている。1997年には合計特殊出生率は1.39となり，これまでの最低の数字を記録しており，人口を維持するのに必要な水準を大きく下回っている。小家族化は進んでおり，それは高齢の両親ないしは障害のある兄弟を世話する介護者の減少を意味している。考慮しなければならない別の要素としては，労働力における女性の比率の高まりであり，これは継続しそうな傾向にある。現在，多くの女性がパートタイム職

に就こうとしている。実際現在の経済状況においては，パートタイム労働はしばしば唯一有効な雇用形態である。しかしながら，ひとたび経済が回復すれば，女性がパートタイム雇用にとどまる保証はありえない。国際水準に基づくと，日本において離婚率とひとり親の比率は低いが，その数字は上昇しており，この傾向が続けば家族介護システムに影響を及ぼすだろう。

　多年にわたり政策立案者を悩ませているのが大きな人口動態の変化であり，高齢化はますます進展しており，労働年齢人口の比率は低下している。これはすべての先進工業国の人口動態の側面での特徴であるが，日本だけが他国よりも際立った高齢化率を有しているわけではない。すなわち，高齢者1人当たりの労働年齢人口数を考えると，日本の数字はイギリスと同程度であり，スウェーデンよりも高い。しかしながら，日本での上昇率はきわめて急激であり，2020年までに先進工業国のなかで日本は高齢者に対する労働年齢人口が最低の比率を示すことになるだろう。現在65歳以上のものは人口の約17％であり，2020年までに25.5％，2050年までには32.3％に上昇すると推計されている。現時点で，65歳以上のもの1人に対し労働力人口4人であるが，2050年までに高齢者1人当たりに対し労働年齢人口は1.5人に減少するだろう。このことは年金制度に対して過重な負担を課すだろうし，医療や対人サービスにも影響を及ぼすだろう。

　施設ケアや在宅ケアを提供する介護保険法が2000年に施行された。これは選別主義的な制度から普遍主義的な制度への転換をもたらしている。経費の45％は40歳以上のものからの保険料によって賄われ，22.5％が中央政府からの財源，同じく22.5％が都道府県と市町村によって分担され，そして10％が一部負担となっている。その財源は市町村によって運営されるが，営利事業者はサービスを供給することを認められており，そのような事業者数は増大している。

　この制度は2つの問題を生ずることになろう。つまり，費用分担（cost-sharing）の仕組みがますます利用されるだろうし，日本の福祉において営利事業者が役割を与えられたということである。介護保険法は費用分担または一部負担（co-payment）を導入した例のひとつである。最も明らかな例は医療制度である。例えば，1982年には早くも，70歳以上のものへの医療無料化制度が廃止され，付加料金を支払うこととなり，特定の医療サービスへの負担金が導入

された。医療と福祉における営利企業はどうだろうか。我々はすでに，高齢者の施設ケアと在宅ケアにおける営利企業の進展についてみてきた。1999年の厚生労働省の報告は，社会福祉組織の51.8％と社会福祉施設の52.4％が民間に委ねられていることを示している。この数字は，老人保健施設と身体障害者施設の90％を占める社会福祉法人という非営利組織を含んでいる。同報告書は以下のように見解をまとめている。

社会福祉サービスの増大にともなって，社会福祉法人だけでなく多様な事業体が福祉サービスの領域に参入している。……介護保険制度の施行にともなって，より多様な営利事業者がこの領域に参入してくるものと予想されている。

グールド [1993, p. 46] は，医療サービスについて，「この数十年間，支出という点でみればほとんど公的といえるシステムがつくられてきたが，大部分の病院や診療所が私的に所有されているという意味では明らかに民間主導である」と述べている。またグールドは，プライマリーケアを行う診療所の90％以上が民間部門であることを記している。エスピン-アンデルセン [1997, p. 185] は，医療支出の約30％が私費負担であると述べている。また個人年金が年金支出総額の23％を占める（公務員の年金を含めると45％）とも述べている。最後の例は託児施設と教育についてである。厚生労働省によると，1997年では施設の41.7％が民間所有だった。グールド [1993] は，教育システムのさまざまな水準において公私ミックスに関連する数字を示している。それによれば，幼稚園の75％と高等学校の28％が私立であるという。私立大学は学生の大半の需要を満たしており，ほとんどの短期大学と各種専門学校は民間である（p. 57）。「民間部門による福祉が巨大であるアメリカの実情と匹敵する」というエスピン-アンデルセンに同意しないわけにはいかない [1997, p. 185]。

非営利部門の役割については，日本の社会福祉研究ではあまり注目されていない。最も重要な組織は社会福祉協議会である。市町村の社会福祉協議会，都道府県の社会福祉協議会，そして中央に全国社会福祉協議会といったネットワークが存在する。社会福祉協議会は多様な公私の組織の代表者によって構成されている。広義の意味で，それらは計画，連絡調整を含む包括的な福祉の促進

とかかわっている。共同募金が都道府県や国の地方支部レベルで存在し，地域福祉財源の調達，管理，配分とかかわっている。日本に特有なのはボランティア・チームからなる民生委員制度であり，それは西欧の専門職であるソーシャルワーカーが果たす機能に相当している。民生委員は出費に見合うだけのわずかな額を支払われ，専門職員の監督のもとで活動している。

　どんな福祉国家であれ，福祉多元主義をめぐる問題のひとつは公私関係の明確な区別である。このことは特にボランタリー（非営利）部門にあてはまる。西欧の研究者は，公私の境界が自国よりも日本で一層不明確なことを何らかの問題とみている。いくつかの大きな組織は民間企業と共通した特徴を多くもっている。一方，行政機関との関係は閉鎖的である。例えば，公的な財源は相当な額であり，人事交流は広く行われている。このことがサラモンとアンハイア[1994, p. 82]をして，「国家から距離を保ち，ある程度は国家に反対の立場をとる営利および非営利部門の概念は，日本においては欠如している」と結論づけさせている。しかしながら，このことは日本の読者にはあまり問題ではないと私は考えている。

　現在，日本は非常に困難な経済問題に直面している。工業生産は2001年6月から7月にかけて2.8％落ち込んだ。GDP は2001年7月から9月の四半期に5％下落したが，これは第2四半期の落ち込みであった。日本銀行は，本年度の1.7％成長見込みと比較して1.2％程度 GDP が下がることを予測している。公的部門の債務は異常に多く，失業率は5.3％に上昇しており，いまだ上昇を続けている。銀行は不良債権であふれ，職員をレイオフしている。2001年秋の日経平均株価は2度9000円以下に下がり，この時期に1万1000円以上に上がることはなかった。この数字はある程度世界貿易センター爆撃によるテロ事件を反映しているが，52週間続いた1万5000円以上の高値からの下落は長期的な衰退の一部だろう。内閣は1年に満たない間に3度の予算編成を行った。現在の支出策を固めるために，政府は NTT 保有株を売却している。

　富士通，日立，松下，NEC，日産，東芝各社は，すでにみたように国際競争の激化に直面して，労働者削減策に踏み切り，自社の福祉支出を削減し，終身雇用と年功昇進制度を段階的に廃止し始めている。我々はまた，家族が介護力を現在のレベルで維持できるかについて疑義を呈してきた。同時に，高齢化

の進展と失業率の上昇とともに，支援を必要とする人数も増えている。問題は明らかである。すなわち，福祉サービスと社会的ケアの責任を伝統的に担ってきた2つの主要な機関が，サービスへのニーズが増大しているまさに今，大きな問題に直面しているということである。ペン［2000, p. 87］は以下のように状況をまとめている。

> 人口の高齢化，既婚女性の労働市場参入率の増加，低賃金の流動的労働への需要，そして国際競争の激化と企業への経費削減の圧力という点から，経済のリストラクチャリングという諸要素を丹念に検討すれば，家族と企業中心の福祉制度という戦後に確立されたモデルがもはや効果的に維持されえない状況が生じていることがわかる。

ペンは，こうした状況において，国家は福祉の調整と供給においてより積極的な役割を担わざるをえないと述べている。これが本当ならば，今後日本は違った形での福祉ミックスを展開することになろう。私の願いは，わずかながらも本書が今後の議論を広げる一助となることである。

（1）エスピン‐アンデルセンの福祉レジームに関するより詳細な記述は第3章で行っている。
（2）グッドマンとペンは，戦後の日本において，儒教という言葉は使われずに，代わって日本人論がしばしば語られたと記している。

序　文

　『福祉国家のゆくえ』(*The Welfare State in Transition*)［ジョンソン，1987］の刊行から10年以上が過ぎた。この10年の間に起こったことはあまりにも多く，本書を前書の改訂版とすることはできなかった。全体の構成は同じである。だが，前書はそのわずかな部分を本書に残してはいるものの，ほとんど完全に書き改められている。つまり，基本的に書き下ろしなのであり，これが異なるタイトルをつけた理由となっている。福祉国家に関する概説的序説は割愛した。それは，1990年代には福祉国家の歴史と発展に関する良書がいくつも出版されているからである［オールコック，1996；ディーキン，1994；グレンナスター，1995；ヒル，1993；ロー，1993；サリバン，1996；ティミンズ，1995］。

　世界政治に変化が起こり，福祉国家の「地理的配置」と既存福祉国家内部での福祉の供給・財政・規制の双方に深く影響を与えてきている。これらの変化のうち最も劇的なのは中・東欧と旧ソ連におけるそれであり，全体主義的中央計画体制からの転換と福祉の混合経済の発展とをともなっている。1987年当時この体制の変化はまったく予想しえなかっただろう。ましてドイツ統合など予想不可能である。東南アジアにおける急速な経済発展はさらに多くの新興福祉国家を生みだした。もっともそれ以降の展開は，1997/98年この地域を襲った深刻な経済危機により制約を受けているだろう。これらの展開はすべて，グローバリゼーションの進展とその数を増した自由経済諸国間の競争激化という文脈のなかで生じている。グローバリゼーション進展過程にみられるひとつの側面に，多国籍企業と国際金融機関の影響力拡大がある。国民国家の自律的活動能力は決して消滅してはいないが，低下しつつある。全世界的規模には及ばないとはいえ，ヨーロッパ諸国は欧州連合内での統合強化にむけていくつかのステップを踏んでいる。本書の刊行後まもなく，欧州通貨同盟が設立されるだろう。

　これらの変化を考慮に入れるために，本書が対象とする領域は拡大している。

だが，正当な注目をむけられていない分野がいまだいくつかある。そのうち最も顕著なのが発展途上国である。この地域における研究や文献は近年増加しつつあるが，依然として情報は比較的不足したままの状態にある。国際・現地開発組織に関するものは幾分多い。この事情は第4章に反映されている。

福祉国家は1990年代初めのさらなる景気後退期を生き残った。経済状況は好転し，西欧諸国政府は欧州通貨同盟への加入に備え財政赤字の抑制と削減を義務づけられた。財政緊縮の必要性をめぐって多くのことが語られているが，少なくとも社会支出増加率の鈍化という意味では，そのいくつかはすでに達成されてきている。長期的な公共支出抑制の努力は，人口動態変化に関する懸念に結びついている。先進工業諸国では特に，高齢者人口およびそれが全人口に占める割合の持続的上昇とそれにともなうコストが懸念されている。しかし，依然として福祉国家は国民的支持を受け続けているため，許容限度を超える政治的リスクを犯すことなく試みることができるだろうと政治指導者が考える緊縮の程度は限られている。だが，実際削減は行われており，世界中の多くの地域で不平等や社会的分断が拡大する結果となっている。

社会政策における研究活動は多くの面で進展している。喜ばしい変化のひとつは，さまざまな政策分野間の相関関係を研究することの必要性がますます認識されるようになってきていることである。最も有益な成果は，社会政策と経済政策の両面を取り入れた研究から得られている。特定の分野のなかには，特に強い研究関心がむけられているものがある。本書に関連する分野では，ジェンダー研究，家族とケア従事者，ボランタリー部門，市場および準市場，そして地方政府と中央政府における展開があげられる。

これらの研究の多くは比較を主眼としている。過去20年にわたり社会政策の比較研究は相当な拡大をみせるに至ったが，これはこの研究分野における最も重要な展開のひとつである。この拡大は欧州連合諸国において特に著しい。欧州委員会による社会問題に関する情報の供給が，研究者にとって大きな利益になっているのである。この情報には，定期刊行物と，貧困および社会的排除・家族政策・機会平等・地域政策・ボランタリー部門・職業訓練といった問題に関する特定の取り組みを源とするものとがある。

比較研究の視座に立って福祉の混合経済の検討を試みる際に，本書は多国間

研究の流れに従う。本書の狙いは，1970年代初頭以来福祉国家内で発生してきた変化を説明し，それに起因する政策のジレンマのいくつかを検討することである。この目的のために，各章はそれぞれ場面設定のための導入部から始まる。それに続いて，議論の対象になっている部門に関する理論的また概念的視座を検討する。各章の主要部分では当該部門における重要な変化を分析する。そして論点の提示を中心とする結論をおくが，ここではさらにその章が進むなかで確認された政策のジレンマに焦点を当てる。また，イデオロギーと価値の影響が各所いたるところで重視される。

各部門はそれぞれの章をもつが，留意すべき重要な点は部門間の関係である。ある意味では，ある部門の重要性は他の部門との関係を理解しなければ十分に理解することはできない。それを理解することで初めて，福祉の生産と供給においてその部門が占めている位置を評価することが可能になるのだ。考慮すべき重要な点は，ひとつの部門における変化がどの程度他の部門の変化を導くことになるのかということである。例えば，営利的供給の著しい進展（第3章）は，顧客や契約をめぐって競争者となるであろうボランタリー組織に対し影響を及ぼす。政府政策や政府の財政緊縮は明らかに他の部門すべてに影響を与える。緊縮政策は，営利供給者とボランタリー供給者の双方に機会をもたらし，家族に対しより一層のケアの負担を課す。政府の政策がこのような展開を明確に奨励することもあるだろう。本書のテーマのひとつは，福祉の混合経済の変化が政府政策や公共サービスの緊縮にどれほどまで起因するものなのかということである。もうひとつは，国際金融機関，特に世界銀行や国際通貨基金が社会政策に対する影響力を増大させつつあるということである。

しかしながら，福祉ミックスにおける変化は政府や国際機関のイニシアティブのみに起因しているわけではない。トップダウン・アプローチは，社会運動や政治システムの下位者に由来する変化を考慮することによって，大きく修正される必要がある。第4章ではボランタリー部門を取り扱うが，アドボカシーにおいてボランタリー部門が演じている重要な役割を確認する。例えば，精神保健グループや，高齢者・障害者・慢性疾病患者・ホームレス・介護者あるいは児童や若年者から構成されたりまたはそれらを代表するグループは，政策決定者に圧力を加えて特定の集団にとって好ましい政策を実施させようとしたり，

その集団の利益に損害を与えているとみなされる政策を放棄させようとしたりする。同様に，アドボカシー・グループは，例えば刑事司法改革や環境保護といった特定の主張の支持拡大を図るだろう。第4章では，セルフヘルプ，利用者と市民の参画，エンパワーメントについても議論する。

ボトムアップの変化は，国民の圧力によって支持のない統治体制が崩壊した中・東欧において最も顕著である。それほど劇的ではないが，社会運動もまた影響力をもちうる。フェミニズムや消費者主義はここ20年の間にますます力をつけてきている運動の好例である。女性運動がもつ特別な意義は本書のさまざまな箇所で理解されているが，中心となるのは第5章である。

第5章はさらに，政府や国際金融機関がほとんど影響力をもたない長期的変化が存在することを示す。全先進工業国において高齢者人口およびそれが全人口に占める割合が上昇していることはすでに言及したが，他にも重要な傾向がある。そのひとつに結婚やパートナーシップのパターンの変化がある。婚姻数の減少と晩婚化，家族の小規模化，離婚率の上昇はすべて，インフォーマルケアと密接なかかわりをもっている。女性の労働市場への参加拡大も同様である。

国内的にも国際的にも福祉の混合経済をめぐる議論は決着をみるどころではなく，この議論の重要性は低下してはいない。それはこれが全世界的な国家の役割の見直しと結びついているからである。本書は6つの章から構成されている。序章は場面を設定する。ここでは，福祉国家にたえず付きまとういくつかの問題と数人の批判的論者の意見を分析する。また，福祉国家に対する支持の持続について検討する。あわせて「福祉の混合経済」が意味するものを説明し，その根底にあるイデオロギーと価値を考察する。第2章から第5章までは，混合経済に貢献する部門にそれぞれ割り当てられる。国家，営利企業と市場，ボランタリー部門，インフォーマル部門である。最終章では以上の題材をひとつにまとめて論じてみたい。

(1) 第3章では，ジョンソン，N. (ed.) (1995) *Private Markets in Health and Welfare*, Oxford: Berg を出典とするいくつかの資料を用いる。ただし，新しい資料が再利用部分に優先している。

謝　辞

　ポーツマス大学その他の同僚に対し，その支援と励ましについて謝意を表したい。当初のクレア・グリストから直近のペネロピ・ウーフに至るまで，プレンティスホールの歴代担当編集者の助力と忍耐に感謝する。3人の読み手が有益なコメントをしてくれた。私が彼らの意見を十分考慮していることを彼らが感じ取ってくれるよう願う。私は幸運にも諸外国の多くの同僚とともに過ごす機会があり，そのなかで非常に多くのことを学んできている。彼らはあまりに多数にのぼるため一人ひとり名前をあげることはできない。常と同様，妻，ルースに負うところが最も大きい。彼女は非常に多くのかたちで本書に貢献してくれた。その助力なしには，本書が完成することは決してなかっただろう。

目　次

日本の読者への前文　i
序　　文　xi
謝　　辞　xv

第1章　序　　論 ─────────────────── 1
経 済 問 題　2
政府の諸問題　5
財 政 問 題　9
正統化の問題　11
大衆の支持の低下？　13
福祉の混合経済　22

第2章　国家と社会福祉 ─────────────── 31
はじめに──用語を定義する　31
国家の諸理論　33
　多元主義の見解(33)　エリート理論(37)　ニューライト理論(40)　マルクス主義理論(43)　フェミニズム理論(45)
国家介入の増大　48
国家の役割の削減　52
　公共支出の抑制(53)　新しい公共経営管理（New Public Management: NPM）と契約国家(75)　分権化(80)
福祉への国家参画をめぐる議論　85
お わ り に　94

第3章　営利部門と社会福祉 ―――――― 99

はじめに　99

市場理論とイデオロギー　101

　市場の性格(101)　効　率(104)　選択，自由，そして権利(117)　公平と平等(125)

準　市　場　131

保健医療および福祉における民間市場の役割の拡大　133

職域福祉　146

おわりに　153

第4章　ボランタリー部門と社会福祉 ―――――― 157

はじめに　157

用語法と定義　158

ボランタリー部門に関する理論　163

　ボランタリー部門の存在の説明(163)　政府-ボランタリー部門間関係の理論化(167)

ボランタリー部門の社会的重要性　169

　民主主義，連帯，市民社会(169)　各国の差異(174)

役割と機能　180

　サービス供給(180)　セルフヘルプ(183)　コミュニティ開発(195)　アドボカシーと政治的運動(204)

おわりに　212

第5章　インフォーマル部門と社会福祉 ―――――― 219

はじめに　219

理論的・概念的枠組み　221

　コミュニティケア(221)　家族に関する諸理論(233)　政治と家族(235)

家族ケア　240

介護を行うことの影響　248

社会変化と家族ケア　252
　　　　人口の高齢化(252)　夫婦と家族形態の変化のパターン(256)
　　　　労働市場の変化(260)
　　社会政策と家族　262
　　　　家族政策の特徴(262)　児童と親への支援(266)　インフォーマルケアへの支払い(268)　労働市場政策(270)　家族への影響の分析(273)
　　友人と近隣者　274
　　ま　と　め　276

第6章　結　論 ─── 279

　解　説　297
　参照文献　305

第1章
序　　論

　福祉国家は常に批判にさらされてきた。保守派右翼は福祉国家が市場に介入し，経済および個人の自立心や自尊心の双方を弱めているという批判を行った。保守派の関係者では福祉への依存 (welfare dependency) に関する議論がさかんに行われた。福祉国家は自由の敵とみなされていたのである。このような見解を典型的に示したものがハイエクの『隷従への道』にみられる。マルクス主義の研究家は資本主義と福祉との間には矛盾が存在すると論じた。主に福祉国家は長期的な資本の利益のために機能した。ただし，労働者階級の圧力への譲歩は資本蓄積を正統化するために必要であったかもしれない。福祉国家を擁護するフェビアン主義者は頻繁にその欠陥を強調し，貧困や不平等は消滅しておらず，また未充足のニーズが多くあることを指摘した。しかし，このような批判にもかかわらず，1950年代，1960年代において危機や削減の議論はほとんどなかった。まして，福祉国家の解体の議論はとうていなかったのである。ニューライトやマルクス主義者の批判はあまり真剣に受けとられず，社会民主主義やフェビアン主義の批判は福祉施策を改良し拡充するための議論として利用されたのである。

　安易といわないまでも，福祉国家に対するこのような穏便な見解は1970年初頭および中ごろには通用しなくなり始めていた。そのことは，1984年にミシュラによって執筆され，影響を及ぼした『福祉国家の危機』の冒頭で「程度や形は異なるが，福祉国家は産業化された西側諸国全体で混乱の状態にある」といわしめるほどであった。福祉国家の苦境を引き起こしたとされる諸問題が取りざたされて20年以上の後，危機に関する議論が繰り返された。例えばエスピン－アンデルセン [1996, p. 1] は，「福祉国家が危機に瀕しているのは繁栄の欠如のためとする理由は成り立たない（傍点は筆者）」と記している。「危機」と

いう言葉が急速に浮上した問題よりも，むしろこれまでに生じていた慢性的な問題に当てはまるのかどうかは疑問の余地がある。もちろん景気後退が生じた場合のみ，危機に関する議論がなされるのかもしれない。したがって1980年代初頭および1990年代初頭は危機の時期であり，その間の1985年から1990年および1995年以降の時期は成長と経済への揺るぎない信頼の時期とみなされたのかもしれない。この解釈によれば，安定期から端を発して危機が繰り返されたことになる。本章の前段では，1970年代の危機を引き起こしたといわれている要因を分析し，1990年代に新たな要素があるかどうかを考察する。主眼点は危機よりはむしろ諸問題にある。なぜなら，危機に関する証拠は疑わしいからである。危機は少なくとも2つの点であらわになっている。つまり，部分的に基本プログラムを徐々に解体し，福祉サービスへの大衆の支持が低下するのにともなって，政府の側で福祉国家から撤退する動きがみられるのである。本章の後半では「福祉の混合経済（mixed economies of welfare）」という用語の意味や含意を考察するつもりである。

1980年代に福祉国家が直面した4つの大きな問題を明らかにすることができよう。すなわち，経済問題，政府の問題，財政問題とそれに起因する正統性の問題である。これらの問題をめぐる多くの議論は，国家福祉（state welfare）への批判という形をとることを強調しておくべきだろう。その議論は実際的な問題よりむしろイデオロギーにかかわっている。続いて，ニューライトとマルクス主義を重点的に扱うことにする。なぜならまったく異なった主張のなかにあって，これら2つのイデオロギーグループは福祉国家を最も痛烈に批判してきたからである。

経 済 問 題

福祉国家にとって災厄が起こりそうな最初の兆候は1973年のオイルショックであった。それは世界的な景気後退を引き起こし，さらに悪化させたのである。1970年代中ごろから1980年代中ごろの時期には，先進工業国は低い経済成長率，高い失業率，低い投資比率を経験した。このことは，1950年代，1960年代の特徴であった低い失業率，相対的に高い資本形成比率，堅調な経済成長とは対照

をなしていた。

　1950年代や1960年代では，大部分の国々の政府は概して教育された健康な労働力を供給し，失業，病気，退職の際に人々を消費者として保全することによって，福祉施策が経済に資すると信じていた。この見解は景気後退の始まりとともに疑問視され始め，ケインズ経済理論はマネタリズムが優位に立って断念されたのである。経済の「生産的」部門から「非生産的」部門に資源を転換させることにより，高い水準の社会的消費は経済の衰退に大きく拍車をかけるものとして認識された。具体的には，労働や投資への誘引を減らし，福祉への依存者を増やすことにより悪化するというのである。言い換えれば，福祉国家は経済問題の犠牲というよりも原因そのものである。

　意外なことにその論議は，政治的立場を異にする右翼と左翼の政策研究者から奇妙な意見の一致を引き出した。例えばオコーナー[1984]はアメリカのマルクス主義者であるが，長期でみれば，福祉国家は資本蓄積の機会を減らしているという見解を支持した。彼は，個人主義の「支配的な国家イデオロギー」に起因する，アメリカにおける「蓄積の危機」について論じた。個人主義はより多くを求める闘争を正統化する，というのである。つまり，資本財と対照的に，高賃金，消費または賃金財の生産がなされるのである。社会政策にも，同様のプロセスが生じる。より多くの給付や質の高いサービスへの需要が生じる。これらのプロセスは必然的に資本の搾取による剰余価値を減らすことになる。結果的に先進国では，「平均的な利潤率や国民所得の利潤の分け前は……減少し，平均失業率やインフレ率は増加した」(p.1)。

　経済問題は1990年代初頭の景気後退において再び表面化した。問われている課題は，福祉国家が社会保護システムを現在のレベルで財政的に支えられるかどうかであった。OECD[1994]は以下のような警告を発した。

> リスクはなくなっておらず，それに応じて展開されているプログラムも残されたままである。しかし，経済的状況は一変した。今すべての国々は，社会政策の支出への需要増に直面する一方，同時に国々は資源抑制の強化やしばしば予算不足に直面している。そして現在の景気後退は社会保護システムに影響を及ぼす激しい財政圧力を強めている。

西欧における最悪の景気後退は1995年に過ぎた。しかし国々は1999年にヨーロッパ通貨連合に参加できる基準を満たすため財政赤字を減らそうと試みたために、経済的関心事が最重要課題となった。

すべての工業諸国における大きな懸念は、人口の高齢化と EC [1995, p. 13] が「今にも起こりそうな人口時限爆弾」と呼んでいる問題の経済的影響である。労働年齢人口に対する高齢者の比率は確実に新世紀まで増加し続けるだろう。このことは退職年金および医療・社会サービスに影響を及ぼし、第5章で検討するようにインフォーマルケアがその影響を受けるのである。

最後に、さまざまな発展段階におけるグローバリゼーションの福祉国家への影響に関して経済的な考察を行いたい。(1) グローバリゼーションのひとつの側面は個々の国々の政策選択に対する国際金融機関の影響力の増大である。このことは、中欧、東欧、ラテンアメリカ、最近では東南アジアでより明らかとなっているが、それらの地域に限られることではない。またグローバリゼーションは無防備で開放された経済にも影響を及ぼしている。エスピン-アンデルセンはより開放された経済について以下のように論じている。

> 競争を激化させ、国際貿易、金融、資本移動の弱点が大きくなっている。したがって、「意のままに」財政政策や通貨政策を実施できる政府の自由度はより制限されている。雇用を維持し、再分配政策を試みる放漫な赤字財政は罰せられることになろう。……(p. 256)

西欧での成熟した福祉国家は日本や韓国と競争の状態にある。また少なくとも日本において賃金コストは、タイやインドネシアの「タイガーエコノミー」よりも高い。低賃金の経済国と競争するために、ヨーロッパや北アメリカの国々は未熟練労働者を使ってさまざまな戦略をとっている。エスピン-アンデルセン [1996] は3つの異なったアプローチを明らかにしている。すなわち、「ヨーロッパでは労働者が労働市場から出られるように補助金を出す退出戦略を選択し、北アメリカやイギリスでは賃金の規制緩和策を指示しており、このようにして相対的な賃金コストを下げている。一方、スカンジナビア諸国では再訓練戦略や福祉国家の雇用を重視しており、特に後者は主に女性の雇用先と

なっている」(p. 258)。ただし機械的にこのカテゴリー化を使うことは間違いを生むだろう。それは主にどの点を強調するかという問題であり、ほとんどの政府は混合アプローチをとっている。例えば、すべての国は再訓練計画を立てている。イギリスでは1997年に政権を握った労働党政府が、訓練や再訓練をますます重視している。EC [1996, p. 15] は、「すべての国々は景気後退の数年間にさまざまな雇用促進計画を発展させ拡充しており、この事業に熱心に取り組んできている」と述べている。

政府の諸問題

1970年代初頭以降、政策科学は過剰な負担となりつつある政府の肥大化に関心を寄せてきた。ニューライトにとって、政府の巨大化はまったく厄介な問題なのである。とりわけ、経済および福祉サービス供給への政府の介入は失敗であった。各々の資本主義国において、この種の失敗の証拠として、福祉国家の欠陥をあげつらえば枚挙に暇がない。大規模な財源と労力はほとんど便益をもたらさず、大きな損害をもたらした。要するに、政府は過剰負担となり、非能率で非効果的なものとなったのである。

ブリタン [1977] とキング [1975] はこの過剰負担の理論家であり、1970年代と80年代にネオリベラルによってよく引用された。ブリタン [1977] は過剰負担の問題が「政治市場」の操作から生じると述べている。ビジネスマンないしビジネスウーマンは利潤を最大化し、政治家は得票を最大化し、また官僚は部所の規模を最大化しようと試みる。

政府の投入に対する需要側の圧力としては2つの原因がある。第1に、強力な圧力団体と有権者が政府に供給を増やさせ、それを改善するように一般的に働きかける。第2に、競争しあう政党政治は選挙において支持を得るためにより過剰な公約をするように政党に促す。ケインズ主義的経済政策とビバリッジ型の福祉政策は、戦後の政府の拡大に対して責任があった。ケインズは赤字予算、政府の借入、支出の増大をそれぞれ容認した。これらの政策が当初成功したことは長期間にわたる過剰負担の問題を悪化させた。なぜなら、それが政府の威信を高め、人々は際限のない大盤振る舞いをよしとしたからである。

また大きな政府に対する供給側の圧力としては2つの原因がある。第1に，「行政の肥大化」といわれるものがある。つまり，いったん事業が始まれば，それは限りなく継続していくのである。新規事業は必ずしも既存のものにとって代わるとは限らない。したがって，当該の政府機関の機能は年とともに拡大するのである。第2に，官僚は部所の拡張において既得の利益をもっており，財源と職務の縮小に抵抗する。専門的サービスの供給者もサービスの拡張において利益を享受する。官僚は消費者よりもむしろ供給者の利益のために機能する。これらの論議は公共選択理論［ダウンズ，1957；ブキャナンとタロック，1962；ニスカネン，1971，1978］の支持者の研究によって補強された。彼らは経済理論を政府の行動に適用しようとした。特に市場の分析において用いられる方法は公的部門にも応用できると彼らは論じている。官僚の行動様式は市場における個人の行動様式と同じくらい自己中心的である。その相違といえば，官僚は市場原理に従わず，また利潤を生み出す必要性もないことである。

　キング［1975］によれば，政府の過剰負担の帰結とは，政府の有効性はまったく失われ，政策の失敗が度重なることを意味する。このことは，「現行の政治の仕組みがもたらした結果に対する大衆の不満が，仕組みそのものを疑問視するまでに行き着く」（p. 287）可能性を高めていく。さらに深刻な問題としては，政府のシステムが大規模化，複雑化するのにともない，調整や管理がますます困難になることである。とりわけ，このことは行政職と専門職者にとって政治的コントロールから一層免れることを意味する。マルクス主義者のオッフェが過剰負担の理論家，特にキングによって使われた同じ用語である「統治不可能なる危機」の原因を分析しているのはなんとも奇妙である。つまり，彼は高まる期待の重圧と国家の運営能力の低下を非難しているのである。オッフェによれば，統治不可能なる危機は資本蓄積を促進する際の国家機能と正統化の機能との矛盾から生じるという。階級闘争はこの矛盾に根ざしているのである。

　ニューライトは，国家の縮小と自由放任主義政策への回帰を論じるために，過剰負担の理論と政策の失敗に関するきわめて一方的な証拠を利用している。それは，市場に回帰し，家族と民間非営利（voluntary）の努力に一層頼るものである。政府の介入は自由の否定と断じられるが，市場の経済的自由と一般の自由とが同一に語られるのときわめて類似している。国家によって供給される

社会サービス，不平等を減らし，高水準の雇用を維持するための国家の試みはすべて，自由の犠牲という大きな代償を抜きにしては達成できないものとして拒絶されている。したがってニューライトが容認するのは，残余原則の上に成り立つ福祉国家である。そこでは政府は，強制からの個人の保護，司法の管理と紛争の調停，基礎的なアメニティの供給と外部または近隣の影響に対する補償，最後に「責任のある個人」として認められない社会の構成員の保護に制限されている。

1970年代に隆盛であった理論家に紙幅をさいたが，それというのも初期の研究を発展，修正した最近の功績の基礎をつくったのは彼らだからである。イギリスにおけるニューライトは大きな政府を批判し続けてきた［グリーン，1996；マースランド，1996］。ニューライトとは関係をもたず，また実際にニューライトの考えに反対する他の研究者は，集権的な政府に対して批判し続けた。確かにコミュニタリアニズムは政府の役割が縮小されることを期待している。

ルグラン［1991］はニューライトの味方ではないが，ウルフ［1988］の著書を自由に改作することによって，市場の失敗の理論と比較可能な政府の失敗の理論を構築しようとした。その理論は主に政府活動の供給，補助金，規制の3つの領域における効率性と関係している。現実的にも潜在的にも政府の供給者は競争から免れた独占体であるために，政府による財とサービスの供給は非効率であるかもしれない。このような競争の欠如はコストを最小に抑える圧力を弱める。政府の供給者が独占体ではなく，競争が強制されるところでは，効率性の程度は競争相手となる組織によって異なってくる。もしライバルが利潤を最大化しようとする組織であれば，政府の供給者はコストを最小化することを余儀なくされよう。もしライバルが他の政府機関または非営利組織であれば，コストへの影響は少なくなる。ただし，政府部門間の競争はサービスの質の点で特有のメリットをもたらすかもしれない。

政府の補助金は過剰な供給を生み出すかもしれない。ルグランは，「もし商品がコスト以下の価格で供給されれば，それは商品への過剰な需要を生むだろう。すなわち，過剰な需要をもち，かつ供給するうえで社会的な効率性を保てる商品への要求が生まれるのである」と述べている（p. 12）。そうであれば政府は，高まる需要を満たすか，制限的な適格基準を課す手段（例えばミーンズテ

スト）を使って割り当てを行うか，または待機者リストを利用するかのいずれかを選ばなくてはならない。

政府は，少なくとも理論上は，量，質，価格，市場の構造を調整することができる。しかしながらこのことは，調整者が完全な知識をもっているか，少なくとも調整者より多くの知識をもっている供給者または売り手の側に情報の不足などはありえないことを意味する。サービスの供給に責任をもつものはそれを供給する経済性について知識をもち，例えばコストに関する情報を隠蔽し捏造することは彼らの利益になりうる。そのうえ，調整にともなう高額のコストを要する。例えば監視や評価は実施困難であり，かつコストは高い。柔軟性，イノベーション，起業家的な動機づけと，規制の必要性との間にバランスを保たなければならない。ルグランは慎重な表現で，「政府の失敗に関する研究では，政府が常に失敗するとは言っていない。まして市場が常に成功するとは言っていない。……政府は時として成功するだろう。市場のまばゆい光の中で一瞬たりとも，見落してはならない要素である」ことを強調している（p. 19）。

多くの国々における最近の政府の構造改革は批判にさらされるかもしれないが，大きな政府の問題については1990年代後半にはあまり議論されなかった。実際，現在の深刻な問題は政府の断片化かもしれない。これらの問題については，第2章でさらに詰めた議論を行うが，ここではこの改革の主な要素だけが明らかにされよう。第1の要素はたんに脱集中化（deconcentration）として呼ばれることがある。このことは，中央省庁がその機能を半自治的な執行機関に委任することによる省庁の解体である。第2の要素は営利部門の価値と慣行を公的な部門に注入することである。このことは，①市民が顧客として再定義された消費者運動，②市場と準市場および競争，③契約，④過程よりアウトプットを注視した業績指標，⑤政策責任の縮小を強調している。オズボーンとゲイブラー［1992］は，アメリカのガバナンス（協治）において起こっている変化について，新たな企業家精神による公的部門の転換として特徴づけている。第3の要素はリージョナリズムと地方行政を重視する分権化である。

これらの改革はニューライトが期待していたほどには進んでいない。ニューライトは公的部門の改革にはまったく興味はない。彼らはその縮小と部分的な代行を実施したいのである。政府活動の範囲は国家財政と行政能力に密接に関

係している［ピアソン，1994］。行政能力について本節でいささか述べてきたが，次に財政の能力に目を向けることにする。

財 政 問 題

　ニューライトは福祉国家の財政問題を政府の過剰負担の考え方——あまりにもあれこれと手をつけようと資源を濫用している——と関連づけている。マルクス主義者もこれと同じ考えであるが，財政危機は資本主義に内在する諸矛盾，特に資本主義体制での国家干渉における矛盾の表れだと論じている。右翼および左翼の双方にとって財政問題とは，最後の節で明らかにされる政府の金融面での諸問題のことである。福祉国家が発展するにともない，大衆の期待は膨らみ，圧力団体は個々の利益と主義を擁護し，喧伝するために設立されている。政党間の選挙対策はサービスと給付の拡大と改善を公約することへと向かい，結果としてそれはますます実施困難となっていった。財政問題は，公共財とサービスを求める市民の要求を満たそうとすることに起因する支出と，これらに要する費用を税方式で支払う意思との間の双方のバランスを打ちたてようとすることである。政府はサービスに要する費用のために増税を行うが，限界以上の増税はすべて抵抗されることとなる。そのため，政府はジレンマに直面するのである。例えば，サービスを提供すれば人気が上がり，増税すれば人気が下がる。アメリカでは，増税への市民の不満は納税者反乱と結びついてきた。最もよく知られた事件が1978年にカリフォルニア州で起こっており，当時課税制限を課す提案13号（Proposition 13）が通過し，これを皮切りに多くの他の州に波及していった。

　参考となることが，オコーナーの蓄積危機に関する研究の中にみられる。それに先立つこと数年前［1973］，彼は財政危機についても明らかにしていた。オコーナーの分析は，資本主義社会における国家は2つの主要な機能，つまり資本蓄積と正統化という緊張関係にあるものをもつという考えから始まっている。国家は2つの意味で資本蓄積を支援する。ひとつは経済基盤（交通，上下水道など）に関する公的な支出を通じて，もうひとつは例えば教育，住宅，医療サービス等の提供を通して労働力の再生産の経費を賄うことによってである。

国家はこれら2つの経費負担の義務を負っているが，結果として利益は個々に帰属する。このことが財政上のギャップをつくり出しているのである。財政問題は政府の支出が増えるように常に圧力がかかることにより悪化する。つまり，「すべての経済および社会階層と集団は政府にますます多くの金とモノを消費するように要求する。しかし誰もが新しい税金を望まなければ，既存の税金の引き上げを望みもしない。実際，ほとんど誰もが減税を望むのである」(p. 1)。これらの言葉は財政危機に関するオコーナーの研究が発表された5年後に起こった納税者反乱を予言したものでもあった。

　減税が選挙民の間で受けが良かったために，多くの国において選挙運動の中で財政論争が脚光を浴びることとなった。このことはイギリスとアメリカでの最近の選挙で特にはっきりとしている。例えば，1997年のイギリス総選挙においては課税をめぐって，双方の政党にとって，相手方への投票は増税を招くとして非難するといったように大きな論点となったのである。唯一自由民主党のみが所得税のわずかな増税を公約とした。増税を行わないという選挙公約を撤回するという政治的危険性は，インフレ圧力への対応において政府に問題を引き起こした。というのは，1997年の5月から8月の間に金利が4度にわたり引き上げられることになったからである。

　経済状況が悪化すればその影響が全体に及ぶとして，財政赤字に対して予算措置を行うというケインズ流の行動はもはや受け入れられなくなっている。財政赤字が回避可能であり，公債が制限しうるものであれば，減税を行うことが政府に残された支出削減の唯一の選択肢となる。社会支出があらゆる予算の中で最大の項目であるため，減税は給付とサービスの切り下げを意味している。イギリス，イタリア，フランスにおいて行われた公益事業の売却は，一時的にこのギャップを埋めることができた。ヨーロッパ連合 (EU) においては，ヨーロッパ通貨統合に加盟できる条件のひとつとして，1997年における財政赤字が国内総生産の3％未満とされている。フランス，ドイツ，イタリア，スペインでは，最も単純な手法が増税であったにもかかわらず，1997年に支出削減を余儀なくされた。このことは増税を行わないという政策的な要請に対するきわめて明瞭な方向性である。ドイツの情勢は，当時のコール首相が増税を行わないことを公約としている自由民主党の支持によって左右されていたという点で

興味深い。

　クリントン大統領が1992年に政権についたとき，アメリカの財政赤字は史上最高の2900億ドルに達していた。大幅な減税にもかかわらず，1996年までには財政赤字は1070億ドルと63％も減少していった。1997年に1250億ドルに増加したことがあったが，2002年には170億ドルの黒字へと転じるであろう。1997年から2002年の間に，各種租税は総額980億ドル削減され，支出は3880億ドル削減されることが見込まれている。

　財政危機がなければ，財政問題を取り上げることが不合理というわけではない。アメリカにおいてさえ，減税は巨額な支出削減によって初めて可能となった。最も重要な問題は，増税への政治的意思が欠落していることである。ピアソン［1994］は，税の透明性と無難に徴収できる税額とは異なることを記している。

> しかしながら，政府がどのくらい財源を調達でき，その結果どのくらい社会プログラムに充当できるかについては，租税構造が影響するという重大な証拠がある。……税制が不透明になればなるほど（例えば，所得税よりも間接税や給与税に信頼がおかれている），政府は納税者の反発を引き起こさずに，より多くの歳入を得ることができるのである。(pp. 37-38)

ある程度まで支出削減についても同じ指摘ができよう。

正統化の問題

　これまでに明らかにしてきた福祉国家に関する経済，政治および財政問題は正統化問題を生起することになる。経済，行政および財政の問題のために，福祉国家がそのめざすものを実現できず，あるいは人々が望むものを実現できないならば，大衆の支持を失うことにつながり，正統性が失われることとなる。しかしながら，たんに問題が存在することと危機とははっきりと区分することがきわめて重要である。さまざまな問題は，それらが自制をなくし，または決断がなされずに結果として安定性を失い，社会における政治経済制度を脅かす

ものとなったときに初じめて危機へとつながるのである。

ハバーマス [1976 ; 1984] は，後期資本主義社会に影響を及ぼすといわれている危機の傾向の諸形態をまとめようと試みた学者である。彼の分析は明らかに個人的な傾向としてマルクス主義的である。つまり，彼の理論的枠組みはシステム論に則っている。そこには経済，政治行政および社会文化の3つのシステムがある。各々のシステムは危機へと向かう傾向をともなっている。経済システムは，それが財の必要量を生産せず，かつ利益が逓減するならば，アウトプットの危機へと向かう。政治システムは，危機傾向をインプット（忠誠心）とアウトプット（意思決定）の両面での危機傾向を抱えている。アウトプット問題に起因する危機は合理性の危機と呼ばれている。行政システムが経済システムを操縦するために必要な方向性を決定しないことがある。一方で後期資本主義社会において行政上の経済計画を策定する必要性と，他方で生産手段の私的な所有との間には矛盾が存在する。政治的なインプットに目を向けると，ハバーマスは「政治システムはできるだけ広く行き渡った大衆の忠誠心というインプットを必要とする」と述べている [1976, p. 46]。この忠誠心が保証されなければ，そのときに正統性の危機が生じる。ハバーマスはこれを「正統性の不足」と呼んでおり，それは「行政手法によって，必要とされる程度にまで効率的，規範的な組織が維持され，確立されることは不可能である」ことを示している [1976, p. 47]。

後期資本主義において，国家はより活発となる。つまり，世界戦略や必要な経済基盤を供給し，また「非生産的な」商品と社会サービス供給の双方の経費を負担しながら，資本のために，経済への一層の介入を行うのである。そのために，ある程度市場は政治化しつつあり，正統性への必要性とは正反対に，増大する国家の関与は強まっている。しかしながら，ハバーマスの主張によれば，この段階に至って正統化問題を解明できただけであり，これらが自ずと危機をつくり出すものではないと指摘している。正統性の困難さは，動機づけの危機をもたらす社会文化システムに失敗がみられた場合にのみ，正統性の危機へと先鋭化するだろう。

　一定量の価値ないしシステムに見合った報酬では実現できないような期待が構造的に

つくり出されて初めて，正統性の危機は予測されうる。正統性の危機は動機づけの危機に基づいているに違いない。すなわち，一方で国家，教育，職業制度により宣言された動機づけに対する必要性と，他方で社会文化システムからもたらされる動機づけとの間には食い違いがある。[1976, pp. 74-75]

社会文化システムによってもたらされる最も重要な動機づけは，ハバーマスによれば，「市民および家族・職業的な個人主義の症候群」である。市民的個人主義は，真の意味で参加が阻害された非常にかぼそい形での民主主義である。というのは，社会化された生産様式と私的利潤の取得との間にある，システムの矛盾をあらわにするからである。家族・職業的な個人主義は，市民的個人主義を補完するが，一方では発達した消費およびレジャーへの性向に対する家庭上の適応と，他方では社会的地位をめぐる競争にふさわしい職業上の適応から成り立っている [1976, p. 75]。市民的および家族・職業上の個人主義は，資本主義以前の伝統であり，資本主義のイデオロギーの核となる要素でもあり，社会構造の変化によって弱体化している。危機を引き起こすのはこの弱体化である。しかしながら，ハバーマスは危機が存在するとは論じていないことを強調すべきだろう。正統化の問題は確かに存在するが，これらの問題が解決されず，またはうまく阻止できなかった場合にのみ，危機は生じると彼は論じている。

大衆の支持の低下？

福祉国家の危機を如実に示すのは大衆の支持の大幅な低下という証拠であろう。しかし，その証拠の重みは反対の方向を指し示している。テイラー - グッビー [1991] は以下のように述べている。

何よりも，福祉国家は大きな支持を得ている。多くの調査によれば，国家福祉に携わる主要な組織を支持する強い熱情と，それらを支えるために増税を受け入れる意思が示されている。……国家福祉への支持はすべての社会的，政治的なグループで拡大しており，1980年代に入るとそれらが一本化されたという証拠が数多くみられている。
(p. 111)

この証拠は，さまざまな社会階層や，増税・支出増を支持する割合においても，事実上違いがないことを示した。

毎年刊行されている報告書『英国社会調査』(British Social Attitudes) は，1983年から継続して公刊されている。1995年に行われた調査 [Brook ほか, 1996] では，先の調査結果で支出増に対して一般的な支持があったことが確認されている。ただし，サービスや給付によってはその支持のレベルは異なっていた。医療，教育，年金，身体障害者給付は，多少引き離されて5番目に位置する警察とともに，資源拡充について最も支持の高い候補となっている。ひとり親への給付にはまったく支持はなく，また失業給付も支出増に関する人々の優先リストでは低く位置づけられている。先の調査報告では，1995年に人々はサービス改善の見返りとして増税を受け入れる一般的な意思が表明されていた。1995年の調査報告で革新的なことは，当事者にかかわる具体的な結果が明らかになった際，人々が増税を受け入れるという一般的な意思が維持されるかを調査することだった。その結果によれば，医療と教育は横ばいを維持したが，税金と支出の引き上げに対する支持は低下した。ブルックほかは以下のように指摘している。

> 支出の選択の個人課税への影響がはっきりと説明されるときでさえ，3人のうち2人までが進んで国民保健サービス (National Health Service) の改善のためにもっと税金を払うだろうし，多数派（たとえ小集団としても）は教育の改善のためにもっと税金を払う覚悟があるだろうし，かなりの少数派 (40%) は警察機構を改善するためにもっと税金を払うだろうという実情は変わってない。(p. 192)

残念ながら，年金と障害給付はこの調査に含まれなかった。ただし，それらについても同様の支持が得られると推測される。

公的支出の増大に対する支持と，支払い能力のある階層にとっての民間福祉への支持との関係は興味深い。テイラー - グッビー [1985 ; 1991] は，民間市場に対する支持は必ずしも国家への反感を意味するものではないことを強調している。つまり，人々は市場と国家供給の両方を同時に支持できるのである。それは，公私の部門が役割を果たしている福祉の混合経済への支持を示してい

るようにみえる。ブルックほか [1996] は、一歩踏み込んで、実際に民間医療と私学教育を受けた人に対して公的支出の拡大と増税への支持について質問した。ここでは、私的なサービスを受けたこれらの人たちは富裕層であり、保守党に投票する傾向をもつことに留意しなければならない。それでも、民間医療を受けている人々のうち54%はNHSへの支出増を支持しており、また私学教育を受けている人々の間で教育への公的支出の増額を支持する割合は、子どもを公立学校へ行かせている両親の間で公的支出の増加を支持する割合を実際には上回った。このことは、子どもを私学に通わせている親たちが「私学を不承不承選択しているだけで、自分たちにはほとんど選択肢を与えられていないと感じている」のが原因ではないかとブルックほかは述べている [1996, p. 200]。

　これまでの議論は、主に英国について集中して述べてきた。しかしながら、エスピン-アンデルセンは、より広い領域にわたって、「世論調査と選挙結果が定期的に明らかにしている、福祉国家を支持する大多数派」について論じている [1996, p. 267]。これは、イギリスで示された肯定的態度が、程度こそ異なるが他の国でも繰り返し表明されていることを示しているようだ。例えば、欧州委員会 [1995] は、「現行の社会支援システムへの愛着は世論においてしっかりと定着している」と述べている (p. 7)。ある者は、アメリカやオーストラリアでは公的支出の拡大への支持が低くなり、スカンジナビア諸国ではむしろ高くなることを予測するだろう。

　政府や医療福祉の供給への見解に関する最も新しい比較研究は『国際社会調査』(ISA) [ジョウェルほか, 1993] である。ISAのテイラー-グッドビーによる論文は、市民が国家に望むことに関していくつかの証拠を要約している。人々に向けられた質問のひとつは、政府が供給（保健医療、年金、住宅対策、失業手当の充実）の責任を明確に負っていると彼らが思っているかどうかであった。最も大きな支持は保健医療と年金に対して示された。政府が保健医療の責任を明確に負っていると考えている者の比率は、アメリカの40%からイタリアの88%までの幅があった。57%の西ドイツ（当時）は別として、調査の対象となった他のヨーロッパの国々(2)はすべて75%より低くなることはなかった。年金についても概して同様な状況であり、アメリカ人の40%が年金は明らかに政府の責任と考えており、西ドイツではこの見解が54%となり、他のヨーロッパの国々は

すべて77%より低くなることはなかった。住宅対策の拡充については，アメリカ人の21%は政府の責任と思っており，西ドイツの24%に対し，他のヨーロッパの国々では35%から56%の幅があった。失業手当についてはわずかに異なっていた。アメリカが最下位の14%に位置したものの，ハンガリーが次に低く21%であった。また西ドイツを含む他のヨーロッパの国々は32%から52%の幅があった。2つ目の質問として，わずかに異なったグループの国々を対象に含めて，政府支出を増やすべきか減らすべきかを9つの項目にわたって回答者に尋ねた。回答者は，「減らす」から「増やす」の間の5点の尺度に回答をあわせるように求められた。意外なことに，「『増やす』ということは，増税の必要性があることに留意しなさい」という警告文が「増やす」の欄に後書として付け加えられたのである［テイラー－グッビー，1993，p. 90］。質問の言葉遣いという点からは，非常に多くの人々が「増やす」という意見を選択したことは驚くべきことである。残念ながら，ここでは政府支出の拡大を選んだ人々だけが報告されている。回答の詳細を十分に知ることができたならばよかったかもしれない。保健医療の場合では，オーストラリアが16%で最下位に位置し，アメリカが20%，ノルウェーが25%と続いていた。残りの5つの国々は36%から59%までの幅があった。また年金の場合では，オーストラリアが再び12%で最下位にあり，アメリカが13%，西ドイツとノルウェー（ともに16%）がそれに続いた。北アイルランドの回答者は43%で，年金に最も進んで拠出する姿勢をみせた。テイラー－グッビーはこの結果を以下のようにまとめている。

> 安心すべきことに，支出増を求める声はどこに国家責任を定めるかという意見に基づいたパターンにしたがっている。そのため，概してハンガリーとイタリアでは支出増に対してきわめて多くの支持があり，北アイルランドとイギリスがそれに続くことが再度確認できる。ただしこの場合，環境問題を除いて，ノルウェーでは支出増に対してほとんど支持は得られていない。アメリカ人とオーストラリア人は……国家支出の拡大には最も乗り気でないようだ。ただし，アメリカには不退転の教育への投資の取り組みがあり（おそらくチャンスの国というイデオロギーについての広い決意と関連しているのだろう），またオーストラリアには法と秩序への取り組みがある。
>
> ［1993, p. 91］

これらの数字の取り扱いには少し慎重さを要する。というのは、我々はどのくらいの人々が一定の支出増を支持しているのかを本当に知る必要があるからである。

アメリカに関連する証拠は矛盾している。一方では、ISA の数字はアメリカ人が西欧よりも政府、特に中央政府をあまり信用しないために、アメリカを後進的な福祉国家とする伝統的な見解を裏づけているようにみえる。「消極的な福祉国家」(reluctant welfare state) としてのアメリカの性格づけは長い歴史をもっている。ウィレンスキーとルボー [1965] は、福祉の残余モデルと制度的モデルとを区別した有名な研究において初めてアメリカの福祉国家への姿勢を分析した最初の研究者であった。約30年後、つまり1960年代に福祉への国家の取り組みが拡大した後、サラモン [1992] は、「徹底した個人主義の伝統と集権化された組織への根深い敵意を反映して、アメリカ人は社会福祉の供給への政府の独占的なアプローチという世界的な動きに抵抗してきた」と述べている (p. XV)。一方、同様にまったく異なった見解が証拠として厳然とあり、そこでは大衆と政府との間で見解の対立が示されている。例えばナバーロ [1994] は、政府の行動は通念よりもアメリカの大衆には受け入れられていると述べている。

> 要するに、長年の間一連の世論調査では、アメリカ人の多数派は社会福祉プログラムないし高齢者、貧困者、困窮者のプログラムの削減を望んではいないことが示されてきた。また、彼らは労働者の医療制度、消費者保護、環境保護の後退も望んではいない。さらには一般の考えとは逆に、アメリカの多数派は人々の生活と福祉を支援する政府の介入策をより積極的に支持しており、反対することはない。例えば医療の領域では、ほとんどのアメリカ人は医療サービスのために税金が使われるのであれば、より高い税金さえ進んで支払ったのである。(p. 13)

ピアソン [1994] は、1970年代後半の社会プログラムへの支持の低下を経て、1980年代全体には支持が拡大したことを指摘している。彼は「1981年における有名な AFDC と他の福祉プログラムの削減は即座に反応を呼び起こした。数か月以内に、世論調査の結果ではリベラルの支持に傾いたこと——1980年代を通して脈々と流れた思潮——が示された」と述べている。

このことはアメリカの社会政策を理解したいと望んでいる人々にとってのジレンマを表している。なぜ，明らかに表明された国民の選好が実際に改革に移されないのだろうか。なぜ，大きな政府に激しく反対する共和党は1994年の議会選挙で圧倒的な勝利を収めたのだろうか。なぜ，クリントンは「今ある福祉を終わらせる」という公約が1996年の大統領選挙での勝利に資すると信じたのだろうか。私はこれらの質問に対して確信をもって答えることはできない。この食い違いについて説明できるとすれば，それは福祉問題が人々の投票に影響を及ぼすものではないことである。おそらく選挙民は経済的な繁栄，減税，法と秩序の問題に関する公約により影響されるからであろう。クリントンの医療改革の行方が手がかりを与えてくれるかもしれない。カナダを参考にして単一の支払制度にするというクリントン案よりもラディカルな改革が大多数の支持を集めたことはほとんど疑いの余地がない［ナバーロ，1994, p. 195を参照］。しかしながら，最も控えめなクリントンの医療計画に反対したのは，大きな産業や巨大な保険会社のようなアメリカにおける最も強大な利益集団であった。アメリカの医療政策を決定するのはこれらの組織である。

　福祉国家における正統性の危機への試金石は，その原則に対する大衆の支持がどれくらい低下しているかであろう。本章でこれまで考察された証拠の重要性はひとつの結論を指し示している。すなわち，福祉国家に対する大衆の支持は低下していないということである。ひとり親のようなミーンズテストを伴った給付の受給者やスティグマを押しつけられたグループは大衆の同情を集めないのが実態であるが，このことは事実である。政府のレトリックの対象が福祉国家における大衆の信頼を弱めることになれば，それは取り返しのつかない失敗となる。

　しかしながら，福祉国家に対する一般的な支持は，すべてが良いとする自己満足的な結論に導かれるべきではない。また一方で，ニューライトによる福祉国家の原則の否定や彼らの求める根本的な改革を受け入れる必要もない。同時に，原則的に福祉国家を支援し，その執行に関する特定の側面を批判することは実に合理的なことである。

　イギリスの高齢者の対人社会サービスを扱ったウォーカー［1993］の論文では，供給に関するある*側面*への高まる不満を明らかにしている。

> 1970年代末までの戦後期は政治家による政策合意が特徴であったのに対し，社会サービスの利用者はますます不満を募らせていた。1980年代に徐々に導入された社会サービスのある側面に対する幻滅はますます声高に表明されるようになった。残余化政策は社会サービスへの批判を鮮明にさせ，そうしてそれらからある正統性を得たのである。[1993, p. 74]

　これらのコメントはイギリスにおける特定のサービスと関係しているが，他方で他のサービスや他の国々にもあてはまる。実際，ウォーカーの9か国調査に基づく論文は，同様の関心を示している。ただし，他のどの国においても残余化政策はそれほど突出した政府の政策として打ち出されてはいない［エバースとスペトリック，1993］。

　ウォーカーは次の4つの根本的な批判を論じている。すなわち，官僚的な構造，フェミニストの懸念，介護者に対する適切な支援の欠如，人種的少数派グループがもつ特定のニーズの無視である。これらのすべての問題は本書の次章において述べられる。ここでは，それら各々に対して簡潔なコメントをしておけばよいだろう。

　批判のひとつには，福祉国家は過度に官僚主義的，集権的，権威主義的であり，専門職者によって支配されているというものがある。そのシステムは，人々の多様で変化しつつあるニーズに対応し切れておらず，クライエントはサービスに対してほとんどもしくはまったく関与できていないといわれている。要するに，彼らは能動的な利用者というよりも受動的な受け手なのである。2つの疑問がそのことを示している。①これらは福祉国家の避けられない側面なのか。②他のサービスの形態はこれらの欠点から逃れられないのか。集権的なシステムを必然的とする理由はない。大部分の国々における多くのサービスは地域において執行されており，過去20年間，分権化は西欧，アメリカ，カナダにおいて一貫したテーマであった。中欧，東欧の国々といった，かつて最も集権化された国家においては，地方の行政機構が確立されねばならなかったために分権化はゆっくりと進んでいった。エンパワーメント（empowerment）は参加にとって今流行語になっているが，それはまさに不正確な言葉である。行政サービスの利用者にエンパワーメントを行うことのむずかしさを過小評価する

のは間違いだろうし，実際の達成度を無視したレトリックが用いられる危険性が常にある。しかし政治的な合意があるだけに，展望はないと判断する理由は何もない。

　ボランタリー事業者や営利事業者を多用している他のサービスの形態が，官僚主義的でなくなり，利用者のニーズに敏感であるという主張は，さらに中身を詰める必要がある。例えば，サービス提供をする大手のボランタリー組織が，行政より官僚主義的なこともありうる。それらが利用者の参画を優先するとは限らず，実際そのようにできないかもしれない。同様に，大規模な事業者は地方政府の機関よりも身近でないかもしれない。

　過去20年におけるフェミニストの分析では，福祉国家の構造に多くの新たな洞察が行われてきた。ワイルディング［1992］はその重要性を以下のように明らかにしている。

> フェミニストの分析は女性の地位への関心から始まり，政策に関する広い範囲にわたる問題を提起している。それらの疑問は機会均等に対する取り組みに対して重要である。それらの疑問は「福祉国家」のより広い評価にとっても重要である。それらは新たな形での疑問や批判であり，新たなアジェンダを社会政策に対して投げかけている。
> （p. 112）

　次章では，国家に対するフェミニストの見解が考察される。要約すると，フェミニストは，ほとんどの国家の標準的な扱いには欠陥があり，それはどの程度まで国家がジェンダー化されるかを認識しないためであると主張している。フェミニストの研究者は，福祉国家に組み込まれている女性の役割に関する前提に批判的である。例えばビバリッジは，女性は夫の稼ぎに依存するため，女性の主な役割は家庭において妻兼母であることと仮定している。きわめて現実的に，この役割に対する女性の拒絶は，仕事と家庭生活との関係で明らかとなっている。福祉国家が女性の介護に依存している実態に関する文献が数多くある。フェミニストの分析は福祉国家における男女間の不平等に批判的であり，不平等に関する概念はかなり拡大している。例えば，グレンディングとミラー［1992］とミラー［1996］は，貧困下で生活している女性の多さと，女性が国の

給付に大きく依存している実態を実証した。パール [1989] は，不平等の研究が結婚における，より一般的には世帯における金銭の管理と配分を考慮していない点で不備があることを示した。一連の調査では，家庭経済での不平等を無視した形で，労働市場の視点から機会の平等を論ずることによって生じた歪みが示されている。フェミニストによる時には痛烈な福祉国家への批判にもかかわらず，社会政策の分野で研究しているほとんどのフェミニストは，国家福祉の原則に対して反対ではない。彼女たちは，削減ではなく，改革と姿勢の変革を求めている。

介護者への財政的支援または他の支援は第5章で検討されるが，そこでは介護におけるジェンダーによる偏見の証拠についても議論されている。女性はたんに子育てに関するほとんどの責任を負うばかりではなく，虚弱な高齢者や障害をもった親族の介護にもかかわっている。遅ればせながら，福祉国家は社会福祉や保健医療における介護者の重要性を認識し始めているが，第5章で実証されているように，支援策は国によってかなり違っている。

福祉国家におけるその扱いに対して長らく批判的であった介護者は，多くの国々において相互支援グループをつくり始めた。

少数民族はすべての国々に存在しており，すべての国々においてまさにさまざまな状況で差別を受けている。つまり，所得分配，労働と訓練，住宅，社会保障などの面での差別である。そのグループとは，ドイツにおけるトルコ人と他の「外国人労働者」，フランスにおける北アフリカ人，在日韓国・朝鮮人，中欧と東欧におけるジプシー，イギリスにおけるアフリカ系カリブ人，中国人，インド人，パキスタン人，アメリカにおける黒人とヒスパニック，オーストラリアにおけるアボリジニーと東南アジア人，ニュージーランドにおけるマオリ族である。これら各々のグループは，彼らもその一部分を構成している福祉国家において，申請しても充足されないかまたは聞き入れてもらえないような特別なニーズをもっている。

福祉国家の原則やその実態に疑問を投げかける人々を含めて，確かに福祉国家には批判がつきまとう。またその結果と達成についての批判もある。批評家たちは需要に対して供給が不足し，貧困と不平等が根強く残り，住宅は劣悪であり，高齢者，障害者，貧困な児童の個別のニーズに対しての対応は不十分で

あると指摘している。需要に対する不足が恒常化しているために，当然欠陥を明らかにすることは比較的容易である。しかし福祉国家は，それ自身の成功の見返りとして犠牲者でもあると論ずることもできよう。人々の期待を膨らませたことや，需要と供給のギャップを生み出したのは，実は国家によるサービスの成功によるものである。

　批評家たちは経済問題を非難するために既成の目標を政府に課した。公共支出を削減し，少なくともその伸び率を減らしたいと願っている政府は，その行動を正統化するために国家福祉への批判的な議論を利用することができる。欧州委員会［1994；1995；1996］，OECD［1994］，世界銀行［1994］，国際通貨基金はすべて，公共支出を抑制する必要性に焦点を当てている。ヒル［1996］は，社会政策の比較分析において，「社会政策の縮小，または少なくとも社会政策の拡充を抑制する議論はきわめて普遍的なものとなった」と述べている（p. 293）。ヒルはその分析を通して，「福祉国家への支持者の間においてさえ，国家主義を前進させる取り組みから，『福祉の混合経済』への転換があった」と述べている（p. 294）。我々は，この用語の意味と含意に関する議論をこれ以上引き伸ばすことはできない。

福祉の混合経済

　混乱を避けるために，「福祉の混合経済」は同じ事象を説明するのに一般的に使われている2つの用語のひとつということを強調しておくべきだろう。つまり，もうひとつの用語は「福祉多元主義」（welfare pluralism）である。「福祉多元主義」という用語は当初ボランタリー組織の将来に関するウルフェンデン報告［1978］が出された後にイギリスで一般的に使われるようになった。本書で使われる「福祉の混合経済」という用語は新しい起源をもつが，2つは同じ意味であり，したがって両者は互換可能である。

　まず我々は，敷衍し解明するうえでの基礎となる広範かつ明快な定義を必要としている。以下は，先に述べた基準を満たす定義で，ナップほか［1994］によって提唱されている。

混合経済は2つの主要な側面をもっている。すなわち，供給と財源に関するオルターナティブな方式である。同時に，それはサービスの提供と購入の多岐にわたる取り決めを規定しており，すべて国家によって供給されかつ賄われる形で集権的に計画化する福祉国家から，さまざまな利潤追求型の事業者からサービスを購入する利用者または親族等を相手にする「無規制の」市場を含んでいる。(p. 124)

定義には2つの極端な立場———一方では国家がまったく優位にあるのに対し，他方では市場が隆盛であるという立場———をとりうる余地があることに注目すべきだろう。定義の2つ目の特徴は第1の定義と密接に関連しているが，ボランタリー部門とインフォーマル部門という2つが省かれていることである。定義の第3の重要な側面は，供給と財源調達に関連することである。つまり，供給方法に関する決定が必然的に特定の財源形態を意味するという点で，その2つがきわめて密接に関連しあっているのである。また財源に関する決定は，財源の変化に対応する供給方法の推進力にもなりうる。

福祉の混合経済では，福祉の生産および提供に関連する4つの部門が存在する。すなわち，国家部門，営利部門，ボランタリー（非営利または第3）部門，インフォーマル部門（家族，友人や近隣）である。これには特に新しいものはないことを強調しておく必要があろう。福祉国家は常に混合の形態であり，4つの部門が常に存在してきた。考慮すべき重要な点はこれら4つの部門の存在ではなく，次にあげる特徴にそって変化する四者のバランスである。

- 二国間の関係：例えば，大規模な国家部門と比較的小規模な営利部門とを有するスカンジナビア諸国と，国家部門がより制限され，営利部門が広く存在するアメリカとの比較。
- 時系列的な関係：例えば，第二次世界大戦後の西欧における国家部門の大規模な拡張と近年の相対的な縮小との比較。営利部門の歴史はある程度この逆である。
- サービス間の比較：例えば，大部分の国での教育における国家部門の優位性と，住宅における営利部門の優位性との比較。
- サービスにおけるさまざまな要素：例えば，アメリカの保健医療における病院（篤志あるいは非営利部門の優位性）とナーシングホーム（民間部門の優位性）

表1-1 サービス提供のアプローチ

アプローチ	供給	財源	規制
国家指向	政府	政府	政府
伝統的な混合経済	政府とボランタリー機関	政府と民間財源	政府，自己規制的機関
現代的な混合経済	政府，ボランタリー機関，営利事業者	政府，民間財源，利用料金と負担金	政府，自己規制的機関，市場
市場指向	営利事業者	利用料金と負担金	市場

出所：アンハイアーとシーベル（1998）から作成。

との比較。

しかしながら上述した変化は，サービスの供給に基づいており，福祉の生産，提供と消費の2つの側面を分析の対象とする必要がある。つまり，財政（財源調達）と規制を考察すべきなのである。表1-1は4つの異なったアプローチにおける3つの要素すべての関係性を広く示している。異なったアプローチは，特定の福祉国家を記述するためのものではないことを強調すべきだろう。それらには理念型や理想的なタイプがあり，記述よりはむしろ分析目的のために使われる。国家指向アプローチにおいては，政府は供給，財源調達，規制を行う責任を負っている。例えば，中・東欧の旧共産主義社会では最もこのアプローチに近い。伝統的な混合経済において，政府は非営利部門と並んで供給者として参加し，このことは私的な財源の要素をもたらしている。ただし，ボランタリー機関はしばしば政府の財源に過度に依存することがある。アンハイアーとシーベル［1998］は表を作成したが，このアプローチは典型的には「オランダやドイツの場合のように，補完性原理が両部門の関係を規定している」諸国にあてはまると述べている。伝統的な混合経済における関係性の特徴は，政府とボランタリー部門との協働的分業にある。現代の混合経済においては，営利事業者が政府やボランタリー部門に加わっている。アンハイアとシーベルは，このモデルが2つの点において伝統的な形態と異なると述べている。つまり，その関係性は協同的というよりはむしろ競争的であり，役割は特に課されていない。多くの国々において市場供給に有利に働くように，より多くの福祉国家はこのモデルの特徴のいくつかを示すだろう。オーストラリア，日本，ニュージーランド，アメリカ，イギリス，南アメリカと東南アジアの一部の国々は，す

でにこの道筋にそってすべてまたは一部の方針を立てている。市場指向アプローチでは，規制の役割においてさえ政府は福祉とかかわろうとしない。ニューライトを標榜する国においてさえ，そのようなまったく野放しで無規制なものを想定していない。

　アンハイアとシーベルは，中欧および東欧諸国に対して表1-1のカテゴリーをあてはめている。彼らは以下のように述べている。

> 中・東欧諸国のほとんどが，政府または市場指向アプローチについて，政治的ならびに実際的な面で実行可能な唯一の選択肢としてはみなしていない。ただし，自由市場のイデオロギーや社会主義の安定の約束は国民の各層にとって魅力的である。
> [1998, p. 186]

彼らは，旧東ドイツが伝統的な混合経済アプローチを踏襲し，またポーランドが伝統的な福祉の混合経済と国家指向アプローチとの間を揺れ動く集権システムをもつだろうと想定している。ハンガリーは現代的な混合経済モデルにきわめて近いアプローチをとるだろう。アンハイアとシーベルは，チェコ共和国とスロヴェニアについて述べていないが，この二国も現代的な混合経済の道を歩むだろうと私は推測している。

　表1-1は参考になるが，少なくともひとつの致命的な弱点がある。すなわち，供給，財源調達，規制における主体を明らかにする一方，三者（力関係を含めて）のバランスあるいはその活動の範囲について何ら言及していないことである。例えば，現代的な混合経済において財政が3つの源流に由来しているか，それらの各々が密接に相互に関連しあっていることを我々は承知している。このようにして政府財政の役割は重大事となっているようである。多くの国々におけるボランタリー部門の財源の大部分は政府から交付されたものである。営利企業が公的部門の機関と契約を結ぶ際に，同じことがあてはまるかもしれない。政府もまた規制において支配的な役割を保持する傾向にある。実際，弱い立場にある人々を含むクライアント集団を保護するために，広範囲の事業者から構成される市場への参入を認めることは，政府の規制における役割の強化を必然化させるかもしれない。

一方では供給，他方では財源調達と規制との間の分離が続くことは，福祉の混合経済の分析における共通テーマとなっている。全体としての狙いは，サービスの直接供給者としての国家の役割を縮小することであるが，財政と規制の役割を保持することも狙いである。このようにして，国家の機関は供給者よりもむしろ条件整備者（enabler）となっている。オズボーンとゲイブラー[1992]は，触媒的な政府について見解を示しており，セイバスの言葉[1987]を借りて，政府はボートを漕ぐのではなくて舵をとることに携わるべきだと述べている。公的な機関はサービスが供給されているかを保証する責任を負っているが，独立部門（営利部門とボランタリー部門の双方の資源を示す用語として現在使われている）からサービスを購入している。競争入札の過程によるかよらないかは別として，サービスはますます契約ベースで供給されている。社会福祉や保健医療における契約業務は，競争を通して効率性を高め，同時に選択肢を広げて消費者にエンパワーメントをもたらすことを企図している。しかし，このことはアメリカやイギリスにおいて最も発展しているが，世界の他の多くの国においてはまだ進展中であるに過ぎない。契約業務をめぐる諸問題は，第2章，第3章，第4章でより詳細に述べられることになっている。

　「福祉の混合経済」という用語は特定の混合形態を意味していないために，中立なものとして考えられているかもしれない。しかし，その使い方は中立と程遠いものである。混合経済への動きは世界規模で国家の役割を見直す動きと一体化している。その過程において，公共サービスのエトスや国家の構造もまた変化を余儀なくされている。公共政策に対するきわめて重要な問題に思いをめぐらすことは困難である。福祉の混合経済がそれ自身で大きな構造的変化を引き起こしうるとは主張されておらず，大規模な変化における重要な要素である。保守党政権での福祉の混合経済への支持の理由のひとつとして，「国家の役割を縮小する」（rolling back the state）政策を正統化するために利用されることがある。これはアメリカのレーガンとその後継者（民主党のクリントンを含む），イギリスのサッチャー元首相とその後継者に特にアピールをしたが，フランスのシラク大統領やドイツのコール元首相もともに同様の政策に対して支持を表明した。国家の役割を縮小する最も熱心な試みがニュージーランドの労働党政府によってなされたことは皮肉なことである。

「国家の役割を縮小する」ことの本質的な特徴は，公共支出を削減する（あるいはむしろ現実的には抑制する）ためのすべての政府によってなされる試みである。ケアの混合経済は公共支出を削減する一助となる望みは確かにあった。しかし，サービスが継続されるのであれば，サービス提供のための資源がつくられねばならず，そのコストは時には国家から個人，家族，ボランタリー部門へとたんに転嫁されるだけであった。第5章で検討するように，コミュニティケアは家族によるケア（care by families）を意味し，もし公的サービスが削減されるならば，そのときさまざまなコストは親族によって負担されなければならない。もしボランタリー機関が伝統的に重要なサービスを提供し，また財政緊縮のために公的な資金提供機関が契約価格を引き下げるかまたは増額しないならば，ボランタリー機関は2つの選択肢を迫られることになる。すなわち，供給を減らすか，またはサービス水準を維持し，公的機関の補助となるという選択肢である。

福祉の混合経済におけるイデオロギー的要素がきわめて明確に浮かび上がるのは，主として国家に対する見解においてである。国家の分析への異なったアプローチは第2章で考察されるが，この点で国家に対する異なったイデオロギー的視点が福祉の混合経済に関する見解にどのように反映されるかを簡略に示してもよいだろう。ほとんどのイデオロギーグループが特に直接的に混合経済について言及していないために，たぶん推測の域を出ないことを断っておきたい。福祉国家イデオロギーの擁護論はジョージとワイルディングによってなされている [1994]。彼らは6つのイデオロギー的立場を明らかにしている。すなわち，中道路線，民主社会主義，マルクス主義，ニューライト，フェミニズム，グリーニズム（環境保護主義）である。次の簡単な概要は，ジョージとワイルディングのカテゴリーを使っている。

中道路線はイギリスではケインズとビバリッジ，伝統的な一国保守主義政党により代表され，多元主義に強い共感を抱き，福祉の混合経済を最も熱心に支持している。その支持者は市場の重要性を認めるが，同時に管理と規制を必要とすることも認識している。ジョージとワイルディングは「このグループは福祉において国家が主な役割を担わねばならないことにほとんど疑念をもたないが，その役割の性格や範囲については批判的なアプローチをとっている」と述

べている (pp. 46-47)。このグループはボランタリー部門やインフォーマル部門が果たす福祉の役割を熱烈に支持している。

社会民主主義アプローチはトーニー，ティトマス，タウンゼント，クロスランド，イギリスのフェビアン協会，ヨーロッパや他国の社会民主主義政党により代表される。民主社会主義者は中道路線の支持者よりは国家への疑念はなく，国家は福祉の混合経済において支配的な地位を保持するとしている。現在このグループは市場の役割を受け入れているが，中道路線の支持者よりは福祉において重要な役割を与えてはおらず，修正と規制を課すように主張している。普遍主義的サービスを支持しており，中道路線の選別主義的アプローチとは対照をなしている。ボランタリー部門は基本的には補充代替的な役割を演じることになる。

よりラディカルに議論を進めていけば，民主社会主義は次第にマルクス主義へと移行していく。伝統的マルクス主義者は実態を保持しながら，形態を変えていく資本主義国家の権力の証として福祉の混合経済をみなすだろう。すなわち，それは力関係を変えるものではなく，本質的な矛盾を抱えた資本主義システムは維持されるのである。福祉の混合経済は福祉支出を削減する試みに過ぎないものとして解釈されるかもしれない。ボランタリー部門はより市場指向的となり，同時に政府に取り込まれることになる。マルクス主義は，きわめて穏健な立場からすると，民主社会主義と実質的には区別がつかない。実際，ユーロコミュニズムは，仮にマルクス主義である限りにおいて，民主社会主義よりもいくつかの点において穏健であるかもしれない。革命が社会主義の勝利をもたらす唯一確かな方法であるという考えは，議会制民主主義の路線を歩むことで放棄された。市場は，根深い懐疑主義をともなって語られるが，不本意ながら受け入れられている。

ニューライトは本章の冒頭においてすでにかなりの紙幅をさいて記されており，他の章でより詳細に述べられるだろう。ニューライトのメンバーは国家の役割の縮小とまさに市場の拡張を歓迎している。したがって彼らは福祉の混合経済が国家支配型のシステムよりも望ましいとするが，正しい方向への第一歩にすぎないとみている。すなわち，福祉ミックスが十分な変化を遂げたと政策決定者が信じたならば，実際ニューライトの見解からはそれは逆効果とさえな

りうるのである。規制者として，また財政面において，国家の役割を継続させ，さらに拡張することは反対されている。市場やボランタリー組織（特にセルフヘルプグループ）から支援を受けている家族が，ニーズを充足する主な手段となるべきである。ニューライトに託された福祉の形態は，国家支配を廃して市場支配をもたらすだろう。

　フェミニズムはいくつかの異なった形態をとっている［デイルとフォスター，1986；ウィリアムズ，1989；ジョージとワイルディング，1994］。通常，リベラル・フェミニズム，社会主義的フェミニズム，ラディカル・フェミニズムという区分に分けられる。リベラル・フェミニストは主に機会均等と権利に関心を抱いている。社会主義的フェミニストは女性の不利な立場が男性を優遇する搾取的な資本主義的システムに内在する女性の地位から生じているとみている。ラディカル・フェミニストは男性支配の政治，社会，経済システムにおける男性による女性の抑圧に関心を抱いている。ラディカル・フェミニストと社会主義的フェミニストは国家が男性の利益のために機能するという点で一致しているが，国家が女性のために機能しうるかどうかについては不一致である。フェミニズムの主な貢献のひとつは，すべてではないけれども，ほとんど女性によって遂行されている家庭内における介護の役割を明らかにし分析していることである。労働市場における有償労働への認識が等しくなされるなかで，家庭経済での労働への圧力が存在しており，労働市場に女性が完全かつ平等に参加できるためにはより多くのことがなされなければならない。多くの女性は，介護者の無償労働への過剰な依存を意味する限りでは，女性の利益にはマイナスなものとして福祉の混合経済をみなしている。より多くは，この問題については第5章でさらに述べられている。

　グリーニズム（環境保護主義）は福祉の混合経済について直接にはあまり発言していないが，環境問題を軽んじている福祉国家については多くの意見があると主張している。彼らは小さな地方の単位への分権化や参加型の構造と過程を提唱している。環境保護主義者は特にドイツで影響力があり，他の国よりも進んでいる。多くの環境プロジェクトは国家，市場，ボランタリー部門の間の協働から成り立っており，混合経済を進展させている。

　イデオロギーに関するこの議論は，各部門の間のバランスが福祉の混合経済

における決定的な要素であることを繰り返し強調しており，異なったイデオロギーをもつグループはどこでバランスが厳密に保たれるかについて意見が分かれている。いかにバランスの問題が供給，財政，規制の区分によって複雑なものとなるのかを我々はすでにみてきた。分権化や分散化は事態を錯綜させている。具体的な事例を取り上げて関係性が詳細に研究されるとき［エバースとスベトリック，1993を参照，6とヴィダル，1994］，そこで明らかとなるのは異なった仕組みをもつ非常に複雑な実態である。多くの社会事象のように，福祉の混合経済は整然としたパターンに分かれてこないのである。

「適切な」バランスを打ち立てる定説はない。つまり，ある状況やある国において適切であることは，他の状況や他国においては適切ではないだろう。本書は各部門の長所や短所を分析し，どのように各部門が相互に関係しているかを検討している。福祉の混合経済が異なった方法で解釈されることを論証するために，国際比較のアプローチをとっている。各々の部門には各章があてられており，次に国家から始めることにする。後の章では，営利部門，ボランタリー部門，インフォーマル部門について引き続いて述べられている。

（1）グローバリゼーションに関する非常によい議論がエスピン－アンデルセン［1996］，第9章で展開されている。
（2）本調査の対象となった国は，イギリス，西ドイツ，東ドイツ，ハンガリー，イタリア，アイルランド，ノルウェー，北アイルランド，アメリカである。
（3）対象となった国は，オーストラリア，イギリス，西ドイツ，ハンガリー，イタリア，北アイルランド，ノルウェー，アメリカである。
（4）これはアンハイアーとシーベルの記述を修正したものである。彼らが伝統的，現代的多元主義という用語を用いていることを記しておく。

第2章
国家と社会福祉

はじめに——用語を定義する

　社会福祉における国家の役割をより詳細に考察するのに先だって，国家という言葉によって何が意味されているかについて若干の考察を加えておくべきであろう。国家という概念は，それを構成しているということが可能な何らかの単一の実体が存在しているわけではないという意味でひとつの抽象である。したがって，このことは福祉への国家の参画についての分析を問題あるものにしている。しかしながら，国家の諸制度を確認することは可能である。このアプローチにおける焦点は，法，規則，規制を公布し，それらの執行を確保することに関与している諸制度，すなわち「政府」諸制度におかれている。まさにどの制度が包括されるべきかについて広範な意見の相違がみられる。しかも政府の分裂増殖がすすむのにともなって，そうした意見の相違の範囲は拡大していくであろう。国家の「諸機能」を確認することもまた可能であろう。国家の機能についての意見の相違は制度の選択についての意見の相違以上にはるかに根本的なものであるにもかかわらず。例えば，マルクス主義者は，長期的には国家の機能は支配階級——資本所有者階級——の利害に資すること，そして資本主義システムを支持することであると主張している。こうしたマルクス主義者の考え方は，国家の機能を相競合する利害の中立的な調停者として活動することであるとする初期の多元主義者の見解や，国家の機能を自由競争そして個人主義および自立の発展のための法制的枠組みを提供することであるとするニューライトの見解とは際だった対照をみせている。

　ダンリービィとオレーリィ [1987, p. 2] は，国家は次のような5つの主要な

特徴をもっていると述べている。
- 国家は「認識上区別しうる……一連の諸制度である。したがって，確認可能な公共領域と私的領域を創造するという点で，残余の社会と異なる」。
- その領土内において，国家は最高位の権力を有している。
- 国家の主権はその領土に生活するすべての人々に及ぶ。
- 現代国家に携わる人員は，そのほとんどが官僚制的方法での経営管理のために採用され，訓練される。
- 国家は徴税権力を有する。

シュバルツマンテル［1994］も同様の諸特徴を確認している。

> 国家は……ある特定化された支配装置を構成する一連の諸制度である，ということができる。この意味において，現代国家はそれが支配する社会から区別されるだけでなく，領土として境界を定められた地域を支配し，支配規則を制定する権限を独占する集中された権力装置でもある。(p. 8)

　これら2つの定義にみられる興味ある共通性のひとつは，それらがともに国家と社会とを区別する必要性を認めていることである。「確認しうる公共領域と私的領域」について2つの観察がなされうるであろう。ひとつは，それらの相対的な規模が国によって多様であるということ。2つ目は，公共領域と私的領域との区別は自由民主主義においてさえ決して明瞭ではないし，全体主義的国家においては市民社会と国家は明確には区別できない，ということである。さらに，以下で簡単にみるように，国家と社会との間に明確な区分線が存在することを否定するいくつかの方法的アプローチがある。
　理論的アプローチに移る前に，グローバリゼーションの進展が国民国家の自治権に与えた影響について，これまでの章において何が語られたかを思い起こしてみよう。グローバリゼーションは，国民国家がグローバルな経済的圧力にかかわりなく政策を決定する能力を削減するといわれている。さらに，政策は個々の国民国家のコントロールできない事態の展開によって失敗させられるかもしれない。エスピン－アンデルセン［1996, pp. 256-57］は，「ますます世界金融が，何が可能か，そして何が望ましいかを定義するようになってきてい

る」ので，個別的な社会政策をデザインするという政府の自由はますます掘り崩されてきていると提起している。こうした恐れについてのいくつかの根拠はあるが，国民国家がその自治権を喪失したというのは誇張されすぎている可能性がある。国家はいまだに最も重要な政治制度である。フットン［1997, pp. 30-31］が主張しているように，「国民国家と世界市場との間の権力バランスはきわめて複雑」であり，国家と同様の権力を有する参加者はほかに存在しない。

国家の諸理論

国家については数多くの理論が存在している。例えば，ダンリービィとオレーリィ［1987］は，5つの異なるアプローチを確認している。それらは，多元主義，ニューライト，エリート理論，マルクス主義，そしてネオ多元主義である。シュバルツマンテル［1994］はフェミニズム国家論を加え，また自由民主主義国家に敵対するものとしてコミュニズム国家とファシズム国家を含めている。利用可能な紙幅では，これらさまざまな国家理論のいくつかについて簡単に素描する以上のことはできない。以下では，国家についての5つの思想，すなわち多元主義，エリート主義，ニューライト，マルクス主義，そしてフェミニズム理論について議論していこう。

多元主義の見解

多元主義的政治学の原理的な構成要素は，選挙，代表制民主主義，政党，そして圧力団体である。国家は十全に述べられたとすれば，それは公式の政府諸制度から構成されている。多元主義による言及は，「国家」についてよりも，むしろ「政治システム」についてなされる傾向がある。

シュバルツマンテル［1994］は，多元主義の主要な諸特徴を次のように要約している。

その最も広い意味において，多元主義は政治システムにおける権力の分散を強調する自由民主主義の政治構造についての考え方のひとつである。……多元主義は大衆権力をいかに実現するか，そして同時に国家の権力をいかに制限するかという問題に対す

る回答のひとつである。この回答は多元的で，相競合する権力の中心点を形成する集団や連合体（association）のネットワークへの参加にある。（p. 48）

引用が示しているように，多元主義は政治システムがどのように組織「されるべきか」を論証することを目的としているという意味で規範的であると同時に，政治システムが現実にどのように機能しているかを正確に記述していると主張しているという意味で説明的でもある。

多元主義の理論的基礎は20世紀初頭におけるベントリィの研究から発した政治の集団理論である。ベントリィは「集団現象以外に政治現象は存在しない」という大胆な主張をしている [1908, p. 222]。ベントリィは政治についての公式的，制度的，そしてやや静態的なアプローチに対する代替的アプローチを提起し，原子論的個人主義から決別しようと試みた。彼の理論は個人よりも集団に関心を払い，制度よりも過程に関心を払った。しばしば引用される次の文章はベントリィのアプローチを要約している。

　集団について十全に語られるならば，すべてのことが語られることになる。私がすべてのことを述べれば，私はすべてのことの意味を表していることになる。完全な記述は完全な科学を意味する。それは社会現象についての研究においても，他のどのような分野の研究においてもそうである。[1908, pp. 208-09]

ベントリィの理論は，トゥルーマン [1951]，ダール [1956；1982]，そしてリンドブロム [1977] によって一層精緻化され，修正されてきた。しかし，多元主義の古典的な説明はいまだに相競合する諸集団についての中心的概念に依拠している。権力は多元的な利益集団間に広く分散しており，利益集団それぞれは政治的支持を動員することを追求している。権力は，いずれの集団あるいは個人が意思決定過程に参加しているか？　そして誰の考え方が優勢であるか？　さまざまな集団は受容可能な成果を導くためにどのような譲歩を行わなければならないか？　を問うことによって，意思決定の関係から定義される。このように，政策決定過程は集団間の交渉から構成されており，特定の政策決定は妥協と調整に依存している。そうした過程は政策変化が増分主義的であることを

意味している。

　こうした政治についての考え方においては，政府は「価値の権威的配分」[イーストン，1953] にかかわる調停者，不偏不党の審判，あるいは仲介者である。全体系は何が中心的価値——例えば，民主主義，法による支配，私的所有の尊重——であるとみなされるかについての基礎となる合意に依存している。多元主義者が民主主義について語る場合，彼らは相競争する政党間での選択手段としての選挙のある代表制民主主義に言及している。そうしたシステムは，大量の市民による定期的な参加をのみ認めているにすぎず，行われる選択は「政策群」についてのみに制約されている。代表制システムは特定の選好を表現するためには相対的に鈍重な手段でしかない。特定の選好を表現することは利益集団によってより効果的に行われる事柄である。したがって，地域代表および職能代表がともに民主主義社会の実現とその維持のために必要とされる。

　多元主義者は，国家とりわけ中央集権化された国家を疑念をもってみている。政府あるいは政府の一部の手中にあまりにも多くの権力が握られていることは民主主義にとって有害であり，権力を分散する手段が求められなければならない。利益集団システムは権力分散を実現するための最も確実な方法である。しかし，それ自体で十分というわけではない。したがって，多元主義者は単一政治システムよりも連邦政治システムを選好し，できるだけ分権化することを主張する。さらなる民主主義の保護策は権力の分割である。それによって，政府のいずれの部分も他の部分を完全に支配することができなくなる。多元主義者は多様性という語を選好しているが，このことが政治システムの区分化に導くことがあることを認めている。しかし，ポスト・モダンの論者と同じく，彼らは多様性は賞賛されるべきことであり，決して非難されるべきことではないと主張している。

　多元主義アプローチは多くの批判にさらされてきた。とりわけ，その権力の理論的取り扱いについて。例えば，バカラックとバラッツ [1962] は，意思決定に焦点をおくことを批判し，非決定も決定と同様に重要であると論じた。ある事柄を政治的決定事項の外部にとどめておく権力も決定的に重要である。ルークス [1974] はバカラックとバラッツの寄与を評価しながらも，彼らの権力についての定式化には2つの側面で欠陥があると主張している。彼らの権力論

は，権力における構造的な契機を考察することに失敗しており，そして，権力は何らのコンフリクトも存在しない場合でさえ実践されうるということを認識していない。まずコンフリクトの発生を予防することは権力の重要な実践である。このことは，権力保持者がすべての人々の最善の利害に基づいて行動していると人々を信じ込ませることによってなされる。人々は，彼ら自らの真の利害に基づいてはいないが，しかし権力保持者によって定義された彼らの利害にのみ基づく行動を黙認する。

　権力の広範囲にわたる分散は多元主義の場合には決定的に重要であるが，エリート理論家やマルクス主義理論家たちは，権力は少数者の手に集中されていると主張している。フェミニスト国家理論は，権力はほとんどが男性の手中にあると主張している。多元主義者は権力が不均等に配分されていることを否定しておらず，ある集団が過度に支配的となり，組織されていない社会の他の部分が意思決定過程から排除されるようになる危険性があることを認識している。しかしながら，システムは2つの安全装置を組み込んでいるといわれる。第1の安全装置は，メンバーの重複あるいは利害の多様性である。例えば，自動車愛好家はまた徒歩愛好家でもありうる。より大きな規模では，産業主義者はまた息子や娘であり，また母親や父親でありうる。そして個人としては，彼らは環境保護グループ，スポーツ・グループ，福祉グループに属しているかもしれない。第2の保護は，強力な集団の発展がそれに反対する集団を出現させることである。既存の集団の活動によって自らの利害が侵されているように思われる場合には，現在未組織である人々が活動的となる潜在的な集団を構成していることである。こうした制約条件は，ビジネス利害が政策決定において支配的な影響力をもつようになり，そうあり続けていることを妨げることはなかった。

　多元主義者たちは批判に応え，そして現代的な発展を考慮するために自らの理論を修正してきた。ダンリービィとオレーリィ［1987］は，こうした修正をネオ多元主義として括った。利益集団システムにおけるビジネスの支配的な位置についての批判を取り扱うために，二重の政治形態という概念が展開されてきた。二重の政治形態理論は，国家は確かに部分的には選挙競争，利益集団の圧力，そして代表制議会という民主主義過程によって制御されていると論じている。二重性の他の側面は政府政策へのビジネスの直接的な影響力である。し

かしながら，議論はまだ継続しているが，ビジネスの影響力はほとんど経済分野に限定されている。こうした議論は経済政策と他の政策とを明確に区分しうるということを前提にしている。社会政策に関していえば，こうした考え方は，ごく控えめにいっても，おおいに議論のあるところである。さらに，二重の政治形態理論は保健医療や福祉供給へ営利ビジネスが侵入していることを無視している。

　多元主義理論における他の重要な修正は，代表制政府の諸制度を強調することが後退し，専門職化された国家という代替的モデルが展開されていることである。ダンリービィとオレーリィ［1987］は，このモデルを次のような文章で要約している。

> 「専門職化された国家モデル」は，西側民主主義諸国が操作様式として多元主義的であり続けていると論じている。なぜなら，より多くの専門的能力をもち，専門職化した国家官僚にコントロール権限がますます内部化されており，相互作用する意思決定システムを創出するために政府が区分化され，そして課題別の大衆参加が増大してきているからである。(p. 300)

専門的能力をもち，専門職化された国家官僚は，新しいパワー・エリートの基盤を形成するであろう。したがって，ここでエリート国家理論に移ることとしよう。

エリート理論

　エリート理論はプラトンの『共和制』にまでさかのぼることができる長い歴史をもっている。プラトンの『共和制』においては，政府は特別に選別され，養成された保護者の責任事項である。現代的なエリート主義の起源は，モスカ［1896］，マイケルズ［1911］，そしてパレート［1916］の諸著作に見出すことができる。この理論はすべての時代のすべての社会に適用されうるものと主張されている。また，それは民主主義理論およびマルクス主義理論の両者の主張を論駁しているものと主張されている。民主主義理論は現実にあわないし，マルクス主義の無階級で平等主義的な社会という夢は実現不可能である。エリート

理論の基礎は,次のモスカからの有名な引用に言い表されている。

> すべての社会において——いまだにほとんど発展していず,やっと文明化の夜明けに到達したような社会から,最も発達した社会に至るまで——,2つの階級,すなわち支配する階級と支配される階級があらわれる。第1の支配する階級は,常に数的には少数ではあるが,すべての政治的機能を遂行し,権力を独占し,権力がもたらす利益を享受している。それに対して,第2の階級は,数的には多数であるが,第1の階級によって指導され,コントロールされている……[1939, p. 50]

モスカ,マイケルズ,パレートの理論にはそれぞれ異なるところがあるにもかかわらず,この三者のすべては,常に少数者が多数者を支配していること——指導する人々とそれに従うことに同意している人々が存在している——を認めるであろう。人民主権,民主主義は決して実現しえない。マイケルズは——彼が主張するように——他のどんな組織とも同様に「寡占の鉄則」に従う政党組織にとりわけ関心をもっている。政党指導者たちは自己永続的な意思決定者集団である。モスカとパレートはエリートを2つに分割している。モスカは上層と下層に分割しており,少数の上層エリートは主要な政策決定に責任を有しており,残余の下層エリートはより日常的業務に責任を有している。パレートは支配エリートと非支配エリートに分割している。支配エリートは主要な政治決定を行う人々であり,非支配エリートは社会において指導的地位を占めているが,意思決定には何らの役割ももっていない人々である。

エリートは操作,詐欺,強制によって権力を獲得し,維持している。彼らは大衆の利害に従って業務を行っているかのようにみせることによって自らの地位を守っている。ルークス[1974]の権力の第3の次元はこのことに関連している。モスカはエリートによる権力保持の重要な要因として,彼らの凝集力のある優越的な組織を重視している。パレートは心理的要因を重視している。安定的なエリートは,パレートが「ライオン(力を用いようとする者)」と「きつね(狡猾と操作に依存するもの)」と呼ぶものの間の適切なバランスを維持している。モスカ,マイケルズ,パレートは,大衆はだまされやすく,無気力で,政治に無関心だと考えている。

エリートは開放的（リベラル）でも，閉鎖的（専制的）でもありうる。開放的なエリートは下から，すなわち第二層のエリートあるいは大衆から新しい才能ある人材を採用する。閉鎖的なエリートは更新の機会を自制するために究極的には萎縮し，衰退し，新しいエリートによって倒され，代替されるであろう。革命は，パレートが「エリートの循環」と呼んでいるように，たんにあるエリートを他のエリートによって代替することである。

現代社会においては，エリートは一層多様であろう。ミルズ［1950］はアメリカの政治システムについて，権力はそれを自らの目的のために用いている相互関係にあるエリートの手中に集積していると述べている。ミルズは大統領を取り巻くビック・ビジネス，軍，そして政治グループが主要な決定のすべてを行うエリートの主要な構成要素を形成しているとしている。民主主義的な政治装置の集積が覆い隠すことに役立っているとはいえ，これらのグループの相互連関は閉鎖的であり，そのために単一のパワー・エリートについて語ることが可能である。エリートの構成要素は国によって異なるとはいえ，これらには政治指導者，上級官僚層，ビジネス，労働運動指導者，宗教指導者，そしてメディアを牛耳る者たちが含まれるであろう。

古典的な多元主義と古典的なエリート主義がまったく対立的なものであることは明らかである。しかし，これら2つの理論を部分的に調和させる方法が存在している。例えば，両者を調和させる試みのひとつとして，シュンペーター［1944］の著書にかえることができる。シュンペーターは政党が非常に寡占的でありうる点ではマイケルズの議論に同意しながらも，このことは民主主義を不可能なものとはしないと主張している。政党は選挙において支持を求めて競争しなければならない相敵対するエリートを代表している。

コーポラティズムもまた多元主義の諸契機とエリート主義の諸契機とを結合する機会を提起している。コーポラティズムは国家と交渉する鍵となる連合あるいは最上層の連合の重要性を強調している。先進工業資本主義諸国においては，多元主義が前提する相競争する圧力団体は部分的には，「社会的分業や経済的分業における位置，すなわち社会や経済において各集団の構成員が遂行する『機能』によって与えられるアイデンティティによって定義される」コーポレイト・グループによって代替される（その程度は当該の国々の状況に左右される

が)[カウソン, 1982, p. 38]。コーポラティズムの主要な特徴を，カウソンは次のように確認している。

> コーポレイト代表の最も重要な特徴のひとつは，国家との交渉に参画する組織はただたんに自らの要求を表明するためだけでなく，国家政策が執行される代理機関としても機能していることである。……政策形成のコーポラティズム・モデルにおいては（要求の）代表と（政策の）執行は相互に依存しあう交渉関係と融合している。こうした関係において，望ましい政策成果が協調および専門的能力と取り引きされている。[1982, pp. 38-39]

　コーポラティズム編成は，産業の労資両サイド（イギリスにおいては，労働組合会議とイギリス産業連盟）および政府との間で三者協議が行われる経済分野において最もみられる。しかしながら，そうした議論は三者協議でなければならないというわけではない。例えば，オーストリアにおける共同委員会は四者協議組織である。デンマーク，フィンランド，ドイツ，ノルウェー，スウェーデンおよび日本においては，最上層の福祉協議会が社会政策についての議論に参画している。最上層グループに協議と交渉が制限されていることは，コーポラティズム組織に強いエリート主義的特徴を与えている。例えば，社会政策においては，保健医療専門職，福祉専門職，そして生産者集団が交渉過程に参画しているが，消費者はほとんど排除されている。

ニューライト理論

　古典的な自由主義理論は自由（freedom or liberty）を最高位の倫理的価値とみなしている。自由と平等のような他の価値との間には何らトレード・オフ関係はありえない。確かに，フリードマン夫妻［1980］が論じているように，平等を追求することは避けられるべきことである。

> （結果の平等という意味での）平等を自由よりも上位の価値とする社会は，平等も自由も実現しえないであろう。平等を実現するために権力を用いることは自由を破壊することになるであろう。そして，よき目的のために採用された権力は，それを自らの利益のために用いる人々の手中に帰することになるであろう。(p. 181)

過度に単純化しているという危険性はあるが，自由は外的制約がないこと，とりわけ国家介入からの自由とみなされる。ニューライトは国家を自由社会の潜在的な敵であるとみなしている。この考え方は1944年から1980年代に至るハイエクの研究に最も強く表明されている。彼の最もよく知られ，そして最も議論を呼んだ著書は『隷従への道』[1944]である。この著書においてハイエクは，社会民主主義，社会主義，そして福祉国家のすべては大規模な国家介入に導き，このことは自由や自由社会に深刻な脅威をもたらすと論じた。ハイエクは，他の自由主義者と同様に，資本主義と自由な市場の運動とを強く支持し，その両者が自由民主主義にとってきわめて重要であるとしている。国家が経済領域に介入することには何らの理由も存在していない。したがって，古典的な自由主義理論は，契約の履行，および窃盗・詐欺・暴行から市民を保護することに自らを制限する夜警国家あるいは最小国家の考え方を支持している。

しかし，ニューライトは必ずしも一貫していない立場からなる混合物である。ギャンブル[1988]は，イギリスにおけるサッチャーイズムを分析し，1980年代における保守党政権が追求している一対の目的は自由な経済と強い国家の発展である，と述べている。それゆえ，我々は，多くの分野での政府介入を一層強めると同時に他の分野においては脱規制を進めるプログラムに着手する，ニューライトに主導された政府をもつことになった。強い介入主義国家は国家の権威を回復することを要求され，他の機関や利害関係者からの同意を確保することを要求される。キング[1987]は，ギャンブルと同様にサッチャーイズムを分析し，ニューライトの理論は2つの相対立する契機から構成されていると論じた。すなわち，2つの契機とは，国家コントロールからの自由，個人主義，自由な市場を強調する自由主義の契機と，権威と秩序，そしてそれを実現するための政府の利用を強調する保守主義の契機である。アメリカにおいては，宗教的右派という第3の契機が付加される必要があるだろう。ストゥーズとミッジレィ[1991]はアメリカに関して，「政府に対する論理的無関心があるにもかかわらず，ラディカルな右派は自らの目的を実現するために国家を利用するというように複雑さを高めている」(p. 39)と主張している。

ニューライトの理論的基礎は，1970年代初め以来公共選択理論家によって採用されてきた結果として，とりわけアメリカにおいて強められてきた。必ずし

もすべての公共選択理論家がニューライト熱狂者というわけではないが，多くがそうである（例えばブキャナン，ニスカネン，タロック）。公共選択理論家は伝統的な経済分析を採用し，それを「政治市場」に応用しようと試みている経済学者である。企業家が利潤の最大化を追求するように，政治家は得票の最大化を追求し，官僚は自らがかかわる予算の最大化を追求している。こうした議論は小さな政府を求めるための議論として用いることができる。

近年の最小国家を支持する最も興味あるそして影響力のある議論は，ノージックが『アナーキー，国家，ユートピア』(1994)で提起したものである。題名が示しているように，この著書は3部に分かれる。しかし，主要な議論は最初の2部に含まれている。したがって，ここではそこに焦点を当てよう。

第1部において，ノージックは無政府状態を拒否している。アナーキストは，国家が権利を実効あらしめるために強制力を用い，その結果，生命，自由，財産についての絶対的な権利を侵しているがゆえに，それは非倫理的であると主張している。不正義の主要な源泉としての国家は，分権化され，階統支配的でない地域共同制度や会議によって代替されるべきである。ノージックは最小国家といえども何人かの権利を侵すことなしに存在することはできない，と述べている。最小国家は自然状態から発展してくるであろう。そうした状態においては，大部分の人々は倫理的な原則に従って行動するであろう。しかし，にもかかわらず，紛争や不正が発生するであろう。こうした状況において，「人々は私的な保護連合体を設立し始めるであろう。最終的には，そうした私的保護連合体のひとつが支配的な保護機関となり，ある地理的範囲において権力を独占するようになり，その領域内におけるすべての人々の権利を保護する責任をもつようになる」。この段階において，最小国家は，最小国家を形成するという特定の決定を行う者なくして，出現するであろう。ノージックはアダム・スミスから「見えざる手」の概念を借用して，こうした発展を説明している。

第2部においてノージックは，最小国家が正当化されうるすべてであると論じている。最小以上のものであろうと試みるいずれの国家も，必然的に個人の諸権利を侵すことになる。この点を論じるために，ノージックは権利付与に基づく正義についての独自の理論を展開している。人々はそれを獲得することが他者の権利侵害とならない限りで，所有するものに対する権利を与えられてい

る。権利付与に対する国家による介入のいかなる試みも正統化されえない。再分配的福祉国家政策はそれが付与された権利にダメージを与えるがゆえに強く反対されるべきである。A（富める者）から取ってB（貧しい者）に与えることには，何ら倫理的正当性がない。さらに，人々は，自らよりも幸運ではない人々を援助する義務はない。ノージックは彼の考え方を以下のように要約している。

> 国家についての我々の議論の主要な結論は，暴力・窃盗・詐欺に対する保護，契約の履行といった狭い機能に限定された最小国家が正当化されうる，それに対してどのようなより拡大した国家も人々の権利を侵害し，ある事柄を行うことを制限するだろう，したがって，それは正当化されない，というものである。この議論からの2つの注目すべき意味合いは，国家はある人々が他者を援助するようにさせる目的で，あるいは人々自身の利益のためにある行動を禁止するために強制装置を用いることはないであろうということである。[1984, p. ix]

これはニューライトに相当の影響を与えた驚くべき哲学である。それは福祉国家についての哲学的告発であり，国家を後退させようとする人々に武器を与えることとなった。

マルクス主義理論

　マルクス主義は国家論においてとりわけ豊かな成果をあげてきた。非常に多様な議論が存在しているが，共通の中核となる議論は，資本主義社会における国家権力は階級に基づいている，政治権力と階級の力とは緊密に関連している，国家は原則的に支配階級の利害に資する，そして資本蓄積を促進する，ということである。国家の階級に基づく性格を認識することが重要である。なぜなら，無階級の共産主義社会においては，階級支配の道具としての国家はよけいなものとなり，死滅していくであろうからである。『共産党宣言』においてマルクスとエンゲルス [1977, p. 44] は，「現代国家の執行部は，全ブルジョアジーにとっての共通事項を管理する委員会である」と述べている。『共産党宣言』は議論の余地のある著作であり，そうした国家の役割についての硬直した非妥協的な考え方はマルクスの他の著作には見出すことができないものである。（マ

ルクス自身,そして大部分の現代のマルクス主義者がもつ)より典型的な考え方は,国家は資本の長期的な利害に資するとともに,ある程度,コミュニティ全体の利害にも資する,二重の役割をもつというものである。この明らかなパラドックスは資本主義国家の矛盾のひとつである。

資本家階級がその支配を維持するための手段について考察することが重要である。基本的な動機は,資本家階級による生産手段とそれが与える経済力に対するコントロールである。ミリバンド [1969] は,経済的権力と政治的権力とを関連づけている。

> 先進資本主義社会についての最も重要な政治的事実は,……こうした社会における私的で,かつてなく集積された経済的権力の継続的な存在である。そうした経済的権力の結果として,それを握る者は社会,政治システム,そして国家の政策および活動の決定において圧倒的な優位を享受する。(p. 265)

ミリバンドは資本家階級の権力はこの階級の構成員が鍵となる地位を占めることによって確保されると主張している。産業,メディア,大学,国家におけるトップの地位を占める者は,同じ支配階級から選ばれる。さらに,国家はその資源を資本家階級に依存している。

プーランツァス [1973] は,ミリバンドによるエリートの地位を占める者を確定する方法に疑問を提起し,この方法は不適切であると主張した。プーランツァスは,国家の階級的基盤を決定するのは,資本主義社会の構造と,その社会における階級間の力関係であると論じた。資本主義国家の特徴のひとつは,さまざまな階級が統合されることなく,フラクション,階層,下位グループに区分されることである。経済的に支配的な階級はさまざまな,時に相対立する利害をもつ諸フラクションから構成されている。国家はそれが資本家階級の長期的利害を擁護する位置にあり続けるためには,特定のフラクションの特定の利害から「相対的に自律的」である必要がある。短期的には,国家は資本家階級のある部分からの反対に直面するような変更を導入するかもしれない。国家の相対的な自律性という考え方はマルクス主義の文献に広くみられるが,ダンリービィとオレーリィ [1987, p. 258] は,2つの異なる説明があることを確認

している。それは，資本家階級からの自律性と資本制的生産様式からの自律性である。

オッフェ[1984]は，国家と資本家階級との間のまったく異なる関係を仮定することで，ミリバンドおよびプーランツァスとは立場を異にしている。国家は特定の階級と一体化しているのではない。「国家はある単一の階級の特定の利害を守っているわけではないが，にもかかわらず国家は『資本によって支配されている』階級社会のすべての構成員の『集合的』利害に基づいて行動し，それを擁護しようとしている」(p. 120)。国家自体は蓄積から除外されているが，その政治的目的を追求するのに必要な収入を得るために蓄積過程に依存している。したがって，資本蓄積にとって最も適合的な諸条件をつくりだすことが国家「自らの利害」である。国家は資本蓄積への依存性を隠蔽しなければならない。そして，選挙の民主主義的過程や福祉サービスの供給によって自らの活動を正統化しようとしている。

構造主義的マルクス主義者であるアルチュセール[1972]は，経済的権力は抑圧，強制，そしてイデオロギーのコントロールによって政治的権力に転換されると述べている。そして彼が国家の抑圧装置とイデオロギー装置と呼ぶものの間の関係を強調している。抑圧装置は警察と軍隊から構成されており，イデオロギー装置にはマス・メディア，教育機関，宗教組織，労働組合，そして家族が含まれる。アルチュセールにとって，民主主義の外観は大衆が自ら政治システムに参加していると信じこませるための装いにすぎない。グラムシ[1971]は1929年から1935年までの間の獄中ノートで，権力構造を乱すことなく労働者階級へ譲歩することを可能にしているブルジョアジーのイデオロギー的ヘゲモニーを強調している。

この要約で取り上げたよりもはるかに多くの理論家たちがマルクス主義国家論に寄与してきた。さらに，ここで取り上げた論者の議論にしても，それを正当に取り扱うにしてはここでの要約はあまりに簡単すぎる。したがって，彼らの考え方を一層深く追究したい読者には，ぜひ原著を読んでいただきたい。

フェミニズム理論

フェミニズム国家論について記すことは困難である。なぜならば，さまざ

な種類のフェミニズムが存在しており，それぞれがやや異なる問題関心をもち，異なる議論をしているからである(1)。しかしながら，すべてのフェミニズム・グループが合意しているひとつのことは，これまでに考察してきた他の国家論は国家がどの程度ジェンダー化されているかを認識していないために欠陥をもっているということである。多元主義者は，利益集団において影響力ある立場は男性によって占められているという事実を無視している。エリート理論は，エリートにおける男性支配をほとんどまったく考慮していない。現代マルクス主義者は，社会分析においてジェンダー関係の重要性を認識し始めているが，マルクス主義は伝統的に階級区分を強調し，時として社会分裂の他の源泉を除外してきた。フェミニストは，民主主義の論理や機会の平等が唱えられているにもかかわらず，国家権力はほとんど男性の手中にあると主張している。ラディカル・フェミニストは，より広範な社会や経済における家父長制のシステムに依拠すると同時に，それを支持している家父長制的国家について語っている。国家は家父長制権力を再生産するうえできわめて重要な役割を果たしている。こうした権力配分についての分析は機会の平等や平等な社会的，法的，政治的権利を求めるリベラル・フェミニストの要求をはるかに超えており，階級間不平等とジェンダー不平等との間の関係についての社会主義的フェミニストの議論を拡大した。しかしながら，ルイス[1992]は国家は必ずしもすべてが等しく家父長制的であるのではないと論じている。彼女は，高度に男性支配的であるイギリスやアイルランド，男性支配がさほど明らかではないスウェーデン，両者の中間にあるフランスによって例証される３つのモデルを確認している。ルイスは女性にやさしい国家の可能性を主張するスカンジナビアのフェミニストの例としてハーネス[1987]とコルバーグ[1991]をあげている。コルバーグは「スカンジナビア福祉国家は家父長制的であるかもしれないという考え方を退け，スカンジナビア福祉国家が女性の独立，権限付与（エンパワーメント），そして父権からの解放を促進してきたと主張している」(p. 170)。

　ある社会主義的フェミニストたち[例えば，エーレンライヒとイングリッシュ，1979；バーレット，1981]は，資本主義におけるジェンダー不平等について記述するための手段として家父長制の概念は役にたたないものとして拒否している。彼女らが主張しているのは，この家父長制という言葉は前資本主義社会に限定

されるべきであるということである。しかしながら，より通例の立場は両者のアプローチを併用するものである。すなわち，マルクス主義者を含む社会主義的フェミニストは，家父長制アプローチは有益な説明や洞察を提起しているが，家父長制は資本主義社会における階級関係との関連において考察されるべきであると論じている。ダールとフォスター［1986］は，こうした二重のアプローチを次のように説明している。「……資本主義と家父長制は『ともに』女性の位置を形づくっている。家父長制は資本主義以上に重要なものとみられるべきではない。そして男性は主要な敵ではない」(p. 56)。

1970年代においては，社会主義的フェミニストは特定の家族関係およびジェンダー関係が，資本主義システムおよびそれをコントロールしている人々にどの程度利益を与えているかに関心を集中させていた。不払いの家事労働は有効な労働力を生産する費用のある部分を負担することによって雇用主を援助する——女性は男性労働力に食事や衣料を提供し，くつろぎや休息のための場を提供するために家庭内にとどまることを促されている。女性はまた病のときにはケアを提供するだろう。資本主義を援助する他の機能は，労働力の「再生産」である。すなわち，妊娠・出産・育児である。一見すると，労働市場への女性の参加が高まっていることは，こうした議論を弱めているようにみえる。しかしながら，少なくともスカンジナビア諸国以外では，女性の間では「パート・タイム」労働が圧倒的部分を占めていることが考慮されなければならない。パート・タイム労働は，女性が主婦およびケア提供者としての役割を担い続けることを可能にしているとみることができるだろう。労働力に占める女性比率の増大が家庭内における家事労働およびケア労働の分業にはとんど何らの影響も与えてこなかったということを実証する十分な数の証拠がある。支払い労働と不払い労働との間の関係はいまだにフェミニストの主要な関心のひとつである。それは両分野における公平性を高める，あるいは低めるうえでの国家の役割が，労働市場への介入によって，あるいはあまり直接的ではないが，さまざまな福祉措置，とりわけ社会保障を通して果たされているからである。これらの論点をめぐる議論のいくつかについては，第5章において考察することにしよう。

国家介入の増大

　福祉への国家参画の起源は数世紀をさかのぼることができる。しかし，今日，我々が理解しているような福祉国家は19世紀後半にさかのぼることができる。クーンレ［1981, p. 126］は，「大部分の著者たちは，福祉国家の開始，あるいは少なくとも福祉国家の現段階の出発点を，19世紀の第4四半期におけるビスマルクの大規模な社会保険計画に求めている」と述べている。さまざまな国々が，さまざまな時期に，さまざまな優先順位をもって，さまざまな速度で，諸福祉サービスを発展させてきた。

　にもかかわらず，1900年までにドイツにはすでに疾病保険，労働者災害補償保険，老齢年金があった。1911年までに西欧のすべての国々に何らかの形態の労働者補償計画が存在していた。1913年にスウェーデンは全人口を包括する年金保険計画を導入した最初の国となった。しかし，その時までに，オーストラリア，オーストリア，ベルギー，デンマーク，フランス，ドイツ，イタリア，オランダ，ノルウェー，スイス，そしてイギリスには，現金給付と何らかの保健医療サービスの両者の資金調達をする，何らかの形態の疾病保険が存在していた。こうした保険計画に加入することは，オーストリア，ドイツ，オランダ，ノルウェー，イギリスにおいては，ある種類の労働者には強制であった。他の国々では加入は任意であったが，国家からの補助があった。失業保険は1911年にイギリスにおいて導入され，その後他の国々でも導入された。例えば，ドイツでは1927年，アメリカでは1935年，カナダでは1944年になって導入された。

　19世紀から現在までの福祉国家の漸進的かつ断続的な発展を年誌風に記述するのはあまりに長くなるであろう。そこで，ここではすべての資本主義諸国が，その範囲と熱心さには違いがあるとはいえ，福祉国家の原理を受容した戦後期に目を転じよう。第二次世界大戦勃発以前の60年間に築かれてきた福祉国家の基盤は，いまや国家供給の範囲が拡大するにつれて堅固なものとなった。1940年代後半期は社会改革期の始まりとみられており，社会改革は1960年代末まで弱まることはなかった。この期間は福祉国家の全盛期と考えられるであろう。終戦直後の時期には，すべての資本主義諸国が協力しあい，その社会保障制度

を調整するとともに拡大し，給付も増大した。西欧諸国においては，給付対象範囲はますます包括的でかつ普遍的なものとなった。アメリカにおいては，社会保障はヨーロッパよりもゆっくりと拡大した。給付があまり選択的でなくなったのは1960年代になってからであり，1965年に（貧困者に対する）メディケイドと（高齢者に対する）メディケアが導入された。ほとんどすべての国々において，保健医療および教育への支出は，絶対額においても，GDP（国内総生産）に対する比率としても増大した。大部分の国において住宅プログラムが開始され，政府は補助，貸付，手当などによってより積極的な役割を果たし始めた。

戦争自体が1940年代における福祉国家の拡大に直接的および間接的に影響を与えた。戦争からの苦難は人々に等しく及ぶのではない。しかしながら，総力戦においてはすべての人々が何らかの困難を被る。そして，より大きな連帯感が生まれ，たとえ一時的であったとしても，階級間の障壁が低くなる。困難を耐え忍んでいる人々は，自らが現在はらっている犠牲は，戦争が終結したときによりよい生活水準，完全雇用，そしてより多くの，かつよりよい社会サービス給付によって補償されるに違いないと信じていた。より日常的なレベルにおいては，戦争は中央政府によるより大規模な介入とより重い租税負担——この2つのことは戦後の社会給付の発展にとって必要なことであった——に人々を慣れさせた。

その反面で，すべての国々が1929年に始まった世界大恐慌において深刻な大量失業を経験した。1930年代の経済問題から導かれる教訓のひとつは，大量の長期失業と収拾のつかないほどの急上昇するインフレーションが政治的過激主義の成長を招いたことである。ファシズムは経済の崩壊の直接的な結果であると考えられている。したがって，完全雇用政策，社会保障給付の改善，住宅・教育・保健医療サービスの改善が，ファシズム体制の復活を防ぐ可能な方法のひとつと考えられた。ファシズムの復活がひとつの危険であるとみられるならば，とりわけアメリカにおいては共産主義の広がりがもうひとつの脅威であるとみられた。アメリカの対外政策はヨーロッパの安定の実現をめざした。民主的福祉国家は安定を確保するうえで役立ち，共産主義の広がりに対する有効な防壁を与えるであろう。

政府はファシズムおよび共産主義の脅威と認められることに関心を払ってき

た。しかし，普通の人々は戦前に享受していたよりも大きな安全と繁栄のある生活を再建することに関心をもっていた。多くの人々は戦間期における失業がもたらした困難と生活水準の低下，そして失業に対する政府の不十分で，時には無慈悲ですらあった対応を記憶していた。人々はそうした状況に戻ることのない保証を求め，完全雇用および社会保障の改善の公約に最も誠実であると思われる政党に投票した。

　第二次世界大戦後の社会改革は，すべての先進工業社会が経験した高度経済成長によって可能となった。必ずしもすべての国々が等しく成功したわけではないが。コール [1981] は西欧と北米における戦後の公共支出の展開について検討した論文において次のように書いている。

> 第二次世界大戦後の再建期における急速な経済成長は，西側民主主義諸国がほとんどすべての分野において公共支出を増大させることを可能にした。なぜなら，より大きな財政資源を確保できたからである。……多くの著者たちは，保守的であるとラディカルであるとにかかわらず，社会支出が公共支出の長期的な増大の顕著な構成要素であり，過去数十年間における公共支出の全般的な増大の大きな部分を占めてきたことに同意している。(pp. 307-08)

公共支出が増大していくのと同時に，ケインズ経済学が総需要を管理しそれによって失業とインフレーションの水準をコントロールする機会を政府に与えているように思われた。したがって，1945年以降の期間においては4つの主要な影響力が作用していた。
1. 戦争の直接的および間接的影響，そして共産主義とファシズムに対する防壁としての西欧を安定化するという望み。
2. 両大戦間期における失業の記憶，少なくとも西欧においては完全雇用政策と社会改革に取り組まない政府を選出することを選挙民が欲しないこと。
3. 前例のない，そして持続的な経済成長。
4. ケインズ主義経済理論の受容。

　西欧，オーストラリア，カナダ，ニュージーランド，そしてアメリカが福祉国家を確立しつつあるときに，中・東欧の国々は，圧倒的にソ連によって支配

されているブロック（ユーゴスラビアを除く）を形成する共産主義にむかっていた。中国もまた共産主義国となった。これらすべての国々は共産党が国家装置をコントロールする一党独裁の全体主義の国々となった。西欧で確立されたものが，中・東欧の新たな指導者たちの気に入ることはなかった。社会主義は発生するどのような問題でも解決しうるので，さまざまな福祉制度は不必要であった。人民の福祉は，労働の場の保証，食糧，衣料，住宅，交通への手厚い補助によって実現されるだろう。1989/90年における共産主義体制の崩壊に続いて，大部分の政府は新自由主義経済学を採用し，福祉システムの構築にとりかかった。少なくとも選挙民にとっては，いまや新自由主義の魅力はほとんどなくなり，いくつかの国々においては旧共産党指導者が政権に返り咲いた。しかしながら，このことは1990年以前の体制に復帰しようとする試みではなく，経済的および社会的再構築がいまだに主要な課題となっている。旧東ドイツはこのパターンの例外である。ドイツ再統一以降，西ドイツの福祉システムが全ドイツに拡大されたからである。

　1940年代に非共産主義諸国において確立されたサービスは，一時的な後退はあっても，1950年代，60年代を通して一層発展し続け，しだいに政府支出およびGDPのより多く部分を消費するようになってきた。ハイデンハイマー，ヘクロ，アダムス［1983］は1983年に，それまでの福祉国家の発展を要約して次のように述べている。

> データは完全とはとてもいえないが，ヨーロッパおよびアメリカにおける全般的な傾向は過去100年間にわたって明瞭であり，かつ一貫している。すなわち，総経済資源のうちますます大きな部分が課税によって吸い上げられ，公共支出にむけられてきた。（戦時期を除けば，）全公共支出のうちますます多くの部分が社会プログラムにむけられてきた。……こうした全体的な傾向における国別の相違が重要である。しかし，全般的動向はすべての発達した国々にとっての長期的課題として明らかである。(p. 10)

　こうした言明がなされたとき，すでに福祉国家の危機について数多くのことが語られ，GDPに対する公的社会支出の増大率がすでに抑制されてきていた。公共支出における変化についてのより全面的な分析を53頁から75頁に示してお

いた。非常に包括的にいえば，対 GDP 比の社会支出はほぼ1975年ごろまでは事実上増大し続けた。1973年の石油危機，それに続く景気後退は政府に対して公共支出の削減がきわめて重要であるということを確信させた。社会支出が総支出の高い比率を占め続けていたために，社会支出は財政緊縮の主要な犠牲者とされた。高水準の社会支出は経済問題の主要な原因のひとつとみなされた。1980年代のほとんどの期間を通してなされた財政緊縮の強化にはいくつかの要因がかかわっている。とりわけ，アメリカにおけるレーガン，イギリスにおけるサッチャーのように「国家を後退」させることを公約した保守主義的政権の選出，マネタリズムを選好しケインズ主義経済理論が拒絶されたこと，そして1980年代初めの景気後退などである。1990年代前半期における景気後退とヨーロッパ通貨同盟に加入するための条件を満たそうとするヨーロッパ諸国の試みは，社会支出を抑制しようとする新たな試みを意味していた。しかしながら，社会支出を削減するという要望は実現されなかったということが強調されるべきである。緊縮政策の成果は福祉への政府支出の増大率を低下させるにとどまった。

国家の役割の削減

1980年代には国家に対する幻滅感が広がり，このことは1990年代にも続いた。最も顕著な変化は中・東欧で起き，全体主義国家が打倒された。しかし，国家への信頼の喪失は世界的規模での現象であった。サラモンとアンハイア [1994, p. 113] は，「国家への信頼の喪失の広がり」について書いている。国家に対する幻滅の原因にはおびただしい数の腐敗現象があるが，より重要なことは，長期的には，政府の経済問題や社会問題を解決する能力および人々のニーズを十分に充足する能力への信頼の喪失である。いずれの国においても，このことは保健医療および福祉サービスの分野において最も明らかである。国家供給が優先されるという一般的な合意がますます問題とされるようになってきた。エバース [1993, p. 3] は，「国家中心の福祉の支配という考え方はしだいにその力を弱め，その主導権は失われた」と主張している。国家サービスはあまりに中央集権的であり，あまりに官僚主義的であり，あまりに人々から遠く隔たって

おり，あまりに人々のニーズに対応していないし，あまりに専門職者や行政担当者によって支配されていることについて批判がなされた。福祉への国家参画を削減するという多くの議論において，最も注目されたことは福祉の「直接供給」についてである。国家の財政的役割や規制的役割を維持しながら，あるいはそうした役割を高めながら，国家供給を削減することはまったく可能なことであるにもかかわらず。

　しかしながら，政府関係者の心の中にあったことは，国家が保健医療や福祉に大規模に参画することがもたらす最も重大な障害は，莫大な支出をともなうということである。国家福祉の過大なコストとして考えられることへの政府の対応は，とられた行動の細目において，またその厳しさにおいては相当に多様であるにもかかわらず，追求された目的には広範な共通性がみられる。すなわち，サービス水準の引き下げを含むであろう公共支出の抑制，代替的な供給形態の促進，新しい公共部門経営管理や分権化と結びついた行政の再構築などである。これらの課題が，本章のあとの部分の基礎になっている。

公共支出の抑制

　最も一般的なレベルでは，すべての政府は全般的な基準を設定することによって赤字を削減する，あるいはそれをコントロールする行動をとってきた。これには3つの形態がある。
1．赤字の上限を対GDP比で設定する。
2．公共支出の上限を対GDP比で設定する。
3．公共部門借入の上限を設定する。

これらの全般的な基準内において，政府活動の特定分野が支出抑制の対象となる。時には全般的な形態で削減されるが，多くの場合には選別的な形態で削減がなされる。

　OECD [1985] による調査は，20か国における対GDP比の社会支出年増大率を検討している。この報告書は社会支出年増大率を1960年から1975年までのそれと，1975年から1981年までのそれを比較している。明らかに実証されたことは，社会支出は増大し続けているが，1975年以降その増大率は大幅に低下したことである。最大の変化はオランダで8.8%ポイントの低下，以下，オース

トラリアが7.2%ポイントの低下，カナダでは6.2%ポイント低下した。増大率の減少が最も小さかったのはフランスとベルギーで，1％ポイントをわずかに超えた程度であった。イギリスとアメリカでは4％ポイントを上回る減少があった。レーガンが政権についたのが1981年であったこと，イギリスにおいてはサッチャーイズムの全般的効果はいまだにおだやかにしか感じられていなかったことに注意されるべきである。全OECD諸国の社会支出年増大率の低下は平均して3.8％ポイントであった。

近年のOECD調査［1994］は次のように述べている。

すべての国々はいまや社会政策支出に対する需要の高まりに直面しているが，同時に資源制約の増大，そしてしばしば財政赤字の増大にも直面している。そして，現在の景気後退は社会保護のシステムに影響する深刻な財政圧力を一層強めている。……その結果，すなわち多くの国々にとっての主要な関心事項であるこのジレンマがすべての公共政策，とりわけ社会政策の目的およびその財政のあり方について再考せざるをえない状況に導いている。(p. 7)

この調査は社会支出の数値を1990年まで追っている。この調査は社会支出は増大し続けているが，その増大率は1970年代よりも低くなっていることを実証した。これらの数値を解釈するにあたっては2つの理由から注意が必要である。その理由は，①数値の収集方法によって，社会支出およびGDPのカテゴリーについての定義が異なっている，②社会支出についてのOECDによる定義は非常に狭く，保健医療とすべての形態の所得維持プログラムは含まれているが，教育や対人社会サービスは除外されている，ことである。この分析はEC（ヨーロッパ共同体）諸国とEC以外の諸国の2つのグループに分けて行われている。後者のグループにおいては，1980年から1990年の対GDP比社会支出増大率は平均して2.95％であった。しかし，こうした全般的な数値は，ノルウェーの7.3％増，他方でのスウェーデンのわずか0.87％増というように，国による相当程度の相違が存在することをおおいかくしている。EC諸国についてのOECDの数値は暫定的な推計値にすぎない。それは平均して0.09％の増大であった。より厳密な数値としては，欧州委員会［1995］の刊行物が平均して

1.1％増という数値を示している。これらの増大のすべては80年から90年までの10年間の前半5年間によって説明される。なぜなら，1985年から1990年までは0.7％低下しているからである。この10年間全体では，対 GDP 比社会支出はベルギー，ドイツ，アイルランド，ルクセンブルクでは低下した。失業補償が当然増大した3年間の景気後退の後でさえ，1993年のベルギー，ドイツ，ルクセンブルクの対 GDP 比社会支出は1980年のそれよりも低い水準であった。EC 諸国では景気後退がより深刻な結果をもたらし，政府がより厳しい緊縮行動をとったために，1980年代を通じて，他の OECD 諸国よりも事態は悪かった。しかしながら，西欧には，1993年において，対 GDP 比社会支出が30％を超える高支出福祉国家であるデンマーク，フィンランド，フランス，ドイツ，オランダ，ノルウェー，スウェーデンが含まれていることを忘れるべきではない。

1990年代初めには社会支出の増大がみられ，それを抑制しようとする努力が再びなされた。欧州委員会［1995］はその理由をいくつかあげている。

> 経済の低成長，高い失業率の継続，人口高齢化，保健医療支出の増大をコントロールする問題，これらすべてが社会保護システムとその財政に強い圧力を課している。……財政抑制が近年とりわけ明らかになってきている。それは1990年代初めの景気後退，および，インフレ圧力を抑制し，ビジネスへ過重なコストを課すことを避けるために財政赤字を削減し，公共支出の増大を制限するという政策関心が広がっているためである。（p. 3, p. 7）

1970年代半ば以降，歴代の政権は一連の緊縮政策を公表してきた。社会支出についての財政的慎重さとその削減の要請が，1980年代の初めから半ばにかけて，とりわけ明らかであった。1993年ごろからは等しく財政上過酷な措置が導入された。これらの措置は大部分の西欧諸国，オーストラリア，ニュージーランド，日本，アメリカに影響を与えた。しかし，いくつかのヨーロッパ諸国では，こうした政策は労働組合の反対，ストライキ，デモのために修正されざるをえなかった。フランスにおいては，1995年と96年には，国内の対立がとりわけ厳しいものとなり，それが長期間続いた。にもかかわらず，譲歩もなされた

が，社会保障予算は削減された。こうした財政削減が1980年代のそれにつけ加わった。

すべての国々における社会支出を削減したり，あるいは抑制したりするための多くの試みについて，ここで詳細に記述することは不可能であろう。したがって，ここでの議論はより重要な変化にのみ限定されるであろう。財政削減の効果は累積的なものであるので，1980年代に課された財政削減がまず最初に考察され，その後近年の措置について考察されることになる。退職年金費用の増大についての関心の高まりと，「切迫した人口動態上の時限爆弾」[欧州委員会，1995, p. 13]についての警告があるので，退職年金については別に取り扱うことにしよう。最後の節では，支出抑制の試みについての評価を行い，それがどの程度実施されてきたかについてと，その影響について考察する。

<1980年代>

サッチャーのもとでのイギリス，レーガンのもとでのアメリカは，1980年代初めに反国家的論理にその方向をとり，国家を後退させる試みを行い，社会支出を抑制する決定を行った。いずれの指導者，サッチャー，レーガンともにニューライトを強く支持し，福祉国家に対する強い反感を共有していた。イギリスに関してウォーカー[1993, p. 68]は，次のように述べている。

> イギリスの福祉ミックスにおける変化を積極的に促進した最大の要因は，1979年における第一次サッチャー政権の選出に代表されるイデオロギー的変化である。……対人社会サービスにおける多元主義の漸進的な変化が，保守党政権のラディカルな政治綱領と，とりわけ公共部門による供給を残余的なものとする政策によって圧倒された。(p. 69)

市場に基づくシステムが選好されたために，一国保守主義は放棄された。その結果，より深い社会の分裂と不平等が拡大した。1980年代には，ほとんどすべての社会サービスが抜本的に再構築された。支出削減がさまざまに行われ，最も深刻な打撃を受けたのは住宅サービスであった。住宅への公共支出は，1981年から1991年の間に実質額で28%減少した。再構築は1980年に開始され，

この時，政府は2つの社会保障法を導入した。この立法によって導入された改革において，より重要な事柄には次のようなことがある。
1．ストライキ参加者への給付の削減。
2．失業者，傷病者，寡婦給付への所得比例所得補償の廃止（1982年1月から）。
3．短期給付の増額を，予想インフレ率以下で，5％を上限とする。
4．平均所得と年金額とのリンクの廃止。それによって将来的には，年金は物価との関連でのみ増額されることになり，増額が抑制されることになる。
5．例外的なニーズに対する給付や，例外的状況に対する追加給付の受給可能性の削減。

社会保障制度の大規模な改革は，1986年から1988年の間に行われた。1986年法は長い条文をもつが，4つの主要な特徴をあげれば，①例外的ニーズに対する給付を貸付によって代替する。②住宅給付の受給を一層困難にする。③国民所得比例年金制度の給付を削減する。④資産調査（ミーンズ・テスト）を相当程度強化する。

サッチャーによってニューライトのイデオロギーが強く支持されたように，レーガンの場合にも同様であった。オコーナー［1998］はこの点について次のように述べている。

> レーガンの選挙での勝利はアメリカ史における分水嶺であった。なぜなら，それはニューディール型秩序の終焉を象徴しているからである。……フランクリン・デラノ・ローズベルト大統領の時期からジミー・カーター政権まで，経済への政府介入，所得の下方への再分配，社会給付への政府支出は，国民的優先事項であると考えられてきた。……議論のあるところではあるが，現代アメリカ史において最もイデオロギー優先の大統領として，レーガンは，大きな政府に対する一致したそして執拗な批判の大合唱によってニューディールの栄光の失墜を促した。（p. 38）

オコーナー［1998］は福祉緊縮のための3つの主要な立法を検討している。この3つの立法とは，1981年予算法（OBRA），1983年社会保障法修正法，1988年家族支援法である。OBRAはほとんどすべての社会プログラムに関係していた。オコーナーはバウデンとパルマー［1984］を引用しているが，彼らの計算はOBRAのもとでの支出とレーガン政権以前の状態が継続すると

仮定した場合の支出推計との比較に基づいている。OBRAによって最も深刻な打撃を受けたのは，貧困者および失業者に対する中心的なプログラムであった。要扶養児童家族扶助（AFDC）への支出は14.3％削減され，食糧切符プログラムは13.8％削減され，失業保険給付は17.4％削減された。社会保障は，あまり厳しくないとはいえ，4.6％削減された。メディケイド支出とメディケア支出はそれぞれ2.8％，6.8％削減された。OBRAは50万家族をメディケイド扶助対象者から除外した。学生ローン，補習教育・雇用・訓練サービスは大幅に削減された。1983年社会保障法修正法は，細かな規定の改正も特定の受給権を縮小するものであったが，主要には給付関連の税制にかかわるものであった。家族支援法の主要な効果は，OBRAの雇用促進（Workfare）[3]関連規定を強化することであった。

　1982年，83年，84年予算は，これまでの政策に比して，社会プログラムのほぼ10％のカットを含んでいた。メディケアとメディケイドは，1982年から1985年の間に，累積してそれぞれ5％と4.5％の支出削減を被った［バウデンとパルマー，1984］。住宅支出の削減ははるかに厳しかった。1984年予算は住宅関係の授権予算水準で94％のカットを提案した。ハートマン［1983, p. 1］によれば，「レーガン政権が意図していたことは，住宅建設や大規模な改修によって低所得家計に利用可能となる住宅ストックを直接的に増大させるようなすべてのプログラムに事実上終止符を打つことであった」。バウデンとパルマー［1984, p. 177］は，レーガン大統領の考え方や政策を「過去半世紀にわたって，わが国の社会政策を支配してきた原理に対する一貫したイデオロギー攻撃」であると述べている。

　1980年代のイギリスおよびアメリカは，ニューライトからインスピレーションを得た政権によって支配された。しかしながら，左翼政権が，それほど極端ではないにしろ，同様の緊縮政策をとらなかったと考えるべきではない。社会主義者であるミッテラン大統領期のフランスの場合が興味ある例である。アシュフォード［1985, p. 578］は，「当初2・3か月間，ミッテラン政権はかつてないほどの大規模な支出増大を行った」と主張している。1981年の財政赤字は2000億フランを超え，社会保障予算だけで160億フランの赤字となった。1982年，ミッテランはこうした政策を逆転することを余儀なくされ，厳しい緊縮プ

ログラムが導入された。それには増税や「失業保険プランからの100億フランの給付の削減（主に，ある受給者範囲の廃止，新規求職者の受給権の制限，受給権者の受給待機期間の延長）」が含まれていた［ロス，1987，p. 205］。1986年総選挙はシラクを首相とする保守多数の議会を誕生させた。シラクはより厳格な歳出カットを課し，プライバタイゼーションを推し進めた。

　ニュージーランドにおいては，1984年から1990年まで政権にあった労働党政権は，自由市場モデルの受容，社会給付の抑制，料金制度の導入を含む，純粋にニューライト的である経済的および社会的再構築のプログラムを積極的に推進した。財務大臣ダグラスが推進した改革は，サッチャーやロナルド・レーガンによるいずれの試みよりも先をいっていた。ダグラスはかつて左派であった労働党を新しい右翼政党にしたてあげた。現在の労働党指導部は，政権についていたときに新自由主義のイデオロギーと諸政策を受容するまでに右傾化したことに後悔の念を表明している。

　オーストラリアでは，フレイザーによって率いられた新保守主義政権は，1983年に，公共支出についてさほど極端な態度をとらない労働党政権と交代した。しかしながら，1986年予算でオーストラリア政権は，保健医療，教育，社会保障への公共支出を相当程度削減することを含む緊縮プログラムを発表した。しかしながら，こうした歳出カットは，政府が新自由主義的経済政策および社会政策へ移行したことを示すものというよりも，むしろ経済困難への対応策であった。

　これまで取り上げた5つの国々についてまとめて考えてみると，大部分の政策は1980年代の経済困難に対応して採用されたものであった。そこで，これらをまとめて，他の国々における同様の改革と関連づけてみよう。

　費用を削減する最も直接的な方法は，支払われる可能性のある給付そのものを削減することである。こうしたことがオーストラリア，フランス，ニュージーランド，イギリス，アメリカで行われたことはすでにみた。同様の行動はまた高支出福祉国家のひとつであるオランダにおいてもとられた。1984年に，すべての社会保険給付が金額についても給付期間についても削減された。他のヨーロッパの国の例はドイツである。旧西独においては，1982年予算は，出産手当，児童手当，そして失業給付を削減した。大西洋の向こう側では，カナダに

おいて，1984年に，保守党政権が誕生した。バンティング［1985］は次のように述べている。

> 政権第一期においては，政府の社会政策はそれまでとあまり変化がなかった。しかし，1988年の再選とともに，こうしたためらいはしだいに消えていった。保守党は児童ケアの拡大計画を放棄し，失業給付を削減し，高所得受給者から年金の一部を取り戻し，児童手当を再編成し，保健医療や高等教育のための給付への移転支出を凍結し，州の社会援助プログラムに対する補助の伸び率を抑制した。(p. 288)

給付削減はいくつかの南米諸国においても行われた——とりわけ，ピノチェット軍事政権下のチリにおいては峻烈に行われた。

　給付削減に等しいこと——少なくとも，受給者にとっての効果としては——は，給付額を凍結すること，あるいはインフレ率以下にその伸び率を抑制することである。イギリスにおいては，1980年代後半に，3年連続で児童手当が凍結された。デンマーク政府は，1982年において，福祉給付のインゼクテーション（賃金・物価調整）を凍結した。他の給付の自動的なインゼクテーションについても1982年から85年の間停止した。ベルギーにおいては，1984年，85年，87年にインゼクテーションは停止された。ギリシャとルクセンブルクはそれぞれ83年と84年に同様のことを行った。イギリスにおいては，賃金あるいは物価を参照する——いずれか上昇率が高い方に左右される——長期給付のインゼクテーションを廃止し，物価のみに対して調整することを選好した。これらの例は欧州委員会［1993］の社会保護に関する報告書からとったものである。この報告書はまた「オランダにおいては，給付額の自動的なインゼクテーションは1980年代のほとんどの時期に停止された」(p. 34) と述べている。給付の実質額の削減を含む給付額インゼクテーション手続きの変更は，1980年代のある時期，大部分の西欧諸国で行われた。同様のことはオーストラリア，ニュージーランド，アメリカにおいても行われた。

　公共支出を削減する有効な方法は，受給資格基準を引き上げ，サービスあるいは給付を受給できる人数を減らすことである。1980年代には，大部分の福祉国家がこの方法をとった。そのための方法は数多くあり，専門技術的でもある

ので，すべての変更について詳述しても有益ではないであろう。所得調査あるいは資産調査の利用の拡大，給付停止基準の引き下げなどは，受給者数を削減する明らかな方法である。多くの国々が1980年代にこうした方法を採用した。イギリスとアメリカにその例を求めることができる。イギリスにおける社会保障再構築は資産調査の相当規模の拡大を含んでいた。ベネット［1987］はこうした強調点の変更について，次のように要約している。

> 社会保障法のもとで資産調査を必要とする給付が社会保障制度のテコとなった。給付システムの重力の中心点は，権利としての給付から所得調査を必要とする給付へと移動した。(p. 125)

アメリカは，1980年代に，受給資格を制限することでは，他の諸国以上に進んだ。パルマーとソウヒル［1984］は次のように論評している。

> 低層のセーフティ・ネット・プログラムは，より厳格な所得受給資格制限を課すこと，そして，給付額を収入や他の所得源泉に対して相殺することによって，全般的に削減された。その結果，多くの労働貧困者や半貧困者（near poor）が政府プログラムから除外された。……他の者に対する給付も大幅に削減され，削減された資金の多くが貧困者に集中された。(p. 13)

こうした改革の結果として，40万から50万世帯がAFDC受給資格を失ったと推定されている。AFDC受給資格を失った世帯の大部分は，同時にメディケイド扶助受給資格も失った。約100万以上の人々がもはや食糧切符の受給資格ももたなかった。

　他の戦略はサービスや給付の受給者に費用負担を課すことである。このことは給付がなされる前の待機期間を導入したり，あるいはそれを延長することで実現されうる。こうしたことは，オランダやデンマークで行われたことである。同様の効果は，料金制や一部負担制といった方法でも実現される。イギリスにおける処方料金はその有名な例であり，1979年から1990年までに料金総額は1525％増大した。料金制利用を拡大する同様の例が他の国でもみられる。例えば，西独においては料金制が拡大された。とりわけ，健康保険制度において。

処方薬や補綴の料金が1977年の立法で導入された。1981/82年にこれら2つの料金は増額され，さらに眼鏡，医療用具，病院ケアについての料金が導入された。アメリカにおいては一部負担制がメディケアおよびメディケイド制度の特徴のひとつであり，1980年代に患者負担割合が増大した。

＜1990年代＞

1990年代初めの景気後退は2つの主要な理由から支出の増大を招いた。その2つの理由とは，①失業の増大と失業給付支払いの契約上の債務の増大，②GDPの低下あるいは停滞である。このことは決して支出を抑制するという政府の決定を後退させなかった。支出額は1980年代の到達点を上回るものであったとはいえ，支出増大は比較的ゆるやかなものであった。1990年から1993年のEUにおける社会保護への支出は対GDP比2.5％増大した。保健医療への支出は1985年から1990年にかけて年間3.5％増大したが，1990年から1993年には年間2％しか増大しなかった。欧州委員会［1995］は「この間ナショナル・ヘルス・サービスを発展させたイタリアおよびポルトガルを含む多くの国々において，公共支出の相対的な重要性は相当程度低下した」と述べている。この欧州委員会の報告書は，こうした傾向は「1990年から93年にとりわけ明らかであり，それはこの時期に広がった予算制約を反映している」ことを付け加えている（p. 108）。より多くの国々について，OECD［1994］の報告書は，保健医療支出の増大が，患者一部負担，契約，競争，医師や病院への業績に基づく償還制の導入によって抑制された成功事例をあげている。

EU諸国における特別の財政圧力は，厳格な加盟基準を課しているヨーロッパ通貨同盟形成へむけた動向から生じた。財政赤字はGDPの3％以下に抑制されなければならないし，公的債務はGDPの60％を上回ることができない。全15か国政府はこうした基準を満たすために忙しく歳出カットを行った。福祉支出の乱暴な削減がこの過程の重要な部分である（今度だけは，タブロイド紙の言葉がたぶん適切であろう）。財政圧力は1991年のマーストリヒト条約調印以降着実に増大し，とりわけ1993/94年以降強まった。アメリカにおいては，支出抑制圧力は3つの源泉から生じている。それは，1994年後半における連邦議会選挙での共和党の地滑り的勝利，クリントン自身の「今ある福祉を終焉させ

る」という選挙公約、そして減税政策と結びついた2002年（共和党）あるいは2005年（クリントン）までに財政を均衡化させること、である。オーストラリアおよびニュージーランドは1990年から93年の世界的な景気後退の影響を受けた。ニュージーランドでは、1990年から96年には歳出カットを優先する政権であった。中・東欧においては、問題は市場経済への急激な移行、高い失業率、貧困と不平等の拡大から生じた。

　提案された対応策は1980年代に採用されたものの延長であるか、あるいは修正であった。さまざまな方法によって給付のさらなる削減が行われた。例えば、ドイツにおいては、1994年以降、数度の失業給付カットが行われ、1996年には疾病手当が平均所得の100％から80％に引き下げられ、社会援助手当もカットされた。こうした変更は労働組合の反対に直面しながらも実施された。ドイツでの労働組合によるデモンストレーションは、1995年、96年にフランスにおいて行われた年金や他の給付の変更に対するものに比べれば小規模であり、混乱も少なかった。フランスにおける長期間の全国ストライキを含む活動は、増税、保険料引き上げ、そして給付削減に抗議するものであった。ストライキ参加者は「ド・ゴール主義」政府から相当程度の譲歩を引きだすことができたが、社会保障予算はカットされた。

　ベルギーでは1996年予算の削減に対して抗議行動が行われた。同じ理由でイタリアにおいても社会不安が生じた。オーストリアにおいては、連合内閣が1996年度の緊縮予算について合意に達することができず、1995年に総選挙が行われることになった。1997年初めには、内閣改造が行われ、新しい政府は1994年に開始された福祉削減を継続するという決定を再確認した。大部分の他のヨーロッパ諸国も社会保障予算を抑制しようとした。1980年代においては社会支出削減という一般的動向とは別の方向をとっていたスウェーデンでさえ、1991年以降緊縮措置をとることを余儀なくされた。疾病手当は90日目以降20％削減され、失業給付受給には5日間の待機期間が導入され、所得補償率は引き下げられた［スティーブン，1996, p. 48］。1995年には児童手当が、1948年に導入されて以来初めて減額され、他の福祉給付も平均所得の80％から75％に削減された。スティーブン［1996］は、デンマーク、フィンランド、ノルウェー、そしてスウェーデンにおけるこうした変化を研究し、1990年代初めの状況について

次のように論評している。

> 4か国すべてにおいて，相当規模の福祉後退は，深刻で明らかに長期的な雇用危機に襲われるまで，抵抗を受けた。このことは，社会保障への拠出額が低下する一方で，福祉国家への需要が増大し，増大した受給資格者が十分な給付を受けられなくなることを意味した。したがって，所得補償率が引き下げられ，待機期間が導入され，受給資格条件が増大し，サービスがカットされた。さらに，支出カットの程度は雇用危機の深刻さと継続期間を反映しており，フィンランドとデンマークでは削減が最大規模で行われ，それに対してノルウェーの場合はきわめて小規模であった。（p. 55）

社会支出を抑制するためのおおいなる努力がなされているが，西欧諸国における福祉支出にとって利用可能な資源は，中・東欧諸国や旧ソ連の諸国において利用可能な資源よりもはるかに多い。にもかかわらず，1989年にハンガリーで，そして1990-91年に大部分の他の諸国で失業給付が導入されたときに，それらは「国際的標準よりもはるかに寛大なものであり，受給資格期間は長く，受給資格者にとっての所得補償率も高かった」［スタンディング，1996, p. 236］。失業率の上昇，インフレ率の上昇，急激な経済再構築を含む経済問題は，国際金融機関，とりわけ国際通貨基金（IMF）や世界銀行からの圧力とあいまって，急激な支出削減政策へと導いた。その結果，給付率は引き下げられ，受給資格基準は非常に厳格なものとされ，受給資格期間も短縮された。スタンディング［1996, pp. 236-37］は，「1994年までに，この地域全体で失業者のほんの一部が失業給付を受給していたにすぎない」と主張している。その受給者比率はクロアチアとウクライナでの10%以下，ロシアの13%から，チェコ共和国の45%，ポーランドの48%までさまざまであった。雇用の場における福祉サービスの廃止によって状況は一層悪化した。

アメリカにおいてはレーガンによる反福祉措置が強硬に行われたが，ブッシュによってはさほど拡大されなかった。オコーナー［1998］は次のように論評している。

> ブッシュからビル・クリントンへの政権の交代は，福祉政策におけるリベラルな反革命を引き起こさなかった。実際には，まさに反対のことが起きた。民主党は，彼らも

また福祉に対して厳しい態度で臨むことができることを実証した。「我々の知っている福祉を終焉させる」という選挙公約をしたクリントンの当選は，レーガンの福祉に対する批判を反映しそれを拡大した数多くの改革法案を解き放つこととなった。(p. 57)

最も厳しいカットをうけたのは AFDC であった。AFDC は他の主要なセーフティ・ネット・プログラムと同様に，州への単一の包括補助金によって代替された。それによって州は自らの福祉プログラムをどのように構成するかについての大きな裁量権を与えられた。こうした新しい編成のもとで，AFDC 受給者は受給期間を2年間に限定され，その後は労働するか，労働訓練プログラムに参加することを求められる。生涯を通算しても受給期間は5年間に制限された。州は AFDC 受給期間に新たに子どもを出産した女性への追加給付を拒否する権限を認められた。18歳以下の母親は成人とともに生活することを求められる。歳出節約は食糧切符プログラムの一層厳しい緊縮からも生ずる。1980年代前半における歳出カットは保健医療支出の成長率を引き下げたが，メディケアおよびメディケイドの費用の増大は1986年にその速度を高めた。メディケイドの費用増大は広範な関心を集めることになった。こうしたメディケイド費用の急速な増大は，メディケイドの給付対象の範囲と継続期間の拡大を確保した，ヘンリ A. ワックスマン議員とその支持者たちによる不屈の努力によって生じた。メディケイド支出のうち最も急速に増大した項目は，メディケア・プログラムを補助するものであることに注意すべきである。クリントンはメディケアおよびメディケイド支出を今後10年間で，それぞれ1270億ドルと540億ドル削減することを公約した。クリントンと議会は継続的な財政戦争をくりひろげ，1995/96年には連邦政府は共和党議員団が大統領予算の承認を拒んだために数週間にわたって業務を停止せざるをえなかった。

　ニュージーランドにおいては1990年から保守的な国民党が政権につき，前労働党政権より以上に新自由主義的経済政策および社会政策を実施した。こうした政策には福祉給付の広範なカットが含まれていた。1996年12月の総選挙ではニュージーランド史上初めて比例代表制が採用され，いずれの政党も過半数を超える多数を確保できず，国民党は，マリオ族の指導者を抱きマリオ族に支持

基盤を有するニュージーランド第一党との連合によって政権を維持した。ニュージーランド第一党党首ペータースは国民党との連合に加わる条件として，教育，保健医療，司法・治安，年金への支出増額の公約を強く要求した。

1996年にはオーストラリアでも総選挙が行われた。13年間政権の座にあった労働党が敗北し，保守的な自由党—国民党連合政権が誕生した。社会給付に関連して提案されたことは，待機期間の延長だけであった。現時点では大規模な福祉改革への意欲はみられない。興味あることには，1984年時点ではニュージーランドの福祉国家はオーストラリアのそれよりも一層広範囲のものであり，かつ寛大なものであったが，1990年代半ばにおいては，カステル［1996, p. 106］によれば，「社会保障による社会保護はニュージーランドよりもオーストラリアの方が一層確固とした基礎をもっている。議論はあるだろうが，おそらく，他のいずれの英語圏の国よりもしっかりとした基礎をもっている」。ただ，カステルはこのことを労働党政権が崩壊する以前に書いているのだが。

欧州委員会［1995, p. 44］は，「援助を最も必要としている人々に支出を集中するための提案が多くの加盟国で導入され，他の国々においても提案されてきた」と述べている。資産調査が，たぶん，支出対象者特定化のための最も明らかな方法である。ゴフ編［1997, p. 40］は，OECD加盟24か国すべてを調査し，「資産調査のある社会援助制度は，近年，大部分の工業化諸国においてますます重要度を増している」と結論づけている。中・東欧はこの分析から除外されているが，資産調査のある社会援助にますます依存するという傾向は，これらの国々においても同様に明らかである。イギリスにおいては，資産調査導入の最も新たな拡大は，失業給付の求職者手当による代替であった。この新しい制度は複雑なものであるが，主要な変更は資産調査のない均一率給付が失業期間の初め6か月間（これまでは12か月）のみ支払われるようになったことである。6か月経過後は，給付の支払いは資産調査を条件とする。オーストラリアにおいてもまた「選別主義が強化されてきており，老齢年金に資産調査が課され，所得調査がない給付のひとつであった児童手当でも所得および資産についての調査が条件とされるようになった」［カステル, 1996, p. 44］。EU全体で給付受給権を決定する所得制限が重要なものとなってきている。ドイツ，イタリア，オランダ，スペインにおける家族手当は1995年までにすでにこうした方向に制

度変更がなされており,他の国々でも同様の改革が計画されている。中・東欧においても,資産調査や他の形態の支出対象者特定化措置が1990年以降急速に増大してきている。

受給資格基準を厳格化することも支出対象者特定化の一形態である。それによって,例えば,最も貧困な人々,あるいは最も障害のある人々のみが給付を受けるという状態を実現できる。このことはイギリスにおいては住宅給付および疾病給付に関して起こったことである。1995年4月,短期疾病給付と長期疾患(invalidity)給付は無能力(incapacity)給付に統合され,受給のための医学的基準が一層厳格化された。オランダにおいては疾病および長期疾患給付の受給基準が1993年に厳格化され,定期検診が導入された。

1980年代に始められた個人,家族,民間企業への費用負担の転嫁は,1990年代も継続された。費用分担の仕組みは,特に保健医療分野において強化されたり,拡大されたりした。OECD [1994]は費用負担の転嫁によって実現した節約について述べている。これには「雇用主,患者やその家族が,とりわけ外来ケア,医薬品,ある種の長期ケアについてより多くの費用負担を民間保険に求めること」が含まれている。費用負担の転嫁を実現する手段には,「個々の患者に対する一部負担を導入することから,既存の給付対象から特定のサービスや医薬品を除外すること,個人や企業が民間健康保険に加入することを促進すること」まで多様である (p. 23)。処方や他のサービスについての料金が導入されたり,増額されたりしてきた。例えば,ベルギーでは1994年に,料金の相当額の引き上げがなされた。イギリスにおいては,処方料金の容赦ない引き上げが続いている。すでにみたように,処方料金は1979年から1990年の間に1,525%も引き上げられた。1990年代における一層の引き上げによって,1996年までにこの数値は2,600%にまで至った。ドイツにおいては,雇用主は,長年,疾病給付の支払いに責任をもってきた。オランダとイギリスも1990年代にはこの例に従うようになった。1994年にオランダにおいては,雇用主は最初の6週間については給付支払い義務をもつようになった。さらに,これを52週間に延長することが計画されている。イギリスにおいては,雇用主は,1982年以来,最初の8週間の疾病給付を行うことを求められてきた。1994年には雇用主の支払い義務期間は28週間に延長された。

<退職年金>

　退職年金は公共支出増大についての関心の中心におかれてきた。そして年金費用をコントロールする試みは支出削減のために用いられる多くの方法を示してきた。こうしたことを前提とすれば,「年金の負担」として認識されていることを軽減するために世界中でとられている行動を考察することは有益であろう。問題は,部分的には,人口動態的要因,すなわち高齢人口の急速な増大と出生率の低下から生じている。欧州委員会 [1995] は EU 加盟国についての統計をあげ,すべての先進工業国にそれを等しく応用している。EU においては,65歳以上人口は1995年には人口の15%,生産年齢人口の23%にあたった。2005年までに65歳以上人口は生産年齢人口の26%にあたると推計されている。この比率は2015年には30%, 2025年には35%に上昇すると推計されている。

　人口動態に関して行われうる社会政策はほとんどないが,1980年代に実施された社会政策はこの問題を悪化させた。80年代における強調点は労働削減戦略におかれた。すなわち,失業の増大,とりわけ若年層における失業の増大に直面して,できるだけ多くの高齢者を労働市場から退出させる戦略が強調された。政府および職域年金制度は年金増額を提案することによって早期退職を積極的に勧奨した。法定退職年齢（公的年金受給資格年齢）は多くの国々において1970年代後半から1980年代に引き下げられた。中・東欧においては,年金受給資格年齢は常に国際的標準よりも低かった。しかし,大部分の人々は,年金額がきわめて低い水準であったために,最低年金受給年齢を超えて働き続けるものと考えられていた。西欧に関する限り,欧州委員会 [1995] は1990年代に政策転換が行われたことを示している。

　　　大部分の加盟国において,政策の強調点は,1990年代前半期に,早期退職の積極的勧奨——ある場合には,年金受給資格年齢の引き下げ,早期退職者の所得補助の増額を含む——から,年金支出増大を抑制することに転換した。(p. 30)

　年金予算を削減するための最も一般的なアプローチは,退職年齢を引き上げ,そして受給資格者を削減することであった。ドイツにおいては,男女の年金受給資格年齢は現行の男性63歳,女性60歳から,ともに65歳へと徐々に引き上げ

られることになっている。男女の退職年齢を等しくすることも多くの国々における変更の特徴点である。そうした変更は，ギリシャ，ポルトガル，イギリスで実施され，共通退職年齢は65歳に引き上げられる。イタリアでは現行の男性62歳，女性57歳の退職年齢が，男女とも57歳から65歳のいずれかの時期に退職できるフレキシブルな制度に変更される。スウェーデンの1997年年金改革もまた最低退職年齢61歳のフレキシブルな退職年齢制度を導入した。スウェーデンの場合には，被保険者が拠出しうる超過期間には制限がなく，そのすべての期間について追加的年金の受給資格が生じる。フランスにおいては，退職年齢は60歳のままであるが，全額年金受給資格を得るための拠出期間が延長された。スタンディング［1996, p. 240］は，中・東欧について「多くの政府は年金受給年齢を次第に引き上げる方向にむかっている。若干の政府はこれまで伝統的に5歳であった男女間の退職年齢格差を縮める方向にむかっている」と述べている。しかしながら，男女間の退職年齢の違いは，ポーランド，ハンガリー（ともに5歳），チェコ共和国（2歳）では維持されている。アメリカにおいては，1983年社会保障法修正法によって退職年齢が引き上げられた。2002年には，67歳にならなければ全額退職給付を受給することはできなくなる。

　年金受給資格年齢の引き上げから結果する支出削減のある部分は，長期的にのみ生ずるであろう。なぜなら，変更の多くの部分は増分主義的に実施されるからである。給付削減のための他の手段もみられる。欧州委員会［1995, p. 38］は「支払われる給付規模を削減するという広範な傾向，とりわけ年金額決定あるいは年金増額の基礎とされる事項を変更するという形態での削減傾向」を確認している。スウェーデンやイタリアは年金給付額を所得に基づいて計算することから，拠出額に基づいて計算する方法へ転換した。フランス，ドイツ，ポルトガル，そしてイギリスは所得に基づく計算を維持しているが，支払い額を削減するような計算方法に変更した。イギリスは，国民所得比例年金制度において，平均所得の計算方法を最高所得20年間から生涯所得に基づくものに変更した。同時に給付額は平均所得の25％から20％に削減された。フランスにおいては，年金は，将来，平均所得の計算が最高所得10年間に基づいてではなく，最高所得25年間に基づいて計算されるようになる。ポルトガルでは，平均所得の計算が退職前10年間のうち最高所得5年間に基づいてではなく，退職前15年

間のうち最高所得10年間に基づいてなされることになった。ドイツの1992年年金改革法は，年金額調整を粗所得額に対してではなく，純所得額に対して行うよう変更した。デンマークとオランダにおいては，年金支払い額の決定において年金受給者あるいはその配偶者の追加的所得をも考慮するようになった。フィンランドでは，公的部門労働者への最高年金支払い額を従前の所得の65%から60%に減額した。

最後に，私的年金制度の重要性を高める傾向もある。こうした傾向はイギリスにおいて最も明瞭に例証される。イギリスは「企業年金および個人年金の両者を含む私的年金制度が，公的年金制度をたんに補足するのにとどまらず，その一部を代替しうる，EUのなかの唯一の国である」[欧州委員会，1996, p. 16]。私的年金を促進する政策は2つの形態をとっている。それは，①国民所得比例年金制度をあまり魅力のないものにすること，②個人年金に対して補助すること，である。新しい補助制度が1997年に実施された。中・東欧諸国は，その年金制度の一部を民営化するよう国際金融機関から圧力を受けている。イタリアおよびスペインは私的年金制度を促進することを意図した財政措置を導入した。公的年金が上記のように浸食されていくのにつれて，私的年金は相対的に魅力あるものになってきている。

<評　価>

ここでの評価は2つの部分に分かれる。それは，①緊縮政策が公共支出を削減するうえで成功したか？　②緊縮政策が生活水準にどのような影響を与えたか？である。これまでの節で概観したさまざまな歳出カット政策からは，公共支出が大規模に削減されたという仮説が導かれるであろう。しかし，全政府支出への全般的な影響は，論理的に予測されるものよりも小さかった。実現された最大のものは，公共支出増大率の低下にすぎない。例えばイギリスにおいては，公共支出は実質額で1981年から1995年の間に32%増大した。社会支出の全公共支出に占める比率は，1981年には56%であったが，1995年には62.8%になっている。この比率は1994年の64.6%からわずかばかりの低下をみた。サッチャーは1979年に政権につき，国家を後退させ，公共支出を削減させようとしてきた。政権第1期の初期には，サッチャーはこのことに失敗してきたが，1983

年までに逆転が生じた。1982年に政府支出（一般政府支出；GGE）は対GDP比47％に上昇し，1975年以降の最高水準となった。この比率はその後1988年まで連続して低下し，過去22年間で最低水準となった。1988年から1993年までは，GGEは再び上昇した。1994年のわずかな低下の後，1995年にはGGEはさらに上昇して43.4％となり，1979年とほとんど変わらない水準となった。レーガン大統領も同様の経験をした。オコーナー［1998, p. 50］は，「レーガンは連邦福祉支出を実質額では大幅に削減することができなかったが，レーガン政権は連邦非防衛支出の実質成長率を抑制することには成功した」と述べている。それでは，イギリスおよびアメリカにおいて，何が政府支出水準を引き下げることを実現させなかったのであろうか？　オコーナー［1998, p. 51］は，アメリカにおける失敗は，「80年代初期における深刻な景気後退，医療費の高騰，高齢者人口の増大，受給資格といった扱いにくい問題など，多くの要因」が原因であったと説明している。同様の諸要因は，ヨーロッパ，オーストラリア，ニュージーランドにおいても働いていた。サッチャーのもとでのイギリス，レーガンのもとでのアメリカにおける緊縮政策についての正当な評価は，ピアソン［1994］による厳密に議論された研究に見出すことができる。ピアソンは，両政府とも真剣に緊縮政策に取り組んだにもかかわらず，その目標を実現することができなかったと述べている。ピアソンはオコーナーが取り上げた理由を認めながらも，イギリスおよびアメリカにおいて作用した，そしておそらく他の福祉国家にも適用可能な，3つのより強力な「政治的」要因があると述べている。第1は，福祉国家に対する支持の大きさと，福祉国家の何らかの重要な部分に打撃を与えることに関連した政治的リスクである。第2の理由は，行政官あるいは専門職者のようなさまざまなサービスについて働いている人々を含む，非常に強力な利益集団による緊縮政策に対する反対である。多くの場合，行政官あるいは専門職者は非常によく組織されている。第3の理由は，福祉国家の緊縮政策を追求した人々が，よりよい成果をあげるであろう一貫した代替案が存在することを示すことに失敗したことである。

　歳出カットを行おうと欲した政府にとっての問題のひとつは，その計画が時には議会あるいは公務員からの反対に直面して，あるいは1996年のフランスにおいて強烈に表現されたような大衆的不安の高まりのために，再調整されなけ

ればならないことである。レーガン大統領は民主党議員団の反対に直面し，彼の最も過激な案は失敗させられ，政権は追求した国内支出削減のほぼ半分が実現できただけであった。クリントン大統領は議会において多数派である共和党と対決せざるをえなかった。クリントンの成果はさまざまであった。クリントンは２つの福祉改革法案について，それらが児童の取り扱いについてあまりに過酷であるという理由で拒否権を発動した。しかし，クリントン自身の福祉政策がさほど厳しいものではないというのではない。サッチャーははるかに現実主義者であり，保健医療および教育への支出を削減することが選挙結果に好ましくない影響を及ぼすことを熟知していた。西欧の多くの国々においては，これらの社会サービスに対する同様の高い支持率があり，「既存の社会的援助システムに対する愛着は世論に深く根ざしている」[欧州委員会, 1995, p. 7]。しかしながら，あまり大衆の支持を得ていないサービスも存在している。例えば，サッチャーは社会住宅への支出を無事に削減することができると感じていた。サッチャー政権期に起きたことは，優先順位の変更であった。サッチャーが歳出を劇的に削減できなかった理由のひとつは，ある分野での削減が他の分野での支出増大──とりわけ，社会保障，司法・治安，そして防衛──によって相殺されたからである。司法・治安および防衛費の増大は政策的な選択であった。社会保障費の増大はサッチャーが選択しようとしたことではない。それは失業の増大によってもたらされたものであった。

　大部分の国々において高水準の公共支出が継続した主要な理由のひとつは，景気後退と受給資格のためである。景気後退は失業の増大を意味し，失業者は失業給付受給資格を得る。したがって，失業の増大にともなって，社会保障への支出が増大する。受給者数の増大が各受給者への支払い額の減少の効果を容易に相殺してしまうであろう。これが，基本的に，1980年代初めの景気後退期，そして1990年から95年の景気後退期に生じたことである。このことは，1980-85年，85-90年，90-93年の３つの時期における社会給付全体への実質支出額の年次変化率を示す欧州委員会の数値によって例証されている。第１期において，EC加盟12か国の失業支出は平均して年９％増大した。第２期においては，失業補償支出は年2.1％減少した。第３期においては，同じ12か国の失業支出は平均して年13.9％増大した。この欧州委員会によるデータは1993年までの時期

を包括しているだけであるが，景気後退は93年に終息したのではない。同様の失業支出の増大は1994年にも起きている。景気後退が緩和した1995年，96年においては，大部分の国において失業はほんのわずかながら減少した。しかしながら，1997年半ばまでに，失業はドイツ，フランス，スウェーデンで増大し，多くの他の国々においても依然として高い水準のままであった。EUにおいて最も失業率が高かったのは，フィンランドで15％，以下ベルギー13.7％，フランス12.6％，スペイン12.5％，イタリア12.2％，そしてドイツ11.5％であった。伝統的に失業率が低かったスウェーデンでさえ，1997年半ばの失業率は9.1％であった。あいかわらず失業率が高かったこうした国々とは対照的に，ルクセンブルクでは3.7％，日本3.5％，ノルウェー3.4％であった。イギリスおよびアメリカは失業率が低い方であり，それぞれ5.5％，4.8％であった。

　ドイツは，失業率が増大しつつあった時期に，公共支出を抑制する試みがどのような問題をもたらすかを例証している。1980年には，ドイツの失業率は3.2％であった。1990年には旧東ドイツを除く失業率は6.2％であった。1993年には旧西ドイツ部分における失業率は7.3％，全ドイツでは8.9％であった。1994年には失業率は若干低下したものの，1996年には再びかなり上昇し始めた。1997年2月までには，失業率は過去60年間で最高水準である11.3％に達した。1985年から1990年にかけて，失業補償支出は年1.4％低下した。1990年から1993年までの間に，失業補償支出は平均年15.9％増大した。

　すべての失業についての数値は注意して取り扱われるべきである。中・東欧諸国については，データ収集方法が未熟なこともあり，一層の注意が必要である。スタンディング［1996, p. 237］は，中・東欧における失業率は「慢性的に過小評価」であったと主張している。これらの地域においては，スロベニアの失業率が最も高く，1996年10月に14％であった。以下，ポーランド（13.6％，96年12月），スロバキア（12％，96年10月），ブルガリア（11.1％，96年10月），ハンガリー（10.1％，96年12月）であった。ウクライナにおける公式の失業率は1.4％であったが，産業投入が1996年10月には15.4％低下していることを考えれば，この失業率は信用できない。チェコ共和国の3.5％という失業率についても信用できない。

　政府支出全体を削減することに失敗したということは，支出を抑制するため

の試みが人々の生活に何らの影響も及ぼさなかったことを意味すると受けとられるべきではない。給付が削減され，受給資格条件がより厳格になり，費用負担が利用者に転嫁されれば，その効果は相当なものである。すでに記したように，アメリカにおいては，1980年代に40万人以上の人々がAFDC給付を新たな立法によって拒否された。クリントンが署名したより新しい福祉法案は，アレクサンダー・コックバーン[1996]によれば，「さらに110万人の児童を含む，260万人を貧困線以下におしさげるであろう」。コックバーンは「栄養不良，ホームレス，絶望というコストははかりしれない額になる」と付け加えている。1979年から1993年の間に，貧困線以下で生活しているアメリカ人口比率は11.7％から15.1％に高まり，1310万人が新たに貧困線以下に落ちこんだ。同時期に，貧困線以下で生活する6歳未満の児童の比率は18.1％から25.6％に増大した。

　福祉カットの影響を表す指標として，ニュージーランドでは食糧銀行（困窮者や飢餓者に食糧を配給するための食糧貯蔵配給所）数が1990年代に増大したことにみてとれる。現在400の食糧銀行が存在し，年間900万ポンドの食糧を取り扱っている。フィールド[1996]はある食糧銀行コーディネーターの次のような発言を引用している。「低賃金労働に就き，子どものいる家族は，食糧を求めて，低姿勢で暮らさなければならない。彼らが食糧を求めるためだけに，どれほど人間としての尊厳を捨て去っているか想像できないであろう。」ニュージーランドにおける福祉国家は，1984年以降，漸次後退の過程をたどっている。教育，保健医療，年金への支出を増大させるという公約があったにもかかわらず，1996年総選挙後成立した連立内閣は福祉国家の後退傾向を逆転させることは困難であるとみている。

　ホームレス問題全国組織ヨーロッパ連盟によって1993年に発表された報告書は，公式記録によればEC全体で250万人以上がホームレスになっているとしている。しかしながら，実際にはホームレスの数はその倍にはなるであろうと考えられている。ホームレスはドイツで最も多く，人口1000人対12.8人であり，イギリス（人口1000人対12.2），フランス（同11.1）もかなり多い。しかしながら，こうした高い数値は，逆説的ではあるが，これら3か国におけるホームレスに対するサービス供給の高さを反映しているであろう。他のEC諸国におけるホ

ームレス数の少なさは，ホームレス対応策の欠如を表しているであろう。カーベル［1993］は，連盟会長の「ホームレス数は，ヨーロッパのすべてとはいわないまでも大部分の政府による，1980年代における，社会住宅や低所得者および単身者用住宅への投資を削減するという決定からの悲惨な結果である」という見解を引用している。

イギリスにおいては，貧困者は一連の疾病，失業そして住宅給付の受給資格が制限されたことから深刻な打撃を受けた。国家給付に依存している人々の生活水準が低下していることを示す証拠が増えている。とりわけ憂慮されることは，貧困な人々の間での食糧不足，そして栄養不良さえみられることである［ダウラー，カルバート，1995；全国消費者協議会，1995；ケンプソン，1996］。いくつかの地域では貧困者のために安価なあるいは無料の食糧を配給するためのセンターが設立されてきた。住宅給付はここ数年大幅に削減された。社会保障諮問委員会［1988, pp. 26-27］は，1986年社会保障法によって課された受給資格制限についてコメントして，住宅給付に依存してきた家計の大部分は家賃補助やレイト補助をほとんど受けられなくなり，100万人以上の受給者が「両補助の受給資格を失った」と主張している。現実には，政府は譲歩せざるをえず，週2.5ポンドを超える補助減額分について受給者に補償するという移行措置を導入せざるをえなかった。1995年と1996年における住宅給付の変更は，受給者40万人の受給資格を取り上げた。

中・東欧では，雇用保証の廃止，失業の増大，貧困の非常な広がりがみられた。こうした変化には失業給付や他の給付の削減がともなったので，失業者や貧困者は給付を得ることが困難になり，受給できたとしてもその期間が短縮された。スタンディング［1996, p. 236］によれば，「その結果を予測することは可能であり，それは陰鬱なものである」。

新しい公共経営管理（New Public Management：NPM）と契約国家

公共部門の再構築が1980年代および90年代の特徴のひとつであった。こうした変化は新しい公共経営管理という名のもとにまとめられるであろう。結果として生じた国家形態を述べるために用いられる言葉はさまざまである。「イネイブリング国家（条件整備国家）」（enabling state）［ギルバートとギルバート，

1989；ディーキンとウォルシュ，1996］，「契約国家」（contract state）［ハンブルトン，1994；カークパトリックとルキオ，1996］，「企業家国家」（entrepreneurial state）［オズボーンとゲイブラー，1992］，「経営管理国家」（managerial state）［クラークとニューマン，1997］など。以下で述べるような変化は，保健医療や福祉サービスの供給と提供にとって非常に大きな意味をもっている。

　最も重要な変化は市場あるいは準市場の公共部門への導入である。それは「国家を，中央においても地方においても，公共サービスを自ら生産するよりも，それが提供されることを確保することに責任をもつ『イネイブリング組織』に転換する」試みである［ディーキンとウォルシュ，1996，p. 33］。国家は，原則的に，民間営利機関あるいは民間非営利機関によって契約に基づいて供給されるサービスの購入者・調達者（commissioner）になる。契約や管理された市場にむかう動きには，アメリカにおいては長い歴史があり，イギリスにおいてもそれは1980年代に始まった。契約は多くの国々において福祉供給の特徴となりつつある。オーストラリアやニュージーランドもこの方向にむかっており，イタリアにおいても，そしてよりためらいがちにではあるがフランスにおいてもしかりである。ドイツやオランダのように伝統的に強くそして独立した民間非営利部門が存在している国々においてさえ，ゆっくりとそして一層ためらいがちにではあるが，契約関係の方向にむかい始めている。例えば，ドイツについて，バウアー［1996，p. 8］は以下のように「新しい社会政策」が出現したことを述べている。「第3セクター組織（非営利組織）が伝統的に公共部門の最も特権的なパートナーとして選好されてきたが，公共部門はいまや新しい社会政策へ移行しつつある。それが目標としていることは，契約によって市場原則を機能させること，質の保障および効率性を強く求めることである。」オランダについてはメリーフ［1993，p. 85］が次のように論じている。オランダ福祉国家においては契約を結ぶことはあまり発展していないにもかかわらず，「保険制度によって資金調達された対人サービスを供給するサービス組織が，サービス契約者に発展していくであろう」という徴候がみられる。このような転換の目的は，競争を強めることによってもたらされる効率の増大にあるといわれている。OECD［1994］は多くの国々において保健医療分野で契約関係が相当広がっていることを指摘している。

租税に基づく保健医療システムにおいても,保険に基づくそれにおいてもともにみられる……構造改革から生じた傾向は,サービス供給者への資金配分のための主要なメカニズムとして契約が導入されたり,あるいはそれへの依存が強まっていることである。……契約は,供給者を促進し,それに情報を提供し,さらに供給者の生産性の増大を実現するための,……そして購入機関の関心に対する供給者の応答性を高めるための中心的メカニズムとしてあらわれてきた。(p. 23)

保健医療および社会ケアにおける契約関係の望ましい成果に,消費者にとっての選択が拡大することがあげられている。競争が強まることが福祉サービスの効率性を高めることに導くということには何の保障もないであろう。競争が節約に導くとしても,そのことが支出の削減を意味するであろうか? あるいは,同じ支出水準でより多くのサービスがなされることを意味するであろうか?

他方で,ウォルシュ編 [1997] は次のように述べている。

共通した問題に対する包括的な解決策という意味で一貫性があるように思われているにもかかわらず,契約関係によって実際に理解されることがらは非常に多様である。契約関係は異なる文化においては異なることがらを意味している。(p. 183)

例えば,イギリスにおいては契約とその内容の特定化は非常に詳細になされている。それに対してフランスにおいては,それらは非常に簡潔なものであり,おおまかにしか規定されていない。このことは購入者(公共機関)と供給者の間にはさまざまな関係がありうることを意味している。スウェーデンは契約が非常に異なる形態をとりうることを示している。ウォルシュ編 [1997] は,スウェーデンにおける3つの契約形態を確認しているノン・オッターの研究に言及している。3つの契約形態とは,①混合市場モデル,②公共競争モデル,そして③消費者選択あるいはクーポン・モデルである。①と②との間には重要な区別がある。混合市場モデルにおいては民間部門供給者が選択されるかもしれない。それに対して公共競争モデルにおいては,供給者の選択は公共部門供給者に限定される。イタリアにおいては,一度契約について合意がなされれば,供給者についてはほとんどあるいはまったく何らの変更もなされないままである。さまざまな契約形態が存在しているということは,さまざまな競争レベル

が存在していることを意味している。しかし,多くの場合において契約関係が目的としていることは,公共サービスの供給における競争の契機を増大させることにあった。

　公共サービスにおける市場や競争を支持する考え方は,オズボーンとゲイブラーのよく売れた本『政府を再発明する』(1992) に見出すことができる。この本のサブ・タイトル「企業家精神はいかに公共部門を構造転換するか」は,この本の主要な議論の矛先がどこにむいているかを示している。セイバス [1987] からの語句を借用して,著者たちは,政府は「漕ぐよりも,舵取り」をすべきである,と述べている。これはイネイブリング国家の諸活動についての鮮やかな表現である。オズボーンとゲイブラーは「企業家政府はサービス提供(漕ぐこと)から政策決定(舵取りすること)を分離するシステムへと移行し始めている」と主張している (p. 35)。オズボーンとゲイブラーによって取り上げられている成功物語は彼らの議論を支持するものが選択されているのであり,企業家政府の失敗については語られてはいない。

　オズボーンとゲイブラーが主張していることは,ニューライトのイデオロギーおよび公共選択理論と一致している。すなわち,それは政府のすることをできるだけ少なくすべきであるだけでなく,民間部門の精神と実践を公共部門にも導入すべきであるということである。公共部門が必要としていることは,強力な経営管理主義である。民間部門に関する言葉が用いられている。競争,市場,戦略的経営,業績指標,目標など。民間企業に典型的な「経営管理 (management)」スタイルによって民政行政サービスに典型的な「行政管理 (administration)」をおきかえるべきである。この過程において市民は最初に消費者あるいは潜在的な消費者になり,その後顧客あるいは潜在的な顧客になる。ランソンとスチュワート [1994] はこうした展開を批判して,「消費者主義は公共部面については不完全でかつ,究極的には不十分な言葉である。その強調点は,政治への積極的な参加者としての市民におかれるよりも,むしろサービス受給における個人におかれている」と述べている (p. 19)。「公共サービスの直接的な消費者でさえ……市場におけると同様に行動するであろう。消費者はさまざまな期待をもち,さまざまな行動パターンをとるであろう。なぜなら,公衆は市民であると同時に消費者でもあるからである」(p. 246)。準市場は準

市民をつくりだす。

　NPM の他の側面は，中央行政管理機構の各部局の執行機関を独立させることである。イギリスにおいてはネクスト・ステップス・エージェンシーとしばしば呼ばれているものがある。1997年末までに，すべての公務員のうちの75％を雇用する約150のエージェンシーが存在するようになる［ホートンとジョーンズ，1996］。執行機関は枠組み基本文書と業績目標の制限内で活動するが，伝統的な行政部局ほど制約を受けない。そして，ますます企業家的になることを明らかに期待されている。ネクスト・ステップス戦略は，政府が一層細分化されることに導くであろう。そして，こうした傾向は，多くの国々において，分権化への並行した傾向によって加速されている。

　上述したような変化は，決してイギリスのみに限られたことではない。フッド［1991, p. 3］は「過去15年間における……『NPM』の高まりは……行政管理における最も顕著な国際的傾向のひとつである」と主張している。ヒューズ［1994］の本の宣伝文句は次のようなものだった。

> 工業世界全体において，20世紀のほとんどの期間に支配的であった，厳格で，階統制的で，官僚制的な行政管理形態は，柔軟で，市場をベースとした行政経営形態に変化しつつある。この新しい「経営管理主義」はたんなる経営管理方法の小さな変化なのではなく，社会における政府の役割の構造転換を意味している。

ヒューズは明確に，こうした変化が主要にはプラスの効果をもつと考えており，公務員数を削減する試みを賞賛する点でオズボーン，ゲイブラーに賛同している。公務員数を削減することについては2つの視点から考えることができる。ひとつは政府の範囲を制限する方法として，もうひとつは公共支出を抑制する方法として。公共サービスは労働集約的である傾向があるので，人員の比較的少数の削減であっても，それなりの費用節約となる。日本，ベルギー，フィンランド，ニュージーランドのいずれの国でも総定員制を採用し，1980年代においては定数を凍結してきた。アメリカにおいては，連邦，州，地方の公務員数は1981年および82年にわずかに削減された。削減数はわずか1.8％にすぎないが，それは1960年以来ほぼ継続してきた公務員数の増大を逆転させるものであ

った。人員削減は外部委託の増大および公共部門労働組合の弱体化をともなった。イギリスにおける保守党政権は公務員数を削減することにとりわけ積極的であった。首相は，大規模で高収益の小売りチェーン・ストアの経営重役であるデレク・レイナー卿を任命し，公共サービスにおける経営管理効率について検討させた。レイナーは広範な裁量権を与えられ，首相に直接報告書を提出した。レイナーが検討したすべての領域において人員削減が勧告された。1979年には74万2000人の文官がいたが，1983年1月までにその数は62万5000人に減少した。1985年4月までには，さらに削減され，60万6000人となった。1988年に59万人，1996年12月までにさらに52万人にまで減少した。アメリカもまた1990年代に公務員数を削減した。ニュージーランドおよびオーストラリアにおいては，1996年に選出された政権は文官公務員の削減を公約した。

　中央政府の人員を削減するひとつの方法は分権化である。中央政府での削減が地方政府レベルでの増大によって相殺されるかもしれないが。分権化自体は公共支出を削減しないが，中央政府の行政責任を削減するものである。

分 権 化

　分権化は必ずしも国家の活動範囲や権力を削減するものではないし，参加型民主主義を促進するものでもない。権力がより多くの行政単位に分散されるにすぎない。実現されうる最善のことは「中央」国家権力が削減されることであろう。地方あるいは地域行政単位が中央当局よりも市民へのエンパワーメントにより一層関与するようになるという保証はない。ロレンツ［1994a］が議論しているように，分権化はイタリアで起きたように恩顧主義（clientelism）がより深く浸食することを招くかもしれない。「イタリアにおける分権化の経験は，依存のパターンとして深く根づいた旧来の保護（patronege）システムに利するような傾向にあった」(p. 32)。ロレンツ［1994a］はまた，分権化を促進することを目的とした法律が既得権によって掘り崩される危険性についても警告している。彼はギリシャの例をあげている。ギリシャでは1982年と86年に分権化を推進する法が制定されたが，「政治権力は中央政府や政党の手中に集中されたままであった」(p. 32)。

　地方政府単位への分権化が，デンマーク，フランス，ドイツ，イタリア，オ

ランダ，ノルウェー，スペイン，スウェーデン，イギリス，そしてアメリカにおいて主要な課題であった。ドイツとオランダにおいては，補完性（subsidiarity）の原理が分権を支えた。イタリアにおける分権化の過程は，1978年の法833によって本格的に始まった。1978年には保健医療および福祉サービスの行政責任が8000以上のコミューンに移され，各コミューンは保健医療および社会福祉サービス両者の行政責任を有する地方保健単位を設立した。フランスは歴史的に最も中央集権的な国のひとつであるが，1981/82年に構造改革に着手し，県およびコミューンにより大きな独立行政権を与えた。イギリスにおける改革では，ある政策分野では分権化がなされ，他の分野では集権化がなされた。同じ行政サービス供給分野においてさえ相反する傾向がある。例えば，教育においては，予算は各学校に移譲されたが，中央で策定された全国カリキュラムが課され，全国統一テストと全国成績一覧が導入された。サッチャーとその閣僚は地方政府には反感を抱いており，1980年代を通して地方政府支出を統制し，教育，住宅，都市開発における地方政府機能を削減し，強制競争入札を課す立法および行政活動を行ってきた。同時に，大ロンドン・カウンシルや大都市カウンシルは廃止された。1990年代のメジャー政権による地方政府の取り扱いはさほど敵対的なものではなかった。西・中・東欧における全般的な傾向は一層分権化を進める方向にむかっているが，逆に集権化にむかう動きもいくつかみられる。例えば，非常に分権化されている2つの国，デンマークとオランダでは集権化へのいくつかの試みがみられる。しかしながら，エバンスとハーディング[1997, p. 28]は，ベネット[1990]に依拠しながら，「分権化への動き（decentralising）」と「分権（decentralised）」を区別している。彼らは「例えば，分権化へ動いているフランスは集権化へ動いているデンマークよりも，絶対的な意味において，はるかに集権的である」と主張している。日本は分権について多くのことが語られ，いくつかの行動がなされているにもかかわらず，依然として非常に集権的である国の例としては，フランス以上に良い例である。

　分権化はいくつかのレベルや場で生じうる。中央から地域レベルへの権限の移譲，あるいは連邦制の場合には州当局への権限の移譲に，地域から地方レベルへの，そしてまた地方レベルからコミュニティや近隣住区への権限の移譲を

ともなうかもしれない。個々の部局あるいは施設——例えば，学校，デイ・ケア・センター，コミュニティ・センター——に自己決定権が与えられるさらなる段階もあるかもしれない。これらのことは，決定とりわけ資源配分に影響する決定が，官僚組織において通例みられるよりも低いレベルにおいて行われる分権化された行政経営管理を意味する。分権化された，あるいは権限移譲された行政経営管理についての議論において，バーンズ，ハンブルトン，そしてホゲット [1994] は，権限移譲のいくつかの形態を確認し，そのうち最もラディカルな形態は，権限移譲された部局がほとんど独立してしまうものであることを確認している。

連邦制諸国においても，もちろん常に，国家政府と地方政府との間に追加的な行政管理の階層がある。例えば，オーストラリア，カナダ，ドイツ，インド，スイス，アメリカにおいては，国家の下位単位の権限について憲法で規定している。憲法原理はしばしば一般的なものであり，おおいに解釈の余地がある。アメリカにおいては，連邦政府の役割はニューディール以降ずっとその範囲を拡大してきた。とりわけ1960年代の「偉大な社会」時代および1970年代初めに急速に拡大した。レーガン大統領はこうした傾向を逆転させようとし，彼が「新連邦主義」と呼んだ多くの事柄を行った。オコーナー [1998, p. 55] は，レーガン政権の「最も重要で，長期的に影響する政策変更は，連邦福祉資源の配分についてのより大きな発言権を州に対して与えるものである」ことを確認している。1981年から1987年までの一連の措置の効果を前提とした場合，新連邦主義の主要な特徴は，州および地方政府に関する連邦規制を除去すること，連邦，州，地方政府の間での行政権限および財政権限を分割すること（ある場合には，「二重の連邦主義」といわれた），いくつかの連邦機能の州への移転，連邦補助の削減，54の特定補助金の9つの包括補助金による代替であった [オコーナー，1998]。

国家政府と地方政府の間に位置する広域政府は，EU においては1970年代以降一貫して検討事項とされてきた。1980年代にはそれについての関心はさらに高まり，1990年代になってもそれが弱まる兆しはみえない。広域政府からなるヨーロッパについての議論は長く行われてきたし，マーストリヒト条約は1994年に222名のメンバーからなる広域政府に関する委員会を設立した。広域政府

は，1980年代，そしてとりわけ90年代に増大した。いくつかの場合には広域政府は国家政府に対抗するものであった。例えば，イタリアにおいては，北部同盟のボッシはイタリア北部の分離独立を訴えた。そうした変更はありえそうもないが，1996年総選挙における北部同盟の躍進は，プロディ首相に「権限移譲という強い薬を飲む」ことを余儀なくさせた［スマート，1996］。2つの広域をもつベルギー，12の広域をもつカナダ，17の広域をもつスペインにおいては，準国家的制度は，潜在的に区分しうる言語と文化的相違がもたらす危険性を部分的に和らげている。しかしながら，広域主義はカナダ・ケベックやスペインにみられる強烈な分離主義者の運動を満足させるものではない。エバンスとハーディング［1997，p. 27］は，ドイツにおいては「州の決定に対して連邦当局が振るう影響力は，過去30年間弱まるどころか強まってきている」と主張している。このことは長期的には正しいかもしれないが，スマート［1996］は，近年連邦政府が「強力なドイツの州において指導者の立場にある自己主張の強い政治家に従う傾向がみられる」ようになってきていると主張している。

　フランスは1982年に直接選挙で選出される22の広域議会を設立し，1983年と86年にその権限を拡大した。これらの広域議会は国家政府と県議会および市町村議会の間に介在するものである。しかしながら，ル・ガレスとジョン［1997］は，フランスにおける広域議会はうまくいっていないと主張している。「広域議会はフランス行政システムにおいてあまり重要でない政治主体にとどまっており，相対的に権限の弱い制度にとどまっている」(p. 52)。問題は，広域議会にはほとんど権限が与えられておらず，また資源も不十分にしか与えられておらず，県および市町村の権限および財政力，とりわけ社会政策分野におけるそれが強まりつつあることに直面していることである。ル・ガレスとジョン［1997］は，イギリスにおける広域主義の復活は，もしフランスの経験に留意することがなければ，失敗の危険に直面することになるだろう，と主張している。1997年に選出された労働党政権は，スコットランドとウェールズへの権限移譲に関する住民投票を行った。その結果は権限移譲を是とするものが多数を占め，スコットランドは課税権をもつ議会を設立することになり，ウェールズは課税権を有さない議会を設立することになった。イングランドにおいては広域会議を設置することができ，それは住民の十分な支持があれば選挙で選ば

れた広域当局に転換する可能性をもっている。

　オズボーンとゲイブラー[1992]は，予想されるように，あらゆる形態の分権化を熱烈に支持している。彼らは，情報技術の発達が集権化した制度をよけいなものとしてきており，分権化をきわめて重要でかつ容易に実現可能なものにしていると論じている。

> 今日，情報は事実上無限なものであり，遠隔の地域間でのコミュニケーションも即時に行われうる。多くの公務員も十分な教育を受けており，諸条件はめくるめく速さで変化してきている。情報が命令と決定の連鎖を駆け上がり，駆け降りてくるのに待機する時間など必要ではない。(p. 250)

　オズボーンとゲイブラーは，伝統的な指導者と企業家的指導者とを区別し，前者は財政危機に対して官僚主義と集権化によって対応する，それに対して後者は「意識的に分権化アプローチを採用しようとする」としている (p. 251)。分権化は相当の利点をもたらすとされている。柔軟性と応答性の増大，機能上の有効性の増大，革新しようとする意欲と能力の高まり，「モラールの高まり，積極的な関与，生産性の増大」(p. 253)など。

　オズボーンとゲイブラーは分権化がともなう潜在的な欠点については認識することができない。分権化と恩顧主義との関連について考察がなされてはいない。行政システムが区分化されることの危険性と分権化がともなう調整の問題についても，同様に無視されている。狭量な地方主義に陥る可能性についても無視されている。しかしながら，公平を期せば，オズボーンとゲイブラーは，国際通商，マクロ経済政策，環境および規制政策，貧困対策，社会保険プログラム，費用を要する投資を必要とするサービス（例えば，保健医療）のような，ある政策分野が連邦レベルでより効果的に行政管理されうることを認めている。

　しばしば，福祉の混合経済に関する議論において，分権化は参加およびエンパワーメントについての考え方と結びつけられている。確かに，オズボーンとゲイブラー[1992]もそうしている。こうした議論の中心的論点は，人々はより小さな地域コミュニティほど参加することが可能であると感じるということである。しかしながら，すでに注記したように，分権化は，自動的に，利用者，

市民あるいはコミュニティへのエンパワーメントに導くことはない。たとえもし，分権化が公共サービス供給の責任を国家から他の代替的な供給者へ移転することをともなったとしても，利用者本位のサービスが簡単に出現するわけではない。他からの影響を受けない中央官僚機構から，同じく他から影響を受けない地方の官僚機構への行政責任の移転は，利用者や市民へのエンパワーメントを高めることはない。問題は利用者の発言権をいかに確保するかである。それはたんなる協議を超えて，利用者が自らのニーズを最もよく充足するサービスの種類と水準を決定し，サービスが誰によって，どのように供給されるかを決定することに至る。利用者の政策決定，サービス供給，施設やサービス機関の経営管理への参画については注意深く検討される必要がある。分権化は確かにこうした目標の実現に寄与し，エンパワーメントの拡大に導くであろう。エンパワーメントはきわめてあいまいな概念である。そして，しばしばそれに対する支持はリップ・サービス以上のものではなく，真の実態を何らもたない。エンパワーメントが容易に実現しがたいということは事実である。だからといって，そのことが試みられるべきではないということにはならない。困難であることを認識することなく，要望が現実に転換されると仮定することは，賢明な前進のための方法ではない。

福祉への国家参画をめぐる議論

　国家の役割に関するニューライトの考え方については本章においてすでに概観した。国家による福祉への広範な参画に反対するニューライトの論拠は，広範な道徳的，倫理的な処方箋をともなう議論を拡大し，精緻にしたものである。経済問題研究所保健福祉部部長であるグリーン[1996]は，自らが福祉国家に反対する道徳的根拠とみなす事柄を，次のように強調している。

　　福祉問題は，基本的には，財政問題ではなく，道徳問題である。福祉国家が財政的に十分に保障されえないということは，さほど大きな困難ではない。むしろ，福祉プログラムがなかんずく「政治なきコミュニティ」という旧来の精神を掘り崩すことによって，人格を傷つける傾向があることこそ大きな問題である。(p. ix)

グリーンは，福祉国家が「一時的に運に見放された人々に最善のものをもたらすという中心的な任務」（p. ix）をもつと考えられる福祉サービスを効果のないものにしてしまうことによって，人々の人格を傷つけている，と確信している。景気後退期に長期間失業状態にある人々，あるいは慢性疾患にかかっている人々が，自らの状態を「一時的に運に見放されている」と認めることができるかどうかは疑問である。人格を損なう第2の事柄は，福祉国家が利他主義や相互扶助の機会を減少させるということである。こうした主張は，福祉国家の拡大が決してボランタリー活動の衰退をともなうことはなかったこと，そして過去30年間においてセルフヘルプ・グループ活動あるいは相互扶助が顕著に増大したことを示す多くの証拠に真っ向から反抗しているように思われる。ティトマス[1970]は，公的社会サービスは利他主義の発現を可能にすることによって我々の自由を拡大している，と述べている。このことはまたインフォーマル部門や民間非営利部門についてもいいうることである。これらいずれの部門においても贈与関係が含まれている。行政サービスの顕著な特徴は，それが利他主義を一般化し，我々が「見知らぬ他者」に対して利他的に振る舞うことを可能にすることである。ティトマスはこのことを「匿名の援助」と呼んでいる[1970, p. 212]。このやや抽象的な論点は次のように言い表されている。

> 社会がそれ自体の社会制度——そして，とりわけ保健医療および福祉システム——を組織し，構築する方法は，人々の利他心を促進することもあれば，それを抑制することもありうる。そうしたシステムは……「贈与というテーマ」——見知らぬ他者への寛大さというテーマ——が，社会集団や世代間に広がっていくことを可能にするであろう。このことは20世紀における自由の一側面であり，物的な欲望を強調することに比して十分には認識されていないことである。[1970, p. 225]

経済問題研究所は下層階級（underclass）や依存の文化という概念を普及させようとしてきた[マレイ編，1990；マレイ，1994]。これらの概念のいずれもが（他の用語を用いれば，長い歴史があるにもかかわらず），レーガン政権時代以降のアメリカにおいてとりわけ力を得てきている。たぶん，この分野において最も影響力がある著述家はチャールズ・マレイであろう。彼は右翼のアメリカ政治

学者で，かつて「AFDC，メディケイド，食糧切符，失業保険，労働者災害補償，住宅補助，障害保険などを含む，すべての連邦福祉および労働年齢の人々への所得援助を解体する」ことを主唱したことがある [1984, p. 227]。イギリスの保守的な著述家であるマースランドは，次のような理由から福祉国家を批判している。

> 福祉国家はそれが想定する基本的な受給者である……弱者，不遇な人々，不運な人々に大きな害をもたらす。福祉国家は，依存性を生み出すことによって，一時的に困難な状態に陥っている普通のそして能力ある人々を反抗的で，服従させられた，福祉依存の下層階級にしてしまう。したがって，福祉国家は，進取の気性に富み，自立的な精神をもつ個々人を衰退させ，自由社会の基盤に恨みの地雷をうめこむことになる。[1996, p. 186]

こうした感情的な声明について，いくつかの指摘をしておく必要がある。第1に，こうした主張は何らかの明確な証拠に基づくものではない。第2に，それは「弱者，不遇な人々，不運な人々」が，どのようにして「一時的に困難な状態に陥った」人々になったかを示している。第3に，それは，福祉国家が社会統合をもたらす力であるとする，ティトマス [1968, 1970] によって最も巧みに表現された，フェビアン主義者たちの議論に矛先がむけられている。

ディーンとテイラー-グッビイ [1992] は依存性についての実証研究報告において，ニューライトによる依存性についての解釈を否定している。彼らの研究の結果は次のことを指摘している。

> 社会保障受給者は明確な依存性文化によって特徴づけられる下層階級の一部をなすのではない。こうした受給者はほとんどが，主流の規範，価値，生活様式に同意している。……1980年代にイギリス社会保障制度に導入された諸改革は多くの点でマイナスの効果をもっていた。確かに，これらの改革は国家依存を減らすことはなかったし，社会の変化の性質や人々の期待に反したものであった。(p. 124)

この点においては，改革は失敗したといわれるかもしれない。しかし，ディーンとテイラー-グッビイは，改革はまったく失敗に帰したというわけではなく，

「政府が国家依存を独自の問題として認識することに成功したと述べることができる」(p. 124)と考えている。ディーンとテイラー-グッビイは，依存，実は，相互依存は普遍的な人間的状態であり，依存にはさまざまな形態があると述べている。例えば，労働者は雇用主に依存しており，雇用主はまた労働者に依存している。企業家は資本市場に依存しており，彼らの生産物を購入する消費者に依存している。家族や他の社会集団間にも相互依存関係がある。

　すでにみてきたように，ハイエクや他のニューライトの理論家たちは，国家を自由の潜在的な敵だとみなしている。それゆえに，自由は国家介入が存在しないこととみることができる。しかしながら，ハイエクは，権利と合意は法によって強化されなければならないことを明確に認識している。自由主義的アナーキストのみが，自由を制約がまったくないことと定義するだろう。確かに，グリーン，ハイエク，マースランド，そしてマレイは，自由をそのようには定義しないであろう。しかしながら，彼らは，国家は契約や合意を強化し，法の支配を支持するために必要なことのみを行うべきであると考えている。福祉分野においては，より緩やかな自由市場的自由主義者（マレイはこの範疇には含まれない）は，国家が最低限のサービスを供給すべきであるということを受容するであろう。しかしながら，グッドイン[1988]は，ニューライトが最低限について語る場合には，彼らが特定する最低限の量が利用可能な最大限量を構成しなければならないということを意味している，とみている。グッドインは次のように述べている。

> 福祉国家を後退させようとする人々には，福祉国家をセーフティ・ネットに後退させ，終焉させることを主張する合理的根拠は何もないように思われる。原理的には，福祉国家をセーフティ・ネットに後退させることを主張するために提起されたと同じ議論が，さらに福祉国家をセーフティ・ネットをこえて後退させることを正当化するために用いられることはないと考えるべき理由など何もない。[1988, p. 17]

　自由と平等との関連については長期間論争が行われてきている。ニューライトは，国家活動によって結果の平等を追求することは失敗することを運命づけられており，権利および人格的自由に対する侵害に導くはずであると論じてい

る。こうした議論とは明確に対照的に，フェビアン主義者たちによって用いられている福祉国家を正当化する議論は，福祉国家が平等に寄与するであろうということである。彼らの議論は，自由と平等とは両立不可能なことではなく，両者とも無規制な市場経済においては実現しえないというものである。政府介入は，公共目的を追求し，ニーズが充足されることを確保するために必要でもあり，かつ望ましいことでもある。国家は，自由の敵，そして権利の潜在的な侵害者であるよりはむしろ，すべての人々の自由を促進し，すべての人々の権利を擁護する能力をもった唯一の制度である。他の社会主義者たちにとってと同様に，フェビアン主義理論家にとっても，平等と自由は相互依存的である。何らかの平等がない自由は意味がない。経済的従属は政治的従属と同様に客観的な事柄であり，無規制な市場は，所得や富においてだけではなく，地位や権力においてもはなはだしい不平等をつくりだすので，自由をもまた抑制することになる。ウィール［1983］が指摘しているように，

> 私人への資源の蓄積は他者の行動をコントロールするために用いられるであろうし，原理的には，政府権力と同様に個人的自由に脅威を与えるであろう。こうした理由から，個人的自由を擁護するためには「自由放任」を必要とするといった趣旨のことを一般的に推論することはできないであろう。(p. 57)

ウィールは経済的保障と自由との関係について興味ある見方を提起し，同時に政府参画の必要性を示している。ウィールの考え方の中核にあるのは，自律性（autonomy）である。そのことについて次のように書いている。

> 政府活動が社会政策の分野において従わなければならない最大の要請事項のひとつは，政府がすべての人々に平等な自律性の諸条件を確保すべきであるという原理である。……この自律性の原理はすべての人々には自らの行動計画を形成する能力を有する，慎重で，目的意識的な主体として尊重される権利があり，この尊重の一部として政府にはこうした自律性が実現されうる諸条件をつくりだし，維持する責務があることを主張している。[1983, p. 42]

自律的な活動は，個々人が広範な選択肢の中から選択を行う意識的活動の産

物である。制約が存在するであろうが、その制約は個人から自律性を奪うようなものであってはならない。経済的剥奪は自律性の喪失に結果する。なぜなら、代替的手段が存在しないか、あったとしてもきわめて制限されているからである。したがって、自律性の原理が遵守されるのであるならば、経済的保障が必要となる。そして、このことは所得維持の包括的なシステムを提供することが国家の責任であることを意味する。さらに、もし人々が自らの自律性を全面的に行使しうるためには、人々は基礎的な社会的および知的能力を獲得していることが必要である。ウィールは、したがって、国家には「すべての児童に自律的な社会的主体となるために必要な文化的資源を修得させることを目的とした標準的な就学期間の高い質の国民教育」を供給する責任がある、と結論している。ウィールはそうしていないが、他の社会サービスの分野——例えば、保健医療、対人社会サービス——に関しても、同様の議論を行うことは可能であろう。

　自律性の原理は最低限のニーズが充足されることを保障するにすぎない。ウィールの分析においては、最低限を上回る分配においては社会契約論の議論に依拠している。最も広範に知られた現代的な社会契約論は、ロールズ[1972]によって展開されたものである。ロールズの理論は、男女が等しく自由で合理的に振る舞う観念上の原初状態から出発する。この原初状態においては、男女は、自らおよび他者の能力や、いずれかの将来社会において自らが占めるであろう地位についても等しく無知である。ロールズはこれを「無知のベール」と呼んでいる。彼の議論の次の段階は、原初状態において男女が資源および役割のどのような配分を選択するかを問うことである。ロールズは2つの原理が人々の選択を支配するであろうと主張している。2つの原理とは、①権利と義務が等しく配分されること、②すべての人々に、とりわけ社会において最も不遇な構成員に対して給付を補償することに結果する場合にのみ、「社会的および経済的不平等は十分な根拠をもっている」(p. 14)ということである。ロールズが相違原理と呼ぶこの第2の原理は、明らかに分配上の意味をもっている。無知のベールの背後で行われている人々の決定は、人々のリスク回避の水準に左右されるであろう。人々がリスク回避的になればなるほど（例えば、自らの能力が自らを社会の底辺に陥らせるリスク）、人々は資源の平等主義的な配分を一層

選好するようになるであろう。

　平等に関する議論の他の側面は，国家が民間非営利部門あるいは民間営利部門よりも，より広範でより均等な給付を確保することができるということである。定義によれば，国家はすべての国民を包括する唯一の制度である。もちろん，供給は決して完全に画一的になされるわけではない。都市・農村，階級，ジェンダー，年齢，人種・民族，そして宗教による区分が存在するであろう。国家が連邦制であったり，高度に分権化している場合には，供給は一層多様であるかもしれない。にもかかわらず，例えば，国民健康保険あるいは所得維持制度は，少なくとも営利的保険の保険数理計算の基礎とは非常に異なり，すべての市民に対して同じあるいはほぼ同様の条件を提供する能力をもっている。他方で，所得比例給付を強調することは，所得不平等を給付システムにまで拡大する結果となるであろう。民間非営利および営利機関は，国家の場合以上に，所得の多様性をもたらしやすいし，またそれらの機関は国家ほどには永続性をもたないであろう。

　しかしながら，グッドイン［1988, p. 51］は，社会保障を「福祉国家を正当化する最も根本的根拠」として用いることは誤りであると主張している。彼は，福祉国家がより制限された目的をもっていると考えるならば，福祉国家をよりうまく擁護することができるであろうと確信している。グッドインは「福祉国家の基本的な機能は社会的弱者が収奪されることを防ぐことである」と主張している（p. ix）。彼は，福祉国家は基礎的ニーズを充足するという最低限の目標を超えて前進することを正当化されうるであろう，しかし，ニューライトによる福祉攻撃に対する最善の反撃は，自らを擁護できない状態にある人々を擁護することについての議論であると確信している。

　　少なくとも，最小の福祉国家を維持するためになされうる，とりわけ反論しにくく，かつ多様な倫理的根拠がある。最小の福祉国家を超えて前進することを正当化する理由もまた確かにあるであろう。しかし，それらは最小の福祉国家を正当化するために提起されうるものとはまったく区別される「異なる」理由である。これらは最小の福祉国家を擁護するために必ずしも根拠薄弱なものでも，反論しやすいものでもない。両者は異なるものであるということを理解することが重要である。［1988, p. 20］

ニューライトによって用いられる他の議論は，福祉国家は非効率であるというものである。彼らが提起する論拠にはいくつかのものがある。
- 給付支払いは労働および貯蓄にマイナスのインセンティブを与える。労働に対するマイナスのインセンティブは，2つの経路で生ずるといわれる。福祉国家を維持するために支払うことを求められる税率が高いということは，人々が超過所得のうちよりわずかな部分しか手にすることができず，また超過努力はするに値しないと決定するようになることを意味している。ごく控えめにいっても，証拠が示すところは不明確である。高い税率が，ある人々が勤勉に働くことを抑制するかもしれないが，こうした人々よりは，手取り給与を同じ水準に維持するためにより一層勤勉に働く人々の方が多いであろう。稼得に対する第2のマイナスのインセンティブはより直接的に生ずる。もし人々が勤労によって稼得できる額とほぼ同じ額を給付によって得ることができるのであれば，人々は労働しないことを選択するであろう。この場合にも，証拠が示すところでは，その根拠は薄弱である。給付は，通例，きわめて低い水準，すなわち最低限の勤労所得よりも低い水準である。給付システムは自発的失業を懲罰的に取り扱っている。人々が労働しないことを選択するということも明らかなことではない。人々が労働にむかうことを促迫する非常に強い社会的圧力が存在しており，労働は自尊心と社会的アイデンティティの重要な源泉である。貯蓄に対するマイナスのインセンティブも同様の経路で生ずるとニューライトによって主張されている。すなわち，給付は，人々が疾病，失業，退職という不慮の事故とそれにともなう家計支出に対応するために貯蓄することを抑制する，と。
- 公共サービスは市場の規律に従わない。それゆえ，浪費的である。このことは公共サービスが独占である場合にはとりわけあてはまる。競争の欠如はコスト削減のインセンティブを与えないし，業績，収入，そしてコストとの間には何ら直接的な関連がない。生産者は企業家的才能を発達させ，技術革新を行う，何らのインセンティブももたない。もし，サービスがゼロ・コストで消費者に供給されるのであれば，サービス利用を割り当てるインセンティブを何らもたない。ここでの仮定は，費用効率的に良好なサービスを供給することへの唯一のインセンティブは，より大きな利潤機会の約束であるとい

うことである。公共サービスのニーズや考え方を効果的に充足することは，効率性を確保するうえで十分なことであるだろう。
- これまでにすでに，公共選択理論家たちが上記したような非難に同意するであろうことをみてきた。しかし，彼らはまた官僚が自らの予算やその管轄権の規模や範囲を最大化しようとする傾向にあることも指摘している。圧力団体政治（過剰期待の政治）とともに，こうした官僚の傾向は不可避的に自らを拡大していく大きな政府を出現させ，そのことは政策の失敗に導くことになる。
- 社会支出は資源を商業や工業における生産的使用から，不生産的な社会福祉へと移転する。こうした議論は決して新しいものではないが，19世紀以降の社会支出の増大をめぐる最も強力な議論には，社会サービスが生産性の増大に寄与するところがあったとするものである。このことは保健医療や教育の場合には最も明瞭にいいうることである。より健康で，より教育を受けた労働力が，より生産的でありうるという主張は，不合理なものではない。社会保障は人々を景気後退期においても有効な消費者としてあり続けさせる。OECD [1994, p. 12] はこうしたニューライトの分析には同意せず，次のように述べている。「インフレをともなわない産出と雇用の成長，そして政治的，社会的安定性は，社会における投資としての社会支出の役割によって高められる。」

非常に一般的な言い方ではあるが，ニューライトは，福祉国家は資本主義にダメージを与えるのであり，したがって福祉国家と資本主義は両立不可能であると確信している。このことは第二次世界大戦後の福祉国家の建設者たちの考え方とはあいいれない。ベバリッジとケインズは，国家サービスはそれが社会的，政治的安定性を維持するのに寄与するがゆえに，資本主義システムの円滑な運動にとってきわめて重要であると信じ込んでいた。すでにみたように，マルクス主義者もまた，福祉国家は階級権力と資本蓄積を正統化することによって資本主義の長期的な目的に寄与していると考えている。

しかしながら，国家福祉に対する批判をもっている者が左右の政治集団に限られると仮定することは誤りであろう。国家福祉に対する批判は，消費者からもなされている。例えば，ウォーカー [1993, pp. 74-75] は，「社会サービスの

ある側面についての幻滅感が徐々に高まり，1980年代には遠慮なく口外されるようになった」と述べている。ウォーカーは，利用者，介護者，フェミニスト，そして人種・民族的マイノリティ集団からの草の根の批判や圧力を確認している。福祉国家が基礎とする原理に対するより一般的な批判とは対照的に，こうした批判は主に国家サービスの質や性格に関するものである。

おわりに

1970年代半ば以降，一般的に国家の役割，特殊的には福祉における国家の役割を再評価する試みが続けられてきた。こうした議論は，さまざまな変化を概括しようとする試みから多様な言葉を生み出してきた。混合経済という視点から最も適切な言い方は，「イネイブリング国家」と「契約国家」である。いずれの言い方も，サービスの直接供給者としての国家の役割の削減を意味している。イネイブリング国家はニーズが非国家機関によって充足される条件を創出し，それを維持する責任を果たす国家である。契約国家は購入者としての公共機関と独立（民間非営利と営利部門）の供給者との間の特定の関係を意味している。

こうした変化からは3つの相互に緊密に関連した課題が生ずる。第1の課題は，計画策定，財政および規制についての国家の役割である。第2の課題は，国家と市民との関係である。第3の課題は，国家と民間営利，民間非営利およびインフォーマル部門との関係である。

国家は社会政策の方向性について概観し，その将来の発展のための優先順位を設定する位置にある。このことは必然的に民間非営利および営利供給者の個別的な優先順位を公共政策あるいは公共目的に合致するように調整したり，規制したりすることを考慮した計画を策定することを含んでいる。

中・東欧，そしてソ連における5か年国家計画システムの失敗は，計画そのものを悪しきものであるかのようにした。そして中央集権化された経済計画策定に疑いもなく重大な欠陥があるということが，すべての計画に反対するための議論として用いられている。例えば，ウォーカー［1984］によって提起されたような，民主主義的にコントロールされ，そして参加型の性格をもつ分権化

された計画は，計画をおおいに賞賛するものである。計画への別のアプローチが市場社会主義者であるエストリンとウィンター［1989, p. 116］によって提起されている。彼らは指標型計画策定を推奨している。この指標型計画策定においては，「計画策定とその精緻化にもっぱらかかわる協議と議論の過程は，分権化され，民主的である」。そうした計画は実施のためにあらかじめ定められた方法を含んではいず，実施は個々の機関の間の交渉に委ねられている。こうした計画策定の形態の例としてフランスのシステムがあげられる。

　主要に指標型である計画策定は，大部分の福祉国家において存在してきた。それが最も一般的にみられるのは，地方あるいは地域レベルにおいてである。計画は，保健医療，対人社会サービス，住宅，都市開発，労働市場政策など，さまざまな政策分野において存在している。いくつかの場合には，地方レベルで策定された計画は，国家レベルで承認されなければならない。その例としては，イギリスのコミュニティ・ケアのシステムがある。地方当局は継続的に見直される3か年のコミュニティ・ケア計画を策定し，保健省による承認を得なければならない。多くの国々におけるシステムがより細分化され，分権化されるのにともなって，それらを統合し，一貫性をもたすための計画策定の必要性がますます明らかになってきている。

　計画がもつ利点のひとつは，それが問題とされ，評価されるということであり，そして計画を策定し執行する責任を有する人々が説明責任をもつということである。計画はまた需要よりもニーズの評価を含み，それを充足する戦略を含んでいる。計画はまた環境問題を考慮することが可能である。中・東欧，そしてソ連における中央集権的経済計画で，恐ろしいまでに失敗した分野のひとつにこの環境問題があったのだが。これらの諸国における中央集権的経済計画の唯一の目的は，生産を最大化し，合理化することであり，他の課題が取り扱われることはなかった。このことは，再び，計画策定が柔軟で，分権化され，参加型のものである必要性を強調している。

　計画策定が優先順位の設定を含む限りにおいて，それはまた規制を含んでいる。このことは多くの国々において，激しい議論が行われている分野である。1980年代初め以降，政府には規制緩和を選好する一般的な意見がある。しかしながら，いろいろな点で，福祉の混合経済は多くの規制を必要とするであろう。

次章において，管理された市場および規制された市場や管理された競争についての議論を扱う。こうした議論においては，政府は規制を定め，これを執行し，市場を管理する。福祉供給が利潤志向型の企業に移転されるなかで，公共機関は収奪を防ぎ，標準が低められることを防がなければならない。ケアについての契約は，追加的な規制の形態である。規制に関しては，いくつかの問題点がある。①それは時間を消費し，費用を要する。②規制を常に監視し続けることは困難であり，常に侵害される危険性がある。③適切な罰則をつくり，それを適用することが困難である。④規制の多寡についてのバランスをとることがむずかしい。規制があまりに少なければ，供給者に事実上フリー・ハンドを与えてしまうことになり，サービス利用者に対する保護が不十分となるであろう。逆に，規制があまりに多ければ，供給者を無能力化し，その独立性を危うくするであろう。第4章においてみるように，この最後の点はボランタリー組織にとってはとりわけ重要である。

　第4章においてはまた，ボランタリー部門に対する補助金あるいは契約を通した行政部門からの財源供与の重要性を実証し，契約利用の増大が営利供給者ならびに非営利供給者の公的財政への依存を強めることを意味していることを示す。混合経済にむかう推進力は，部分的には，公共支出を節約できるという期待であるが，サービス供給のために非政府機関を用いることが自動的に公共支出を削減することにはならないことを強調しておく必要がある。

　第2の論点は，国家の性格が変化しつつあることが，国家の市民との関係にどのような影響を与えるかである。本章においてすでに，新しい公共経営管理（NPM）がどのように市民を顧客あるいは消費者として再定義しようとしているかをみた。このことは，選択，質の向上の期待，貧しい質のサービスについて訴える消費者の権利ということに基づいて正当化されている。公共機関がサービス利用者との関係について民間部門から学ぶべきことがあるとする議論にはいくつかの根拠があるだろう。しかし，公共部門に市場原理を全面的に導入することには欠点もある。そのなかにはシティズンシップおよびそれに関連した権利が強調されないということがある。ランソンとスチュワート［1994］が，消費者主義における強調点は「政治への積極的参加者としての市民にではなく，サービスの受け手としての個人に」おかれていると論じていることを思いおこ

すことが重要である。

　1970年代においては，公共サービスは参加によって随分影響を受けた。しかし，言葉が代わり，「エンパワーメント」という非常にあいまいな言葉が使われるようになった。エンパワーメントという語は，何らかの正確さをもって定義することがきわめてむずかしい言葉である。この語にはさまざまなグループによってさまざまな意味が付与されているという問題がある。エンパワーメントはサービス利用者との関係で最も共通して用いられる。それが目的としているのは，利用者のニーズを最もよく充足するサービスの種類とそのレベルを決定するにあたって，またサービスがどのように誰によって供給されるかを決定するにあたって，利用者が自らのニーズについての発言権をもつようにする利用者本位あるいはニーズ本位のサービスをつくりだすことである。問題は，サービスがあいかわらず資源のあり方によって決定され続けており，利用者参画が協議することを超えて進むことがないことである。資源制約があるときには，サービス供給が資源のあり方以外の事柄によって決定づけられることを考えることは困難である。しかし，こうした制限内においても，利用者の見解を最も重視することは可能である。

　しかし，エンパワーメントは偶然に生ずることはないし，時に想起されること以上に実現されることも困難である。エンパワーメントを促進する構造をつくりだすことが，それを実現するための前提条件である。しかし，一層重要なことは，専門職者，官僚，政治家たちが自らの権限のある部分を放棄するように態度を変更することである。エンパワーメントは保健医療や福祉サービスの供給責任を代替的な供給者に移転することから自動的に結果するという単純な仮定を是認することはできない。市場とボランタリー組織は中間階級に傾き，人種・民族的偏りがあることを示しているし，それらが国家以上に利用者参画を進めることもない。

　第3の論点——国家と他の3つの部門との関係——は，本章の主要な課題にかえることになる。福祉の混合経済は保健医療および福祉サービスをつくりだし，市民の間に配分するうえでの，国家，営利企業，民間非営利部門，そしてインフォーマル部門の相互関係およびバランスにかかわっている。本章はいくつかの福祉国家についての批判およびその説得力について考察し，国家につい

てのさまざまな考え方，国家介入の適切なレベルについての考え方の時代にともなう変化，そして1970年代半ば以降における社会支出をカットし，国家の役割を削減しようとする政府の試みについて議論してきた。次の3つの章においては，営利部門，民間非営利部門，インフォーマル部門について同様の分析がなされる。本章において再検討されたいくつかの議論が，以下の章で再評価される。他の3つの部門をめぐる議論はしばしば国家の性格およびその役割についての再評価とのかかわりにおいてなされるので，まず国家から始めることが適切であった。国家と市場との接点についての議論が最も注目を集めてきており，次の章でこのことに焦点があわせられる。

（1）さまざまな形態のフェミニズムについての解説は，ダールとフォスター［1986］，ジョージとワイルディング［1994］に見出すことができる。
（2）オーストリア，フィンランド，そしてスウェーデンは1990年時点ではEC（ヨーロッパ共同体）加盟国ではなかった。ECという言葉は1990年にもまだ使われていた。ECは1993年にEU（ヨーロッパ連合）という語によって置き換えられた。
（3）ワークフェアは労働あるいは職業訓練を受け入れることを受給者にとっての給付条件にするシステムである。提供される労働は，通例，低い地位のものである。

第3章
営利部門と社会福祉

はじめに

　福祉国家は決して民間市場を完全に代替することを意図していたわけではない。確かに，ある人々は，福祉国家は訓練を受け，教育を受けた健康な労働力を創出し，基盤となるサービスを供給し，需要を維持することで資本蓄積を促進すること，そして資本主義システムに正統性を付与することをとりわけ意図してつくられたと主張するであろう。グッドイン [1988, pp. 160-61] は，「福祉国家を真に正当化する根拠」は「市場の前提条件を保護する」役割であると述べている。したがって，福祉国家は市場関係への国家介入を含意している。ある場合には，市場諸力の自由な運動を修正することで十分であると考えられたし，他の場合には，市場を部分的にあるいは実態的に代替することが生じた。しかし，営利的供給が完全に排除された例はない。フローラ [1985] はこうした事態を次のように要約している。

> 西側福祉国家の発展は社会主義への道の一段階として理解されるべきものではない。そうではなく，資本主義的市場経済，民主主義的大衆政治，そして福祉国家から構成される，相対的に凝集性のある三者構造の現代的な進化過程として解釈されるべきである。(p. 12)

　このことは，西ドイツにおける福祉国家をめぐる戦後の論争において，(キリスト教民主党が支持した)「社会的市場経済」と (社会民主党が支持した)「社会主義的市場経済」とが区別されたことを思い起こさせる。いずれの考え方も市場

経済の必要性を受容するが，社会民主党は国家に市場諸力の影響を修正するきわめて重要な役割を与えた。

　営利部門と公共部門との間のバランスは国によって異なるし，それぞれの国において各サービス間でのバランスも相当に多様である。そして，単一のサービス内においても，さまざまな下位区分間でのバランスさえ多様である。社会サービスにおける民間市場はイギリスにおいてはスウェーデンにおけるよりも重要である。アメリカにおいてはそのイギリスにおいてよりもはるかに優位にあるということは明らかである。サービス供給との関係で民間市場の3つの可能な状態を想定することができるであろう。
1．主要な供給者として民間市場と行政システムが並存する。大部分の西欧諸国において，教育がこうした状態にある。
2．民間市場が主要な供給者であり，国家にもそれなりの役割が残される。大部分の国々において住宅がたぶんこうした状況の良い例であろう。住宅手当，リベート，クーポン，補助からなる複雑な編成が市場／公共部門分割をあいまいにしている。
3．民間市場が主要な供給者であり，国家には残余的役割のみが残される。例えば，アメリカにおける住宅，より低い程度で保健医療がこうした状況にある。

　しかしながら，この分類は多くの点で民間市場の位置を過度に単純化している。第1に，この分類は供給のみを扱っていて，営利供給者を規制したり，あるいは補助を与えたりする国家の重要な役割を無視している。実際には，国家と営利部門との関係は上記の三区分が意味するよりも明らかにより複雑であり，明確に区分されうるようなものでもない。第2に，この分類は公共的活動と民間の活動との区分線がどこにあるかを正確に決定することが困難であることを認識していない。このことは，料金，保険原理，競争などの民間市場の行為が公共部門サービスに結合されることによって一層複雑なものになっている。第3に，そしてたぶん，この分類の最も重大な限界は，それが公共部門―民間市場関係をのみ考慮していることである。強力なボランタリーあるいは非営利部門の存在は，3つの双方向の関係および3つの部門のすべてを含む全般的な関係が存在していることを意味している。

市場理論とイデオロギー

市場の性格

簡単にいえば，市場は任意の取引目的のために購入者と販売者を集める手段である。この取引に含まれる商品は，原料，農産物，製造業製品，労働力，あるいは資本などである。市場は取引のネットワークによって構成されている。そこでの成果は大量の個人および企業の明らかに何ら調整されない活動によって決定される。古典派の考え方では，価格は供給と需要との関係で決定される。均衡価格は需要と供給の一致点で決まる。完全競争の条件においては，いずれの単独の購入者あるいは販売者も，彼あるいは彼女自身の活動によって価格に影響を与えることができるほど市場をコントロールすることはできない。したがって，利潤の最大化を追求する大量の相競争する企業は，自らの産出を既知の市場価格に対して調整する。均衡状態に到達した場合には，いかなる市場参加者も何人かが失うことがなければ，自らの状態を改善することはできない。それゆえに，完全競争は最も効率的な資源配分を確保する。完全競争へのいかなる干渉も効率の低下をもたらす。したがって，それは反対されるべきことである。労働組合（共済組合のようなものは除く），カルテル独占および独占的購入者（単一あるいは支配的購入者）も同様に非難される。

市場についての新古典派アプローチは，それがあまりに静態的であり，そして企業家精神をほとんど考慮していないとして，オーストリア学派によって批判されている。オーストリア学派はあまり価格を重要視せず，競争をもっと重視する。市場は不均衡によって特徴づけられると論ずる。競争過程は多数の独占（競争に勝利した報酬としての）をつくりだすと考えることができる。しかし，競争が妨げられないものと仮定すれば，こうした独占は比較的短命であるだろう。

市場についての新古典派アプローチの一変種に，競争よりもコンテスタビリティ（競争可能性）について語る経済学者が提起するものがある（以下のハムを参照）。コンテスタビリティはボウモル編 [1982] によって展開された概念である。完全なコンテスタビリティについての最も重要な特徴は，市場への参入と

退出に対して何らの障壁もまったく存在しないということであり，供給者および顧客の双方が完全な情報をもっているということである。極端な場合には，市場への参入はまったく費用を要しないであろう。フォルダー編 [1996] は完全なコンテスタビリティの理論的な利点を次のように説明している。

> 完全に競争可能な市場においては，何らかの自然独占の場合を除いて，既存の供給者は市場参入の脅威に促迫されて最低コストで生産（生産効率）せざるをえない。そして，限界費用で価格を設定（分配効率）せざるをえない。もし，既存の供給者がそうしなければ，新しい供給者は（ゼロ・コストで）市場に参入することができる。既存の供給者にわずかに下回る価格を設定し，彼らを市場から放逐することができる。(p. 204)

この引用は「完全」競争と同様に到達することはないであろう「完全」コンテスタビリティについて述べていることに注意すべきである。ハム [1996] は，イギリスの NHS との関係で，より現実的に実現可能なコンテスタビリティの形態を採用し，競争について「よりもむしろ」コンテスタビリティについて書いている。彼はコンテスタビリティを「計画と競争との中間の道」と述べている。

> 競争可能な保健医療サービスにおいては，強調点は協調や調整におかれる。しかしながら，業績を改善する他の手段がなければ，代替的な供給者にかわるという選択肢がある。このことは，公共的資源の効率的利用を確保するインセンティブを与え，同時に保健医療サービスが適切に調整されることを可能にする。コンテスタビリティは，規制者としての政府が国家レベルで保健医療の財源調達と保健医療の供給を監督し続けることと，地方レベルにサービス提供の形態を決定するうえでの相当程度の裁量権があることを想定している。(p. 10)

新古典派経済理論家は自由市場を強く支持している。彼らは，個人が自らの私的利益を追求する無制限な市場が社会全体にとっての最善の結果に導くと確信している。すでにみたように，市場を検討してきた他の評論家たちは，無制約な市場がもたらすダメージを与える可能性のある影響を認め，市場は規制されるべきであり，ある種の財は市場の運動から除外されるべきであると論じて

いる。市場規制の範囲と程度は国によってさまざまであり、市場に残される財の範囲についてもさまざまである。

　管理された市場という考え方は、1993年以降、クリントン政権による保健医療改革提案のときに大きな注目をあびた。しかし、その理論はすでに数年前に展開されていたものである。管理された競争の主要な提唱者はエントーベン[1985, 1993]である。彼はサッチャーによる1990年のイギリスNHS改革にあたって、そのアドバイザーであった。また、1993年にアメリカにおいて設置された全国保健医療改革タスク・フォースのための理論的枠組みを提起した。エントーベンが提起したシステムは、自らを保険および直接的保健医療サービス供給を統合した単位として形成する供給者をともなう民間保険に依拠している。こうしたコントロールされた保険単位は、保健医療専門職者を雇用する（現在の「健康維持組織」；HMO）か、独立した専門職者集団と契約する（現在の「優先供給者組織」；PPO）。エントーベンの提案のきわめて重要な要素は、非常に低所得の人々を除けば、最低限、年間保険料を支払うことを求められる消費者がより費用意識をもつように促すことである。消費者はコントロールされた保険による保健医療プランのひとつに加入することを求められる。供給者と消費者との仲介者として活動し、相競争するプランについての比較情報を提供することによって消費者を援助するための機関が地域レベルで設立される。エントーベンはこうした機関を健康保険購入組合と呼んでいる。カリフォルニア州やフロリダ州にはこうした性格の組織がすで存在している。グリーン[1977]は適切に応用されたシステムをイギリスに導入することを支持している。彼はそうした組織が「市場競争についての批判が提起する主要な問題点を解決し、同時に競争的システムが出現する余地を認める、良い妥協案である」と述べている（p. 49）。

　留意すべき点は、民間市場はさまざまな形態をとりうるということである。最も普通にみられるのは、財およびサービスに対する直接的支払いである。この形態は社会サービスの場合には他の取引に比べてそれほど一般的にはみられない。保険に基づく民間市場システムも、直接的支払いシステムに対する受容できる代替システムと考えられるであろう。民間保険の給付対象は、公共的供給が存在しなかったり、あるいは不十分であると判断されるような高コストの

サービスに用いられる場合が多い。アメリカにおいては，メディケイド，メディケア制度を除けば，保健医療（とりわけ病院ケア）供給は民間保険によって資金調達されている。

　社会ケアや保健医療の分野においては，市場は，しばしば補助，手当，クーポン，そして規制を用いることによって，相当程度修正されている。例えば，西欧における健康保険システムにおいては，医師は事実上私的供給者であり，費用のすべてあるいは一部を償還される患者による支払いを受けている。しかし，医師が受け取る支払い額は政府によって設定されている。すでに述べたように，住宅分野の状態は，ほとんどの民間供給者は政府によって規制されており，市場は生産者および消費者補助金の支払いによって修正されている。

　福祉における公私ミックスに関する議論は，部門間コスト比較から純粋にイデオロギー的なものに至るまで，さまざまなレベルで行われている。記述的なものが規範的なものに一体化されているので，さまざまなレベルを分離することは必ずしも常に容易だというわけではない。専門的事項に関する最も実際的な議論でさえ，イデオロギー的要素をもっている。ここで，3つの項目，すなわち①効率，②選択，自由，権利，③公平，平等，に分けて，こうした議論をみていこう。

効　率

　社会福祉のための資源への圧力は，効率性や有効性という論点を社会政策をめぐる議論の前面にもちだした。こうした議論はいまだに定義およびその測定という問題のために行きづまっている。もちろん，受容できる社会的指標をつくりだす試みは続けられているのだが。ここではそれを追求するつもりはない。効率性と有効性とは非常に緊密に関連しあっているが，両者は同義語ではないといっておけば十分である。「社会的」効率という語で何が意味されているかについてのきわめて明確な定義はナップ編［1994］によって提起されている。興味あることに，効率性は公平性と何らかかわりがないと論じられている。

　　社会的効率によって意味されるところは，ある所与のサービスの質を実現するためのコストを最小化し（あるいは，所与のコストで利用者便益あるいは成果を最大化す

る),分配効率を高めることによって選択の範囲を拡大する供給である。効率性はかならずしも必然的に資源の公平な分配をもたらすことはないであろう。公平な資源配分は社会的正義の基準から公正なものである。(p. 149)

　しかしながら,有効性は第一次的にはニーズが充足される程度に関する事柄である。それはまたニーズ評価,サービス計画策定,そして評価への利用者参画といった一層測定困難な要素を含んでいるであろう。
　市場供給が公的供給よりも効率的であると考えている人々は,3つの点でその根拠を論じている。すなわち,①部門間コスト比較,②競争から生ずる便益についてのより一般的な議論,そして③公共的供給が自らを非効率なものとしてしまう特徴をもつこと,である。次に,これら3つの議論のそれぞれについて検討していこう。
　アメリカにおいて多くの部門間コスト比較研究が行われてきた。イギリスにおいても同様の研究が行われてきた。ジャッジとナップ [1985] によるイギリスにおける興味ある調査報告は,高齢者入所施設サービスを供給するための民間―地方当局間コスト比較を行っている。ジャッジとナップ [1985, p. 139] は「イングランドとウェールズにおける民間入所ホームは,公共部門およびボランタリー部門の非営利施設よりもコストが低く,費用に対してよりよいサービス価値を示しているといえる」と結論づけている。著者たちも承知していることであるが,この調査の欠点は,それがアウトプット(産出)を何ら考慮していないことである――つまり,供給されたサービスやその質は比較された両部門の施設において同様であると仮定されていることである。コストが異なることについてはさまざまな理由が提起されている。そのうち最も重要なものは,「小規模企業の伝統的長所」である。これらの「長所」には,しばしば非常に長時間労働することなど,所有者およびその家族が事業に深く関与することが含まれる。このことは営利ホームがわずかな人員を雇用するだけですむようにさせている。しかも,これらの人員の給与は,通例,労働組合が交渉によってかちとったそれよりも低い。スタッフの数を最低限におさえ,そして低い給与を支払うということは,明らかにコストを削減することになる。しかし,このことがサービスの質を下げることなくどこまで可能であるかという疑問が生ず

る。さらに，もし家族構成員が非常に長時間労働をした場合には，彼ら自身の効率性が結果として損なわれるであろう。ケンブリッジとブラウン [1997] による，イギリスにおける学習障害者に対するサービスについての調査は，この点についてコスト削減に関連して述べている。

> 混合市場がより安価なサービスを提供してきた限りにおいて，それは労働力のサービス条件を犠牲にしてなされてきた。給与や労働条件の引き下げによって，利潤率の低下を相殺しなければならない。権利が十分に保障されず，不安定雇用で，しかも給与水準が低いスタッフが，他の相対的に弱者である人々にとっての最善の擁護者になることはない。(pp. 32-33)

　この調査が意味することのひとつは，非常に多くの資本投資を必要とし，高賃金の熟練労働に依存する施設は，小規模企業による経営にはなじまないということである。例えば，地区一般病院は小規模入所ホームとは非常に異なる事柄である。ジャッジとナップが彼らの所見についての説明において，次のように注意を喚起していることに留意すべきである。「我々は公共領域におけるすべてのサービス提供機関が小規模事業家に引き渡されるべきであるということを決していおうとしているのではない」(p. 149)。多くの場合，彼らはこのことは実行不可能であるだろうということを認識している。にもかかわらず，以下にみるように，この12年間にこのことがまさに実際に起きたことであった。ビッグス [1986] が，その高齢者入所ケアについての調査において，（民間営利と非営利の）独立施設は現実には公共部門の施設よりも少ない費用をではなく，むしろより多くの費用を要したということを示すまったく異なる結果を得ていることにも留意すべきである。

　相矛盾する結果が見出されることは，アメリカにおける病院やナーシング・ホームにおける保健ケアに主な焦点をおいた多くの研究にみられる特徴のひとつである。これまで非営利施設と営利施設の比較が強調されてきた。病院に関しては，営利病院における低いコストを示す調査も多ければ，より高いコストを示す調査も多かった。こうした混乱は異なる測定単位が用いられることの結果でもある。営利病院の1日当たり処置コストがより高いことについては一般

に認められているが，在院日数がより短く，そのことが入院1件当たり費用を引き下げていることもあわせて実証されている。マーモア編 [1987, p. 230] は「病院産業についての調査は，営利施設と非営利施設についての報告されたコストにはほんの小さな，また首尾一貫しない格差があることを見出してきた」と述べている。入院1件当たりのコストが用いられた場合でも，他のある調査は営利病院にコスト上の優位があることを示し，ある調査は優位は非営利病院にあることを示し，また他の調査は両者にはほとんどあるいはまったく相違がないことを示すなど，結果は一致してしない。マーモアは，ナーシング・ホームに関する証拠は営利ホームがより安価であることを示す大部分の調査とほぼ合致すると主張している。しかしながら，マーモアは質とコストに関して重要な意味をもつ3つの点を指摘している。第1に，「非常に低い質のケアを提供する施設群に営利施設が数多くみられる」という一貫した証拠があると主張している。第2に，コスト格差は，医師がケアの提供をコントロールする場合にはさほど明らかではないと主張している。これが事実であれば，営利施設は，（より効率性を高めることや質を下げることによる）コスト削減圧力をあまりもたないことになる。第3に，医師によるコントロールは，営利施設が利益の上がらない患者を回避しようとする意思と能力に影響を与えていないように思われるとしている。

> 医療の供給者は利益をみこめない患者を次の3つの方法で回避することができる。第1は，施設を低所得地区から離れたところに立地することができる。第2に，彼らは，保険のない者，あるいは保険が不十分な者が多く利用するサービスを供給しないことを選択することができる。第3に，ケアに対する支払い能力をもたない人々の入院を積極的に審査し，入院を抑制する。この審査には入院に先行する資産調査を要求することやあるいはケア費用を十分に支払うことができない患者に対して段階的料金を提示しないことをともなうことがある。[1987, p. 231]

マーモアは，これら3つの戦略のすべてが公共的供給者や非営利供給者によってよりも営利供給者によってしばしば採用されているという証拠を引用している。

営利企業においてコスト削減が質を犠牲にして行われているという証拠は，

イギリスの NHS における強制競争入札を検討したいくつかの研究に見出すことができる。ミルン [1987] は，サービスが営利事業者に委託された場合には，費用が3分の1以上節約されたことを確認している。大部分の契約において，総支出の削減は契約事項の変更——なされる労働量の削減や供給されるサービス水準の切り下げ——から生じた。さらに，経営者は場合によっては，労働を再配分する機会を利用した。例えば，看護婦はこれまで補助労働者によってなされてきた労働を行うことを求められる。

部門間コスト比較を行ううえで，概念上および方法論上の重大な困難がある。これらの困難のうちのいくつかは，コストを質に関連づけるうえでの困難性であり，それは質を測定する手段を必要としている。現時点でも質について多くのことが語られている。しかし，ポリット [1993, p. 162] は，質という語は「当惑するほど混乱した仕方で用いられるようになってきている」と主張している。問題は質を定義することが困難であり，ましてやそれを測定することははるかに困難であるということである。対人サービスの質を定義するのが困難であるというだけではなく，質はさまざまな立場にあり，さまざまな関心事項をもつ人々によって，さまざまに定義されている。ポリット [1993] は，「……分析がただちにさまざまなグループが質をさまざまに定義していること，定義内容を改善するためにさまざまなアプローチをとっていること，研究においていずれの定義，方法，尺度が適用されるかを決定することが，研究のよしあしをめぐる闘いにおける手段となっていることを明らかにする」(p. 161) と述べている。

同じ問題が，自由市場における完全競争が最も効率的な資源配分を保証するという新自由主義の主張を評価する試みにおいても生ずる。利潤を最大化しようとする生産者はより大きな市場占有率を求めて相互に競争しあう。そこにはコストを最低限にまで削減し，生産物の質を改善するインセンティブがある。いずれかを実現しえなかった生産者は，結局は，事業を中止することを余儀なくされる。自らの私的利益を追求するすべての市場参加者は，すべての人々の最善の利益に資するという安楽な仮定がある。それに対して，公共サービスは非効率で，柔軟性に欠け，応答性に欠けるといわれる。公共的供給が非効率であるとするラディカル・ライトの考え方を支える重要な理論は，公共選択学派

の信奉者から生まれた［ダウン，1957，1967；ブキャナンとタロック，1962；ニスカネン，1971，1978］。彼らは経済理論を政府の行動に応用しようとした。とりわけ，彼らは市場分析において用いられる方法は公共部門にも応用可能であると論じている。公平無私な公共サービスという考え方は神話であるといわれ，官僚の行動はまさに市場における個人の行動と同様に利己的なものであるといわれる。両者の違いは，官僚が市場の規律に従わないこと，利潤を生みだす必要性をもたないということである。(1) 公共機関は頑迷で，想像力がなく，イノベーションに抵抗する。ノージック［1991, p. 106］は，競争的市場は，政府とは対照的に，イノベーションを促進すると主張している。

> 市場システムにおいては，事態は変化し，富は増大し，機会は開かれており，ブレークスルーが生ずる。新しいグループが富を生みだす。実践的な知が他のものを考えだし，新しいサービスを提供し，これまで未充足であったニーズを満たし，よりよい方法を発見するために既存の編成を評価する。発明の才が市場システムによって促進されるということは，市場がもつ最も重要な特徴であろう。

市場について主張される他の利点は，市場が価格という形態で情報を処理し，伝達する有効な方法であるということである。もし特定の生産物，原料，あるいはサービスの供給が需要を充足するのに不十分であるのならば，その価格は上昇するであろう。もし，他方で，供給が需要を超過するならば価格は低下するであろう。価格が高いということは，既存の生産者や潜在的な生産者が利潤を得られるというシグナルである。価格が低いということは逆の結果になる。イストリンとルグラン［1989, p. 3］は，情報とインセンティブとが結合されていることが重要であると強調している。「市場が十分に機能している場合には，市場は情報を処理するすぐれた方法であり，同時にその情報に基づいて行動するインセンティブを与える。」

グレイ［1992］もまた情報とインセンティブの重要性を強調し，市場はいずれの側面においても中央計画策定よりもはるかにすぐれていると主張している。その証拠として，グレイは，旧ソ連や中・東欧の旧共産主義諸国の経済的失敗を引用している。グレイによれば，中央計画策定が失敗したことは，部分的に

は,「市場競争の規律によって与えられる適切なインセンティブが欠如していることと,逆に誤った経営管理や誤った投資を行うインセンティブが存在していたこと」(p. 6) によって説明される。

しかしながら,グレイは中央経済計画策定者が直面した認識上の問題——人間の知識の限界から生ずる諸問題——を強調している。価格によって供給される情報がなければ,中央計画作成者は重大な弱点をもつことになる。グレイはこうした主張を論証するために,ハイエク [1976], ポランニー [1951], シャックル [1972] の著書を用いた。ハイエクによれば,問題をつくりだすのは計画作成者の側での知識の欠如だけではなく,経済的意思決定を行う人々がもつ知識の性質にもよる。しばしば,知識は直感的なものであり,地域的なものである。そして,それは日々変化している。そうした知識は中央計画策定機関にとっては利用できないし,それは決して利用可能なものにはならない。ポランニーは暗黙のそして地域的な知識について,そうした知識のほとんどは接合されないままであり,接合することはできないであろうと述べ,ハイエクと同様の点を指摘している。シャックルの主要な議論は,将来はまったく予測不可能であり,したがって中央計画策定者は予想しているにすぎないというものである。このことは市場参加者についてもいえることであるが,市場参加者の場合には誤った予想の結果は中央計画における誤りほど大きな影響はもたない。

市場が有するとされる多くの利点は,当然,条件に左右される。例えば,市場が有するとされる効率上の利点は競争条件に左右される。最大の利点とされる事柄も,多くの供給者が十分な知識をもった消費者の愛顧をめぐって競争する完全競争が存在する場合に生ずる。しかしながら,さまざまな理由から,市場の失敗が不完全競争から結果するであろう。単一の供給者あるいはごく少数の供給者が全市場をコントロールする独占の発展は,不完全競争の最も明白な事例である。ほんの2,3の生産者のみが存在する場合には,産出あるいは価格を規制するカルテルが形成されるであろう。市場の不完全さは,単一あるいは少数の購入者のみが存在する場合にも生ずる。

生産単位を複数化することが浪費的であるか,あるいは禁止的に費用を要する場合には,「自然独占」が存在する——ガス,水道,配電がこのカテゴリーに属する。しかし,イギリスなどにおける近年のこうした事業のプライバタイ

ゼーションは，公共的供給が公共サービスにおける潜在的独占に対する唯一の回答であるとは考えられないことを示している。しかしながら，私的独占が公共的独占よりも選好されるべきであるか否かについては必ずしも明らかではない。移動問題や移動費用が代替的施設の利用を困難にするのであれば，全国的にみて数多くの供給者が存在したとしても地域的独占が生ずるであろう。例えば，親が居住地より15マイル離れたところにある初等学校が近所にある学校よりもすぐれていると十分に確信していたとしても，15マイルは幼い子どもには移動距離としてあまりに遠いとも思うであろう。

しかしながら，競争的あるいはコンテスタブルな市場が有するとされる利点は，独占が出現するずっと以前に減少し始めるであろう。例えば，ウィストウ編［1994］は，社会ケア市場についての調査において，供給者があまりに過少であることを見出した。

> 地方当局でインタビューした人々に広範にみられた見方は，とりわけ在宅ケア，ディ・ケア，休息ケアに関連して，大規模なサービス供給役割を担える，あるいは担う意思のある相当規模で精力的な非行政部門は存在していないということであった。彼らが述べるところでは，今日の民間営利およびボランタリー部門は，地方当局による供給を代替するために要求される水準の質をもったサービスを十分な量供給することは不可能である。(p. 101)

供給者が過少であるだけでなく，既存の供給者も十分には発展していない。そして，「民間営利機関は入所ケアから事業を多様化するのに必要な技能も，そうした傾向ももっぱいない」(p. 102)。さらに，「完全な」コンテスタビリティの全面的な便益は，市場参入あるいは退出のいずれに対しても障壁が存在しないことに依存している。同様の調査報告［フォルダー編，1996］は参入および退出のいずれに対しても相当の障壁が存在していることを確認している。供給者が過少で十分に発展していないということは，それ自体が制約条件であるが，それに加えて，既存の供給者はしばしば費用上の利点を有している。市場への参入は決してゼロ・コストではない。潜在的な供給者は資源制約──特に，安価な労働力の十分な供給の点で──によって妨げられている。退出について

もまた障壁が存在している。これらには，①生産をやめた場合であっても回収できないコストあるいはサンク・コストが存在する，②利用者がケアを必要とすることや利用者のケアへの関与，③市場ニッチ（すきま）に関与する生産者の生産物の差異化，生産物を変更することは費用の増大を招くであろう，ということがある。

完全競争とコンテスタビリティもまた十分な情報をもった消費者を必要とする。そして大部分の取引において，人々はどの財やサービスを利用可能な商品のなかから購入すべきかについて合理的決定を行うことを可能にするのに必要な知識をもっている。しかしながら，独立した助言サービス，消費者保護機関や法が収奪の危険性を減らすのに役だっているにもかかわらず，多くの人々が頭から信用しなければならない技術的あるいは専門的サービスが存在している。多くの調査は社会サービスの消費者が特に商品差別化（比較し区別すること）をしていないことを指摘している。全体として社会サービスの消費者は，専門家の意見やさまざまな基準から多くの不十分さが指摘されている場合でさえ，そのサービスに対して満足感を表明する傾向がある。ブラウン［1984］は興味あるアメリカについての調査において，さまざまな設置主体による児童保育施設を検討した。彼女は消費者が「高い水準の商品差別化」を行ってはいないことを見出して，次のようにコメントしている。

> デイ・ケアの混合経済の理論的な利点のひとつは，十分に情報をもつ消費者を引きつけることを追求する供給者間の競争から生ずる。消費者がさまざまな質のデイ・ケア供給者を差別化するための知識，技能，そしてたぶん，そうする傾向に欠けている程度にしたがって，ケアの混合経済は低水準の内部規制をもって機能することになる。（p. 330）

ショウ［1995, p. 145］は利用者調査をどのように解釈するかに関連した問題を論ずるなかで，「高い満足水準と，多くの問題を抱えるあるいは低い質のサービスとが並存しうるという多くの証拠がある」と述べている。このことは親や他の社会サービス消費者が知的ではないことを示唆しているわけではない。それは代替サービス利用施設が欠如していることや，感謝の念がないようにみせ

たくはないという欲求と関係している。ブラウンの調査はすでにデイ・ケアを利用している親にたずねたものである。意思決定過程や代替サービスの利用可能性についての調査は，むしろ商品差別化をしていることを明らかにしたであろう。他の可能性は，ケア供給施設が全般的に不足している場合には親が手にすることができたものを受け入れざるをえないということ，そしてそうした施設をみつけることができたことに感謝しているということである。しかしながら，非専門職者であっても評価することが比較的容易なデイ・ケアのようなサービスと，保健医療のようなより複雑で専門技術的なサービスとには違いがある。本章の次節で社会ケアおよび保健医療における選択の問題に戻ることにしよう。

　市場の失敗が生ずる他の源泉は外部性の問題である。レバシック［1991, p. 36］は，「外部性はある経済主体の行為が市場価格に反映されないような仕方で他者の福祉に影響を与える場合に生ずる」と述べている。外部費用もあれば，外部便益もある。前者の例には生産過程からの環境汚染があり，外部便益の例には採算のとれない鉄道路線を維持することから農村コミュニティにとって生ずる便益がある。価格はその取引に直接に関与する人々にとってのコストと便益のみを反映する。市場は外部費用と外部便益を無視することによって，外部費用を生ずる財を過大評価する傾向があり，外部便益を与える財を過小評価する傾向がある。このことは前者の過大な生産に，後者の過小な生産に導くことになる。

　他の外部性の形態は，人々がそれを得ることから排除されえない一般的便益を与える公共財——防衛，司法・治安，公衆衛生が最も明白な例である——に関連している。もし，私的個人あるいは企業が公共財に貨幣を支払わなければならない場合には，彼らは「フリーライダー」——自らは何ら拠出しない施設から便益を得る人々——に直面することになるであろう。このことはそうしたサービスの供給責任がしばしば公的当局によって担われることになる理由のひとつである。しかしながら，イギリスやアメリカにおける民間警備保障会社の成長や民間刑務所施設の開設が，これまで最も見込みがないと思われていた分野においても市場が生ずるであろうことを示していることを述べておくべきであろう。

民間市場を重視する主張の基礎にある仮定は，個々の購買決定の総計は「社会的」要求を満足させるために十分な量の財の生産に結果するであろうということである。当該の財は，場合によっては，価値財と呼ばれている。最も注目に値する例は教育や保健サービスである。ここでの重要な論点は，ある個人によるある便益の購入が他者の便益に結果するような場合に生ずる外部性の存在である。購入者は自らの個別的な利益をのみ考慮するであろう。教育は個人に与えられる便益以上のものを社会全体に与えるサービスの例である。他の例は，感染症の広がりをくい止める予防的な保健サービスである。

市場の経済理論は利潤を最大化しようと試みる供給者の合理的行動と，満足／便益を最大化しようと試みる消費者の合理的行動についての仮定に基づいている。先に言及したフォルダー編［1996］による調査は，社会ケア市場への潜在的参入者がとる合理的経済行動という仮定を問題にしている。古典派理論によれば，合理的な潜在的供給者は既存の供給者が新規参入者に対して産出や価格の引き下げによって対応するであろうということを予想することができる。このことは，（減少しているにもかかわらず）すべての収益性が確保されうる唯一の方法である。この期待によって納得することによって，合理的決定は事業を設立することであろう。しかし，このことは非常に抽象化されたものであり，著者は「多くの他の考慮が関係してくる。……これらのことは市場が効率的な行動を誘うという見解から我々を遠く引き離すことになるであろう」と述べている。そうした考慮のひとつは，市場に参入しようと考えている人々は，完全に合理的な個人という教科書のモデルに合致していないということである。そうした人々は次のように結論づけるであろう。既存の供給者は強固に自らを確立しており，産出や価格を引き下げるという圧力に抵抗するだろう。そのことは新規参入者に相当のダメージを与えることになるであろう。もしこのことが潜在的供給者が行う評価であるのならば，彼・彼女は市場に参入しないことを決定するであろう。

社会ケアあるいは保健医療についての消費者の行動は，厳格な経済的意味では合理的なものとは判断されないであろう。しかし，消費するという決定，あるいはそうしないという決定は，経済的合理性にのみ基づいて行われるのではない。さまざまな考慮すべきことのすべてが決定に影響する。そして最も重要

な要因は，当該の個人にとって合理的と思われる事柄である。例えば，虚弱な高齢者にとっては彼女・彼の成人した子どもと同居することが経済的に合理的であろう。しかし，このことはさまざまな理由から両者にとって受け入れがたいかもしれない。最適合理性理論についての興味ある見方は，コミュニティ主義的社会経済学者によって提起されている。バーキットとアシュトン［1996］は，コミュニティ主義者の立場を次のように説明している。

> コミュニティ主義的経済学には，人々が合理的に行動するという仮定や，人々がもっぱらあるいはほとんど私的利益を追求するという仮定はない。それにかわって，人々は倫理的考慮によって促されるような倫理的存在であると考えられている。……コミュニティ主義的社会経済学者は新古典派の人々ほど決定論者ではない。彼らの相互作用分析は，市場活動およびその形態や範囲に，新古典派モデルの個人主義的な最適合理性が認めるよりも，より大きな柔軟性や流動性がありうることを認めている。（p. 6, p. 7）

エチオーニ［1988］は，個別に活動する個人は必ずしも自らの個人的利益を最大化する能力をもたない，そして集合的意思決定においては「関与する人々がともにグループ内の個々人の認識上，経験上，知識上の限界を補いあうことができる」［バーキットとアシュトン，1996, p. 7］ので，それはより合理的でもあり，より効率的でもあると述べている。さらに，病人，身体的あるいは精神的に虚弱な人々，あるいは子どもは，実際的な経済合理的意思決定を行うのに最善な状態ではないであろう。この最後の点はティトマス［1967］が，市場供給を支持する人々が仮定する「現物の社会サービス，とりわけ医療は民間市場における財と区別されるような特徴を何らもたない」ということに対して問題にしたことと関連している。ティトマスは，医療が，通常，自由な市場において購入される財とは区別される13の方法を確認している。これらのすべては，不確実性，予測不可能性，そして弱者としての消費者と関連している。(2)

福祉サービスの市場供給を主唱する多くの人々は，もちろん，先に簡単に触れたような市場の不完全性を十分に認識している。彼らの回答は，不完全性は調整あるいは修正されうるし，不完全な市場でさえ公共的供給よりもすぐれているというものである。フリードマン，フリードマン［1980, pp. 263-64］は次

のように述べている。

> 完全さは現実のものではない。常に，模造品，いかさま師，詐欺師は存在するであろう。しかし，全体として，市場競争はそれが機能する場合には，ますます市場のうえに積み重ねられてきている代替的な政府メカニズムよりも消費者をよりよく保護するであろう。

営利的供給を支持する人々は，国家システムは市場システムよりも効率的ではないと主張している。問題のひとつは，もちろん，もし公共システムに民間市場の基準を適用した場合には，明らかに公共システムはその基準を満たさないことがわかるであろう，ということである。公共的供給は市場の規律を欠いているがゆえに非効率であると論じられている。官僚は利潤を生みだすという制約を受けないので，コストを削減する何らのインセンティブももたない。消費者は，財あるいはサービスがゼロ・コストで供給される場合や手厚い補助を受ける場合には，需要を制限するインセンティブを何らもたない。こうした状況においては，需要は常に供給を上回る。そして価格による割り当てがない場合には，他の形態の割り当てが適用されざるをえない（例えば，待機リストや行列）。しかしながら，民間供給者への第三者支払い（政府あるいは保険会社による）は，消費者に対して需要を削減するように圧力を加えることはない，ということが理解されなければならない。何らかの形態のコスト分担が導入されない限り，消費者はゼロ・コストでサービスを受給することになる。さらに，公共システムはそれ自体の抑制と均衡メカニズムをもっている。特に政治的説明責任と参加の可能性など。このいずれもが十分には発展していないし，考えられているほど有効ではないかもしれない。しかし，少なくとも可能性はあるであろう。

この節において，民間市場供給は公共的供給よりも効率的であるという主張を検討してきた。その結論は，こうした主張の合理的根拠は明らかではないというものである。いくつかの側面において市場は十分に機能するであろう。しかし，他の側面ではうまく機能しない。市場を支持するいくつかの議論は非常に理論的であり，保健や福祉の現実の世界へのその妥当性については疑問であ

る。効率性やコストが重要であるということ，公的当局が公共資金を用いる方法についての説明責任をもたなければならないということについては一般的に受け入れられている。

　福祉における市場を支持する者，そしてそれに反対する者がそれぞれ行う主張は，経験的な証拠に基づくものであるというよりもイデオロギーに基づくものであることがしばしばである。もし，このことが効率性についてもいえるのであれば，ましてや選択，自由，権利についても，そして公平，平等という論点についても一層あてはまるであろう。

選択，自由，そして権利

　1960年代初めから半ばにおけるティトマスとリーズとの論争は，主要には福祉における選択についての議論であった。リーズは，投票箱が大部分の福祉消費者にとって開かれた唯一の選択であると主張した。投票箱は相対立するプログラムや政策についての選択のみを可能にするものであるので不十分である。投票は特定のサービスについての選択を記録するための手段としてはあまりに集約的である。リーズは，消費者が自らの選好を表すことができる唯一の方法は民間市場への参加によるものであると論じた。

　それへのティトマスの反論は，誰にとっての選択かを問うことであった。市場での選択は，たぶん，支払い能力のある者にとってのものである。市場はニーズに対してよりもむしろ需要に反応する。そして，需要はそれが支払い能力によって裏打ちされている場合にのみ有効である。選択の機会は十分な所得を有する者には十分に開いているであろう。しかし，貧困な者には限定されているであろう。さらに，ある社会リービス受給者——精神障害者，老人精神病を抱えた者，そして恵まれない子どもなど——は，選択を行える状態にはない。しかし，選択はまた，こうした特定の弱者グループに含まれないような人々にとっても制限されている。選択はまず知識の欠如によって，たぶんより正確には知識の不平等によって制限されている。大部分の人々は，教師，ソーシャル・ワーカー，保健婦，あるいは医師は最もよく知っていると信じている。選択の根拠となる経験をもたない場合に，相競争する神経科医をどのように選択することができるのであろうか。自らが受けたケアの善し悪しを人々はどのよ

うに知るのであろうか。事態の真実は、消費者が選択を行っているのではなく、専門職者が選択を行っているのである。例えば、病院や専門医サービスへのアクセスをコントロールしているのは一般医である。そして、病院資源の利用をコントロールしているのは顧問医である。民間市場はこうした状況を大きく変えることはないであろう。とりわけ労働者階級の消費者は、あるサービスに対してのみ支払いをするにすぎないので、専門職者の判断に疑問を呈することはないであろう。

　ティトマスは、保健医療における市場は消費者に知識が欠如しているので選択を促進することはないであろうと述べている。知識の欠如は医療についてはとりわけ明らかであるが、それは他の社会供給の分野においても影響している。グレンナスター [1992, pp. 20-21] は、この点について次のように指摘している。

> 生産者が確認可能な標準的な生産物をつくっている場合には比較することができるであろう。大部分の社会サービスを特徴づけているのは非常に個別的な性格であり、そのことは、簡易で、広く利用可能な質についての尺度をつくりだすことを困難にしている。……個々の消費者は、この種の社会サービス市場においては、日常的な街での買い物以上に、行われることを予想するのが困難である。その理由は、限定された、そして不確実な情報に関連している。

　グリーン [1997] はグレンナスターのこうした見解に異論を唱え、それがあまりに温情主義的であると述べている。グリーンは次の3点を指摘している。第1に、グリーンは不確実性についての議論を自分流に展開し、競争過程は、最善の供給者が誰であり、料金がどの程度であり、消費者が何を知り、あるいは何を求めるかについての不確実性に最もよく対処することができると論じている。第2に、グリーンは、消費者がより十分な知識をもつようになり、より商品を比較し区別するようになるのは、選択を行うことを求められることによってのみであると主張している。彼はこのことが意味することを、次のように概説している。

したがって，十分な情報をもった消費者の存在は，それなくしては市場が機能しえないというような市場にとっての「前提」条件ではない。競争の決定的に重要な機能は，判断の基礎とすることができる比較を生ずることによって，消費者が十分な情報を得ることを「可能」にすることである。消費者が実際に「いまでも」十分な情報を得ていないために競争的市場が存在しえないと述べることは，消費者をより弱い立場においやる独占の継続に導くことになる。[1997, p. 43]

第3に，グリーンは，消費者が選択するのに必要な情報をもっていないという議論は，特定の医療専門科について顧問医がもっている専門的知識と，特定の患者の症例についての知識とを区別していないことに基づいていると述べている。ある疾病にかかれば，その患者は彼・彼女の特定の状態を理解するのに必要な知識を得ようとするインセンティブをもつことになる。

グリーンは知識における格差とその事態を変化させる困難性とを過小評価しているであろう。例えば，患者が彼・彼女の状態を理解したとしても，それは必ずしも彼・彼女に市場を動かす能力を与えることにはならないであろう。このことはとりわけ専門医療にあてはまる。一般医療においては，通例，さまざまな医師についてのコミュニティ内での知識が存在しており，個人あるいは家族の状況に基づいて選択を行うことが可能であろう。例えば，幼い子どもがいる家族や単身の高齢者は，幼児や高齢者を扱ううえでの医師の評判や医師が往診をするかどうかなどに基づいて，医師の選択を行うであろう。専門医の場合には，選択を行う問題ははるかに困難であろう。とりわけ，症例が稀である場合には。こうした状況においてはコミュニティ内での知識は，何ら存在しないであろう。顧問医を選択する場合，彼らをまったく知らない隣人や友人から助言を求めることはまったく役にたたないであろう。

ニューライトは市場における自由を，一般的な意味での自由と等値している。彼らが，通例，自由によって意味することは，政府干渉からの自由である。フリードマン，フリードマン [1980] は，「経済的自由は政治的自由にとっての必要不可欠な前提である」，なぜならそれは政治的権力の範囲とその程度を削減し，非常に多様な個人，集団，機関にそれを分散させるからであると主張している（p. 21）。フットン [1997] は，こうした説明の不合理性について次のよ

うに述べている。

> 西側社会における自由主義——自由，選択，独立，倫理性についての——についての語彙は，競争的な経済的個人主義にのみ合致する思想を表すためにつくりかえられてきた。自由は売買の自由，選択は市場において選択を行う権利，独立は国家からの独立，倫理的行動は個人的選択を行うこと，というように。こうした意味をもつものとしてつくりかえられた言葉によって，それらを用いるいかなる問いもあらかじめ用意された回答をもっている。自由の拡大は経済的自由の拡大を意味している。選択の最大化は市場の運動を最大化することを意味している，というように。いかなる公共的機関も独立であることはありえない。なぜなら，それらは政府によって所有され，財源調達されており，国家は集産主義的であるからである。したがって，独立であることは，ある機関が私的であることを意味する。(p. 18)

個人的自由は市場に参加する能力に依存している。しかし，資源をもたないために排除されている人々の場合はどうなるのであろうか？　政治的自由は，学校の料金あるいは医師の料金を支払えない人々，あるいは標準以下の住宅しか確保できない人々には空虚な響きしかもたない。必要なサービスなしですます自由は，大部分の人々が喜んで捨て去りたい自由である。自由は政府干渉の不在以上の事柄である。確かに，政府干渉は貧困者，失業者，慢性疾患患者，恵まれない児童，そしてホームレスの自由にとって必要不可欠なことである。

ここで，市場およびその政治的自由との関連性についての同様の確信が，中・東欧の多くの旧共産主義諸国においてもみられることに注意しておくべきである。例えば，オロース [1995] はハンガリーについて次のように述べている。

> 1990年と91年は市場経済の導入の速度およびその実現可能性に関する熱狂的な幻想によって特徴づけられる。過去数十年間に発展してきた考え方——市場経済は必然的に政治的民主主義をともなう——は確固としたものであった。また，市場は福祉分野における重大な非効率性を解決するであろうと信じられてきた。しかしながら，プライバタイゼーションは普遍的な万能薬ではないことが明らかになってきた。市場に対する期待感は相当に減少してきた。(p. 94)

同様の考え方は中・東欧の他の多くの国々で，ハンガリーにおけると同様に，表明されてきた。しかし，今日，それは幻滅と化しつつある。

　自由についての古典的な自由主義的な考え方は，たんに強制あるいは制限がないということである。グレイ［1992］はこうした自由についての消極的な定式を「いきどまり」として拒否した（p. 21）。強制が存在していないことには何ら「固有の」価値はない。「したがって，消極的な自由の価値は，それ自体についてよりも，それ以外の固有の価値をもつ事柄への寄与という点で理論化されなければならない」（p. 22）。グレイは消極的自由の主要な価値は，それが積極的な自律性の自由に対してなす寄与に見出すことができると結論し，次のように定義している。

> ある人が自らの生活の少なくとも部分的な指揮者でありうる状態。時間をかける価値のある広範な選択肢が存在し，それに関する選択を強制によって妨げられず，これらの選択肢から自らが選択した経路において，ある合理的な成功の尺度からみて必要とされる能力や資源をもっている状態。（p. 22）

コミュニティ主義的自由主義に関する後の著書のなかでグレイ［1996, p. 17］は，「市場交換は自律性に何らの固有の寄与もなしてはいない」と主張している。自律性は普遍的な善であるよりも，むしろ局部的善であり，それは「双務的義務の強いネットワークに依存している」（p. 18）。グレイの留保にもかかわらず，多様な政治的立場からの著者たちが，自律性を社会において無限の価値があるものであり，市場がそれに多大の寄与をしているということに同意している。ミフー［1990, p. 46］は，この点をとりわけ強調して，自由が自己決定として積極的に定義されるとき，市場は「人々が労働や消費といった事柄について自律的な選択を行うことを保証する，政治的に欠くことができない手段である」と述べている。市場の最も適切な範囲，規制の必要性，人々が自ら自律性を行使することができるようにするために必要だと考えられる福祉供給の範囲についての意見の一致はほとんどみられない。

　第2章において，自律性の原理が少なくとも基礎的な最低限の国家供給を正当化するために用いられうることをみた。そこで用いられた議論は，自律性は

市場によっては保証されないということであった。そして，もし自律性を中心的原理として用いることができるのであれば，政府にはそのための必要条件が存在することを確保する責任がある。この議論は，エスピン-アンデルセン[1990]の商品化と脱商品化の概念——市場供給における多様性を説明するのに役立ち，自律性にとって重要な意味合いをもつ概念——とも関連性をもっている。エスピン-アンデルセンの研究は，2つの主要な福祉国家の変数：商品化および脱商品化，そして社会的階層化に焦点を当てている。

エスピン-アンデルセンは福祉国家における社会的シティズンシップの中心的な重要性を認識しており，この概念は，「個人対市場の状態を脱商品化することをともなう」(p. 21)，業績とは無関係で，奪うことのできない社会的権利を保障することと緊密に結びつけられているとき，よりよく理解されると述べている。さらに，市民としての地位がどのように階級的位置と関係しているかを考察することが必要である。

産業資本主義とそれがともなう市場の広がりは，人々の生存がまったく自らの労働力の販売に依存しており，自らの福祉が現金取引関係の一機能となることを意味している。人々は商品化される。しかしながら，「現代的社会権の導入は純粋な商品状態が緩和されることを意味している。脱商品化は，あるサービスが権利の問題となり，人々が市場に依存することなく生計を維持できるときに，生ずる」(pp. 20-21)。市場依存は中心的課題であり，脱商品化は市場関係の支配を弱め，自律性を強める手段である。現代福祉国家は，不均等にではあるが，脱商品化しつつあること，市場への依存は国によって相当程度に違いがあることに注意されるべきである。

エスピン-アンデルセンは，たんに給付システムが存在することが脱商品化を保証するのではないと主張している。給付が提供される形態や受給権についての規定も重要である。したがって，残余的福祉国家においては，保険とは対照的な扶助に圧倒的に基礎をおくことで，きわめて低い水準の給付の受給すらニーズと資力調査に左右される。こうしたシステムは，それを利用する人々の人格をおとしめる。エスピン-アンデルセンによれば，その結果は「市場で失敗した人々を除くすべての人々が民間部門の福祉と契約することを促されるので，現実的に市場を強めることになる」(p. 22)。保険に基づくシステムは給付

改訂版 ＊好評につき，最新の情報を盛り込んで再登場

現代法学 〔第2版〕
道廣泰倫編 ●2700円

ベーシック憲法入門 〔第2版〕
山下健次・畑中和夫編［HBB］ ●2800円

現代憲法講義 1〈講義編〉〔第3版〕
浦部・大久保・森著［NJ叢書］ ●2900円

それぞれの人権 〔第2版〕
憲法教育研究会編 ●2700円

新 はじめての民法 〔第2版〕
中川淳・貝田守ほか著 ●2500円

民法の基礎 〔第4版〕
明石三郎・沢井裕ほか著 ●3100円

新民法教室 〔第2版〕 I 総則・物権 II 債権
甲斐道太郎・石田喜久夫編 ●I 2600円 II 2800円

新現代経済法入門 〔第2版〕
丹宗暁信・厚谷襄児編［現代法双書］ ●2900円

経済法 〔第3版〕
根岸哲・杉浦市郎編［NJ叢書］ ●2900円

民事救済手続法 〔第2版〕
井上・佐上・佐藤・中島編［NJ叢書］ ●3400円

労働法 2 〔第4版〕 個別的労働関係法
西谷敏・萬井隆令編［NJ叢書］ ●3400円

新現代社会保障法入門 〔第2版〕
窪田・佐藤・河野編［現代法双書］ ●3300円

環境法入門 〔第2版〕
吉村良一・水野武夫編 ●2700円

図説 中国近現代史 〔第2版〕
池田・安井・副島・西村著 ●2700円

〈学会誌〉

民事訴訟雑誌 48号
日本民事訴訟法学会編 ●3300円
論説＝佐上善和／高見進／
角隆博・田中敦・中本敏嗣
講演＝E.シルケン／他

解雇法制の再検討
［日本労働法学会誌99号］
日本労働法学会編 ●2500円
シンポ＝解雇法制と労働市場政策の今日的課題／他

社会保障法 第17号
日本社会保障法学会編 ●3500円
第39回大会テーマ＝変容する高齢者福祉　第40回大会テーマ＝医療制度改革

緊急出版

有事法制を検証する
■「9．11以後」を平和憲法の視座から問い直す
山内敏弘編　A 5判／360頁／2700円

有事法制は必要か。背景とその問題点を総合的に批判・検証し，平和構築のオルタナティブを提言。第 I 部　9．11以後のアメリカと日本の対応　第 II 部　有事法制の展開と問題点　第 III 部　有事法制によらない平和保障

21世紀の核軍縮
■広島からの発信
広島平和研究所編　A 5判／548頁／5000円

核軍縮に関する過去10年の進展と将来10年に実施されるべき具体的措置を包括的に検討。核保有国を含む各国の第一人者がそれぞれの国の核軍縮政策について考察を行い，核軍縮へ向けて課題と展望を明示する。

法律文化社／2002年上半期の新刊

新現代法学入門
西谷敏・笹倉秀夫編 [現代法双書]　●2600円

「自己決定を行使する個人」を基軸に据えて警察、裁判、企業、家族など身近な法の世界を同心円的に描く。

スタンダード法学・憲法
大矢吉之・奥村文男編　●2400円

ハンセン病や住民参加を素材をもとに憲法を解説し、介護保険やセクハラなど日常生活における制度や事件を法的に読み解く。

法と現代社会
三室堯麿編　●2400円

第1部では法学の意義や概念、家族、企業、労働、租税など日常生活に関係する問題を、第2部では最高法規である憲法について概説。

法社会学への誘い
矢野達雄・楜澤能生編 [HBB]　●2600円

法規がいかにして生まれ現実の社会でどのように機能しているのか。総論と家族・女性・労働・司法・環境など10の各論を解説する。

新・日本近代法論
山中永之佑編　●3600円

近代法の歴史的背景を多角的に説く。大日本帝国憲法の制定、訴訟法制、財産法制の3章と網羅的な参考文献一覧を新設。

中国の市場経済化と民族法制
小林正典著　●5900円

●少数民族の持続可能な発展と法制度の変革
市場経済の進展、WTO加盟＝全球化情況下での問題点を考察、民族法制のあり方を展望。

中国土地使用権と所有権
小田美佐子著　●4800円

社会主義の中での「土地使用権」の商品としての性格と特徴、歴史的・社会的背景、現実と改善課題を比較法の視点を取り入れて論究。

新・どうなっている!? 日本国憲法
播磨・木下・渡辺・脇田編著　●2300円

●憲法と社会を考える　憲法と現代社会をめぐる50テーマを資料と解説でとき、市民の目線で考える入門書。人権項目を充実させ改訂。

歴史の中の日本国憲法
永田秀樹・和田進編　●2600円

憲法の歩みの中から主な出来事・判例を中心に憲法問題を整理。解釈論だけでなく、その歴史的意味をも解説。各章に主要年表を掲載。

新基本憲法学
手島孝監修・安藤高行編　●2600円

憲法の基礎的な知識をできるだけ平易に解説するという旧版の基本方針を維持しつつ、講義ニーズに対応し基本的人権部分を増頁化。

憲法Ⅰ　総論・統治機構
大隈義和編　●3200円

総論（概念／国民主権と天皇制／憲法史／平和主義／保障／変動）と統治機構（総論／国会／内閣／裁判所／財政／地方自治）で体系的に解説。

基本的人権（総論・精神的自由）
安藤高行著　●2400円

基本的人権における主要領域の学説・判例をていねいにフォローして解説。新しいタイプの導入教育型テキスト。

21世紀日本憲法学の課題
小林武・三並敏克編　●6500円

半世紀あまりにわたる憲法の歩みを総括。憲法学史の戦後と現代における展開を解明し憲法理論の総括と展望を試みる。

を拠出および労働上の地位に依存させ，したがって，その脱商品化の可能性が削減される。同様に，ベバリッジ型の普遍的システムは，給付が低い水準のものになる傾向にあるため，限定的な脱商品化を提供するだけである。

　福祉国家にはレジーム類型によって分類される強い傾向がある。エスピン‐アンデルセンは3つの群を確認している。それは，自由主義的福祉国家，保守的コーポラティズム福祉国家，社会民主主義的福祉国家である。自由主義的福祉国家は，資力調査を重視し，「怠惰な者」への抑止力としてのスティグマを意識的に課すことをともなう，最も控えめな給付を提供する。脱商品化は最小であり，市場供給が広範になされる。福祉の二重システム――国家給付に依存する貧困な人々と民間市場でサービスを購入する豊かな者との――が発展する。エスピン‐アンデルセンはこのモデルの例としてオーストラリア，カナダ，日本，スイス，アメリカをあげている。保守的コーポラティズムのモデルには，オーストリア，ベルギー，フランス，ドイツ，イタリアが含まれる。ここでは階層や職業上の地位に関連した給付がなされる国民保険計画に依存している。社会民主主義的レジームは，すべての社会階層が享受する権利を確立し，普遍的な高い質のサービスを供給する。このモデルにはデンマーク，フィンランド，オランダ，ノルウェー，スウェーデンが含まれる。エスピン‐アンデルセンは，社会民主主義的モデルは「市場を締め出す」（p. 28）と述べている。イギリスは過去の社会民主主義的モデルから将来の自由主義的モデルへ移行しつつある福祉国家であるとされている。

　エスピン‐アンデルセンは，これらの福祉国家レジーム群が脱商品化する可能性を検討している。脱商品化は人々の市場への依存からの解放に関連している。脱商品化が進めば進むほど，市場の重要性は小さくなる。エスピン‐アンデルセンは脱商品化を測定し，それが可能とする脱商品化の程度にしたがって福祉国家各国を順位づけるための一連の基準を考案している。平均的労働者が市場からどの程度独立しているかを把握する試みにおいて，点数づけするシステムが年金，失業給付，疾病給付に応用される。この分析の弱点のひとつは，それが所得移転に集中しており，市場への依存を減らすのに資する直接的な現物サービス給付を何ら考慮していないことである。各福祉国家レジームと脱商品化の程度とには，ほぼ対応関係がある。したがって，オーストラリア，カナ

ダ，アメリカにおける自由主義的レジームは脱商品化の点数が低い。他方で，オランダ，デンマーク，ノルウェー，そしてスウェーデン（後ほど点数が高い）の社会民主主義的レジームは最高度の脱商品化を実現している。オーストリア，フランス，ドイツ，そしてイタリアなどのすべての保守的コーポラティズム・レジームは，脱商品化の順位が前二者のレジームの中間のどこかに位置する。しかしながら，いくつかの例外的な国も存在している。例えば，スイスは自由主義的福祉国家レジームと特徴づけられるが，社会民主主義的福祉レジームのフィンランドよりも脱商品化の点数が高い。ベルギー（保守的コーポラティズム）はオランダ（社会民主主義）と同じ点数である。日本（自由主義）は18か国中11位である。中・東欧の国々はエスピン - アンデルセンの分析には含まれていない。これらの国々が除外されているのは，エスピン - アンデルセンの本が1990年に出版されており，福祉資本主義を取り扱っているからである。しかしながら，ディーコン編［1992］は，これらのモデルが旧共産主義諸国にもある程度妥当することを実証している。中・東欧における大きな不確実性――大規模な経済的および政治的変動が起きてからまだ比較的わずかな時が過ぎただけである――は，予測を困難なものにしている。他の問題は必要なデータが欠如していることである。ディーコン［1992］は中・東欧においてまったく新しい形態の福祉が出現するかもしれないことを認識しながらも，北アメリカおよび西欧におけるモデルの変種が現れる可能性が最も高いと確信している。

　エスピン - アンデルセンの分析は市場依存へと我々の注意をむけるうえで有益である。このことが意味していることは，市場が自律性を促進するというミラー［1990］の議論とは正反対のことである。エスピン - アンデルセンの分析から導きだすことができる重要な意味合いは，人々を市場依存から解放する社会権が，自律性あるいは積極的な自由を促進するひとつの方法であるということである。ミラー［1989］はまた他方で，市場はそれがある者が購入しようとする生産物を選択する自由の拡大を促進すること，そしてある者がひいきにしようとする供給者を選択する自由の拡大を促進するという理由から支持されるであろうと論じている。市場はまたある者が行う労働の型やそれが行われる場に関する選択を可能にする。他方で，市場は市場取引に有効に参加する金融的能力に欠ける人々を差別する。ここで，先に提起した問い，「誰にとっての選

択か?」にかえることになる。

　選択，自由，そして権利についての議論は，必然的に，公平や平等という問題を提起してきた。ここでこれらの問題について詳細に検討してみよう。

公平と平等

　公平と平等はもちろん同義語ではない。公平は分配上の公正あるいは正義に関することであるのに対して，平等は人々に同じ機会や，資源やサービスへの同じアクセスを与えることに関することである。結果の平等をつくりだすためには，等しくない状態から出発する人々に対して異なる量の資源が分配されなければならない。平等は，公正や正義が異なる技能や努力に対する異なる報酬を求めることとみなされているがゆえに，公平とは考えられないであろう。効率性と有効性とは区別されてきた。効率はコストと産出に関することであり，有効性はニーズが充足される程度に関することである。公平と平等は，時には，効率性の原理に相反するものとみられている。しかしながら，ニーズが主要な分配上の原理として採用され，サービスが効果的に配分されている場合には，公平，平等，そして効率のすべてが実現していると論ずることもできるであろう。ニーズによる分配は，資源に対する支配力の低い人々が受け取る各資源単位が相対的により豊かな人々が受け取る同じ単位の資源よりも多くの福祉をつくりだすがゆえに，資源の最も効率的な利用に結果するであろう。にもかかわらず，平等，公平，そして効率に対する要求は必ずしも常に一致しているわけではない。それらの間に対立がある場合には，選択がなされなければならない。

　グレイ[1996]は公平に対してコミュニティ主義的アプローチを適用している。彼は，新自由主義も社会民主主義もともに，公平を，一方は「自由主義的な権利として単純な包括的な言葉」で認識するか，他方は「平等の原理」として認識しているために，文化的な関係においてそれを考察していないと論じている (p. 44)。それとは対照的に，グレイは，公正という規範は普遍的で包括的なことであるよりはむしろ，地域的でかつ関係によって規定される事柄であると確信している。公平は共有されている地域的な認識を反映すべきである。このことは公正という概念に複雑さをもたらす。なぜなら，集合的な決定によって解決されなければならない相対立する主張が存在するからである。グレイ

の分析はコミュニティ主義に深く根ざしており，地域コミュニティとその伝統的な家族およびコミュニティの価値を再生する能力に依拠している。もし地域コミュニティを超えた場合には，権利や平等が一層重要である。コミュニティ主義は権利よりも義務や責任を強調している。グレイがコミュニティ主義的自由主義に基礎をおいていることは，彼が共有された地域的認識に焦点をおいていることからもわかる。彼はこうした考え方を分配問題にも拡張し，「ニーズや賞罰についての共有された認識」(p. 55) を考慮しなければならないと主張している。

「ニーズ」という言葉の使用は多くの概念的な問題を提起する。消費者の支払い能力や支払い意思によって測られる需要以上に，ニーズを定義したり測定したりすることは困難である。また，誰（個人，家族，集団，あるいはコミュニティ全体）のニーズが問題とされているのか，ニーズについての誰の定義が受容可能かという問題がある。さらに，ニーズは文化によって相対的で可変的であり，時代とともに変化すること，そしてニーズは，相当程度，社会的に決定されるということが覚えておかれるべきである。しかし，ニーズ概念には解釈や測定の問題が取り巻いているにもかかわらず，社会政策においてニーズ概念は一貫して用いられている。単純な実践的なレベルにおいては，人々の住宅，保健，教育，金融的ニーズについて語ることには意義がある。そして，高齢者，障害者，あるいは恵まれない子どもたちのニーズについて語ることにも意義がある。

市場は非人格的で，倫理的に中立であるとしばしば主張されている。ミラー [1990, p. 72] が述べているように，「近年における多くの自由主義的な考え方は，中立性の原理によって支配されてきた」。彼は「合理的に予測しうる限りにおいて，他者を犠牲にして何らかの財についての特定の概念が選好されることがなければ」(p. 77)，ある制度あるいは行為は中立であると定義している。ミラーは，市場は，商品の所有，使用，交換に基づく人々の財についての概念に関しては中立的に運動するが，しかし市場は商品の私的な享受を超えて広がる財の概念に関しては中立的に扱うことはできない，と述べている。例えば，コミュニティや仲間という理念を含む良好な生活という考え方は中立的に取り扱われない。そして，職域における協同を選好する市場社会主義者であるミラ

ーは，市場は協同的な労働関係を積極的に差別化すると述べている。

労働市場は確かに中立的ではない。それは年齢，障害，ジェンダー，人種・民族によって差別化する。信用，とりわけ住宅購入のための抵当も等しく利用可能であることはない。たとえもし，市場が理論的には倫理的に中立であるとしても，その運動あるいは効果においては中立ではない。OECD [1994, p. 12] は，「政策介入は市場の失敗を是正するためにも，とりわけ対人サービスの供給や人間の潜在的能力への目に見えない投資においても市場が円滑に機能することを促すために必要である」と述べている。OECDはこの議論を次のようにより全面的に説明している。

> 人々の通常の選択過程において，無制限の市場諸力はある人々を競争の果実や社会の主流から排除する。社会政策は市場過程に対するさまざまな形態の是正策を通して人々の福祉を改善するという目標を追求している。ある政策は失業あるいは離婚による所得の喪失のようなリスクに対する保護を，あるいは傷病の結果に対する保護を提供する。また他の政策は他の不幸な影響やその結果としての個人的な困難を緩和する。(p. 12)

このことは，やや正確さを欠く定義づけのされたニーズと功績や需要といった代替的な分配原理とを対照することによって例証されるであろう。ニーズによる社会サービス資源の配分は，他の代替的な分配原理の場合よりも一層平等な配分に結果するであろう。大部分の福祉国家においては，ニーズによる分配原理と功績による分配原理が並存している。イギリス救貧法における給付を受けるに値する者と値しない者との区別は，決してまったく消滅したのではない。こうした考え方を取り巻く偏見や定義および測定の困難性があるにもかかわらず。もし，福祉国家が明確にニーズの原理を採用してきたのであれば，現在の状態よりもはるかに平等な状態を実現したであろう。しかしながら，純粋な民間市場システムはより大きな不平等に結果したであろうと確信できる理由も存在している。民間市場は需要に対応する。もし，その価格を支払えないのであれば，そのサービスを受けとることができない。人々の初期の資源は多様であるので，ある人々は他の人々よりもより多くのものを購入することができるで

あろう。なぜなら，稀少な資源は最も支払い能力のある人々の手に帰すことになるのであるから。貧困者や恵まれない人々は敗者である。

　新自由主義経済学者によれば，こうしたディレンマへの回答は人々に現物でサービスを給付することではなく，人々に民間市場からサービスを購入する手段を与えることである。理想的には，これは負の所得税システムによる現金の形態をとるべきである。しかし，超過資金が特定のサービスに支出されることを確保するためにクーポンが用いられるかもしれない。クーポンについては後にやや詳しく検討するが，ここではクーポンが，現金給付と比較して，民間市場にとっての主要な利点のひとつであると主張されている選択を否定しているということに注意すべきである。しかしながら，市場商人の再配分に対する態度は愛憎相半ばしている。なぜなら，市場システムは等しくない報酬に依存しているからである。現実政治においては，イギリスのサッチャー政権，アメリカのレーガン政権は，不平等の必要性とみなされることを受容していた。イギリスに関して，ウォーカー[1990]は，1980年代における不平等の拡大という経験は成り行きによって生じたのでもなければ，あるいは政策の意図せざる結果として生じたのでもない。不平等は意図的な戦略として用いられたのである，と述べている。

　　したがって，要約すれば，公共政策の意識的な活動として，サッチャー政権は1980年
　　代を通じて，すでに存在していた所得と富における不平等を一層拡大することを目的
　　としたラディカルな戦略を遂行した。[ウォーカー，1990, p. 41]

　このことは，不平等の拡大はたんに市場を一層強調したことの結果であることを示唆するものではない。こうした推移には非常に広範な要因が関連している。にもかかわらず，市場化は全般的戦略の統合された一構成部分である。不平等が市場の基本的特徴であり，そのことはある水準の平等が望ましいと考えられるような基礎的なサービスが非市場的に供給されるべきであるか，あるいは保健医療や社会ケアの市場が規制されるべきであることを示していることは明らかである。イギリスとアメリカは1980年代および1990年代初めに不平等の拡大を経験した。このことは部分的には，国家供給の削減と市場あるいは市場

規制の緩和への一層の依存に起因している。ピブンとクロフォード［1993］は，1977年から92年の間にアメリカ人口の最貧困10%の人口が，その税引き後所得を20.3%失ったのに対して，最富裕層1%の所得は135.7%増大したと計算している。オーストラリア［ワッツ，1990］，カナダ［リッチズ，1990］，ニュージーランド［シャーリー，1990］における自由市場的自由主義政策の実施は同様の結果をともなった。カナダ，ニュージーランド，イギリスにおける食糧銀行は戦前の（ホームレスあるいは貧困者に無料の食糧を提供する）スープ・キッチンを思い起こさせるものであるし，福祉への自由市場アプローチに対する告発状である。

中・東欧においては，保健医療および福祉市場が，政治的不安および不人気になっていた体制の崩壊の結果として登場した［ダーレンドルフ，1990；グレニィ，1990］。ディーコン［ディーコン編，1992］は次のように述べている。

> 1989年の革命は，明らかに，少なくとも部分的には，人口の相当部分がもっていた西側資本主義的消費者主義の果実へ参加したいという欲求によって動機づけられていた。財産の形態の多元性をともなう市場メカニズムの多かれ少なかれ急速な導入は，こうした社会的変革の不可避的な結果だった。（p. 9）

ディーコンはこうした変革は社会政策に対して2つの効果をもっていると考えている。そのひとつは，「社会的不平等のパターンが，官僚主義的特権に基づくものから市場関係に基礎をおくものへと変移すること」であり，もうひとつは，「市場関係が福祉領域へ直接的に侵入すること」である（pp. 9-10）。しかしながら，スザフイとオローズ［1992］の論文は，ハンガリーにおける変革はその論理が示唆するほどには広範囲なものではなかったこと，そして古い体制およびそれに関連した諸制度の崩壊が1989年のずっと以前から始まっていたことを指摘している。スタンディング［1996］による中・東欧全体に及ぶ近年の評価は，相対立する需要がいかにして市場を選好する方向で解決されたかを示している。

> 1989年前後の多幸症の爆発の後には，市場的自由と強い国家による所得保障との両者

を求める広範な欲求があった。この両者の結合は決して実現できるものではなかったし，国内的および国際的正統性を求めて腐心している政府によって追求されうるようにも思えなかった。特定の型の新自由主義的市場経済を創出するという外部からの圧力は強かったし，不利な分配上の結果は長期的利益のための短期的な痛みであるとされた。(p. 251)

　不平等は社会サービスの営利的供給を提起する人々にとっては主要な関心事項ではない。彼らは，大部分の人々は自らの所得によって，あるいは民間保険によって十分な供給を購うことが可能であると仮定している。民間保険は保健医療においてはとりわけ重要であるとみなされている。しかしながら，民間保険会社は高齢者，慢性疾患患者，あるいは貧しい職歴しかもたない人々のような貧困なリスクを受容することはない。そういう人々は低い質の残余的国家システムの責任対象となるであろう。最低限いえることは，このことが社会的分断をもたらすことである。
　保健医療や福祉における市場はさまざまな方法でより大きな不平等をつくりだすであろう。
1．貧困者や恵まれない人々をその給付から排除することで，
2．二層のサービスをつくりだすことで，
3．サービスの配分に影響を与え，より繁栄した地区がより良くそしてより多くの資源を引きつけることを可能にすることで。
こうした市場の特性を抑制する方法がある。例えば，所得比例型現金給付あるいはサービス特定のクーポンは，それがなければ，最も不利な条件での場合を除けば，市場に参加できないような人々に与えられるだろう。衰退した地域あるいはコミュニティを選好するような積極的な差別化は，多くの国々において試みられている戦略である。改善され，そしてよりアクセス可能な助言や情報は，より厳格な消費者保護立法と同様に，役に立つであろう。行政機関による規制──営利供給者の監視や最低基準の設定──は，収奪の可能性を減らすであろう。規制を実施することは非常に困難であり，多くの費用を要するであろうが。
　政府による保健医療や福祉における民間市場分野に対する支援にはいくつか

の形態がある。金融的支援は最も明白なものであり，容易に測定できる促進形態である。しかし，政府は市場供給を持続し，公共的供給を誹謗するような価値体系を促進するうえでも重要な役割を果たすであろう。そうした戦略には，企業文化の強調，個人の価値は所得や富によって判断されうることを意味する粗野な物質至上主義と結びついた自己中心的な「一攫千金的な」哲学を促進することを含んでいる。金融的援助はいくつかの方法で提供されるであろう。

1．民間年金保険への保険料拠出，住宅抵当の返済，民間健康保険への保険料，あるいは学校学費支払いについての税制上の所得控除。
2．ある費用を国家が負担する。イギリスにおいては，例えば，医師，看護婦，教師，ソーシャル・ワーカーを養成する費用の大部分は公共支出によってまかなわれており，民間部門の負担はきわめてわずかである。
3．さまざまな形態でのパートナーシップ。
4．民間施設利用料金の公共支出による直接支払い。
5．クーポンの利用。
6．費用を償還し，ある水準の利潤も含む，費用償還システム。
7．特定のサービスを特定の費用で供給するために，政府が営利供給者と特定の契約を結ぶコントラクティング・アウト（民間委託）。

民間委託は準市場の考察にすぐに導くことになる。

準　市　場

　準市場についての文献が増大している。とりわけ，イギリスやアメリカにおいて。しかし，それはいくつかのヨーロッパ諸国［ユハースとスペトリック，1993；ジョンソン，1995］からも，オーストラリアやニュージーランド［ドムバーガーとホール，1996］からの文献も増大している。紙幅に限りがあるので，ここでこれらの広範な文献を取り上げることはできない。ここで試みられることは，準市場の主要な特徴を概観することである。この領域についてとりわけ関心をもつ読者は，参照文献のいくつかにあたっていただきたい。まず，バートレット［1991］が提起する直截な定義から始めることにしよう。

一般的には，準市場革命は国家財政を福祉サービスの国家供給から分離する過程，ならびに独立機関の間でのサービス供給における競争の導入を含んでいる。こうした機関は民間所有の場合もあれば公共的所有の場合もあるだろう。そして，営利機関もあれば，非営利機関もありうる。しかしそれらはもはや排他的な公共的コントロールの下におかれることはない。当該機関はサービス提供のシステムを運営する。それらのシステムは国家が設定した規則と財源の枠組み内における民間営利，民間非営利，あるいは公共供給者間での公共選択と競争の拡大を含んでいる。(p. 2)

　準市場は公共サービスの生産と供給において機能する。準市場は資金調達と供給が分離される場合に生ずる。したがって，国家機関はサービスの唯一の供給者であることをやめ，イネイブラー（条件整備者），コミッショナー（調達者），そして購入者になる。国家機関には十分な量と質のサービスが供給されるように監視する責任がある。しかし，サービス供給は営利機関あるいは非営利機関である独立供給者によってなされる。ある場合には公的当局の供給部門がそれを担うであろう。この考え方は，供給機関にとっては契約をめぐって競争するということであり，準市場の背後にある主要な目的のひとつは公共サービスに競争の規律を導入することである。競争は効率性を誘発し，選択を増やし，利用者に権限を与えることが期待されている。契約は何が供給されるべきか，どれくらい供給されるべきか，そして誰に対して供給されるべきかを特定することである。きわめて重要なことは，契約は合意された価格を含むことであり，多くの質についての標準が規定されることである。モニタリングや評価のための編成もまた特定される。

　市場一般についての議論のいくつかは，準市場にもあてはまる。したがって，効率性，選択，自由，そして公平性の問題のすべてがここでも問題となる。そのいくつかは準市場においては一層大きな意味をもっているであろう。例えば，準市場においては競争はいくつかの要因によって制限されている。フォルダー編[1996]が，社会ケアにおいては不十分な数の供給者しか存在していないこと，市場参入と退出に対する障壁が存在していることを見出したことについてはすでに記した。購入者には既知の供給者を利用する強い傾向があり，既契約者との契約を更新する――時には，数年間にわたって――強い傾向がある。さらに，いくつかのサービスにおいては公平性について考慮することが重要であ

法律文化社・愛読者カード

ご愛読をお礼申し上げます。お手数ですが下記ご記入の上ご投函下さい。
皆様のご意見により、今後ともよき書物の刊行につとめたく存じます。

書

名

お買上げの
書店名と所在地

本書ご購読の動機（○印をお付け下さい）
 1 先生の推せん（　　　　　　　先生）　2 書評（　　　　　　　紙誌）
 3 新聞雑誌広告（　　　　　　　紙誌）　4 店頭で

ご愛読新聞・雑誌名

本書についてのご感想－内容・装てい等一切についてお聞かせ下さい。

今後どういう書物をご希望か、お聞かせ下さい。

今後このカードにより新刊案内その他のご通知をさし上げます。

郵便はがき

603-8053

京都市北区
上賀茂岩ヶ垣内町七一

法律文化社 行

御 住 所	〒	
御 芳 名		
御 職 業 (社名・学校名)		御年齢

り，競争を抑制することを必要とするであろう。このことはイギリスのNHSの場合にあてはまる。NHSにおいては「公平性についての配慮が市場メカニズムを抑制するという試みに導いてきた」[カトラーとウェイン，1997, p. 20]。したがって，競争の利益は大きくないであろう。そして，実現されたことでさえ，契約について交渉し，管理し，モニタリングするための非常に高い取引コストによって相殺されてしまうであろう。もし購入者がいくつかの市場の構造的不完全性や情報の不完全性を克服するために介入することを強いられていると感じるならば，さらにコストが発生するであろう。

こうした準市場についての簡単な検討は，非常に複雑な議論を過度に単純化していることであろう。特に準市場について，あたかもそれがまったく画一的なものであるかのように論じてきたが，さまざまなサービス分野における準市場はまったく異なる特徴を示している。例えば，カトラーとウェイン[1997]は，保健医療と教育のそれぞれにおける準市場の間にはいくつかの重要な相違があることを指摘している。広範な準市場をルグランとバートレット[1993]そしてバートレット編[1994]に見出すことができる。

保健医療および福祉における民間市場の役割の拡大

この20年間に，保健医療および福祉サービスの民間市場による供給が相当程度増大してきている。ストッツとミッジリィ[1991, p. 38]は，ラディカル・ライトについての研究において，次のように述べている。

> 民主主義的資本主義国家においては，対人サービスの営利化がこの20年間に急速に進んだ。営利企業はナーシング・ケア，病院管理，健康維持組織（HMO），児童ケア，そして矯正サービスについてすら市場を開拓してきた。

こうした変化が広範にみられるという証拠は，オーストラリア，カナダ，ニュージーランド，イギリス，そしてアメリカについての論文に見出すことができる[テイラー，1990]。フーバー[1996]，グッドマンとペン[1996]，そしてスタンディング[1996]は，それぞれラテン・アメリカ，東アジア，そして中・東

欧についての証拠を提示している。ジョンソン[1995]は西欧，北アメリカ，そして中・東欧にわたる9か国における保健医療および福祉における民間市場の影響を検討している。それぞれの国における変化の詳細とその広がりはもちろん非常に異なっている。アメリカにおいては，市場は常に，とりわけ保健医療においては支配的な役割を果たしてきたし，そうであり続けるであろう。他方で，スカンジナビアの福祉国家においては，民間の保健医療および福祉市場は決して主要な特徴ではない。そして，こうした方向への変化はみられるものの，民間市場供給は相対的に未発達である。最も大規模な変化は，たぶん，チリ，アルゼンチン，ニュージーランド，イギリスで生じた。中・東欧における市場への動きは，過去の体制との大規模な断絶を表している。共産主義時代においても保健医療の非公式で，しばしば非合法な市場が存在していたのだが。こうした非公式な編成のうちで最もよく知られたものは，ハンガリーにおける患者が医師に支払う「感謝のお金(4)」であった。

　過去20年間に，プライバタイゼーションという言葉が，いくつかの異なる文脈において用いられるようになってきている。この言葉のひとつの用いられ方は，公共資産の売却——国有企業の民間所有への転換——について述べるためである。社会サービス分野においては，プライバタイゼーションは民間市場への依存の高まりや，福祉供給および資金調達におけるインフォーマル部門や非営利部門への依存の高まりを表している。それはまた国家の規制役割の削減をも意味しているであろう。本章においては民間営利部門が問題にされており，ここでの注意は，民間供給——財やサービスの購入と販売——が福祉国家においてより重要な役割を果たすようになってきている方法にむけられている。

　しかし，変化についてより詳細に検討する前に，代替的な福祉国家戦略が福祉の混合経済における活力ある営利部門の発達を促進することもあれば，それを抑制することもあることを述べておくべきであろう。いくぶん前に書かれたものではあるが，コール[1981]の公共支出の動向についての分析がいまだに有益である。コールは公共消費支出（直接的なサービス供給への支出）と移転支出（現金所得の再分配）を区別している。2つの基本的な型が認められる。ひとつはスカンジナビア型で，デンマーク，フィンランド，ノルウェー，スウェーデン，イギリス，アイルランドは直接的サービス供給を重視している。もうひ

とつは大陸型で，西欧の大部分の国々，とりわけベルギー，イタリア，フランス，オランダ，ルクセンブルクは移転支出を重視している。コールはこうした支出類型を社会政策への2つの異なるアプローチと関連づけている。

> 大陸型は現金所得の再分配を重視し，最終的な消費意思決定は個人の選好に委ねている。このことは，所得維持を実現し，所得の平等性を高める有効な方法であるかもしれないが，現金移転は社会サービスの市場供給への依存を促し，それによってそうした社会サービスの生産と提供の民間様式を強めるであろう。……他方で，スカンジナビア型は，集合的選択がより直接的に供給の構造とコントロール様式を形成する公共サービス供給を選好している。(pp. 313-14)

このことは，ラディカル・ライトが現物でのサービスよりも現金給付を選好している理由を説明し，彼らが供給者よりも消費者を補助することを選好する理由を説明するであろう。

　プライバタイゼーションにむかう推進力の一部として，近年，純営利的編成が福祉供給および資金調達においてより重要な役割を果たすようになってきている。強調点が市場に移動するメカニズムには，次のような事柄が含まれている。

1．通常の市場過程による営利的施設やサービスの全般的な増大。
2．資産の売却，例えば，自治体住宅（イギリス），病院や学校の売却。
3．サービス全体あるいはその一部の民間委託。
4．一部自己費用負担，料金，補助の削減による公的資金供与の削減。
5．民間供給を促進することを意図した，財政やクーポンのような他の金融措置。
6．法に基づく給付あるいはサービス受給のための受給資格基準の厳格化。
7．規制緩和，政府介入や監督からの市場の解放。

　この種の変化はほとんどすべての福祉国家において生じてきた。デンマーク，フィンランド，ノルウェー，スウェーデンは相対的に小規模な変容を経験してきただけであるが。こうした変化は中道右派あるいは右翼政権に起因するものと認めたくなる。確かに，1980年代初めそして半ばに，そうした政権が，イギ

リス，カナダ，デンマーク，オランダ，アメリカ，西ドイツに存在した。他方で，デンマークはイデオロギー的に促迫された大規模な変化を経験しなかった。そして南アメリカ以外での最も市場志向型の展開は，社会民主主義政権下のニュージーランドで生じた。市場はまた中・東欧においても人気がある。この地域のいくつかの国々では，社会民主主義的あるいは改革された共産主義政権があったが，それらの政権は西欧の多くの体制よりもはるかに新自由主義的であるように思われた。中・東欧はケインズ主義的介入の時代を経験することなく，国家支配から新自由主義へと変化した。

営利的施設の拡大は保健医療および入所施設，とりわけ高齢者入所施設で顕著である。保健医療における民間施設は，ほとんどすべての国々で増大した。例えば，スタンディング［1996］は中・東欧において「営利民間診療所やより良い施設への民間アクセスが拡大してきている。他方で，公共的保健医療システムに与えられる資源は削減されてきている」(p. 245) と述べている。中・東欧における展開はゆっくりとしたものであった。それは必要な資源をもつ人々がほとんどなく，民間保険産業も未発達であったからである。スウェーデンにおいてはまったく異なる理由から，保健医療における民間部門は小さい。それは国家部門が高度に発展しており，公平性についての社会民主主義的な考え方が根づいているからである。にもかかわらず，スウェーデンにおいても1980年代には，民間医療の成長がみられた。それはより良い医療というよりも，より迅速なケアという利点をもっていたからである。スウェーデンでの民間部門の発展はきわめて小規模であり，アメリカにおけるHMO（Health Maintenance Organization；健康維持組織）に類似した構成単位であった。こうした構成単位は1980年代後半に病院を開設したが，何らかの民間健康保険に加入していたのは6000人弱にすぎなかった［オルソン・ハートとコーン，1995］。

アメリカは世界で最大の民間保健医療供給部門——総支出の点でも，総保健医療支出に対する比率の点でも——をもっていると一般的に認められている。しかしながら，ほとんど認識されていないことは，1991年で総保健医療支出のうち43.9％を政府が支出していることであり［欧州委員会，1994］，病院への資金供給の54％が政府からのものであるということである［サラモン，1992］。しかしながら，総保健医療支出に対する政府支出の比率はEU諸国においては

きわめて高い。ポルトガルが最低（61.7%）であり，ルクセンブルク（91.4%）が最高である。イギリスは総保健医療支出の83.3%が政府支出であった。これはEU平均の78%よりも高い。

　アメリカにおいては非営利病院が病院ケアの主要な供給者である。営利部門は比較的小規模である。1989年で営利病院は全病院数の17%，全病床数の11%を構成している。これらの数値からは，営利病院はさほど重要ではないようにみえるかもしれないが，増大の軌跡が考慮されなければならない。1980年から1989年の間に，病院数に占める営利病院の比率は28%増大した。病床数の比率は41%増大し，医療費の比率では156%も増大している。主要な拡大は短期専門病院でみられた［サラモン，1992］。アメリカにおけるナーシング・ホームの供給は，長期間，営利供給者が支配的である。1987年には営利部門が施設の75%を所有し，ベッドの71%を供給していた。民間部門におけるナーシング・ホーム供給拡大の大きな波は，新たな利益となる所得源泉を約束したメディケアおよびメディケイドの導入に続く1970年代に生じた。こうした所得源泉は急速に増大するメディケイドの費用を抑制するための措置がとられた1980年代に一層広がった。にもかかわらず，1980年代初めにラミング［1985, p. 18］は次のように書くことができた。

　　　アメリカにおけるナーシング・ホーム事業の成長が展望される。私はあるナーシング・ホーム・チェーンと接触してきた。このチェーンは1984年には5日にひとつの割合で，ナーシング・ホームを買収するか，新しいホームを開設した。これらのホームのいくつかは200床以上のベッドを抱えていた。

ラミングは1983年に発表された上院委員会の報告書を引用している。このレポートは「テキサス州のナーシング・ホームの平均1株当たり収益率は33.8%であった。これは石油，銀行，ファースト・フードよりも高かった」（p. 19）ことを明らかにした。サラモン［1992］は診療所および在宅医療分野における同様に急速な拡大を確認している。「1977年から1987年の間に，営利的な外来診療所と関連する保健医療サービス機関の数は270%増大した。これらが雇用している人々の数は433%増大し，収入は493%増大した」（p. 65）。

アメリカ保健医療システムの中核は，民間保険にその基礎がある。こうした編成に関連していくつかの問題が存在している。最も重大な問題は，何らの健康保険ももたない多くの人々が存在していることである。ヘンリ J. カイザー・ファミリー財団 [1994, p. 2] は，健康保険がなかった日があった65歳以下の人々の数が1988年の3260万人から1993年には3710万人に，すなわち5年間でほぼ500万人増大したという証拠を提示している。1年のある時期に健康保険のない者が非常に多く存在するということに注意すべきである。カイザー財団は1993年にこうしたカテゴリーに入る人々の数は5130万人にのぼり，そのうちの3分の1（1830万人）は1年を通して健康保険がなかったと推定している。不十分な保険しかない人々の数ははるかに多い。こうした数値にはメディケイドやメディケアを利用できる人々は含まれていないことが強調されるべきである。フィリップス [1996] が引用しているより新しい数値は，保険をもたない人々の数は増大し続けており，1996年に健康保険がなかった日のある人の数は4000万人を超えていたことを示している（p. 70）。

1965年に導入されたメディケイドおよびメディケアは，保健医療に対する政府の責任の大規模な拡大を意味している。メディケアは，労働生活の期間に保険料拠出をした高齢者を対象とするものである。メディケイドは，とりわけ貧困者を対象としたものであるが，貧困でない人々も多くこれを利用している。メディケイドは1993年に人口の12.2％を対象としており，その急激なコストの増大についての関心が広がっている［サマーとシャピロ，1994］。第2章においてすでにみたように，アメリカの歴代の政権はメディケイドおよびメディケアのコストを削減しようとしてきた。これは3つの形態をとって行われてきた。それは，①患者にコストの一部を負担させるための給付免責額と自己負担率の増大，②供給者への償還額を削減すること，③診断関連グループ（DRG）として知られている手続きによって特定の疾患を治療するための最高コスト額を特定すること，である。メディケア給付がしだいに浸食されてきているために，いまや高齢者は医療請求額のほぼ50％を自己負担するか，補足的保険によって支払わなければならなくなっている。

償還率の引き下げや他の制限のために，いくつかの営利病院がメディケイド患者を受け入れることを渋るようになってきている。カリー [1990] は，この

ことはより全般的な問題のほんの一部分にすぎないことを実証している。

> ニーズの増大と同時に費用削減圧力の高まりに直面して，多くの病院はいまやしばしば「財布診断」と呼ばれるようなことを日常的に行っている。患者が受けるケアの種類，あるいは患者がケアを受けるか否かを決定するのは，患者の医学的状態よりもむしろその患者の保険の状況である。この過程は1980年代における「患者ダンピング（患者追い出し）」の急激な増大によって劇的に示されている。(p. 311)

1980年代には，アメリカにおいて新しい形態の保健サービス供給の急速な勃興がみられた。このうち最も顕著なものが HMO であった。それは，通例，固定額の年料金あるいは月料金に対して包括的な医療サービスを提供する前払いグループ計画である。1996年には5800万人の加入者があった。ある場合には医師は HMO の被雇用者であり，他の場合には HMO との契約のもとにあった。もともとは，大部分の HMO は非営利機関であったが，こうした状態は変化し，いまや大部分が営利企業となっている。これらの HMO の経営は関心を呼び起こしている。例えば，フィリップス［1996］は，加入者が利用可能なケアを不当に制限されていると考えるような，いくつかの HMO による費用削減プログラムについての広範な不安が存在していると述べている。フィリップス［1996, p. 71］によれば，いくつかの HMO は「プランのマネージャーがあまりに高額であるとみなす処置について医師が患者に話すことを禁ずる」「発言禁止ルール」を行っている。他の発言禁止の形態は，医師が HMO を批判することを妨げることである。他の新しい保健サービス供給形態は，優先供給者組織（PPO）である。PPO は保険会社と契約内容について交渉し，保険会社はサービス供給者に対して割り引かれた出来高払い料金を直接に支払う。営利保険会社はこうした管理されたケア（マネジド・ケア）形態に移行しており，そのため垂直的な統合が起きている。すなわち，それは保険と医療ケアの両者を供給する単一組織である。この点について，ナバーロ［1994］は次のように述べている。

> 保険会社はすでに HMO, PPO, その他の前払いグループ診療を通して，保健サービ

ス提供の大きな領域をコントロールしている。提供システムの82％が，いまや，保険会社によって契約され，コントロールされ，あるいはその影響下にある，いくつかの形態のマネージド・ケアのもとにある。(p. 209)

　自由市場の利点のひとつとされる事柄に，それが選択を拡大し，消費者に権限を付与する方法であるということがある。アメリカの保健サービス消費者にこうした利点のいずれもが生じていないことはまったく明らかである。権力は巨大な保険会社や大規模な保健医療会社の側にあるからである。アメリカの保健医療に相当の紙幅を費やしてきたのは，それが重要な対人サービスが市場によって支配されている好個の例であるからである。
　この例は保健医療や福祉分野における市場の運動について何事かを語ってくれる。そして，保健サービスにおいて市場により大きな役割を担わせようと考慮している国々にとっての警告としても役立つであろう。
　イギリスにおける NHS は，アメリカの保健医療システムとはまったく異なる原理に基づいて組織されている。NHS はいまだに本質的には公共的システムであり，主要には租税によって資金調達されている。しかしながら，過去20年間におけるより市場志向型のシステムにむかっての変化を考察しておくことが有益であろう。
　初期の改革に非臨床 NHS サービスのコントラクティング・アウトがある。1986年以降，保健当局はこうしたサービスを競争入札に委ねることを「要請された」。多くの契約は内部（イン・ハウス）入札者が獲得したが，いくつかのサービスの質は不満足であった。近年では，他のサービスが民間業者に委託されたり，あるいは売却されたりしてきている（コンピューター処理業務や情報技術など）。1980年代および90年代の保守党政府は NHS 内外での私費診療を促進することに関心を払ってきた。
　1979年にイギリスには150の独立急性期病院があり，6671床が存在していた。1993年12月までに病院数は224に，ベッド数は１万1391床に増大した。しかしながら，この時がピークであったように思われる。なぜなら，1995年および96年には独立病院のベッド数はやや減少し，1996年までに221病院，１万1098床となったからである。

NHS「内」での私費診療はかつて議論のあったペイ・ベッド（私費ベッド）を中心に行われてきた。NHS およびコミュニティ・ケア法以来，ペイ・ベッドの急速な増大がみられる。いくつかの病院トラストは病棟を改築し，私費患者病棟を設立している。フィッツヒュー・ダイレクトリー［ブリンドル，1996］によれば，1995年に50以上のトラストがそれぞれ100万ポンド以上の収入があり，そのうち7トラストは500万ポンド以上の収入があった。1995年までにNHS はイギリスにおける最大の単一私費ケア供給者となった。私費患者からの収入は1988年8300万ポンド（全市場の11.2%）から，1995年には2億3000万ポンド（全市場の15.1%）にまで増大した。

　公私のパートナーシップ編成もまた NHS が私費保健医療から収入を上げる方法のひとつである。パートナーシップは1992年に始まった民間金融イニシアティブ（PFI）の発展によって起動力を与えられてきている。すべての NHS 広域オフィスは，パートナーシップに助言を与え，それを促進することを業務とする PFI 専門担当者をおいている。病室や病棟の長期リース，あるいは民間施設を建設するための隣接地の長期リースの見返りとして，民間事業者は資本を投下し，保健当局に既定額の定期的な支払いを行う。通例，独立パートナーは保健当局から補助的サービスを購入する。しかしながら，これまでのところ，その展開はゆっくりしたものにすぎない。

　1990年，NHS およびコミュニティ・ケア法のもとで実施された改革は，民間保健医療を促進する効果をもつと期待された。NHS 内にとどまる個々の病院には，自己の資金をコントロールし，独自のスタッフを任命することができる，自己管理病院トラストを形成することで地区保健当局から独立する機会が与えられた。トラストは，民間病院および伝統的な NHS 病院と，契約をめぐって競争することが期待された。そして，トラストは民間会社との共同編成に参加すること，そして競争入札によってコントラクティング・アウトを拡大することを促された。同時に，地区保健当局はスリム化され，管轄人口に対するサービスを確保するために，最善の取引を求めること，そして適切であると思われる場合には民間施設を利用することを促された。EU の他の多くの国々も契約の方向へためらいがちに動きつつあることに注意することは興味あることである［欧州委員会，1995］。

ほとんどの民間医療の展開は民間医療保険の拡大と関連している。3つの主要な営利的保険者に関する数値を取り上げれば，加入者数は1979年から1990年までに2倍以上となった。すなわち，130万人から270万人に増大した。被保険者の数は同じ期間に280万人から540万人へとほぼ2倍化した。保健省はすべての民間保険会社からのデータを用いて，1990年が民間保険にとってのピークの年であり，670万人が保険の対象となっていたとしている。1990年から1995年までにその数は14％減少して，570万人となった。不況，保険金請求数の増大，医療料金の上昇があいまって，民間保険急拡大の時代に終止符が打たれた。1990年から1993年までに収益性は大幅に低下し，保険会社による医療保険事業への新規参入を思いとどまらせた。そして，この分野ですでに営業していた企業は「医療処置に対して厳格な新しい規則」を課し，この規則のもとでは「加入者は治療が開始される前に保険会社からの同意を得なければならない」［フェリマン，1992］。加入者数は，いまや事実上停滞的である。

　アメリカにおける民間営利ナーシング・ホームのめざましい増大に，イギリスは10年遅れて追随している。1987年までは，ナーシング・ホーム入所可能数は民間営利および民間非営利供給の両者が含まれていた。1980年にはこの両者の総数は2万6900であったが，1986年までに4万7900に増大した。後年の数値は主要な拡大がどこで生じたかを示している。1995年には民間営利ナーシング・ホームは19万1000の入所可能数を提供し，非営利ホームのそれは1700であった。このことはナーシング・ホーム入所可能数の73％は民間営利部門によって供給されており，6.5％は非営利部門が供給しており，20.5％は公共部門によって供給されたことを意味していた。

　ナーシング・ホームは入所サービス供給の一形態である。イギリスにおいては，ナーシング・ホームと看護のない入所施設は別々に登録されているにもかかわらず，両者は虚弱高齢者に対するケアの供給において重なり合っている。1980年代および90年代初めのイギリスにおける看護サービスのない入所施設の増大は，ナーシング・ホームの増大と対応していた。1980年には地方当局は高齢者入所ホーム総数の45.8％を所有し，入所可能数の62.7％を供給していた。民間営利部門はホーム総数の34.7％を所有し，入所可能数の17.4％を供給していた。非営利部門はホーム総数の19.5％を所有し，入所可能数の19.9％を供給

していた。1995年までに状況は劇的に変化した。地方当局はホーム総数のわずか17％を所有し，入所可能数の26.8％を供給していたにすぎない。民間営利部門はホーム総数の67.75％を所有し，入所可能数の55.7％を供給していた。非営利部門はホーム総数の15.2％を所有し，入所可能数の17.5％を供給していた。1980年から1995年までに地方当局の入所ホームの入所可能数はほぼ40％減少したのに対して，民間営利ホームの入所可能数は4倍以上に増大した。

大部分の国々には，入所サービス供給において民間営利部門が存在している。アメリカにおいては，民間営利部門は高齢者入所ケアの最大の供給者であり，児童福祉施設についても重要な位置を占めている。民間営利入所ケア部門はまたカナダや日本において支配的な位置を占めている。しかしながら，スカンジナビア諸国，ドイツ，オランダにおいては民間部門は比較的小規模である。当初，入所ホームは小規模な家族事業である傾向にあった。しかし，とりわけイギリスやアメリカにおいて大規模企業がさまざまな利害をもってこの市場に参入してきたという顕著な傾向がみられた。他の近年の展開は，入所ケア供給者がディ・ケアや在宅ケア（例えば，給食）へと事業を多角化する傾向である。

イギリスにおいては，民間営利入所ホームおよびナーシング・ホームの急速な展開は，所得支持給付などの形態での大量の国家補助が存在しなければ生じなかったであろう。1979年には保健社会保障省（DHSS）は民間営利および非営利ホーム入所者が支払う料金に対して1000万ポンドを支出していた。その額は1991年までにほぼ19億ポンドにまで増大した。独立部門内における営利ホームの圧倒的支配を前提とした場合，このDHSSの支出額のほとんどが営利経営者に行ったに違いない。ホームを経営している人々はしばしばこうしたDHSS支出額が不十分であると主張しており，ある場合には入所者はDHSSからの給付と料金との差額を支払うことを要求されている。また場合によっては，医療着，糖尿病食，疾病時の看護ケア，足治療や理学療法を含む超過料金の支払いを要求されている。こうしたシステムは1993年に終わり，入所ケアに対して資金調達をする責任は地方当局に移譲された。

OECD［1993］の研究は入所費用を償う補助は準クーポンであると述べている。準クーポンという言葉が，とりわけ役立つとはまったく思われない。それは（生産者への補助とはまったく対照的に）たんなる消費者への補助である。しか

しながら，OECD の調査はイギリスの制度が迅速に供給を多角化する効果をもっているが，非常に多くの費用を要し，代替的ケアはまったく補助を受けられないために入所ケアを選好する方向で市場を歪めていると主張している。同じ調査はアメリカにおける住宅クーポンを検討し，次のように述べている。

> アメリカの住宅クーポン・プログラムはまぎれもなく成功したとみることができる。それは最悪の住宅条件と最大の家賃負担に直面している低所得稼得者を援助することを意図しており，供給者サイドよりもよく，あるいは家賃補助の代替案よりもよく，対象となる人々にその効果が及んでいる。より少ない行政管理コストで受給者により大きな実質所得給付を与えている。このプログラムのもとでの総支出は厳格にコントロールされてきており，その範囲は拡大しつつある。補助が家賃の値上げによって家主のポケットに収まってしまうのではないかという恐れは現実のものとはなっていない。(p. 50)

消費者の見解は報告されていない。アメリカにおける社会住宅の供給についてまったく異なる見解をカリー [1990] に見出すことができる。

　提唱者たちはクーポンが民間供給者を助成し，競争を促進するうえで役立つとみているが，それが特定生産物に特化しているために，現金移転ほどの効果はもたないともみている。クーポンや準クーポンの利用はより広範になされつつある。例えば，アメリカにおいてはクーポン計画は教育や職業訓練に関連していくつかの州で導入されてきた。そして食糧切符も直接的な形態のクーポンである。こうした展開の背後にある目的を，オコーナー [1998, p. 53] は次のように確認している。「ホワイト・ハウスは税額控除の増額や需要サイドのクーポンによって親たちに育児ケアを民間市場で購入するというインセンティブを与えている」。教育クーポンはまたスウェーデンでも用いられており，準クーポンはオーストラリアでは広範に用いられている [ライアンズ，1995, を参照]。近年のイギリスにおける実験は幼児教育におけるクーポン利用を含んでいた。その実験は後にクーポンをより一般的に導入するという考え方のもとになされた。大部分のクーポン計画におけるように，消費者は自らのお金を追加することができる。この計画はそれほど成功しなかった。野党労働党はこれを「官僚の悪夢」であると述べた。さらに，民間供給を増大させ，より消費者選択の拡

大を促進するという目的は実現しなかった。確かに，クーポンから便益を得るために，普通の学校が4歳児を入学させ始めたが。

新自由主義者はクーポンが直接的な国家給付よりもはるかにすぐれていると考えている。ただし，現金給付に対するセカンド・ベストとしてではあるが。彼らはクーポンを全面的な市場供給を導入する前の中間的措置として受け入れるであろう。新自由主義者が選好する現金給付に対する代替案は，タックス・エクスペンディチャー（租税支出）として知られているものである。まず第1に，直接現金給付支払いより以上に，そうした措置は，ある支出項目に対する租税負担を軽減しないのと同様の効果をもたらす。しかしながら，現金給付とは異なって，租税支出は政府に対して，再分配を増大させたり減少させたりするために，そして特定の支出パターンに報いるために租税制度を操作する大きな裁量権を与える。したがって，私的年金給付は，保険料に対する減税を認められることによって，促進されるであろう。住宅抵当返済に対する減税は住宅購入を促進するために用いられるであろう。(5) 租税支出制度は課税控除（例えば，扶養児童についての），減税（例えば，年金保険料についての），免税（例えば，ある障害給付や住宅給付についての）によって構成される。スタンフォード [1993, p. 20] は，6か国における税制改革について検討することで，「税制改革は国家の守備範囲を縮小し，自由市場に復帰するという広範な運動の一部である」と述べている。この引用部分はデンマークとイギリスにおける租税支出を比較した論文中にみられる [クビストとシンフィールド, 1997]。彼らはスタンフォードの分析の根拠について次のように説明している。「多くの租税支出は課税対象を拡大するために廃止されたが，その一方で税率の引き下げが残された租税支出のコストを削減した」(p. 250)。クビストとシンフィールドは，デンマークおよびイギリスからの証拠は，租税支出がある分野では削減され，ある分野では増大しているという点で多義的であると述べている。この複雑な問題についてより詳しく知りたい読者は，クビストとシンフィールドの文献，あるいはOECDによる14か国調査 [1996] を参照していただきたい。

本章のいくつかの箇所で，料金や一部負担について言及してきた。しかし，こうした題材は一緒にされ，拡大される必要がある。明らかに，もし料金制が公共部門に導入され，あるいは拡大された場合には，民間部門を利用するうえ

での相対的なコストが下がるであろう。例えば，イギリスにおける処方料金の大幅な引き上げ，検眼や歯科受診料金の導入，公共住宅家賃の引き上げ，給食やホームヘルプ料金の引き上げのすべては，民間市場部門の魅力を高める効果をもつであろう。アメリカの保健医療システムにおける一部負担の増大（費用のより多くの比率を消費者が負担する）についてはすでに触れた。同様の変化はフランスでも起きている。ユアール，モーゼ，ロウスタン [1995, p. 75] は，「患者の費用負担比率は1970年代に減少した後，その後の増大がとまっていない」と述べている。カステル [1996, p. 109] は，1980年代に「ニュージーランドは，利用者料金を，かつて普遍主義的であった保健医療システムの重要な構成部分とした」と述べている。ベルギーもまた料金を増大させてきた。このことについて欧州委員会 [1995, p. 110] は「財政を拡大するために，1994年に料金が相当規模で増額された。ケア・コストのより大きな部分を患者に負担させる政策がその後も継続している」と指摘している。

本節においてはサービスの購入と販売に関心を払ってきた。次に考察する職域福祉はさまざまな原理に基づいているにもかかわらず，市場に関するこの章において取り扱うことが最も適切であろう。

職 域 福 祉

ティトマスによる福祉の3つの社会的分割のひとつが職域福祉であった。ティトマスがこの福祉の形態を1956年に確認したという事実があるにもかかわらず，それ以降，この福祉の形態には驚くほど限定された注意しか払われてこなかった。福祉国家を国際的に比較するときには，職域福祉を考慮することがきわめて重要である。なぜなら，職域福祉の重要さは国によって相当に異なるからである。

職域福祉計画は，雇用主，労働組合や専門職団体，あるいは両者が共同して始めることができる。職域福祉を開始するうえでの雇用主にとっての誘因は，それがスタッフの雇用やその継続に寄与するということである。このことは労働力不足の時期にはよりあてはまる。健康保険はそれが被雇用者が労働を中断することが最も少ない治療のための時間を選択することを可能にするという理

由から，雇用主にとっても利点がある。労働組合はそのメンバーに共済給付を与えるという長い伝統をもっている。このことは連帯行為の一部であり，またメンバーを集めるための方法のひとつであるとみることもできるであろう。

広範な職域福祉システムの例が，1990年「以前の」中・東欧諸国（旧ソビエト連邦の共和国を含む）においてみられた。現行の例としては，中国，日本，アメリカにみられる。それぞれについて簡単にコメントしておくことが有益であろう。

中・東欧諸国の企業は広範な社会給付を運営していた。これらには，年金，保健医療サービス，そして住宅，教育が含まれていた。スタンディング [1996] は次のように述べている。

> 給付の配分は，主に数千人の労働者からなる巨大な産業結合である企業に焦点が当てられていた。……それによって，出現したものは「企業町」である。ここでは，ひとつあるいは2つの巨大企業が産業的風景だけでなく，コミュニティにおける社会的，文化的，そして教育サービスの範囲とその水準をも支配している。受給資格は，企業にとっての労働者の役割と勤続期間に基づいている。（p. 228）

1990年以降，多くの企業は，ヨーロッパ市場および国際市場においてより効果的に競争するために，その福祉活動を廃止したり，削減したりしてきている。

いまだに共産主義国と認識されている中国は，職域福祉に大きく依存している。政府は産業にとっての費用負担を削減しようとしているのであるが。リョー [1994] は職域福祉の重要な役割を指摘し，次のように述べている。「中華人民共和国の建国以来30年以上にわたって，政府の職域福祉への関与は変わることなく社会主義の優れた特徴であると認識されてきた。それは決して問題とされることも，疑問に思われることさえなかった」（p. 349）。伝統的に，最も広範囲で，豊かな福祉給付を提供してきたのは大規模な国家所有企業であった。これらの給付には，包括的な社会保障プログラム，（病院を含む）保健医療，食糧・衣料・住宅・交通に対する補助，学校，図書館，文化施設，レクリエーション施設が含まれる。国家所有企業の外部では，給付は非常に限定されたものであった。年金や他の形態の社会的保護のコスト，そして保健医療コストの増

大が，政府が改革方向を探ることに導いた。企業にとってのコストの増大は，その経済業績を抑制するものと確信され，いまや各労働単位が年金や医療への資金拠出を行うことを期待されている。

　日本，中・東欧の旧共産主義諸国，そして中国の間に類似性がみられることは興味あることである。他の2つの地域におけると同様に，日本における職域福祉は主に大企業の領分であり，「企業町」はその一帰結である。日本の大企業が供給する給付の範囲は中・東欧諸国や中国において供給されているものと同様のものである。それらには，年金や他の社会保障給付，住宅，保健医療サービス，教育，文化施設，レクリエーション施設がある。日本の場合にも，グローバルな競争力を改善するために職域福祉給付を削減するという同様の圧力，とりわけ環太平洋諸国からの同様の圧力のもとにある。現時点では，比較的小さな影響しかもたないが。

　しかしながら，エスピン-アンデルセン［1997］は，日本とアメリカとの類似性についても注目している。

> 市場で供給される福祉をみた場合，日本の福祉レジームはアメリカのそれに類似している。日本にみられる企業によって供給される社会給付の巨大な構造は，その明らかな根拠を公的的供給の残余主義にもっている。売買される福祉は福祉国家の空隙を埋めている。それが一度確立し，拡大すれば，福祉「国家」を改善することを求める人々の強い要求を抑圧する効果をもつであろう。(p. 184)

　アメリカにおける企業年金や医療保険は，第二次世界大戦後急速に拡大した。労働力が相対的に不足した状況で，国民健康保険の導入と社会保障の拡充について議会が合意しないことに絶望していた労働組合は，職域での保険を求めて圧力をかけ始めた。政府は，そのことがよりラディカルなプログラムを求める強い要求を弱めるであろうということを認識し，労働組合によるこうした運動の展開を促進した。アメリカは日本と同様に，職域福祉を国家による福祉供給に対する「代替策」として用いた明白な例である。アメリカでもより豊かな給付を提供しているのは，より大規模な企業である。例えば，ナバーロ［1994, p. 204］は，「小企業の3分の1はその従業員や家族に対して何らの保健医療給

付も与えていない」と主張している。それは多くの小雇用主にとって,「現在の保険料は手が出せないほど高い」からである。競争力があるようにするという同様の圧力が,1980年代後半以降,職域福祉を相当程度削減することに結果した。エスピン－アンデルセン [1996, p. 8] は,職域医療保険や退職給付は「この10年間に劇的に減少してきている」ことを示している。雇用関連の健康保険のある人口比率は1988年の62％から,1992年には58％に,1993年には57.2％に低下してきており,その低下は続いている [サマーとシャピロ,1994, pp. 4-5]。保険のない人口数が長期の好景気においてさえ増大しているということは,人々を不安にさせることである。フィリップス [1996, p. 70] は,「多くの企業はフル・タイム労働者を,医療保険給付を得られないパート・タイム労働者や契約労働者によっておきかえてきている」と述べている。

　年金は疑いもなく職域給付では最も共通してみられるものである。国により職域年金と国家年金との関係にはかなりの相違があるにもかかわらず,職域年金はすべての工業化諸国でみられる。職域年金計画の給付対象は,通例,一様ではない。男性労働者は女性労働者よりも多くの給付を受けており,非肉体労働者は肉体労働者よりも多くの給付を受けている。

　イギリスにおいて,年金は1990年代におおいに議論されてきた。議論の出発点は1988年にある。この年に労働者は国民所得比例年金計画（二層公的年金）あるいは職域年金から,私的年金に移るための直接的な補助を与えられた。結局,約600万人が移動した。職域年金計画からは約150万人が,国民所得比例年金計画から後残りの労働者が移動した。こうして移動した労働者のうち100万人ほどは結果として年金給付が悪化するだろうと推定されている。私的年金供給者（主に保険会社）は,その販売方法や他の年金計画から移動しようとする潜在的な消費者に誤解を与える情報提供を行ったことについて批判されてきた。これらのなかにはマックスウェル・スキャンダルがある。このスキャンダルでは,「デイリー・ミラー」の所有者が被雇用者の年金基金からの金を着服してきたことが発覚した。政府は民間年金事業に対するより効果的な規制を導入することを強いられた。

　欧州委員会 [1996, p. 10] は,「イギリスは会社団体計画および個人計画の両者を含む私的年金計画が公的年金計画をたんに補完するのではなく,その一部

を代替しうる，EUで唯一の国である」と述べている。欧州委員会の報告書は，イギリスの経験は「プライバタイゼーションについての2つの根本的真実」を例証していると述べている。

> もし政府が民間部門が重要な役割を果たすと期待されている社会的保護についての全般的な政策をもっているのであれば，民間部門はその責任を履行することを確保するように規制されなければならない。そして責任が大きければ大きいほど規制も多くなる。第2に，民間部門に政府が望む大きな役割を果たすようにさせるためには，市場諸力に依存することはできない。そのためには，通例，財政的誘因あるいは直接的補助に頼らざるをえない。(p. 17)

このことは私的年金の成長を促進しようとしているイタリアやスペインへの警告でもある。

　イギリスにおける労働党政権はすべての被雇用者が民間職域年金に拠出することを強制することによって，職域年金計画を促進するという提案を考えている。この提案には労働者が個人年金基金を積み立てること，年金額が供給者の投資実績に依存することが含まれている。この提案は，現行の賦課方式の年金資金調達，すなわち現在の拠出者が現在の年金給付を支払う方式を代替する。基本的には職域計画に加入できない人々のための私的年金である，まったくの私的年金（ステイクホールダー年金）も利用可能である。現時点では純粋に調査中であるこのプランは，オーストラリアやシンガポールの編成にならったものである。強制であるにもかかわらず，こうした年金は基本的には形態上民間のものである。スウェーデンが国民年金計画内において個人勘定について実験を行っているということも注記しておこう。世界銀行[1994]は，最低限の一律の国民年金（できれば，資産調査に基づく）と積み立て型私的年金とを組み合わせた年金を支持している。このことは中・東欧諸国に対して，こうした年金プランを採用するように圧力を加えている。

　デイ・ケアがもうひとつの重要な職域給付である。そして，公共的に供給された施設が存在しない場合には，雇用主は幼児に対する職域保育を提供することが利点をもつとみている。このことは圧倒的に女性労働者からなる企業にと

ってはきわめて重要である。公共的施設がきわめて少ないイギリスにおいては，ある産業団体は「保育のための雇用主」という団体をつくっている。1985年にアメリカおよびカナダで始まり，イギリスでは1997年に設立された営利組織として，労働—保育関係について雇用主と被雇用者の双方に助言を与えるサービスを企業販売している Work / Family Direction がある。

　これまで雇用主側に基づく計画に焦点を当ててきたが，職域福祉には労働組合によって提供されるサービスも含まれる。一時，労働組合は広範な共済給付を提供してきた。しかし，こうした役割は労働組合が労働条件や賃金をめぐって雇用主との交渉に関与するようになるにつれて，そして法定給付がより一般的に利用可能になるのにつれて，低下してきた。しかしながら，スウェーデンやデンマークにおいては，労働組合は失業保険の管理において積極的な役割を果たしている。ギンスバーグ [1992] は，スウェーデンのシステムについて次のように述べている。

> 失業保険給付（UIB）システムはスウェーデン福祉国家の一般的特徴である普遍主義と公共部門による直接給付に対する明らかな例外である。UIB は，政府，労働組合，雇用主の三者による拠出によって資金調達されるが，労働組合のコントロールのもとにある任意組織によって管理されている。(p. 41)

同様に，デンマークにおいても，労働組合が失業保険の管理に参画している [トフト，1996]。ドイツにおいては，社会保険は労働組合が参加している多くの半自治的な機関に委託されている。イギリスとアメリカにおいては，労働組合は社会保険の管理にまったく参画していない。いずれの国においても労働組合が職域福祉に参画している例はみられるが，例えば，アメリカにおいては，強力な輸送トラック労働者組合が道路交通産業全体のための保健プランおよび年金プランを取り扱っている。イギリスにおいては，鉱夫は伝統的に福祉給付に広範に参画してきた。そして，労働組合は民間健康保険を購入する組合員を支援していることが知られている。

　職域福祉の問題を終わる前に，その潜在的なマイナス面について考察されるべきである。いくつかの非常に明白な公平性に関する問題があり，そのなかに

は職域福祉が職業上の地位に依存しているということがある。福祉が雇用に依存している場合には，失業者はそこから除外される。多くのパート・タイム労働者やすべての臨時雇い労働者も同様に除外されている。自営業者もまた職域福祉システムの外部におかれている。中国は興味ある例である。国有企業における雇用は，現在，終身雇用である（労働者の労働生活の全期間を意味する）。国家企業外での労働は限定された期間の契約に基づくものが増えている。この区別は重要である。なぜなら，終身雇用労働者が年金や他の給付のための拠出を行わないのに対して，契約労働者は得た賃金の3％を年金基金に対して拠出することを求められ，労働単位は賃金の15％に相当する拠出金額を支払うことを求められるからである。中国政府は拠出制度を経済全体に拡大しようとしている。しかし，長期間存在してきた無料の給付制度を廃止することの政治的帰結は深刻なものとなるであろう［リュー，1994］。日本やアメリカについてすでに述べたように，職域福祉は大規模企業で労働することを有利にする。多くの諸国の経済において，新たに創出されている職の大部分は，政府からの直接的な促進策を受けている小企業におけるものであることに注意する必要がある。

　他のマイナス面は職域給付が労働移動に与える影響である。他の影響が反対の方向に作用しているときでさえ，職域給付は労働市場の非弾力化に導くであろう。終身雇用制がいまだに一般的に行われている日本の場合には，このことはほとんど問題にはならないであろう。終身雇用，雇用の確実性，高齢者給付は疑いもなく魅力的であろうが，労働者の生活への企業の影響としてはさほど大きなものではない。例えば，企業は家族にまさるかもしれないし，被雇用者は雇用主に対する確固たる忠誠心を示さなければならないかもしれない。

　より競争力をもつために，あるいは不況時にコストを削減する方法を探し求めている雇用主は，福祉給付を容易な削減目標とみなすであろう。労働供給が過剰という条件においては，職域福祉は低下するであろう。労働不足が広がる場合にのみ再び職域福祉は拡大するであろう。このことは職域福祉を法定給付よりも不安定なものとし，そして予測不可能なものとする。

おわりに

　この10年間に，市場は多大の支持を得てきた。立場が明確な社会主義者でさえ，市場の価値を受容するようになってきており，中・東欧諸国，そして旧ソビエト連邦諸国もいまや市場システムを採用している。バリー [1991, p. 231] は，「この10年間における社会科学の展開の最も顕著な特徴のひとつは，社会制度としての分権化された市場交換システムについての知的尊敬が再確立されたことである」と主張している。同じ論文の後の方で，彼は「現在，市場は知的流行の新たな時代の入り口にたっている」と述べている。彼はこうした状況をただたんに流行の変化に起因するものとするだけでなく，「代替的な社会的および経済的編成の明白な失敗」に起因するものとしている（p. 241）。

　テイラー [1990, p. 5] は，市場が人気を博していることについてまったく異なる見方を示している。彼は「"人気"を得ているのは消費者主義の国際的な増大であり，そうした消費者主義が多くの西側社会において"脱規制された"自由市場制度によって現在満足されているという事実ではない」ことを提起している。この点はディーコン [ディーコン編, 1992, p. 9] のコメントにも共通している。ディーコンは，本章の初めの部分においてすでに言及したように，中・東欧における1989年革命は「部分的には，人口の相当部分がもつ西側の資本主義的消費者主義の果実にあずかりたいという欲求に動機づけられたものであった」と述べている。

　市場をより重視することの重要な特徴は，公的諸制度が市場イデオロギーをどの程度受け入れているか，公共政策意思決定過程に市場イデオロギーがどの程度組み入れられているかにある。市民は消費者になり，市場テスト，競争，業績指標が公共部門にも浸透してきている。同様に，次章においてみるように，非営利組織もまた市場によって影響を受けている。もし，非営利組織が契約をめぐって営利企業と競争しなければならないとすれば，競争相手の特徴のいくつかを自らに受け入れることを強いられるであろう。福祉の混合経済の目的に対して，市場の精神が全部門を支配するようになることがどの程度役だっているかという問題が生ずる。フットン [1997] は，こうした市場の支配を次のよ

うに問題にしている。

> 市場倫理とは別のさまざまな倫理的価値が擁護されなければならない。信頼，公正，義務の受容は，経済効率の創造にとってのやっかいな障害とみられるべきではなく，それにとっての中心的なものであるとみなされるべきである。人間的価値が，ただたんにより親切でより寛容な社会をつくる——基本的なことであるが——ためだけでなく，市場経済がよりよく機能することを可能にするためにも，市場過程の中核に組み込まれる必要がある。(p. 13)

消費者にとっての選択が市場主導システムの便益として主張されている。この章全体の議論は，市場は参加する手段を有する者にとっては選択を拡大するかもしれないが，全面的な参加から排除されている人々にとっては選択を狭めるということであった。新自由主義者は市場は消費者に権限を付与すると主張するが，市場はまた権限を剥奪する力ももっている。ウォーカー [1993] は次のように述べている。

> 広範な理論的代替案をもったとしても，もし消費者が有効な選択をなしえないのであれば，消費者を主権者たらしめることはない。さらに，金融的取引は必ずしも購入者にとって，供給者に影響を与えたり，あるいはコントロールするための贈り物を意味するのではない。……いいかえれば，民間部門は利用者に対して公共供給者に匹敵する権限を行使している。しかし，民間部門は必ずしも公共供給者と同じ責任を果たしているわけではない。(p. 80)

しかし，多くの議論はもはや市場システムが集権的計画システムに比較してメリットをもっているか否かについてなされてはいない。主要な問題は，いまや，市場の最も適切な規模と範囲，望ましいと考えられる規制の程度，ある集団の市場への参加の能力を高め，そして市場成果を修正するために政府はどの程度介入すべきかといった課題をめぐるものである。あるサービスを市場の外部にとどめておく正当な理由づけがいまだに存在するであろうか？　こうした問題は決して社会政策において新しい関心事ではない。しかし，それらは西側資本主義諸国と中・東欧諸国の両者における近年の変化という点から，とりわ

け重要な問題となっている。

　これまで営利部門を検討してきたが，次に利潤動機が存在しない一群の組織（非営利部門）に関心を移すことにしよう。

（１）　公共選択理論を概観するためには，マックレーン［1987］を参照。この理論についての批判的分析は，ダンリービィ［1991］によって提起されている。

（２）　こうした分析がティトマスによって30年前に公刊されたものであることを十分に承知しているが，この分析は現在でもきわめて妥当性をもっている。近年，この分析について正当な取り扱いがなされていないと考えている。

（３）　近著［1997］において，エスピン‐アンデルセンは日本の福祉国家についてより詳しく論じている。彼は，現在の日本の福祉システムは，保守的な「ビスマルク型」レジームと自由主義的な残余主義が混合したものであると結論づけている。

（４）　現金でも現物（農場あるいは菜園の生産物）でもありうる。このシステムはハンガリー全土で一般的に用いられている。

（５）　イギリスにおいては，住宅抵当の減税額は毎年度予算ごとに減少してきていることに注意する必要がある。現在の労働党政府はそれを廃止するという意向を表明している。

第4章
ボランタリー部門と社会福祉

はじめに

　この章ではボランタリー部門に注目する。以下の3つの点で，前章と深い関連がある。第1に，ボランタリー組織が準市場の参加者となり，営利供給者と競争する場合さえある国が増えているという点である。第2に，大規模ボランタリー組織と営利企業との境界線があいまいなことに起因するが，市場の用語や実践がボランタリー部門に浸透してきているという点である。第3に，ボランタリー組織と民間市場供給者双方が大きな注目を集めているのは，それが国家供給を削減し他の3部門に対する依存を強化するという，より包括的な政策の一部をなすものだからだという点である。

　ほとんどの国において，保健・福祉サービスの供給者としてのボランタリー組織の利用には長い歴史がある。ゆえに，社会政策におけるボランタリー部門の役割が，近年に至るまで研究者・政治家に等しく無視されてきたも同然であることには驚きを禁じえない。クーンレとセル [1992, p. 1] は，「過去20年間の福祉国家の歴史的発展に関する大量の文献において，ボランタリー組織の地位や役割に関する理論的・実証的研究はまったくといっていいほど欠落している」と述べ，社会政策の文献においてこの部門が重視されてこなかったことに言及している。他の論者も同じような見解を述べている。例えば，ギドロンとクレーマーおよびサラモン [1992, pp. 2-3] は，「民間・非営利部門は，学術調査や公的論議においてあまりにも長い間見落とされてきたため，現代社会の構成要素のうち最も理解の及んでいないもののひとつとなっている」と論じている。

このような意見には確かに妥当な部分もあるが，状況は急速に変化しつつある。現在，ボランタリー部門研究のための専門学術雑誌が英語では4誌発行されており，そのうちの1誌の編集者はその対象領域を，社会科学において「最もエネルギーに満ちた革新的な研究分野のひとつ」[アンハイアとナップ，1990，p. 7] と表現している。クレーマーら [1993, p. 1] によれば，「1970年代半ば以降北米・西欧では，準公共サービスの供給において政府に代わるものとして，ボランタリー非営利組織の役割に対する公的関心が急激に高まってきている」。だが，この「高まり」は西欧と北米に限られるものではない。これはまさに世界的規模の展開であり，まったく異なる歴史や文化をもち発展の段階もまちまちな国にもあてはまるのである。

研究者のボランタリー部門に対する関心は急速な成長をみせている。公刊される学術文献や論文は年々増加している。アンハイアとシーベル [1990, p. 3] によると，この分野には40か国にわたり200名以上の研究者が存在するという。この数字は，中・東欧や発展途上国における研究者を考慮に入れれば，もっと大きくなるだろう。インディペンデント・セクター [1993] は，アメリカには「慈善活動やボランタリズムおよび非営利活動を研究対象とする」学術研究センターやプログラムが35存在するとしているが，そのうち13は近年設立されたものである。この豊富さは他に比肩するものがないほどだが，ほとんどの先進国にはこの領域を専門とする研究センターがいくつか存在し，中・東欧や発展途上国にも同様の研究センターが設立されつつある。ホジキンソンとマッカーシー [1992, p. 2] は，この状況を「1980年代初めにわずかな学術的関心として始まったものが，まさに世界的広がりをみせつつある」と要約している。

用語法と定義

本章のここまでの部分において，さまざまな用語法が使われていることに読者は気づいているだろう。ここで用語と定義を明確にしておこう。イギリスやスカンジナビア諸国，そして時にイタリアでは，「ボランタリー組織」や「ボランタリー部門」という用語が用いられる。「ボランタリー（自由意志に基づく：voluntary）」という言葉は職員に備わる特質を指すものではない。彼らは相

当な報酬を支払われる場合もある。そうではなく，この言葉は組織の設立方法およびメンバーシップ，その他の関与の形態がもっているボランタリーな性質を指しているのである。アメリカでは通常，公共部門と民間部門とに大きく区別されたうえで，民間部門がさらに非営利組織と営利組織とに区分される。この非営利部門がボランタリー部門に相当する。「非営利（non-profit）」という用語はアメリカの事情に対しては適当である。というのは，「主として営利を追求しないという理由により連邦所得税を免除される資格をもつという観点から，当該組織は本来定義づけられている」［ギドロンら，1992, p. 3］からである。これは利潤や剰余金が発生しないことを意味するものではない。重要な点は，利潤最大化は非営利組織の第1の目的ではなく，営利企業で行われるような株主への利潤分配は行われないということである。

　アメリカの研究者がこの部門の研究を開拓してきたために，非営利という用語が他の国々でも受け入れられている場合がある。ギドロンら［1992］やクレーマーら［1993］，またシーベル［1992］は，ボランタリー部門や非営利部門という用語を拒否し，広くヨーロッパで用いられアメリカでも用いられることがある第三部門（the third sector）という用語を支持している。シーベル［1992, p. 206］は「プラグマティックな理由また理論的理由の双方から」この用語を好む。分析的にはこの用語は「『第三』のタイプの組織を想定する。つまり，民間ビジネスや国家官僚制と比較してそれらとは異なるスタイルの組織行動をとる組織である」と，彼は論じる。だが，この用語には深刻でおそらくは致命的な欠陥があると思われる。それは，この用語は部門が3つしか存在しないという想定に依拠しており，インフォーマル部門の存在を無視しているためである。このことはこの分野における多くのアメリカの研究が抱える欠点のひとつである。

　現在使われているものの中で最も受け入れがたいのが，非政府（non-governmental）部門また非政府組織という用語である。あまりに包括的すぎてそれほど役に立たないためである。これらは開発途上国において，特に国連の開発担当機関によって用いられることがある。この用語を合理的に解釈すれば，政府外部のすべての組織を内包することになるだろう。つまり，民間市場やボランタリーまたインフォーマル各部門の入り混じったものとなってしまうので

ある。

　最後に，フランスではより広範な用語，社会経済（*économie sociale*）が用いられるが，これは協同組合・貯蓄信用金庫・共済組合・非営利社団（*association*）を含んでいる。アルシャンボー [1993, p. 1] は，この部門は「それを構成している下位部門をはっきりと区別することができる。これは，主要下位部門ごとに非営利組織に適用される法的取り扱いが異なること，またそれぞれの政治的・宗教的志向に明確な違いがあることの双方に起因する」と論じている。他国におけるボランタリーまたは非営利組織に最も合致するのは非営利社団であり，保健や福祉の供給に最もかかわっているのもこれである。

　用語法は混乱しており，国際比較に関心を寄せる人々の間に問題を引き起こしている。サラモン [1992] は，これらの用語はすべて誤解を招きやすいものだと論じる。それは，これらが「その他の側面を見落としたり軽視したりするという犠牲のもとに，これら組織が示す事実の一側面を強調する」(p. 4) からだという。問題をさらに混乱させることに，ひとつの論文においてさえ諸用語が互換性を有するがごとく用いられていることがよくあるのである。不毛な語義に関する論議に陥ることを防ぐために必要なのは，大胆なアプローチである。この章では，特にアメリカについて論じたり，別の用語を用いている論者を直接引用するとき以外は，ボランタリー部門およびボランタリー組織という用語を用いることとする。

　定義を検討する前に，部門 (sector) という言葉の使用について簡潔にコメントしておくことが有益だろう。以下の2点があげられる。第1に，この用語は，実際は存在しない可能性もあるが，一定程度の共通性の存在を示唆している。後述するように，ボランタリー部門のもつ独特な特徴のひとつはその多様性の高さである。第2に，この用語は，部門として分類された各領域の間に明確な区別があり，諸組織はいずれかの部門に明確に割り当てることができるということを示唆している。だが，制度的または組織的な異種同形性 (isomorphism)，つまり組織が自らに対する資金供給者や自らとの競争者に似かよったものになっていくプロセスが論じられることもある [ディマジオとパウエル，1983；テイラーとホジット，1994；6, 1994]。西欧に関して，6 [1994, p. 401] は次のようにコメントしている。

新しい職務を担う過程で、これらの組織自体が変容してきている。国家購入者に対して、またそれを通じて政治的政策決定過程に対して責任を負うことになった結果、これら組織は伝統的に国家官僚制に備わっている特徴のいくつかを示さざるをえなくなっている。また、競争や市場圧力への対応を奨励されたりまた要求されることさえある結果として、かつては営利企業の特質だと考えられていた行為がもつ特徴を示さざるをえなくなっている。

だが、問題はたんにボランタリー組織が「国家によって搾取され、また市場に誘惑され」［テイラーとホジット、1994, p. 125］てきているかどうかということではない。これを補足するのが、これらの変化を被りながらも、独特な存在としてその名前で呼ばれることに正当性があるとされるほどの十分な差異がいまだボランタリー部門に残っているか否かという問題である。私の主張は差異は存在するというものだが、これはより詳細に諸定義を検討していくことで明らかとなるだろう。

この章の目的は保健・福祉サービスにおけるボランタリー部門の役割を検討することであるため、我々が念頭におく組織の種類を理解しておく必要がある。ジョンズ・ホプキンズ大学非営利部門比較プロジェクトに関連させながらサラモンとアンハイア［1992］が展開した定義の採用を提案する。彼らはさまざまなタイプの定義がもつそれぞれの長所を理解しながらも、法的、財政・経済的、機能的定義を排し、構造的・運営的定義づけを行う。そして、ボランタリー部門を構成する組織に備わる鍵となる特質として次の5つをあげている。

- 一定のかたちをもっていること：組織的・制度的構造にある程度のかたちがなくてはならない。ここで除外されるのは、「純粋に特定目的的で、一定のかたちをもたず、一時的でしかない人々の集まり」である。「そうでなければ、非営利部門という概念はあまりに統一性がなく、かつはかないものとなってしまい、把握し検討するのが困難になってしまう」。
- 民間であること：政府から制度上分離していなくてはならない。これは政府との協調および相当額の政府資金の受領を排除するものではない。
- 利潤が分配されないこと：ここで強調されることは、利潤が分配されないという点である。これは剰余金が発生しえないということではなく、利潤の最

大化が当該組織の主たる目的ではないということを意味する。
- **自ら統治すること**：当該組織は自らその設立，運営構造および運営方法，また方針や活動内容を決定する。
- **ボランタリーであること**：「当該組織による活動の実際の運営や業務の管理において，相当意味ある程度にボランタリーな参加」[サラモンとアンハイア，1992, pp. 11-12]がなくてはならない。⁽¹⁾

定義づけには，存在しない相似性を想定してしまったり，少なくとも多様性を隠蔽してしまったりする危険がともなう。だが，サラモンとアンハイアの提案する定義は幅広いものであり，非常に多様なボランタリー組織を包括するのに十分だということは明らかであろう。ひとつの国の内部においてさえ非常に高い多様性があるが，国際的文脈において，それはずっと大きな混乱を招くようになってきている。規模，地理的管轄範囲，目的，機能の範囲と種類，組織的・管理的構造，財源，そして相互間のまた政府との関係において，それぞれ違いがある。⁽²⁾ナイト[1993]はその論争的な勧告のなかで，ボランタリー部門を2つのカテゴリーに区分することによりこれらの間の差異を定式化しようとしている。第1のカテゴリーは，公的機関の下請けまたは代理者としてサービスを供給する大規模非営利組織である。これは国家によって十分に資金供給される。第2のカテゴリーは，「真のボランタリー組織」であり，これは「ビジョン，ラディカルな改革，社会変革といったボランタリズムの本質を，束縛されることなく満たすことができる」(p. 305)。この第2のグループには国家からの資金供給はない。規模と機能を基準にした区別は十分容認できるものだが，これ以降この区分は用いない。

幸運にも，この章はすべての種類のボランタリー組織に関心を寄せるものではない。焦点は，社会福祉組織にのみ当てられている。それでもその範囲はあまりに広い。以下の社会福祉組織の類型リストは，この分野のボランタリー組織の種類についていくらか見当を与えてくれる。

1．近隣地区組織
2．セルフヘルプあるいは相互扶助グループ
3．「クライアント」集団のためにサービスを供給する組織
4．圧力またはアドボカシー・グループ

5．主に医療・教育・社会分野の研究にかかわるグループ
6．他のグループの調整や育成にかかわる「傘的（umbrella）」，すなわち中間組織
7．基金
8．国際的支援・開発組織

このカテゴリーは決して互いに排他的ではなく，多くのグループはこれらが入り混じったものだろう。また，大規模組織は専門部門を備え広範な活動に携わるだろう。次節で示すように，この多様性が包括的な理論の創出を試みる際の難点となるのである。

ボランタリー部門に関する理論

ボランタリー部門に関する理論は，大きく次の5つのカテゴリーに分けることができる。組織論，政治学および行政学に由来する理論，競争・市場・供給・需要を対象とする経済理論，ボランタリー組織の存在または必要性の説明を目的とする理論，政府／ボランタリー部門間関係の解明を目的とする理論である。初めの3つは他の学問分野からの借用であり，また経済的・政治的課題のいくつかについてはすでに本書で取り扱ってきている。したがって，この節では後ろの2つに焦点を当てる。まずは，ボランタリー組織の存在を説明する理論をみていこう。

ボランタリー部門の存在の説明

「近年非営利部門は豊富な理論的関心を喚起するようになってきている。研究者たちは，社会的・経済的生活において長い間無視されてきたこの未開拓分野がもつ奇妙な持続性と近年の復活とを説明しようとしている」（p. 9）とサラモンとアンハイア［1996］は述べる。このような理論には1970年代後半以降のアメリカ人経済学者の業績に由来するものが多い。もっとも，理論化の学術的基盤は最近拡大してきている。ここで意図しているのは，6つの異なる説明を検討することである。理論のなかには，その目的をたんにボランタリー組織の存在を説明するというだけでなく，ボランタリー部門の規模および範囲に国ご

とに差異が見られる理由を示すこととしているものもある。

ワイズブロッド[1977]が発展させた最初期の理論の中には,「公共財理論」または「市場の失敗 - 政府の失敗理論」と呼ばれるものがある。これは,需要の不均質性や,市場には需要を満たすのに十分な量と多様性をもった公共財を生産する能力も意志もないといった概念に基づくものである。公共財とは,集合的に消費される財やサービスであり,フリーライダーを締め出すことがむずかしい(つまり,利用のための費用を払おうが払うまいが,その財やサービスから利益を得ることができる)。このような状況においては,市場による供給は不適当である。これはもちろん,政府による公共財供給を支持する古典的論議のひとつである。次に,需要の不均質性が存在する場合がある。文化的・倫理的・宗教的に多様性をもつコミュニティにおいては,特定の公共財に対する需要はあまりに多量かつ多様であり,市場が放置した供給の不足分を政府が完全に満たすことはむずかしい。その理由のひとつは,政府には中間投票者を満足させる政治的必要があることであり,これにより特殊な需要は満たされないままとなる。政府や市場による供給が存在しない場合,人々は自ら認知した各種の公共財に対する需要を満たすためにボランタリー部門を頼りとする。ここで注意すべきなのは,この理論は公共財にしかあてはまらないということであり,多くの保健・福祉サービス(本書の主要関心対象)は本質的に対人的あるいは個別的なものだという点である。

ジェイムズ[1987]は供給サイドに検討を加えてワイズブロッドのモデルを発展させている。彼女は不均質性がもつ意味を重視し,公共財に対する満たされない需要がもつ重要性についてワイズブロッドに同意している。だがボランタリー組織が出現するのは,社会的企業家(social entrepreneurs)があわせて供給され,彼らが満たされない需要に対応する場合のみだと論じる。レッドベター[1997]は最近の研究のなかで次のように述べている。

> 社会的企業家は変革の最も重要な源泉のひとつであろう。社会的企業家はあまり活用されていない資源(人員・建物・設備)を認知し,それらを活用して満たされていない社会的ニーズを満足させる方法を見出す。彼らは,新たな福祉サービスおよび既存サービスの新たな供給方法を生み出すのである。(p. 8)

それでは，社会的企業家にとってのインセンティブとは何であろうか？　営利活動における利潤動機は理解できるし，政治家の得票最大化行動あるいは官僚の組織最大化志向でさえ理解可能である。だが，社会的企業家をしてボランタリー組織に時間とエネルギーを費やせしめるものとは何であろうか？　成功が昇給に結びつかないとすれば，社会的企業家の場合最大化されねばならない報酬は本質的に非金銭的なものである。ジェイムズは信条，特にメンバー間の信条的競争の重要性を強調している。しかし，地位や影響力および権力も有効なインセンティブとなるだろう。

ハンスマン［1980，1987］は，ボランタリー組織がもつと想定される信頼性に基づいた第3の理論を提示する。これは情報の非対称性が存在する状況下で特に重要である。供給者が利用者よりも多くの情報をもっており，モニタリングや評価に大きな取引費用がかかってしまう場合である。この理論は，周知のごとくその質や有効性を測定するのが困難な福祉サービスにおいて，特に説得力をもつ。これは，購入者となるのが消費者自身ではなく彼らの代理人である場合にも同じく困難だろう。ハンスマンによれば，このような状況においては，潜在的顧客はボランタリー供給者を信頼しようとする。その理由は，ボランタリー組織にはその基本的性格のひとつとして，利潤が株主や所有者に対して分配されないという要件による制約があるからである。利潤動機の不在が，クライアントのニーズに対するボランタリー組織の応答性を高めることになっているという主張である。

ボランタリー部門を説明する第4の試みは，ベン-ナーとバン・ホーミッセン［1993］によるものである。ボランタリー組織は一群の利害関係者によって支配されており，それらが第三者に対する集合財または信託財の供給や配分をコントロールしているという主張である。セルフヘルプあるいは相互扶助組織においては，支配的利害関係者は同時に受給者でもあろう。ここでも，情報の非対称性の可能性が，利害関係者によるコントロールが望ましいものとされる重要な要因として強調されている。利潤動機が存在しないために，サービスを切り詰めず高い質で供給するものとして利害関係者を信頼することができると想定されているのである。

サラモンとアンハイア［1996］は，これらの理論の大部分は，ジョンズ・ホ

プキンズ大学国際調査プロジェクトの多国間調査の結果からは裏づけが得られなかったと述べている。もっとも，不均質性の命題に関しては非常に信頼性の高い証拠がいくつかみられるという。他のアプローチに対する彼らの批判の中心をなしているのは，「重要なサービスの供給に関し市場・第三部門・国家のいずれを信頼するかという選択は……自由市場においては個々の顧客によって自由になされる」（p. 15）という想定である。サラモンとアンハイアは，我々のみるところの第5の理論，社会的起源理論の発案者である。これは，エスピン－アンデルセンの福祉資本主義の3形態論およびファシズムと民主制の社会的起源に関するムーア［1966］の先行業績の再検討が基礎となっている。彼らは，エスピン－アンデルセンのいう3群の福祉レジーム，すなわち自由主義・コーポラティズム・社会民主主義の各レジームを受け入れたうえで，第4のカテゴリー，国家主義を付け加える。分析は政府福祉支出の大きさと非営利部門の規模という2つの主要な側面に限定されている。彼らの見解は以下のとおりである。

- 自由主義レジームの特徴は，社会福祉に対する小さな公共支出と比較的大規模なボランタリー部門である。
- コーポラティズム・レジームでは，大きな政府福祉支出と大規模ボランタリー部門が併存する。
- 社会民主主義レジームを特徴づけているのは，大きな政府支出と比較的限定的なボランタリー部門である。
- 国家主義モデルでは国家が支配的である。しかし，強力な中間層や組織的労働者階級のためというより，むしろ国家自身やビジネス・経済エリートのために機能する。政府福祉支出とボランタリー活動はともに比較的限定的なものである。

社会的起源理論は非常に抽象性が高く，その対象も社会全体に及ぶ。加えて実証的検証も困難である。しかしながら，この理論によって国際比較が可能になり，ボランタリー部門の規模や範囲にみられる各国の差異を暫定的ではあるが説明することができる。この点でこの理論は非常に有用である。

　ボランタリー部門を理解するための最後の理論的アプローチは，ビリスとグレンナスター［1998］のものである。彼らは自身が相対利益の理論と呼ぶもの

に取り組んでいる。この理論は，住民のなかの特定集団に影響を与えるさまざまな形態の社会的不利を認識するところから始まる。経済的不利，人的不利，社会慣習的不利，コミュニティ的不利である。次の段階で，公共・民間・ボランタリーの各組織がもつ主要な構造的・組織的特徴が認識される。最後にこれら2つの段階がまとめられる。そこで示されるのは，ボランタリー組織は公共組織ほど経済的不利に対してうまく対処することができないということである。ボランタリー組織がその本領を発揮するのは，人的・社会慣習的・コミュニティ的不利に対処する場合である。ビリスとグレンナスターは，自分たちの意図は「それぞれの部門の福祉組織がもつ供給サイドの特徴と，数多くの不利カテゴリーがそれぞれもつ需要サイドの特徴とを結びつける研究の道筋を切り開く」(p. 94) ことにあると述べている。

　以上，ボランタリー部門の存在や必要性を説明する理論について概観してきたが，これは決して完全なものではない。その狙いは，ボランタリズムに関する理論だての豊富さを多少なりとも示すことにある。注目すべきは，多くの理論が十分な実証的裏づけを欠いていることである。実際，いくつかの理論を実証しようという試みは困難に直面している。これとは対照的に，次に検討する政府 - ボランタリー部門間関係を解明する理論は，はるかに実証的検討が容易である。

政府 - ボランタリー部門間関係の理論化

　政府 - ボランタリー部門間関係についての理論構築の最初期の試みのなかに，19世紀イギリスで発案されたものがある。国家が福祉において一層顕著な役割を示し始めた時期である。当時当該部門をめぐる主要関心事のひとつは経済的支援に関してであったが，これは救貧法とボランタリー組織からの経済的援助との関係を問題にしていた。この関係を支配する原則を案出するひとつの試みが，平行棒理論として知られているものである。これは，慈善組織協会（the Carity Organisation Society）が普及させ，1900年救貧法委員会多数派報告で支持された。救貧システムが2つ併存しているのであれば，受給資格者を2つの集団に割りふる手段が求められねばならない。ひとつの集団を救貧法による救済の対象とし，もうひとつをボランタリー部門の対象とするのである。慈善組

織協会は，不十分ではあるもののいくらかの財産は所持している救済有資格者（ボランタリー部門の対象）と絶対的貧窮状態にある人々（救貧法の対象）とに区別すべきだと当初論じていた。これは，後に援助に値するか否かをもとに区別されるべきだという考え方にとって代わられた。援助に値しない貧困者は救貧法委員会にふり分けられ，援助に値する貧困者はボランタリー部門によって支援されるという考え方である。他には，ボランタリー部門は再び自立できる可能性がある人々を対象とし，可能性がない人々は救貧法に任せるべきだという提案もあった。

　これに対するものとして，20世紀初めにウェッブ夫妻により案出された理論があるが，これは繰り出しはしご理論として知られるようになっている。国家にはナショナルミニマムを供給する責務があるが，それを超える部分はすべて個人またはボランタリー部門に任せられるべきだという理論である。

　マカダム [1934] はこれらの理論を双方とも否定した。そして，20世紀第1四半期において新しい慈善活動が徐々に出現しつつあり，その大きな特徴は国家とボランタリー組織との密接なパートナーシップにあると論じた。オーウェン [1965, p. 527] はパートナーシップの考え方を採用し，ボランタリー部門を「福祉共同体（the welfare firm）における下位パートナー」と表現している。ボランタリー部門の役割とは，国家供給を補足し補完すること，または国家が供給できないあるいは供給しないサービスの単独供給者となることである。ボランタリー部門は，新たなニーズを認識しそれを満たす新たな方法を考案することにおいて重要な先駆者的役割をもっていると述べられている。

　パートナーシップというテーマは多くの論者が採用してきた。例えば，サラモン [1987] は，アメリカのボランタリー部門 - 政府間関係を本質的に競合的なものと特徴づける論者に強く反発し，協調関係こそがより正確な表現だと論じている。ギドロンら [1992] はこの考え方を他国にも拡大し，政府 - ボランタリー部門間関係をさまざまなモデルに区分している。ただし，政府が支配的パートナーであるシステムからボランタリー部門が支配的であるシステムまで多岐にわたるモデルがあるとしても，主要な変化は「第三部門と国家との協調的パートナーシップをより一層精巧なものにつくり上げていく方向にむかって」(p. 27) 発生しているという。クーンレとセル [1992] も協調関係を強調す

るが，それを統合的依存と分離的依存とに区別している。前者においてはボランタリーな福祉生産が福祉国家システム全体に統合されており，後者においてはボランタリー部門は政府資金に依存してはいるが両者間のコミュニケーションや接触は表層的であまり頻繁でない。多くの国々における外部委託の進展は，ボランタリー組織が担う供給との協調関係を具体化するものだが，国家はそこでの資金供給と規制の役割は維持している。政府資金への依存の拡大，特に委託契約の利用増大に起因する政策上のジレンマのひとつは，これがどの程度ボランタリー組織の独立性を脅かすことになるのかということである。ウォルチ [1990] は，この脅威は現実的であり潜在的な悪影響があると考える。政府とボランタリー部門との密接な関係が「影の国家」を出現させ，ボランタリー組織はますます政府資金に対する依存を強めてきていると論じられる。この影の国家現象が「ボランタリー組織および社会全体にとっていくつかのジレンマを生み出す」という。これらのジレンマは「潜在的に非常に深刻なものであり，独立的な組織任務の維持と社会福祉による個人保護の双方に対して脅威となる」(p. 215) と彼女は考えている。

　ウォルチはその影の国家の議論のなかで，民主主義の擁護と促進においてボランタリー部門が果たす役割について問題を提起している。次節では，ボランタリー部門の社会的重要性という幅広い文脈の中でこの問題を検討する。

ボランタリー部門の社会的重要性

　次節ではボランタリー組織の機能を検討する。一方この節の目的は，特定の機能（例えば，サービス供給）というよりもむしろボランタリー部門がもつ幅広い社会的・政治的役割を検討することである。はじめに，民主社会の創設と維持に対するボランタリー部門の貢献について考察し，次にボランタリー部門の重要性にみられる各国の差異を検討する。

民主主義，連帯，市民社会

　この節では，ボランタリー部門は社会的連帯を強化し市民社会の発展を促すことによって民主主義を促進するという主張を検討する。市民社会が何を意味

するかは議論のあるところだが，ここでは最もシンプルな解釈を用いることとしよう。つまり，個人および家族という基礎的集団と国家との中間に存在する一定範囲の社会的活動という解釈である。市民社会という観念は特に中・東欧で影響力をもっており，個人の権利と自由を保障するのに不可欠であり，国家権力の不当な拡大に対する防壁として機能すると捉えられている。

中・東欧では，ボランタリー部門の繁栄は市民社会と民主的政治システムにとって絶対必要な構成要素だとみなされている。シーガルとヤンシー［1992］は次のように述べる。

> ポスト共産主義時代の将来性は，市民と国家とを媒介する，諸組織および諸制度の活気に満ち深く根づいたネットワーク，つまり民主的政治文化の結合組織を作り上げることができる可能性に大きく依存している。（p. 15）

この引用で表明されている意見は，しばしば主張される，ボランタリー部門が連帯つまり社会的統合を促進する能力と強く結びついている。この傾向の例証として，サラモン［1992］は，アメリカにおける非営利部門は「それを通じて連帯感が感じられるメカニズムが求められていることに応えるものである」（p. 9）と述べている。アンハイアとシーベル［1993］は，ドイツに関して「団体への加入やボランティア活動を通じての社会参加は，社会的統合の主要な構成要素であると長く認識されてきている」（p. 12）と述べる。ボランタリー組織は，結合的・協同的活動を実現し，かつそれを促進すると主張されているのである。

しかし，ボランタリー組織やこれがその一部を構成する市民社会は，分裂的で個別主義的になる可能性をもっていると論じることもできる。実際，グループ内部での連帯がその他のより幅広い連帯に悪影響を及ぼすこともあるかもしれない。このような考え方こそ，革命直後の1791年フランスにおけるギルドや団体の禁止を導いたものだった。個別主義的な集団は人民の一般意志の表明を脅かすものであり，民主主義にとって有害だと論じられたのである。

サラモン［1993］は，「非営利組織は民主主義にとって不可欠であるという考えを所与のものとする」（p. 3），非営利部門と民主主義との関係についての

「世間一般的通念」に疑問を投げかける。非営利組織は民主主義にとって前提条件となる場合もあるが（例えば，中・東欧において），民主主義の障害となることもあるし（個別主義や，圧力団体政治のはらむ不平等ゆえに），また関係ない場合もあるだろう（ボランタリー組織が政治的活動に関与してない場合）と論じている。

ハースト [1994] は，その結社民主主義（associative democracy）の研究において，民主主義論議に対し興味深く刺激的な貢献をしている。その研究の主要テーマは，国家の分権化および国家の主権主張に対する異議申し立てである。基本単位となるのは，自らの構成メンバーに対して責任を負う自己統治的ボランタリー団体であろう。ハーストが提案しているのは，ボランタリー団体を通じたガバナンスに他ならない。彼はアソシエーショナリズムについて次のように述べている。

> ここでは，自己統治的ボランタリー組織は二次的な団体としてではなく，民主的ガバナンスおよび社会生活形成双方の一次的手段として捉えられる。それゆえに，自己統治的市民社会は社会の一次的な特徴となる。国家は，必要不可欠ではあるが二次的な，団体間の平和を確保し個人の権利を擁護する公的権力となる。また，国家は財政のメカニズムともなる。このメカニズムを通じて，すべての社会構成員にとって必要であり権利として利用可能だとみなされる諸形態のサービス供給がボランタリー団体によって実施される。構成員はこのようなサービスを受給するために，団体を選択し加入する。(p. 26)

このような仕組みは，コミュニティに対して，それ自身のモラルや政治的枠組みを創出する力や，どんなサービスが供給されどのように受け渡されるべきかという決定に参加する力を与えるだろう。上の引用が示すように，その資金は公的財源によってまかなわれるだろう。ハーストは，この枠組みは理想主義ではないと主張する。これを代表制民主主義と市場経済を補完するものとみなしているためである。このような枠組みが実施されるチャンスは大きくないという観点に立てば，確かにこれは理想主義である。しかしながら，ハーストのアイデアにはさらに探究を続ける価値があり，また完全に成熟した結社民主主義の枠組みは実現不可能であったとしても，彼が示すような方向に進むことは民主的利益となるだろう。

前節の理論をめぐる議論においてウォルチ［1990］の影の国家に関する研究に言及した。ウォルチはボランタリー組織による民主主義への貢献については比較的懐疑的である。彼女は，ボランタリー組織が参加を促進し利用者に力を与える（empower）能力をもっていることに同意するが，ボランタリー組織が政府財政やその他の形態の援助に対し過度に依存しすぎる場合には危険が生じると考える。このような状況においては，ボランタリー部門の独立性が損なわれ，ボランタリー組織は国家の延長物同然になってしまうだろう。まさに社会的統制の代行者となってしまい，特に政府政策の批判者としての重要な役割を失ってしまうかもしれない。ウォルチは，このような望ましくない展開が避けられないと考えているわけではないが，強いボランタリー部門のもつ民主的潜在能力が発揮されるべきであるならば，警戒や注視が欠かせないと考えている。

　　我々のボランタリズムに関する政治経済的分析は一方的な多元主義論に依拠するものではないが，ボランタリー活動は民主的参加の領域を拡大し，国家政策に対し影響を及ぼすことができるということを示すものである。国家権力を制限し極端な場合には国家を崩壊させることさえあるこの部門の能力は実に価値あるものであり，影の国家による歪曲の恐れから守られなければならない。（p. 221）

　ボランタリー部門と民主主義との関係を評価する際に検討すべき論題は他に2つある。第1に，ボランタリー組織内部の民主主義の程度である。クレーマー［1987］は次のようにいう。

　　ボランタリー組織を民主化の重要な推進力として賞賛することに対しては……その運営理事会の構成と意思決定過程および少数意見尊重ルールの浸透の観点から疑問が投げかけられている……。政策決定は，永続的にその職に留まり続ける少数の理事会メンバー，つまり自己選任の営利企業および専門職コミュニティ出身白人男性に不均等に集中する傾向がある。（p. 245）

　他方で，組織が職業化しその業務が複雑化していくにつれ，ボランタリーな運営理事会から有給の執行スタッフに実権が移っていくかもしれない。委託契約はその複雑性ゆえに，この傾向を促進するだろう［ビリスとハリス，1992；ハリ

ス，1996；ヘドリーとロチェスター，1992］。

　第2の論題は，ボランタリー組織の外部との関係，とりわけその責任（accountability）に関するものである。リート［1988；1990a；1996］はこの重要な問題に大きく注目している。彼女は，政治的責任（政策と優先順位）と運営的責任とにまず区別し，後者をさらに財政的責任（資金の適切な利用），プロセス的責任（適正手続きの順守），プログラム的責任（仕事の質）に区分する。また，制裁を通じて強制することができる責任とたんに説明や回答を求めるだけの責任とを区別する。ボランタリー組織がそれに対して責任を負うと考えられる多種多様な集団を含めて考えると，この図式はさらに複雑なものになってくる。責任のラインの明確さは民主主義に不可欠な特徴であるが，現在この明確さが失われていることをリートは深刻な不利益と捉えている。

> 利用者のエンパワーメントというレトリックや民主主義においてボランタリー組織が果たす役割にもかかわらず，ボランタリー組織が自ら責任を果たす原則や熱意およびその方法が理解されているとはとてもいえない。［リート，1996, p. 77］

　テイラー［1996］も，ボランタリー組織が民主社会に対して十分貢献すべきなのであれば，責任は重要な論題だと考えている。彼女は，責任を3つの側面に区別する。責任に応えること（giving an account），責任を問うこと（holding to account），存在を重視すること（taking into account）である。テイラーは次のように述べる。

> ボランタリー組織は福祉供給における自らの役割について責任を果たすよう期待される。だがボランタリー組織は国家に対する監視者でもあり，国家その他のアクターの責任を問う。また，ボランタリー組織は十分な情報をもち活力あるシチズンシップの発展において重要な役割を演じるが，これはたんに責任を問うというだけでなく，その存在が重視されることが必要な役割である。（p. 58）

　テイラーは，ボランタリー団体の責任を取り巻く緊張を明らかにしている。そのなかで，信頼と責任との関係，プロセスと課業との関係，多様性と公平性との関係，また多様な利害関係に起因する諸問題を検討する。ボランタリー組織

が民主的変革の先頭にあり続けるべきであるのなら、それらは「より一層厳密で洗練された責任の概念を発展させる」(p. 57) 必要があると彼女は論じる。

各国の差異

　福祉国家に占めるボランタリー組織の重要性にみられる各国の差異を比較する試みには、明らかな難点がある。問題のひとつは、その重要性をどのように定義づけて比較するのかということにある。もうひとつは、特に発展途上の国々にあてはまるが、情報の断片性である。このことは、サラモンとアンハイアの主導により行われた国際研究が示している。研究対象の12か国のうち、詳細な比較が可能な十分なデータをもっていたのは7か国だけだった。データが不十分だった5か国は、ブラジル、エジプト、ガーナ、インド、タイである。だがこの情報の欠如は一時的な現象であるかもしれない。これら5か国すべてにおいて、また他の発展途上国において、ボランタリー部門に関する学問的・政治的関心は、比較的最近の現象であるとはいえ現在急速に高まってきているからである。

　ボランタリー部門の規模を、特定の国における重要性の指標として用いることはある程度はできるだろう。だが、規模だけでは十分な判断基準とはならない。小規模だが大きな影響力をもつボランタリー部門を思い描くことも可能だからである。しかしながら、大規模ボランタリー部門の成長を促す社会・政治システムは、この部門がもつ潜在能力を認識しているシステムだと見込むことができる。幸運にも、規模は調査者が利用可能な唯一の指標ではない。先進国のほとんどにおいて、ボランタリー部門が福祉において果たす役割を示す証拠は豊富にあり、国家経済への貢献度を示す統計もいくつかある。例えば、**表4-1**は、7か国それぞれの経済に対するボランタリー部門の貢献度を示している。これはジョンズ・ホプキンス大学の調査によるもので、数値は信頼できるものであり、またそれぞれの国におけるボランタリー部門の規模を比較することもできる。

　表4-1は経済的重要性の合理的指標として、全雇用人口に占めるボランタリー部門雇用人口の割合とGDPに占める運営支出の割合を用いている。この双方において、アメリカのボランタリー部門は明らかに最大の規模であり、ハ

表4-1 ボランタリー部門―雇用および支出

(単位:％)

国　名	総雇用人口に占める割合	GDPに占める運営支出の割合
フランス	4.2	3.3
ドイツ	3.7	3.6
ハンガリー	0.8	1.2
イタリア	1.8	2.0
日本	2.5	3.2
イギリス	4.0	4.8
アメリカ	6.8	6.3

出所:ジョンズ・ホプキンズ大学非営利部門比較プロジェクト(サラモンとアンハイア,1994)

ンガリーと対極をなしている。イタリアと日本では経済に対するボランタリー部門の貢献は,比較的限られている。イギリス,フランス,ドイツは2つの極の中間にある。しかし,この数値はすべてをいい表しているわけではない。例えば,無給ボランティアによる莫大な貢献などは考慮されていない。

ここ20年,多くの国々でボランタリー組織は急増している。例えば,クレーマーら[1993, p. 112]は「アドボカシーかつ/または社会サービス機能を備えた共同セルフヘルプ・グループ(peer self-help groups)およびコミュニティに基盤をおく組織の未曽有の爆発的増加」に言及している。これは「公共政策の形成と実施における……より一層の市民参加と,政府機能のより一層の分権化」を求める社会的動きの増大に結びついた全世界的傾向であるという。クレーマーと彼の同僚は,調査対象4か国のうちイングランド,イタリア,ノルウェーの3か国で増加の証拠を得た。第4の国オランダでは,保健・福祉・教育の各サービスの供給に関心を寄せる組織の数は膨大なものだったが,政府はこれを減少させる目的で合併に同意する組織に対して特別に資金を提供していた。

単一の国の調査では,1960年代以来ボランタリー組織の数と多様性が増大し,特に1980年代には顕著な増加がみられたという結果がほとんど常に得られる。全体としては拡大傾向なのだが,展開の速さやボランタリー部門の規模は国ごとにまちまちである。中・東欧諸国においては,国家から独立したボランタリー組織は共産主義政権時代に事実上消滅した。1980年代半ばにボランタリー部

門の成長がいくらかみられたが、最も急速に発展したのは1989年以降である。日本とドイツでは1930年代および40年代にボランタリー組織に対する直接的抑圧も行われた。だが、両国とも50年代または60年代にはその抑圧の影響は克服された。とりわけドイツのボランタリー部門は、非常に大規模でありかつ非常に強力である。

　さまざまな国のボランタリー部門の展開にみられる差異を説明しようとする際には、文化的・政治的影響に注意を払わなければならない。ハンガリー、フランス、オランダ、スウェーデン、アメリカの場合を用いてこの点を例示しよう。ハンガリーは、ボランタリー部門が40年以上にもわたって事実上存在しなかった国の例としてあげることができよう。クティ [1993] は次のように説明する。

> レーニン主義イデオロギーに根ざす新たな共産主義体制は、個人を潜在的に敵対的な「ブルジョア」大衆の一部をなすものとみなし、社会主義者として再教育し適応させ直すことが必要だとしていた。この概念に内在していたのは、社会の動向に対して党の統制が及ばなくなってしまうことへの不安であった。この不安を解消するために、財団は清算され、ボランタリー団体は1950年代に禁止された。（p. 5）

　さらに次のような主張もなされるだろう。すなわち、それらを解決するためにボランタリー福祉団体が設立されることとなる諸問題は、社会主義システムにおいては発生しない、または迅速に根絶されるという主張である。

　1989年の体制崩壊以前にも1980年代には党による統制がいくらか緩和されてボランタリー組織が出現し始めていたが、その多くは「政党に従属するもの」[クティ, 1993] であった。1989年以降、ボランタリー組織は急速に発展している。クティの概算によれば、1992年春までに総人口1000万の国に約１万7000ものボランタリー組織が存在するようになったという（p. 6）。この目覚ましい増加はいくつかの困難に直面しつつも達成された。そのひとつは、傾斜の急な学習曲線が必要だったことである。ボランタリー組織をいかに設立し、維持し、管理するかという知識をもっているのはごく限られた人々だけだったためである。加えて、ボランタリー組織の指導者のなかには、新しい政党での活動にむ

しろ積極的になっていったり，民間部門に移っていったりする人々もいた。また，現在は新しい法律で修正されているが，当初はその法的地位も明確ではなかった。変容の道をたどる国家に対する深い懐疑もあって，国家との協調は多くの問題をはらんでいた。留意する必要があるのは，再建はいくつもの領域（経済・政治・社会）で一斉になされていたということである。

　フランスは，1980年代までボランタリー部門の規模や重要性の点で，西欧諸国とアメリカのほとんどに遅れをとっていた。その原因は主に歴史的なものである。アルシャンボー［1993］はフランスの「歴史の遅れ」について述べ，「フランス非営利部門の相対的未発展の原因は1789年のフランス革命にある」（p. 2）と主張する。1791年のル・シャプリエ法はギルドその他の団体を禁止した。市民と国家の間にはいかなる中間組織も存在することが許されなかったのである。これが，1980年代までフランス政治システムの特質のひとつであった中央集権を導き出すこととなった。結社の自由はフランスでは1901年に初めて認められたが，シーベル［1992, p. 213］は，フランスにおけるジャコバン派の伝統は「現在も息づいており，諸団体（そのほとんどは現在もカトリックの平信徒運動に密接なつながりをもつ）に対する懐疑は，決して完全に消え去ったわけではない」と述べている。この懐疑の痕跡は疑う余地もなくいまだに存在し続けているのだが，1960年代半ば以降団体数は増加し始めた。だが，大きな展開は1982年の分権政策の実施を待たねばならなかった。1990年には届出団体（県に登録，すなわち「届け出があった」もの）は6万以上存在するようになっており，ある十分な情報に基づく推定では，このような団体の総数は60万から70万の間におかれている［アルシャンボー, 1993, p. 10］。

　対照的に，オランダにおいてはボランタリー部門による保健・教育・福祉サービスの供給には非常に長い歴史がある。「オランダにおけるサービス供給パターンの展開には，3つの社会政治的伝統が重要な役割を果たしている。平等主義，強力な中央国家の不在，信教多元主義である」とクレーマーら［1993, pp. 70-71］は述べる。この文脈の中で，2つの主要な原理が保健・教育・福祉サービスの供給を主導した。ひとつは補完性原理である。これはドイツのシステムにおいても欧州連合においても同じく重要な原理となっている。この用語は多方面で用いられているが，階統制における下位者が上位者に対し優位にあ

るということ，さらには上位者には下位者を保護し支援する責務があるということを意味する。これは，社会政策においては，サービスの民間供給が公的供給よりも望ましいということ，そして政府は民間供給者がその目標を達成できるよう支援する義務を負うということである。オランダのシステムでは，これはほとんどのサービスがボランタリー団体によって供給されるということを意味している。このような団体の数は，オランダにおける2つ目のサービス供給原理，多柱化（pillarisation）原理のために相当増加することになる。クレーマーら［1993, p. 71］は，多柱化原理は「ある市民の教育・社会福祉・保健のニーズは同じ宗教的背景をもつ供給者によって満たされるべきだ」という考え方に基づくと説明する。これは，各地域にそれぞれ異なる住民集団を対象とする同じサービスの供給者がいくつも存在するということを意味する。最近では，政教分離の進展や政府によるコスト削減の試み，および合併促進による供給の合理化が組み合わさって，事実上多柱化原理が放棄される結果となっている。だが，依然として，供給のほとんどはボランタリー部門の供給者によって担われている。

　このオランダのケースは，宗教的・民族的不均質性が活発なボランタリー部門の発展に寄与することを示している。これはスウェーデンの場合とは対照的である。グールド［1993, p. 164］は，スウェーデンは「宗教や民族の点で国民の均質性は非常に高く，これは20世紀後半になっても変わらなかった」と指摘する。スウェーデンには「洗練された行政機構を備える強力な集権国家」［グールド，1993, p. 164］が数世紀にわたり存在していることも，オランダとは際立った対照をみせる。スウェーデンのボランタリー部門は比較的あまり発展していないと論じられることが多いが，これに対してルンドストレムとヴィークストレム［1995］は，サービス供給への関心の集中が「スウェーデン非営利部門の独立的役割はもとよりその規模や重要性」（p. 1）の過小評価につながっていると主張する。スウェーデンには大規模なボランタリー部門が存在するが，それは「保健あるいは社会サービスの領域というよりも文化・レジャー・アドボカシーの分野で発展して」（p. 1）いるのだという。

　近年の後退にもかかわらず，スウェーデンの保健・福祉システムは気前がよく手広い国家福祉システムを備え，依然として圧倒的に国家支配的であり，活

発なボランタリー部門が発展する余地はほとんどない。この状況の主な原因は，社会民主主義政権が長期間連続したことにある。しかし，1995年，社会民主党少数政権は福祉支出の大幅削減を含む緊縮政策を発表した。この削減がどのような効果をもつのか，それらはその埋め合わせとしてのボランタリー活動の増加に結びつくのか否か，興味深い。

　アメリカは，「消極的福祉国家」とみなされることが多い。この消極性についてウィレンスキーとルボー［1965］が説明しているが，これは最初期になされた最も説得力のある説明のひとつである。彼らは，アメリカの消極性の主な原因は，アメリカ社会に支配的な文化的価値に求められると論じる。個人主義，私有財産権と自由市場の重視，政府に対する不信である。興味深いことに，ウィレンスキーとルボーは，アメリカ福祉国家の相対的未発展の一因として，人種的・民族的・宗教的な不均質性をもあげている。前述のように，不均質性はボランタリー部門の規模と重要性に影響を与える要素のひとつである。

　幾分皮肉なことだが，新しい社会プログラムが制定されつつあった偉大な社会（Great Society）期にウィレンスキーとルボーは，福祉支出はGDPよりも速い速度で増加しつつあり，連邦政府の関与が増大しつつあると記していた。ほんのつかの間，アメリカはヨーロッパ型福祉国家へむかっていくかのようにみえたのだが，1970年代半ばまでには福祉の揺り戻しが始まっていた。

　1980年代にアメリカのボランタリー部門は相当成長したが，その規模と領域は決して目新しいものではない。先に述べた態度やアプローチには長い歴史があり，アメリカ福祉システムにおいてボランタリーあるいは非営利部門の支配的な役割が保証されているのである。クロトフェルター［1992, p. 1］は次のように主張する。

　　……非営利部門として緩やかに括られている諸組織の集合が，この国の草創期から教育や保健その他の社会サービスにおいて重要な役割を演じてきている。他に例がないほどに，アメリカの非営利部門は憲法で保障され，多くの重要な社会サービスの供給の手段となっており，変化やガバナンスという幅広い社会的プロセスと緊密に結びついているのである。

この節ではボランタリー部門の社会的重要性に注目し，その諸価値の貯蔵庫としての役割や，民主主義・連帯・市民社会の維持発展に対する貢献者としての役割を強調した。また，この部門が成長するにしたがい一般にその重要性が高まってきていることもみてきた。ボランタリー部門が各国経済に多様な貢献をしていることも概説した。しかしながら，これらの役割を有効に果たすためには，ボランタリー組織は自らが機能するコミュニティにおいて正統性を獲得しなければならない。正統性は，そのボランタリー組織が何を行うのかという実際的有用性に由来する可能性が最も高い。価値があるというだけでなく役に立つとみなされる必要があるのだ。次に，この文脈においてボランタリー組織がもつ機能を個別に検討していこう。

役割と機能

サービス供給

　1948年，ウィリアム・ベバリッジの影響力のある著作，『ボランタリーアクション』（*Voluntary Action*）が出版された。彼はこの中で慈善活動と相互扶助とを区別した。前者は他者に対するサービスに関心を寄せる。これは，ある集団が，貧困状態にあるとみなされる別の集団に対してサービスを供給するという対等でない活動である。相互扶助では相互利益により大きな重点がおかれる。相互扶助またはセルフヘルプ組織活動に参加する人々は，供給者であると同時に受給者なのである。この2つのカテゴリーを区別して，サービス供給を検討していこう。
　ボランタリー組織は久しくサービスの供給者であるが，その貢献の度合いは国ごとにさまざまである。例えば，オランダ，ドイツ，アメリカでは，ボランタリー部門は常にサービス供給で大きな役割を演じている。オランダの保健・福祉供給におけるボランタリー部門の支配的立場についてはすでにいくらか説明したとおりである。1930年代以来，直接的なまたは社会保険を通じた政府の諸サービスに対する資金供給は徐々に増加していき，1960年代までにはほとんどすべての支出が公的に資金を与えられるようになった。1974年，ある政府の

審議会は,調整の断片化および欠如が,供給の不公平・重複・空白・資源の不経済な利用という結果を生み出していると批判した。これに対する政府の対応がいわゆる「賢明なる資金供給政策」であり,政府からの補助金の供給は,合理化(統合)の受け入れや詳細な情報の提供を行うか否かに左右されることとなった。しかしこのような政府の介入にもかかわらず,保健・福祉サービスの生産と供給は依然としてボランタリー部門の手中にある。

　ドイツにおいて補完性原理は,これはカトリック教会と国家との和解の産物であるが,ボランタリー部門供給者に相当な役割が与えられることを意味する。特に保健・社会サービスの分野ではこれがあてはまる。社会サービスの主要供給者である6つの民間福祉団体は公的補助金に大きく依存してはいるが,運営上の独立性を確保するのに十分なほどの強力さを備えている。

　ドイツにおける保健・福祉サービスに対するボランタリー部門の貢献の大きさも,アメリカで非営利部門が演じている役割の前では影が薄い。アメリカ非営利部門が最も際立っているのは保健医療の分野である。病院ケア・在宅保健医療・専門クリニックにおけるボランタリー部門の重要性についてはすでに記した。ナーシングホームへの寄与は営利施設の存在により限られたものにとどまっている。サラモンは高等教育や社会サービスにおける非営利の重要性も確認している。非営利組織は社会サービス歳入総額の74%をコントロールしている。

　以上の3か国には,ボランタリー部門による保健・福祉供給の長い伝統があった。一方イギリスでは,ボランタリー部門は保健医療サービスにおいて比較的小さな役割を演じるにとどまっており,対人社会サービスでは最近まで補助的または補完的な役割だった。同様に住宅協会(housing associations)も最近まで社会住宅供給に比較的小さな積み増しをするに過ぎなかった。イギリスにおいてボランタリー部門の関与が断然大きい領域は教育である。これは民間の学校と大学に対し公益団体の地位(charitable status)が与えられたことに起因している。

　ここ20年の間に,ボランタリー部門は福祉の生産と供給において比類なく傑出した役割を占めるようになってきた。6［1994］が西欧について述べているように「ボランタリー組織・非営利組織・協同組合は,近年社会福祉サービス

供給の舞台の中央に立つようになってきている」(p. 401)。しかしながら，これは西欧においてだけではない。「西欧・北米・アジアの先進諸国，旧ソビエトブロック，そしてアフリカ・アジア・ラテンアメリカの発展途上国において」[政策問題研究所，1994, p. 1]，この変化がみられるのである。このような役割増大について政府に注目して説明することがいくらか可能である。ストースとミジリー [1991] は，これをニューライトの影響力増大の必然的帰結とみなしている。

> ラディカルなライトは，幸福な生活が家族またインフォーマル部門という手段で維持できる限界を超えた場合，援助が組織されたボランタリー部門を通じて与えられることを望む。ボランタリー部門は，親密な隣人関係や自助努力およびコミュニティの連帯といった，伝統主義者にとって大切な徳を具現するのである。(p. 37)

ニューライトの狙いは，国家を後退させ，公共支出，特に社会支出を削減することである。これはすでに第 2 章で取り扱ったテーマである。

　ニューライトの野心とはまた別に，国家や政府に対する懐疑はアメリカだけでなく旧共産主義諸国や，南アメリカ・アフリカなどの地域で軍事政権支配を経験した国々のいくつかにおいても示されている。より一般的には，クレーマーら [1993, p. 196] はボランタリー部門による供給を「政府由来の正統性の衰退」に対応するものだと考えている。連帯の促進，民主主義の擁護，市民社会の育成においてボランタリー部門がもつとされる利点については，すでに述べた。

　サラモンとアンハイア [1994] は，現行の供給手法に対する一般的な不満を指摘している。

> 社会福祉や開発における現在の課題に対処する際に政府に排他的な信頼をおくことのコストと有効性に対する不満に刺激されて，それらに対応する代替手段を模索する努力がなされ始めている。(p. 1)

　サービス供給におけるボランタリー部門の利用拡大が自動的に公共支出の削

減につながるわけではないが、各国政府は例外なくこれをその潜在的利点のひとつとみなしてきた。また、民営化プログラムや市場化を通じた競争促進を選び取った政府は、ボランタリー部門をより広範な戦略を構成する要素のひとつとみなすだろう。このアプローチは、例えば保守党政権下のイギリスや、1980年代の労働党政権および最近の保守政党国民党政権下でのニュージーランド、また共和・民主両政権下のアメリカにみることができる。

ボランタリー部門によるサービス供給において着実に大きくなってきている特色は、サービス購入の取り決めである。つまり、監督者または購入者として行為する政府機関と供給者としてのボランタリー団体あるいは営利企業との間に結ばれる契約をベースとしたサービス供給である。これはボランタリー組織にとって非常に大きな意味をもつ。その機能や組織形態、独立性および責任にかかわってくるのである。委託契約はアメリカではずいぶん前から普通にみられるものとなっているし、現在はイギリスでも大きく発展している。1990年NHS・コミュニティケア法において購入者と供給者とが分離され、準市場がほとんどの社会供給分野で導入された［バートレットら、1994；ルグランとバートレット、1993］。ケアの委託契約はイタリアでは1970年代以降発展をみせているが、フランス、ドイツ、オランダ、オーストラリア、ニュージーランド、アルゼンチン、ブラジルでは、その出足は比較的つつましいものだった。

契約は、ボランタリー部門だけでなく営利企業にも影響を与える。さらには、この2つの部門それぞれの内部関係また両部門間の関係、そして両部門の国家との関係の仕方にきわめて大きな影響を及ぼす。それゆえ、契約は福祉の混合経済において非常に重要な要素なのであり、これまでの各章のなかで委託契約の課題に言及してきたのにはもっともな理由があったのである。だが、先に進む前に、さまざまな国における契約についての多様な解釈に関し、第2章の内容を振り返ってみるのもいいかもしれない。

セルフヘルプ

ベバリッジが用いた相互扶助という用語は、現在セルフヘルプとして引き合いに出されることが多い。相互性という観念は「連帯を含意するもの」［デイビス・スミス、p. 28］なので、いくつかの点で相互扶助の方がより納得できる

用語である。ベバリッジは，相互扶助が由来するのは，

> 不幸に対する保障を確保するという自分自身のニーズの意識や，仲間同士同じニーズをもっているがゆえに互いに助け合おうとすることによってすべての人々が自分自身を手助けすることになるという理解（pp. 8-9）

であると述べている。ベバリッジは友愛組合（friendly societies）や住宅金融組合（building societies）に非常に大きな重点をおくが，これらはこの章で検討しているボランタリー組織とは大きく性格が異なっている。少なくともイギリスでは，その多くが相互的条件を放棄しつつある。この節では，比較的一般によく知られているセルフヘルプという用語を用いることとする。

　セルフヘルプに関する古典的論文は，ビクトリア期イギリスのサミュエル・スマイルズによるものである。だが，スマイルズが記しているのは，主導性や進取の精神また勤勉さや倹約の発揮によって卑しい境遇から這い上がり名声と繁栄を獲得する人間についてである。この意味でのセルフヘルプはここでの我々の関心事ではない。我々がより関心を寄せているのは，「問題あるいは関心を共有し，相互の支援と各成員に対するサービス供給を目的として結合する人々によって形成され，またそのほとんどが，成員の出身母体である特定の社会的・医療的・文化的集団の主張を推し進めることに関心をもつようにもなるであろう」[ジョンソン, 1987, p. 102] セルフヘルプ・グループである。

　ここ数十年間にセルフヘルプ・グループの数と多様性は急速に相当な増大をみせた。このようなグループがボランタリー部門の全般的拡大におおいに寄与している。ローンレンツ [1994a, p. 108] は「気の遠くなるような多様性の中でその存在を顕著に示す新しいセルフヘルプの取り組み」について記している。ここでローンレンツが述べているのは，ヨーロッパの文脈における保健の論題についてであるが，同様のコメントは全世界また全供給分野についてもあてはまるだろう。ヨーロッパで最大の拡大がみられるのはドイツである。ノーバク [1988] は，西ドイツには1980年代半ばに4万ものセルフヘルプ・グループ（協同組合を含む）が存在すると概算した。これには，精神・身体障害，ホームレスおよび住宅問題，若年者，失業，女性問題，高齢者，また平和問題に携わる

グループが含まれている。リチャードソン［1984, p. 2］はイギリスにおける同様の展開を次のように記している。

> セルフヘルプ・グループは近年急速な成長をみせており，一般に広く知られ馴染み深い問題だけでなく，あまり耳慣れない種類の問題にも取り組むようになっている。各種ハンディキャップを負う人々のためのグループ……各種疾病を患う人々のためのグループ……寡婦・死産・不妊症・独力での子女養育……に直面している人々のためのグループが存在する。

エバース［1990, p. 12］は，セルフヘルプ組織の発展がいかに全ヨーロッパ的動向であるかを示す。彼は，

> 西欧諸国においては60年代末に社会活動全般にみられた社会的・文化的運動の産物であり，ヨーロッパ旧共産主義諸国においては現在出現しつつある，小規模な社会的自主組織，つまり各地域あるいは各広域圏の事情やコミュニティに大きく条件づけられる相互支援のための団体・組織

について記している。ウォラートとバロン［1983, p. 105］は，1980年代初めのアメリカには50万を優に超えるセルフヘルプ・グループが存在すると概算した。彼らはこれらのグループの出現を「強健な社会的現象」と表現している。

　セルフヘルプの取り組みの急速な発展を指し示すものに，情報・資源の中心としてあるいは促進者として機能するセルフヘルプ交流センター（self-help clearing houses）の増加がある。1983年に世界保健機構はセルフヘルプと保健に関するワークショップの成果を公刊した。これは地域および全国レベルの支援システムの設立を勧告し，いかにすればこれが最良に実現されるかについての手引きを示した。交流センターのアイデアが生まれたアメリカでは，現在それは普及ししっかりと定着している。ドイツには全国的な交流センターがひとつあって，それが国中120か所に展開している。ベルギー，イギリス，オランダにもセルフヘルプ交流センターがあり，中・東欧諸国にもいくつか設立されてきている。交流センターは，アイデアと情報の交換のための場を提供し，セルフヘルプ・グループ設立希望者に対していかなる手順を踏んでいくのか助言

する能力をもつべきである。交流センターに課せられたもうひとつの仕事は，団体名簿の維持管理である。しかし，団体名簿が存在したとしても，ある国におけるグループ数を正確に記すのは困難である。というのは，多くのグループは小規模で地域レベルのものであるし，グループが消滅したり新たに生まれたりするにつれその様相は絶えず変化し続けるからである。

　セルフヘルプの取り組みのこの非常に顕著な高まりについては，以下のような4つの説明が可能である。(1)政府による奨励，(2)供給の現状に対する不満とサービスへの参加拡大の欲求，(3)消費者主義の重視，(4)アイデンティティの探求と抑圧に対する闘争，である。以下，このそれぞれについてみていこう。

（１）　政府による奨励

　政府はセルフヘルプに対し相反する態度をとることが多い。自助努力の原則を称賛しはしても，セルフヘルプ組織についてはあまり熱心でないことが多い。セルフヘルプ組織が闘争的であればなおさらである。政府はまた，公共支出を削減し国家の役割を縮小する手段としてセルフヘルプを捉える。セルフヘルプは明らかに，アメリカでの福祉に対する支配的な態度に適合しており，レーガン，ブッシュ，クリントンの歴代大統領は，これを全面的に支持してきた。イギリスにおける，福祉国家は他者依存性を生み出すというサッチャー首相の主張および政府による「アクティブ・シティズンシップ」の推進は，セルフヘルプへの含みをもっていた。ドイツにおいては，コール首相がサッチャー首相と同様の方針をとり，転換政策（*Wendepolitik*）と呼ばれる一群の政策を通じて福祉国家の持続的成長を止めようと試みた。この政策の中心的特徴は，他の何ものにもましてセルフヘルプ重視を奨励する「新しい補完性原理」であった。

（２）　不　　　満

　現行の供給形態に対する不満が，セルフヘルプにむかう動きにはずみを与えているといわれる。不満には十分に明白な証拠があるわけではない。イギリスその他においては，公共サービスに対するニューライトおよび政府による中傷が，民間による供給は公的供給よりも優れているとする思潮をつくりだしてきている［ディーキンとライト，1990］。だが一方で，反国家的リバータリアン・レ

フトや，オーストラリアおよびニュージーランドにみられた中道左派政権からの批判の例もある。

　ドイツに関して，フリーマンとクラセン［1994］は，現行供給形態の欠陥がセルフヘルプの急速な発展の一因になっているという確固とした見解を示している。

> セルフヘルプの増大は，ドイツ福祉システムに対する多面的不満をある程度反映している。原理上は多元主義的分権システムをとり，多くの地方組織や保険基金により編成されているが，実践上はコーポラティズム的集権システムとなっていて，そこでの取り決めは実際には巨大な組織連合体の代表者間で交渉されている。さらに，利用者や受給者の利益よりもむしろ働く側の利益にたって……政策形成が決定づけられる傾向がある。(p. 13)

ウォーカー［1993］はイギリスについて次にように述べている。ただし，福祉システムに対する批判を特にセルフヘルプに結びつけるのではなく，草の根圧力に関連づけている。

> 社会サービスの利用者が，その官僚制的組織・複雑さ・ニーズを感知する応答性の欠如について，苦情を述べることが多くなってきている。実際，一連の多くの調査研究が，社会サービスにおける利用者と専門職供給者との間のニード認識のずれを指摘している。(p. 74)

以上の引用は，もちろん他の国にも関係しうるものであり，供給の現状に対する批判が正確にはどのようなものであるか，また供給をセルフヘルプに置き換えることに期待される利益に関して，いくつかの手掛かりを与えてくれる。これらの不満は，官僚および専門職者の優越や，サービス運営の高度に集権的な性質に焦点を当てているのである。

　官僚制をめぐる論議は，遠隔性や非柔軟性またニーズに対する非応答性に関してよく知られている。規則や規制またフォーマルな手続きは，基準に基づく現金給付の場合には適当だろうが，個別性や対人性が高いニーズに対処する場合にはあまり適当ではない。十分に満たされないニーズが存在するため，また

大規模官僚制に直面した際覚える無力感のために，クライアントおよび潜在的クライアントは行政サービスに幻滅し，実行可能な代替策としてセルフヘルプに救いを求めるのである。

その本質からいえば，セルフヘルプは参加的である。もっともメンバーが関与を望む程度はさまざまであり，持続的に活発な活動をする場合，時折参加する場合，会費を納める以外はほとんど何もしない場合などがある。セルフヘルプはその参加的性質ゆえに，行政による支援と専門職ワーカー双方への依存を低下させるので，人々が自らの生活をより一層コントロールできる手段となりうると論じられている。

保健・福祉の専門職者とクライアントとの関係，供給者と受給者との関係は対等ではない。クライアントはサービスと交換に与えるものを持たないためサービスは贈与という形態をとるという点で，その関係は一方的である［ティトマス，1970］。クライアントは専門職者による問題やニーズの規定を受け入れざるをえないが，それは自分自身の解釈と一致しない場合もあるだろう。注意すべきは，この問題は行政機関に限られたものではないということである。専門スタッフを雇用する大規模ボランタリー供給者からサービスを受け取る場合にも，この問題は同様に発生するだろう。それに対して，セルフヘルプ組織では供給者と受給者との区別が不明確であり，存在しない場合もある。組織運営および問題とニーズの規定を双方ともコントロールするのは，メンバーである。

このような組織は，依存性を低下させることによりスティグマ（stigma）を克服していく可能性をもつだけでなく，確実に，ニーズの認知をより正確で受け入れられやすいものにするだろう。例えば，自らも障害を経験している人々あるいは特定障害者のケアを経験している人々は，その障害の影響や対処方法について医師やソーシャルワーカー以上に熟知しているであろう。セルフヘルプ組織には，メンバーから結集した知識をそれを利用する必要があるメンバーすべてが利用できるという潜在的可能性がある。

専門職者との関係は，セルフヘルプ運動内部においていくらか議論のある問題である。例えば精神保健において，アメリカおよび世界中で最も影響力をもつ人物であろうジュディ・チェンバリンは，アメリカとイタリアでは1970年代初めに，イギリスその他ヨーロッパ諸国では1970年代後半に始まったサバイバ

一運動（the survivors' movement）について記している。チェンバリンはサバイバー運動のなかでも比較的急進派に属すが，自身はそれを精神病患者解放運動と呼んでいる。その最初のいまだ最も影響力ある著書［1977］において，彼女は代替的サービスを供給する3つのモデルを示している。

- パートナーシップ・モデル：サービス供給に専門職者と非専門職者がともに携わる。
- 支援モデル：援助者と被援助者との区別が廃され，専門職者は外部から支援する。
- 分離モデル：患者が互いに支援しあい，非患者および専門職者を完全に排除してサービスを運営する。

チェンバリンは分離モデルを支持する。それは，他のモデルでは十分に自身で規定や決定を行うことができず，意識向上が妨げられると考えるからである。彼女はまた，分離モデルを採用しないグループはすぐに解放から改革に転じると論じる。

アダムズ［1990］はセルフヘルプ組織におけるソーシャルワークへの関与の3つのレベルを示している。

- 統合的セルフヘルプ：ソーシャルワーク組織がその取り組みに資金を供給し直接に専門的リーダーシップを発揮しはするが，その目標はクライアントの参画でありセルフヘルプが奨励される。
- 助成的セルフヘルプ：「専門職者が一定の支援を行いある程度の間接的リーダーシップを発揮する」（p. 35）。
- 自律的セルフヘルプ：「完全に専門職者から独立して創始され編成され資源供給され運営される」（p. 36）。

アダムズは，セルフヘルプ思想全体のなかでの専門職者の役割を捉えようとしていると思われる。これは，チェンバリンの反専門職者的分離主義的考え方とはっきりとした対照をなしている。

（3）消費者主義

ほとんどの先進工業国で，公共サービスにおける消費者主義について相当な関心が示されている。これは1960年代後半および1970年代初めに非常に人気が

あった規範である参加に密接に関係している。参加と同様，消費者主義は幅広い政治的立場の人々に支持されている。消費者主義は主に次の2つをその狙いとするといわれる。選択の拡大とエンパワーメントである。

ベリズフォード [1998] は，「消費者の声を聴く」ためのモデルを3つ示している。第1に市場調査モデルと彼が呼ぶものがあるが，これは「基本的に知識や情報の収集に関心を寄せる」(p. 37)。第2のモデルは消費者主義アプローチであるが，これは市場調査モデルの延長である。このモデルについてベリズフォードは次のように述べている。

> その近年の出現は，社会サービスの営利的供給の拡大と符合している。サービスの利用者あるいはクライアントは現在消費者として捉えられている。そして，各論点は市場の選別・消費者の権利・製品開発という観点で再構成され，市場経済から借用された言葉や着想がそっくり模倣されている。(p. 38)

第3のモデルは，民主主義アプローチである。ここでは，「消費者に参画の機会を与えて，供給されるサービスに対し彼らがより大きな発言力をもったりそれをコントロールしたりできるようにすることに関心が寄せられる」(p. 38)。

以上のように，消費者主義はたんに市場調査や協議手続きのみに関心をもつものではない。これら双方においては消費者は比較的受動的であるが，消費者主義という用語は，最も広義には消費者あるいは利用者のより積極的な参画という意味合いを含む。消費者主義の完全な発展形態では，ニーズの認知に利用者が関与し，十分にニーズを充足するためにはいかなる資源とサービスが必要となるのか意見を述べることができるだろう。さらに，利用者は政策と実施に関する決定，そしておそらくはサービスまたは施設の管理にも関与する。彼らには，供給のスピードや手法また供給されるサービスの量および質といった事柄の査定を通じて，業績を評価する機会も与えられる。加えて，十分に不満を聴取し苦情を救済することができる機構もここには存在するであろう。

福祉の混合経済の目的のひとつに，選択の拡大がある。バルドック [1991, p. 3] は，サービスの多様性拡大の要求を次のように認識している。

調査によれば，要介護者と彼らの介護者が自らの福祉が向上しうると考える主要な方策のひとつに，多様なサービスが利用可能となりその中から自ら選択できる場合というものがある。特に，フルタイム家族ケアとフルタイム施設ケアとの両極の中間に位置する在宅および一時的ケアのタイプに選択肢が増えることが望まれていると思われる。彼らは，どの組織が実際にそれらのサービスを供給するかに特に関心があるわけではなく，ただたんに，それらサービスの有無について関心を示すに過ぎないだろう。

参加と利用者の参画についての論議とは，エンパワーメントとシティズンシップについての論議である。エンパワーメントは社会政策の議論において現在非常に流行している用語であるが，これは態度と戦略の双方に関係する。最も重要な態度は，サービス利用者すべてに敬意が払われ，サービス供給およびさらに重要な政策形成に貢献する能力を人々がもっていることを専門職者と官僚が理解することである。この文脈において，エンパワーメントは専門職者と利用者双方の自己イメージおよび彼らが互いに対して抱くイメージに関係している。専門職者には，自らの権能のいくつかを放棄し，従来とは異なる自らの役割の定義づけを受け入れる準備がなくてはならない。これは新たな技能を発展させる必要を当然含むだろう。最も広く好まれている戦略はセルフヘルプである。

（4） アイデンティティと抑圧

ゴフマン［1968］はスティグマを「損なわれたアイデンティティ」と表現した。彼が例にあげた主要な集団は，精神障害者，身体障害者，収監経験者である。セルフヘルプ・グループのもつ機能のひとつにスティグマの克服がある。スティグマという観念は差別と抑圧に密接に結びついているが，これはゴフマンが強調する集団だけでなく，女性，エスニック・マイノリティ，高齢者にも影響を及ぼす。ナイト［1993］は次のように述べる。

> アイデンティティの探求はボランタリー活動の重要な一側面である。これはほとんど常に，アイデンティティを傷つける外在的諸力と戦う目的およびアイデンティティを強化する内在的諸力を増進させる目的双方のグループ活動を意味する。したがって，これらのグループには相互扶助の手法を用いる傾向がある。（p. 94）

社会運動とセルフヘルプの取り組みとの相互作用は興味深い。最も革新的なセルフヘルプの枠組みには、公民権、女性、平和、緑の各運動を起源とするものがある。女性運動はこのうち最も普及しているものだろう。平和運動も広まってはいるが、近年その勢いはいくらか失われているようである。公民権運動はアメリカで最も強力だがこの国に限られているわけではない。環境は世界的関心を集めているが、政治勢力としての緑の運動は特にドイツにおいて強力である。

ローンレンツ [1994b] は、ドイツに関し社会運動とセルフヘルプ・グループの増加とを直に関連づけている。

> 1970年代、80年代のドイツにおけるそれらの増加は、新たな社会運動の出現と密接にかかわっている。確立された官僚制的・ネオコーポラティズム的構造に対する批判と、専門職のそれも含め権力の所在に対する異議とをともなって、社会運動はドイツにおいても他の社会と同様に相当な力をもつようになってきている。女性、環境保護、平和といった運動に続き、地域での取り組みとセルフヘルプ・グループも国家の権威に疑問を示し始め、全社会階層のために発言し行動するようになったのである。(pp. 163-64)

女性グループはセルフヘルプにおいて特に革新的であるが、諸事への対処の仕方や構造また組織内関係は、その活動の部類と同様に重要であることが多い。女性グループは、より伝統的な団体のいくつかと比べて、あまり階統制的でなく協同的な組織形態をとることが普通である。セルフヘルプ・サービスのうち組織化されているものには、婦人科診療所、私設保育所および幼稚園、家庭内暴力にさらされる女性のための避難所（アメリカにおけるシェルター）供給、レイプ被害者への支援供給、劇場グループ、高齢女性や黒人女性を対象とする特定目的グループがある。セルフヘルプは、意識向上運動や権利の保証および拡大を目的とする活動と結合するだろう。アメリカにおけるコミュニティ活動に関する論文の中で、ミラーら [1995] は次のように述べている。

> 人種／民族やジェンダーをめぐる組織化が大きな焦点となってきているが、それは制度外の経路を用いて態度や制度に異議を唱える幅広い社会運動の一部であることが多

い。アイデンティティをめぐる組織化は，正義や平等という新たな原則に沿って諸課題を再構成することにより「事を進める」これまでのやり方を打ち破ろうとするものである。(p. 115)

　社会運動とセルフヘルプそして政治活動の結合が提起するいくつかの課題については，ボランタリー組織の圧力団体活動を考察する際に検討しよう。だが，セルフヘルプの論題を離れる前に，発生しうる危険と欠点のいくつかを認識しておく必要がある。

　第1に，形ばかりで実態がともなわない名目主義の危険がある。専門職者や官僚がセルフヘルプやエンパワーメントについて語ったとしても，そのプロセス促進のために実際的行動を起こすことはほとんどない。あらゆる種類の資源のコントロールが依然同じ手の中に握られたままであろう。例えば，セルフヘルプの第1の必要条件は，情報の自由な流通があり，利用者がそれを吸収し利用できることである。情報のコントロールは巨大な力であり，その大部分は専門職者と官僚の手中にある。これは精神保健サービスにおいて特に微妙な領域である［ブランドン，1991］。情報の開示が患者／クライアントにとって不利益となるという理由で専門職者が開示差し止めを正当化しようとすることは頻繁にある。一定条件下ではこれは十分正当な理由となろう。しかし，情報を理解しそれに対処する受け手側の能力についての間違った想定に基づいている場合もあるだろう。

　セルフヘルプがエンパワーメントにつながるものだとするなら，情報は必要な資源のひとつにすぎない。経済的支援もまた必要となる。ベリズフォード［1991］は「利用者の参画についてたんに語ること以上のことをしたいと思う政治家とサービス供給者にとって不可欠な新しいアジェンダ」について述べているが，その際に資金供給の重要性を強調している。彼はこの新しいアジェンダを次のような言葉で表現している。

　第1に，これらは，サービス利用者および介護者またその組織に対してより大きな支援を行い，彼らが自分たち自身の声を発することができるようにしなければならない。第2に，これらは，価値体系を変更しサービス利用者とその介護者による貢献に価値をおく観点に立たなくてはならない。政策決定者，調査担当者，コンサルタント，研

究者は,それぞれコミュニティケアにおける参加拡大のための資源を要求するだろう。しかし,参加を現実のものとすべきなのであれば,資金供給と支援の大部分が対象者そのものである人々,つまり介護者やサービス利用者自身にまで行き渡ることが不可欠である。(p. 12)

資源が用意されてない場合,公共支出を削減し国家の役割を縮小する手段としてセルフヘルプを捉えていると疑わねばならない。メイヨ [1994] は,セルフヘルプ・グループは「専門職サービスに取って代わろうとする」のではなく,「専門職サービスの応答性を向上させより適切なものにするよう試み,その一方で補完的セルフヘルプを提供する」(p. 140) ものだと論じる。それゆえ,セルフヘルプは必ずしも公的な供給の削減を意味しない。逆説的であるが,名目主義はセルフヘルプの原則を腐敗させ,国家による統制の強化につながる場合もある。

支援の欠如はもうひとつの問題,搾取に結びつく可能性がある。これはその私設保育所に関する興味深い研究においてフィンチ [1984] により明示されている。彼女は,セルフヘルプ保育所の促進は基本的に3つの理由で欺瞞的だと論じる。

第1に,女性に対して行政資源拡大を要求するよう奨励せず,女性自身による保育施設の運営を奨励することは欺瞞である。というのは,これはその女性にとっては自分自身の必要を満たすことができない供給形態を促進するものだからである。第2に,セルフヘルプというアイデアは,実現されることとなるのは母親自身の無給労働を組み入れた安価な施設だという事実を隠蔽する……。第3に,就学前サービス供給の一形態としての私設保育所は,有給労働に就いている父母のニーズに対していかなる貢献も行わない。これは彼らによるフルタイムの保育を想定し促進するものだからである。(pp. 17-18)

フィンチの論議を推し進めるものは,ひとつには,セルフヘルプ・グループの設立・運営はその大部分が中間層の活動だということである。これはローレンス [1983] も確認している見解であるが,彼はセルフヘルプ・グループについて次のように述べる。「このようなグループを組織化するのに必要な技能,時

間,エネルギーゆえに,これらグループは中間層地域でより一層成功し持続していくこととなったり,またはそのメンバーシップ全体を代表しない階層によって支配されることとなったりするだろう」(p. 16)。これと同様に,スベトリク［1991］は,ベルリンにおけるセルフヘルプ・グループの経験により示されるのは「セルフヘルプ・グループはたいてい中間層である」(p. 12) ということだろう述べている。セルフヘルプには中間層への偏向だけでなく,白人への偏向も存在する。確かに多くの黒人やエスニック・マイノリティ・グループがセルフヘルプの原則に基盤をおいているものの,それらは資金に乏しく,政策決定・資金供給機関に対するアクセスの確保に苦労していることが多いという調査結果がある［ジョンソン,1991］。

　セルフヘルプにおける社会階層的・人種的偏向の存在は,セルフヘルプ運動が平等性に与える影響力全体に対して疑問を投げかける。セルフヘルプへのラジカルな支持は,それが国家サービスに対する参加的代替策として備えている潜在能力をその根拠としている。セルフヘルプにより,労働者階級や恵まれない人々は自身の生活をより一層コントロールできるようになり,資源のより大きな分け前の要求を組織化できるようになると主張される。これらの要求が満たされる限りにおいては,セルフヘルプは不平等の減少に結びつくだろう。しかしながら,この実現のために必要なのは,セルフヘルプ部門自体における平等性の向上である。だが,それが向上するにしても,サービス供給における諸変化が,不平等に対してわずかばかり以上の影響を与えるとは見込まれない。セルフヘルプ・グループは消費者に発言力を与え,ある程度は専門職支配に挑戦しはするが,権力関係をさほど大きく揺るがすものではないのである。

コミュニティ開発

　コミュニティ開発は,セルフヘルプと密接に結びついた形で示される場合がある。しかし,これはもっと幅広い意味をもつ用語であって,広範な組織および戦略がその対象範囲となる。先進工業諸国においては,ごく小規模の近隣プロジェクト(例えば,住宅,社会施設,破壊行為,犯罪に焦点を当てるもの) から莫大な資源および政府・民間企業・地域コミュニティ間の協働活動をともなう大規模都市再生プログラムに至るまで,そのすべてがここに含まれる。発展途上

国においては、小規模な草の根セルフヘルプ・グループや協同組合から国際機関あるいは当該国内で活動する他国機関により一部資金供給された大規模プロジェクトに至るまでのすべてが含まれる。幸運なことに、この領域すべてを検討する必要はない。我々に課せられているのは、コミュニティ開発の取り組みにおけるボランタリー部門の役割を認識することだからである。

コミュニティ開発の起源は、イギリスとアメリカにおけるセツルメント運動にまでさかのぼることができる。最初の大学セツルメントであるトインビーホールは、1884年ホワイトチャペルにおいてバーネット司祭によって設立された。セツルメントハウスの主な狙いは、高学歴富裕者と貧困者との間のギャップを埋めることであった。コミュニティ開発のもうひとつの起源は、「行政は膨大な問題に直面するがその資源は乏しい植民地行政下の第三世界」[ナイト、1993, p. 50] にみることができる。

コミュニティ開発の近年の歴史のなかで最も広く知られている名前のひとつにソール・アリンスキーがあるが、彼の主要な仕事は戦間期シカゴにおけるものである。アリンスキーの手法は既存のコミュニティ組織に連合体を形成させ、認識しやすく克服可能な課題に対してそれらの注目を一致して向けさせるというものだった。この戦術は明らかに政治的・対決的であり、初期の成功が運動継続の重要なインセンティブとなると考えられていた。アリンスキーの連合体においては教会が中核グループとなることが多かったが、これはその後継者である工業地区基金（the Industrial Areas Foundation）加盟組織においても同じである。

1960年代アメリカの貧困との闘い（War on Poverty）は「実行可能な最大限の参加」をとり入れることを目標としており、アメリカにおけるコミュニティ開発の新たな推進力となった。公民権運動も傑出した役割を演じたが、この中には政府の動機に懐疑的でそれに取り込まれることに懸念を示すものもあった。イギリスにおける1960年代後半のコミュニティ開発プロジェクト（the Community Development Project; CDP）はアメリカの貧困との闘いをモデルにしたといわれているが、メイヨ [1994] によれば、これにはアメリカの貧困対策プログラム（the Poverty Programme）の顕著な特徴である経済開発重視の姿勢が欠けていたという。彼女は後者についてこう述べている。

第4章　ボランタリー部門と社会福祉　197

アメリカ合衆国では，就労と職業訓練の問題は，はっきりとコミュニティ開発のアジェンダにあがっている……。貧困対策プログラムは1965年に連邦の財政支援を受けて実施されたが，その主要な焦点は経済的課題にむけられていた。(p. 70)

　コミュニティ開発における経済開発と社会開発との関係は非常に重要である。CDP は経済問題に対処できず，持続的に社会を変革する能力が制約されることとなった。とはいえ，バランスをうまく取る必要がある。経済的目標が完全に支配的となった場合，貧困層は利益を受けられずコミュニティの参画は周辺的なものになってしまうだろう。雇用創出や雇用維持また再訓練は都市の貧困地域に集中させられなければならない。第一級商業地区（ボルチモア，ボストン，ジェノバ，リバプール，ロンドンのウォーターフロント等）再活性化のための大規模プログラムは，貧困層あるいは貧困地域の利益となることはほとんどなく，コミュニティの参画は最小限にとどまる。このような枠組みは，小規模近隣地域を基盤とし経済的に不利な状態にある住民のニーズに対処するものとは大きな違いがある。
　1980年代，市場志向の開発アプローチがアメリカ，イギリス両国では支配的だった。その重点は不動産開発におかれており，イギリスでは中央政府に，アメリカでは連邦政府と地方政府に支援された金融・不動産会社が戦略的投資決定を行っていた。そこでは，営業上の秘密は保護されねばならないと主張されていた。しかし，80年代の終わりにむかうにつれコミュニティ開発およびエンパワーメントが流行するようになり，開発プロジェクトに責を負う人々の間で参加拡大要求に耳を傾ける必要があると感じられるようになった。
　イギリスでは，例えば，都市開発公社（the Urban Development Corporations）は地方監査委員会（the Audit Commission）その他から批判を受けた後，コミュニティ参加の拡大の妥当性を認め始めた。だが，いくつかの一時的な動きがありはしたものの，レトリックにみられるほどの達成は得られなかった。都市開発公社は現在段階的に清算されつつあるが，「退出戦略」に沿って地域コミュニティを持続的な経済的改善が可能な状態にするものと想定されている。イギリス政府による最近の取り組みでは，開発においてコミュニティ参加が占める役割について，より一層理解が示されるようになってきている。シティチャレ

ンジ (the City Challenge) や単一再生予算 (the Single Regeneration Budget ; SRB) (20のさまざまなプログラムが融合したもの) では，パートナーシップの原則をとり入れることになっている。アトキンソンとコウプ [1997] がいうように，

> シティチャレンジや SRB において展開されている重要な観念は，地方政府，民間部門，ボランタリー組織，地域コミュニティ，また適当な場合には職業訓練・企業協議会 (training and enterprise councils) やイングリッシュ・パートナーシップス (English Partnerships) 等その他の政府機関も含めた，これらの間での地域パートナーシップという考え方である。(p. 41)

しかしながら，彼らは「コミュニティ参加の確保において問題が起こり始めている」と記す。ボランタリー組織の関与はごくわずかばかりのものにすぎないようである。ボランタリー部門は職業訓練・企業協議会にいくらか代表者を送りはするが，職業訓練の供給者としてのボランタリー組織の役割は，不利益集団を対象とする場合にはとりわけ，かなり縮小してきている [フィン, 1994]。

今日までいかなる進展もなく将来の見通しも完全に暗澹たるものだという印象を与えてしまうのは適切でないだろう。だが，成功例は達成可能なものを例示してくれるものの，失敗例の方が圧倒的に多い。広く同意を得られると思われる成功例のひとつに，ワシントン市長政権下 (1983-87) のシカゴの例がある。このプログラムは彼の死後もソーヤーに継承された。ウィーウェルとギルズ [1995] は，もし近隣運動があまり発展していなければシカゴの成功はありえなかっただろうと論じる。だがこれは決してワシントンとソーヤーの功績を減じるものではない。

> ワシントン - ソーヤー期の遺産の永続的要素は……大部分のシカゴ市民の物質的・民主的・共同体 - 平等主義的利益を推し進める進歩的連合体の構築が可能だということが示されたことである。加えて，幅広い市民参加をとり入れることでガバナンスの政治文化において相当な変化が起こりうることが示されたことである。この時期には，公正さ・公平性・公開性に関する価値の共有を基礎に意思決定と実施において専門知識と社会的積極行動主義とを融合させるというユニークな試みが行われた。(p. 132)

同様なサクセスストーリーは他の国にも存在する。例えば，メイヨはイギリスのハーロー（Harlow）を引き合いに出すが，ほとんど知られることもない小規模な草の根開発は数多く存在する。所在地は様々であるが，そのいくつかはナイト［1993］によって記述されている。注目に値するのは，1989年開始の第三期欧州貧困対策プログラム（European Poverty Programme）はそれ以前のものに比べてパートナーシップと参加をより重視したということである。ボランタリー組織がパートナーシップに含まれることとなったが，これはこの時期以来欧州連合のその他の取り組みにもみられる特徴のひとつとなっている。また欧州連合は数多くの雇用促進および職業訓練の取り組みを開始しているが，これにより多くの加盟国において開発が促進されている。

雇用促進および職業訓練の取り組みはコミュニティ開発の一側面にすぎない。あらゆる種類の環境・社会改善事業がそこには含まれるだろう。プレイスペース，娯楽施設，荒廃地再開発，コミュニティ交通，集会所，コミュニティ・ショップ，消費者信用組合，近隣協議会，情報・相談センター，ケア従事者グループ，母親・幼児グループ，犯罪・破壊行為・アルコールおよび薬物乱用対策といったものである。なかにはジェンダーやエスニシティを基盤とするグループもあるだろう。これらの活動やグループは，単独に存在する場合もあるが他のものと結合する場合もある。もっとも，そのすべてを近隣レベルで支えていくことが可能だとは考えにくい。さまざまな国の近隣地区組織の例はエバースとスベトリック［1993］を参照のこと。

住宅供給は多くの近隣地区組織の主要な関心事であるが，実際のところ，住宅問題はその後住宅供給以外にも活動範囲を拡大していくこととなった多くのコミュニティ・グループの動機づけとなったものだろう。ボランタリー部門の関与の仕方は2通りある。住宅協会または住宅協同組合が資産の建設，改築，管理を行う場合，および借家人グループが住宅資産管理のさまざまな側面に参画したり広範な住宅問題について運動を行ったりする場合である。多くの国には，社会住宅に関して特定の職務を担うボランタリーあるいは非営利住宅部門がある。例えばイギリスでは，ほとんどの社会住宅はボランタリー部門に属する住宅協会によって供給，管理されている。ドイツとオランダも同様の状況にあるが，日本とアメリカではボランタリー部門は社会住宅にはほとんどかかわ

っていない。アメリカ非営利部門を分析したある文献 [サラモン, 1992] においては, 住宅供給はほとんど言及されず, わずかに政府支出関連に限られている。住宅問題が切実な発展途上国においては, ボランタリー組織が住宅供給に携わることもある。だが, あわせて自己建設住宅の枠組みも存在し, これを世界銀行が支援している場合もある。メイヨ [1994] はザンビアとニカラグアで比較的成功を収めた枠組みを2例, 報告している。

　借家人グループは至るところで急増している。その機能・権限・影響力はひとつの国の中でさえ相当多様である。このようなグループが大きく成長したのは1970年代だった。イギリス, フランス, ドイツ, オランダ, アメリカがその例としてあげられよう。ウィルモット [1989] は, 1980年代後半にイギリスには2000もの借家人組織が存在すると概算した。このように多数の組織があるにもかかわらず, ノーラン委員会は1996年5月, 住宅協会は借家人の真の参画の確保にとりわけ注意を払うべきであると勧告せずにはいられなかった [エドワーズ, 1996]。アメリカに関しては, アトラスとドライアー [1983] が, 借家人グループは「あらゆる都市と多くの郊外地域に存在する」(pp. 166-67) と論じている。借家人グループの規模はさまざまである。フラットの1ブロックを対象とするものもあれば, 広い地域を対象とし多くの住宅施設を所有するものもある。アトラスとドライアも, 都市や州の全域を対象とする借家人グループを確認している。イギリス (1977年), アメリカ (1980年) 両国では全国規模の組織も形成されている。1991年にはイギリスで, 借家人資産・情報サービス (Tenants' Resources and Information Service) が設立されている。それとは対照的に, 旧西ドイツの借家人協会は10ないし20世帯を対象とするものでしかなかった。もっともその活動は, それぞれ15ないし18の借家人協会を担当する近隣地区委員会によって調整されてはいた [チェンバレン, 1990]。このグループは主に修繕や維持管理に従事した。西欧, 北米の大部分の国において, 借家人グループは修繕や維持管理に関する課題への取り組みをその活動の端緒としていると思われるが, それらはその範囲を超えてより広範な関心事に取り組もうと考えるだろう。1983年にリチャードソンは借家人参加の枠組みについて次のように述べている。

この中には，借家人が住宅維持管理やその他現場の管理課題に関する具体的問題を提起する，事実上の苦情申し立ての場として機能しているものもある。他には幅広い課題について定期的に議論を行っているところもある。例えば，資産の現代化プランや運営手続き変更の提案などについてである。また，賃貸料も含めあらゆる財政課題についての検討を明確に除外しているところもあれば，借家人が提起を望むその他いかなる課題についてと同様これらの問題に関して議論することが可能なところもある。[1983, p. 36]

リチャードソンの列挙は包括的ではあるが，これは数年前に書かれたものであるため最近の展開のいくつかを加えて改訂する必要がある。最もラディカルな枠組みのなかには，協同組合を通じた借家人の自己管理を含むものがある。メイヨ [1994] はカムデン (Camden) における借家人管理協同組合について記述しているが，グラスゴーにもいくつかよく知られた例がある。オランダにも借家人管理協同組合がある。エムス [1990] は，ドイツにおける興味深い事例である，ベルリン南部のボルトマンベーク (Woltmannweg) 団地での借家人の参画について報告している。これは，1950年代造成の衰退した工業団地を撤去し，ホームレスの移民や土地整理地区の住民を対象とする「仮設」住宅施設として新たに開発するものであった。借家人は「建物とその配置……景観・自然環境・周辺環境に関する方針，社会的施設……商店および商業施設の種類，公共交通ニーズ，そして合計して全住民の3分の1以上を占める子どもと老人に関する規定の構想に直接参画した」(p. 183)。しかし，エムスは「ボルトマンベークは，借家人とさまざまな供給機関との間で濃密な協働が行われた，ドイツでは希少でおそらく他に例のない事例である」と付け加えている。

また住宅供給の取り組みは，発展途上国においては農村と都市の双方のプログラムの特徴となっている。しかし，途上国と先進国の関心事は類似してはいるが，第三世界においてコミュニティ開発プログラムが直面している諸問題は，まったく異なる様相をみせる。途上国でのコミュニティ開発には考慮すべき事柄がさらにいくつか付け加わるが，そのうちのひとつが国際あるいは他国ボランタリー組織の存在およびそれらと現地組織との関係である。アンハイア [1987] はアフリカの開発に関する研究において，次のように述べている。

……国際NPOs（non-profit organisations）は，現地NPOsの潜在的活動領域のいくつかを先んじて占有してしまう場合がある。アフリカ諸国はアメリカおよびヨーロッパのNPOsの受け入れ役を演じるのだが，国際NPOsと現地NPOsの相互作用によって，後者の成長と方向づけにおいて重要とされる事柄が決定づけられてしまうように思われる。（p. 419）

このコメントは，中・南米など世界の他の地域にも同様にあてはめることができるだろう。しかしこのような問題があるものの，大部分の発展途上国で現地組織は強さと信頼性を獲得しつつある。

ボランタリー組織は，ここ30年の間に国際開発における役割を相当拡大してきている。スミス［1993］はOECDその他の資料を用いて，1970年から1988年の間にヨーロッパ，カナダ，アメリカの非政府組織から発展途上国への資金移転が実質27億ドルから52億ドルにまで増加したと論じている。1980年には北大西洋地域で対外支援にかかわるボランタリー組織数は1600ほどであった。1989年までにこの数字は2500にまで上昇した。さらにスミスによれば，「救済に排他的重心をおくことをやめて，構造変革への長期的目標を導入し」，貧困症状の軽減よりもそれを生みだす原因に取り組もうという動きがある（p. 327）。世界銀行や国際通貨基金のような大規模金融機関は，政府よりもボランタリー組織を経由して資金供給することが増えているが，それはそうすることでコミュニティ・草の根参加が拡大し，より有効に貧困層の人々のもとに手が差し伸べられるようになると考えているからである。

スミス［1993］によれば，先進国政府は対外支援に携わるボランタリー部門（スミスのいうところのNGOs）に対し伝統的にその資源の大きな部分を供給している。だが，現在，政府補助金は伸び悩んでおり，いくつかの国，特にアメリカやイギリスでは政府資金に対する依存を低下させようという試みがなされてきている。より深刻なのは，「議員や対外支援担当大臣はNGOsに対し資金増額を提示するが……しかしそれは特定の目的あるいは地域を対象とするものであり，NGOsが対象を選択できない」（p. 330）傾向が強くなっていることである。政府の資金供給は「本国政府の対外政策上の優先事項……あるいは国内で公的関心がもたれている特定の問題」を反映するようになってきている。アメ

リカでは，自国経済への利益となることが，ボランタリー組織に対する補助金を含む対外支援支出の規模と方向を決定づける主要な要素となっていることが示されてきている。スミスはこれを大きな変化だと考えているが，しかし国家の利己心は常に対外支援の特徴のひとつ，おそらくは支配的特徴なのである。それゆえに，現地ボランタリー組織や地域コミュニティに十分にそれ自身の優先順位を決定させることが一層重要になるのである。さらに，参加アプローチは職業訓練プログラムとともに，持続可能性（sustainability）確保の一助となるだろう。持続可能性は，第三世界であれ先進工業国であれすべてのコミュニティ開発において不可欠な条件である。

持続可能性の欠如は，イギリスのCDPやアメリカの貧困との闘いプログラムの欠点のひとつであった。これはある程度，何が達成されるかについての非現実的想定の帰結であった。ナイト［1993, p. 51］は，イギリスCDPおよびその類似制度の狙いはあまりに楽観的だったと述べる。「第三世界コミュニティ開発が民主主義を先導するよう期待されるのとまさに同じように，第一世界コミュニティ開発には貧困救済が期待された。双方ともに間違った期待が抱かれたのである」。これらのプログラムに関与する人々の中には，ボランタリー近隣地区プロジェクトを衰退地域が抱える諸問題の解決策としてどの程度までみなすことができるのか疑いをもつ人もいた。アメリカの貧困対策プログラムについて記したダビドフとグールドは，これらのプログラムすべてに共通していたのは「誤った想定に基づく基本戦略であった。つまり，人種や貧困の問題はゲットーで見出されるがゆえに，これらの問題に対する解決策もそこで見出されねばならない……という想定である」と述べている。コベントリーCDPのディレクターであるハーントン［1974］もイギリスの貧困対策プログラムについて同様のコメントをしている。

> その原因は地域レベルのみで作用しているわけではないため，この問題の多くは地域レベルのみにおいて解決できるものではない。セルフヘルプおよびコミュニティ活動は，周辺的改善やいくらかの補償的供給の達成には役立つだろう。しかし，住民の生活の質を大きく決定づけている要素にはなんら変化がないままである。（p. 275）

ナイト［1993］は，過剰に楽観的な狙いや，既存システムが変化に対して抵抗する力についての初期段階の過小評価，また地域レベルの活動はほとんど完全に非効果的だという考えが組み合わさって，「自立的コミュニティ・プロジェクトの消滅」につながっていったと論じる。ディーキン［1994, p. 67］は「地域レベルの活動の不適切さについて寒々とした否定的なメッセージをもたらした，CDPの経験の幻滅効果」について記している。だが，1970年代末までに地域的視角が再確立され始めたとも述べる。

ナイト［1993］とテイラー［1995］はともに，イギリスにおけるコミュニティワーカーの減少を指摘し，ローンレンツ［1994a］は，オランダでは1970年代3000人超存在したものが，1990年には約700人にまで減少したことを示している。さらにローンレンツは，オランダにおけるコミュニティワークが，以前ほどには失業や貧困また不平等といった政治的議論を喚起する問題に関係しなくなっているという証拠を提示する。これは欧州連合の貧困防止プログラム（Combat Poverty Programme）で危機的地域とされた国々，ギリシャ，アイルランド，南イタリア，ポルトガル，スペインにおいても同様である。ミーコーシャとモウブレイ［1995］によれば，オーストラリアでも同じプロセスが発生しており，現在コミュニティワーカーは権利のために戦い抑圧と闘争する急進派とはあまりみなされなくなっているようである。これは惨憺たる状況であるが，希望をもてる兆候もある。そのうちのいくつかについて我々はすでに確認し，コミュニティによる参画の成功例を示してきた。参加とエンパワーメントに新たな関心がもたれるようになっているが，この分野こそがコミュニティワーカーおよびコミュニティ・グループがより一層の急進性を再発見するであろう分野なのである。ボランタリー組織が自らが代表する集団のニーズおよび意見を表明する際の手助けをすること，またこのプロセスがもっと不利な状況におかれている社会構成員の集団を排除しないよう保証することが，コミュニティ開発ワークの重要な側面である。これはアドボカシーと政治的運動に関する課題を提起する。次にそれらを検討しよう。

アドボカシーと政治的運動

セルフヘルプとコミュニティ開発の議論から明らかなのは，ボランタリー組

織が圧力または利益集団活動を行うことは珍しくないということである。例えば，セルフヘルプ・グループはそのメンバーの利益またはメンバーが所属する集団の利益を擁護するようあるいは促進するよう努めるだろう。近隣地区グループは地域環境を改善するための資源やサービスを要求するだろう。サービス供給グループは自らのクライアント集団を支援する活動を行うだろう。しかし，その他のグループは，特定の社会集団（学習障害者，ホームレス，難民など）のための，あるいは特定目的（刑事司法改革，中絶賛成または反対，禁酒など）を促進するためのアドボカシーや政治的運動にしか携わらないことがほとんどである。これらの区別をあまりに固定的に解釈することは誤解を招くであろう。多くの点において，これらのグループは同じような狙いをもち，同じような戦術を採用しているからである。

　アドボカシーをその唯一のまたは主要な目的とし，世論の変革を試みたりサービス供給改善のための政治的運動を行ったりするグループもある。イギリスでは，児童貧困の活動家集団（Child Poverty Action Group；CPAG），シェルター（Shelter），低賃金ユニット（Low Pay Unit），失業ユニット（Unemployment Unit）が，このカテゴリーに含まれるグループの好例である。この4つのグループすべてが，その関心領域に含まれる問題を綿密に調査している。その結果は，公式統計やニーズおよび諸問題についての政府の見解に対し異議を唱える際に用いられる。これらは提案された政策変更についてコメントを加え，また新たな立法を絶えず監視している。他の国にも同様のグループがある。アメリカにおける興味深い事例に，ワシントンDCに拠点をおく，予算および政策プライオリティ・センター（Center on Budget and Policy Priorities）がある。これは自身を「政府支出および，低所得アメリカ国民に影響を与えるプログラムと公共政策問題について研究する非営利免税組織」だとしている。1984年の設立以来，このセンターの成果には目覚しいものがある。例えば1984年から1995年の間に20を超える租税プランを分析し公表している。この租税シリーズは3つの活動のうちのひとつであり，他の2つは，①飢餓と福祉，栄養と健康，②労働問題，失業保険および最低賃金に関するものである。1994年にはクリントン政権の保健医療プランに関する文書をいくつか公表している。

　ドイツとアメリカのグレイ・パンサーズ（Gray Panthers）もサービス供給よ

りも圧力活動に関心をもつ。この組織は，高齢者差別反対という一般的基準に基づき広範な問題に関する政治的運動を行っている。これは特にアメリカにおいて強力である。1970年に6人の友人同士によって結成され，現在32の州で4万人のメンバーを擁するまでになっている。アメリカで影響力がある高齢者のための政治的運動組織には，もうひとつ，アメリカ退職者協会（American Association of Retired Persons）がある。ほとんどの国に同じような年金生活者グループがある。

アドボカシーをセルフヘルプまたはサービス供給と結びつけているボランタリー団体もある。多くの近隣地区組織がこのカテゴリーに入るが，より伝統的なサービス供給組織にも同様の活動を行っているものがある。身体障害者のためのグループの多くではこの2つの機能が結びついている。サービス供給とアドボカシーの正確なバランスについては組織ごとにさまざまであろう。アドボカシーを主要な関心事とするものもあれば，それを主要な活動に対して周辺的に位置づけ，断続的にしか行わないものもあるだろう。イングランド，イタリア，オランダ，ノルウェーにおける障害者のためのボランタリー組織に関するある研究［クレーマーら，1993］では，それらの間の違いが示されている。オランダと他の3か国との間には興味深いが説明困難な違いがあり，前者においてはサービス供給とアドボカシーとの結合は一般的ではない。注目に値するのは，単一組織内部でのアドボカシーとサービス供給との結合は，前述したナイトによるその2つの区別の提案と相反するということである。

クティ［1996］によれば，ハンガリーではアドボカシーとサービス供給とを結びつける組織が一般的である。これらの組織は「実践的成果は陳情やデモや理論的論争よりもずっと説得力がある」（p. 139）と考えていると彼女は説明する。サービス供給に着手するそれら組織の目的は，ひとつには特定問題を解決したり供給の空白を埋め合わせたりすることであるが，「一方でそれら組織は，ニーズの明確化がアドボカシーの手段となりうるという認識ももっている」（p. 139）。クティはこれを「日常的アドボカシー」と呼ぶ。彼女はその他次の2つのアプローチを区別している。組織が政府の政策や提案に対してコメントする「応答的」なものと，ボランタリー組織が率先して自身で政策提案を行う「創造的」なものである。ボランタリー組織は最終的に「ハンガリーの政府政

策形成において相当な影響力」をもつこととなるというのがクティの見解であるが，知識や最近の経験の欠如，ボランタリー部門内部での効果的でないコミュニケーション，また協働に対する相当な消極性が，それを制約する要因となることも彼女は十分認識している。また彼女は「ハンガリーのボランタリー組織の大部分にみられるサービス志向・多目的的性格が専門的アドボカシー活動の障害となる場合もある」（p. 140）とも述べる。この懸念はイギリスでは外部委託の拡大とともに表明されるようになっている。契約の対象となるのは直接的なサービス供給だけなのではないか，契約の交渉と管理に対して時間とエネルギーが投入されアドボカシーが縮小することになるのではないかという危惧がもたれているのである。

　意識的にアドボカシーに距離をおいているボランタリー組織もいくつかある。このような組織の最もよい例が匿名アルコール依存者の会（Alcoholics Anonymous）である。これは「いかなる党派・宗派・政治・組織・公益機関とも連合せず，いかなる論争にも加わろうとせず，いかなる主義主張に対しても賛成も反対もしない」［全国ボランタリー組織協議会，1984, p. 4］。同様なスタンスをとっている組織に匿名ギャンブル依存者の会（Gamblers Anonymous）や匿名犯罪常習者の会（Recidivists Anonymous）などがあるが，これらは匿名アルコール依存者の会をモデルとしている。これらの組織は意図的な政策的行為としてのアドボカシーに距離をおいているが，アドボカシーに不安を感じ政治的論争を避けるグループは多い。特に地域レベルのグループで多くみうけられる。サービス供給とアドボカシーとの緊張がボランタリー組織内部において意見の衝突を引き起こすこともある。アメリカのグレイ・パンサーズには，その創設者であるマギー・クーン（1995年死去）のラディカルな政治活動や攻撃的な戦術に対して冷ややかな態度をとるメンバーがいた。医学研究組織の地方支部は資金調達にのみ従事することが多く，利益集団とみなされないことが普通だろう。

　だがこれらの例外はあるものの，アドボカシーはボランタリー組織がもつ大きな特徴のひとつとなっている。アメリカにおいては，ファイラー委員会［ファイラー，1975］が「政府に対する監視と影響力行使は，民間非営利部門のもつ最も重要かつ効果的な機能のひとつとなりつつあるだろう」（p. 45）と述べた。ウルフェンデン委員会［ウルフェンデン，1978］は，ボランタリー組織は

「独立的な批判者また圧力団体として行動するのに適切な位置にある」（p. 27）と述べた。クレーマー［1981］はさらに進んで，アドボカシーの役割は「ボランタリー組織が備える独特な組織能力のひとつになりつつある」（p. 231）と論じる。最近では，ボランタリー部門の将来に関する委員会（Commission on the Future of the Voluntary Sector）がその報告書［1996］の中でこの役割の重要性について明確に述べている。

> ……当該部門に通常備わっているその他の機能（政治的運動とアドボカシー）を実行する必要性は消え去ってはいない。実際はその逆である。例えば，欧州連合諸国では景気後退を契機として，マイノリティに対するあらゆる人種差別や偏見の根深さが露呈し，彼らが失業や住宅不足から過剰な影響を被ることとなっている。また，その他の形態の政治的運動も新たに重要性を獲得しつつある。例えば，環境汚染問題に対する意識の拡大があげられるが，ここでは国境線に重きはおかれてはいない。（p. 37）

ペトラッカ［1992］は，1960年代後半以降「アドボカシーの爆発」が起こっていると論じる。ペトラッカの分析は主にアメリカに関するものだが，彼はイギリスやフランスまたカナダをはじめとする他の国々においても同様の劇的な増加が見られるという証拠をあげる。最近の現象には，ペトラッカが市民グループあるいは福祉グループと呼んでいるものの相当な増加がある。

このようなグループは，政府に対し直接的にまたは世論に影響を与えることを通じて圧力をかけ，自らが代表する人々に対する扱いを向上させようと試みる。それゆえ，これらグループはさまざまな方法で政策形成過程に参加する。
1．「問題」を認知し数量化し公にする。
2．課題を政治アジェンダに載せ，かつそれが脱落しないよう努める。
3．法律改正を主張する。あるいはそれに反対する。
4．政府の政策にコメントし代替案を提示する。
5．行政組織に対しより完全に政策を実施し供給を改善するよう促し，また供給削減の企図に抵抗する。
6．より大きな資源の分け前を確保する。あるいは支出削減を阻止する。

これらグループは，福祉の権利に重点をおいて，利益を受ける資格またそれ

を獲得するための方法を潜在的請求者が認知できるよう努力する場合もある。福祉の権利に関する政治的運動に従事するものは供給のレベルだけでなく，適格基準や手続きにも関心を寄せるのである。注目すべきことは，これらグループは，自らが代表しているとする人々にとって利益になると考える変化を求めるだけではなくて，不利益になると思われる変化には反対するということである。反対はイデオロギー的・倫理的・宗教的理由でなされることもある。19世紀イギリスの慈善組織協会は，国家の現金給付システム拡大に対するイデオロギー的反対の歴史的事例である。近年の政治的右派からの反対の例には，アメリカでは，アメリカン・エンタープライズ研究所 (American Enterprise Institute)，フーバー研究所 (Hoover Institution)，ヘリテージ財団 (Heritage Foundation) によるものがあり，イギリスでは，経済問題研究所 (Institute of Economic Affairs)，アダムスミス研究所 (Adam Smith Institute)，政策研究センター (Centre for Policy Studies) によるものがある。これらは明らかに政治的組織であり，そのすべてが福祉における国家の役割の縮小を支持している。

利益集団は同時にいくつもの領域で活動する。その一方で，そこへの圧力が最も望ましい成果をあげると見込まれる政治システムのいくつかの箇所に，その努力を集中させようとする。これはその政治システムの性質に応じて国により異なる。単一制ではなく連邦制国家構造をもつ国，例えば，アメリカ，カナダ，スイス，インド，ドイツ，オーストラリアなどにおいては，利益集団はその注意を連邦政府と州政府に分散させなくてはならない。その正確な分散の仕方は，中央政府と州政府の間で権限（特に立法権と政策決定権）がどのように分割されているかに左右されることとなる。

アメリカにおいて，利益集団は地方・州・連邦の各官僚制を無視しているわけではないが，その主要な努力を連邦議会と州議会に集中させる。立法への影響力行使が最も効果的だからである。対照的に，イギリスにおいては国会には法案を大きく修正するチャンスがほとんどない。利益集団は，問題提起の場としての下院の価値を十分に理解してはいるが，その主要な関心は政府省庁に影響を与えることにある。それは，政策が形成され法案が起草されるのは政府省庁においてだからである。これと同様の官僚制に対する焦点は多くのヨーロッパ諸国で一般的である。代表制議会に影響力を行使する際の手法は，官僚制に

対処する場合においてはまったく不適当である。結果として，アメリカではロビー活動が最も一般的な戦略であるが，イギリスやその他多くのヨーロッパ諸国では政府職員との直接的・個別的交渉が通例となっている。アメリカではロビー活動が公的な性質をより強くもっているために，マスメディアがより大きく利用されることにもなる。

　アドボカシーは，ボランタリー組織と政府との間に直接的軋轢をもたらす可能性がある。アメリカではロビー活動は法律により明確に承認されているが，連邦資金を受領しているボランタリー組織がロビー活動の費用をまかなうためにそれを利用する権利については激しい議論が続いている。ボランタリー組織の「政治的活動」に制約が課されている国もある。これは複雑な法的および規制的領域であり，制約の仕方は国ごとに大きく異なっている。幸運なことに，ランドンと６［1994］が，24か国における公共政策に対する政治的運動に課せられている制約についていくらかの予備的な調査を行っている。各国は２つのグループに分けられる。公益（charity）概念に基づいてボランタリー組織の法的地位を整理している国とそうでない国である。制約が課せられているのは前者のみであり，非公益法諸国においては，政策に対する政治的運動やアドボカシーに関していかなる法的障害もない。調査対象のうち公益法諸国は，オーストラリア，カナダ，イングランドおよびウェールズ，インド，アイルランド，北アイルランド，スコットランド，アメリカである。これらの国すべてには政治的運動に何らかの法的制限がある。例えばカナダとアメリカには，組織が政治的運動に支出できる費用の割合に上限がある。イングランドおよびウェールズは，チャリティ委員会（Charity Commission）をもつことにおいて独特である。その他の国では，当該法律は徴税当局が所管しているからである。ここでは法律のみを対象として説明しているが，多くを左右するのはその法律がどのように適用されるかだということは強調しておく必要がある。ベルギー，デンマーク，フランス，ドイツ，イタリア，オランダ，ナイジェリアのような非公益法諸国と同様，上記の８か国では確かに活発な政治的運動が行われているようである。政治的運動に対する法的障害がないということは，抑圧的政府が自らの活動に対する批判を認めているということを保証するものではない。同様に，明確な制限法が存在するからといって，必ずしもアドボカシーの重要性が低下

することにはならない。多くを左右するのは法律の解釈のされ方だからである。例えば，イングランドは公益法国だが，アドボカシーはいまだボランタリー組織の鍵となる活動であり続けている。ボランタリー部門の将来に関する委員会[1996]は明確にボランタリー組織の政治的運動の権利を支持している。

> 政府とボランタリー組織が常に目的や手段に関して見解が完全に一致することは，多元社会では不可能でありおそらくは望ましくもないだろう。ボランタリー組織は情報を提供し論議を刺激し異見を引き出すことが可能であるし，またそうすべきである。このような活動が権力の座にある人々に歓迎されるか否かにかかわらずである。こうすることで，ボランタリー組織は民主主義社会においてその適切な役割を演じることになる。……政府はこのことを理解すべきであるし，民主的プロセスにおける主要主体としての健全なボランタリー部門を支援し奨励するという自らの責務を認識すべきである。(p. 49)

アメリカでは密度の濃いロビー活動が行われている。それはワシントンに集中しており，ペトラッカ[1992, p. 14]によれば，ワシントンはますます「全国的非営利団体の活動の中心地となり」つつある。アドボカシーはアメリカではビッグビジネスである。大規模組織は高給で法務および広報チームを雇用しているし，自らのアドボカシーまた政治的運動の能力を相当高額な料金を支払う用意のあるあらゆる組織に対して売り込み，多額の報酬を得ている企業もある。これは公平性の問題を提起する。富裕な企業の利害が優越し，福祉組織の声ましては消費者の声が沈黙させられてしまうかもしれない。その例がクリントン保健改革提案の帰結である。企業・保険会社・専門職の各利害が組み合わさり，これを挫折に追い込んでいったのである。

しかし，企業勢力の声があまり大きくない場合にも不平等は発生する。影響力は国民のさまざまな集団間で平等に配分されているわけではない。例えばウォーカー[1996]の新聞レポートでは，アメリカにおいては「貧困世帯の児童は，非常に強い発言力をもつアメリカ高齢者のために割を食わされているように思われる。それは急増しているメディケアまたメディケイド予算への対処に政治家がしりごみしているためである」と論じられている。高齢者に対する給付は中間層の支援によって強化される一方で，「削減や抑制は，政治システム

をめぐるロビー活動にあまり熟達していない貧困層をターゲットとしている」。さらに，ケンドルとナップ［1996］によれば，ボランタリー組織は「イデオロギーや価値また職責や政策を変化させることにおいて」中心的役割を果たしてきているが，「……それらは同時に，既存のイデオロギーや態度そして特権と権力の形式を永続させていくための反応炉でもある。さらにそれらは，社会統制のためのメカニズムとして機能してきているのであって，常に良好な多様性のメカニズムとなっているわけではない」(p. 1)。

　ボランタリー部門のアドボカシー・グループのなかには，政府にとって他のものより受け入れやすいものがあることは明らかである。よりラディカルで非伝統的なグループほど資金調達は困難であるし，政策決定過程へのアクセスも限られている。すでに承認されている集団に対して直接サービスを供給するボランタリー組織の方を，政府は好意的にみる。この選好こそが政府機関にボランタリー組織をアドボカシーからサービス供給に転じさせるものであろう。この傾向は，委託契約にむかう動きによって強化されるだろう。

おわりに

　ボランタリー部門は，現在すべての福祉国家の福祉供給において1960年代70年代に果たしていた以上に重要な役割を担っていることは疑いようもない。だが，そこにはいまだ多くの差異がある。その広がりの一方の端には，福祉においてボランタリー部門が比較的小規模なものにとどまるスウェーデンがあり，他方には，アメリカ，ドイツ，オランダがある。常に大規模なボランタリー部門が存在してきたアメリカでさえ，1977年と1989年の間に一層の拡大があり，ボランタリー部門の支出は実質79％上昇した［サラモン，1992］。

　すべての福祉国家において政府資金への相当な依存がみられるが，政府を出所とする資源が占める割合は，68.2％のドイツ，約60％のフランスから，29.2％にとどまるアメリカまでさまざまである。中・東欧では政府からの収入は少ない。例えばハンガリーでのそれは，収入総額の22.9％である[3]。

　多くの国々でボランタリー組織が直面している大きな問題のひとつが，政府資金の受け入れがどの程度その独立性を脅かすことになるのかということであ

る。この危険性は，資金供給が補助金よりむしろ契約形態をとる場合の方が大きいと思われる。契約は規制の一形態であり，サービスがどれだけ供給されるべきなのか，クライアントは誰でコストがどれだけかかるのかを明確にする。品質水準が定められるだろうし，手続きやプロセスさえ規定されることがある。だが，契約の詳細は個々に異なり，契約順守の監視には費用と時間がかかる。クレーマーら [1993] はより一般的に次のように論じている。

> 政府にとって，体系的な監視および統制のコストは，財政的・政治的にあまりに大きすぎることが多い。それゆえ，民間の公的サービス供給者から十分な責任を確保するインセンティブおよび能力が政府には欠如していることが典型である。(p. 195)

しかしながら，数多くの研究がボランタリー組織の独立性をさまざまな国における問題として認識している。ジョンズ・ホプキンズ大学の20か国プロジェクト報告には次のように記されている。

> 非営利部門の将来にとって他にほとんど比類のないほど重要な課題となっているのは……非営利部門がその基本的自律性を放棄することを防止し，たんなる「代理人」や「売り手」ではなく国家の真のパートナーとして機能できるような形で国家との協調をいかに形成するのか，その方法を見出すことである。[サラモンとアンハイア, 1994, pp. 103-04]

ボランタリー部門の独立性を維持するための配慮の必要性は，2つのイギリス研究 [ナイト, 1993；ボランタリー部門の将来に関する委員会, 1996] とアメリカの経験に教訓を求めたひとつの研究 [リチャードソン, 1993] に共通して流れているテーマである。日本のボランタリー部門はほとんど完全に独立性を欠くシステムの例であり，社会福祉法人は中央・地方両政府によって割り当てられた業務しか実施できない。「国家と距離をおき，ある程度それに対抗しながら存在する独立した民間のボランタリー部門という概念は，日本には存在しない」とサラモンとアンハイア [1994, p. 82] は述べる。

ボランタリー組織にとっての政策上のジレンマは，いかに政府と協働しつつ自らの独立性を維持していくのかということである。いかなる形態の国家資金

であれ，それを受け取ることによって政府機関を批判する自らの自由が損なわれることになるのか否か判断しなくてはならない。これに付随して，サービス供給の役割拡大がアドボカシーやコミュニティ開発におけるその役割を阻害することになるのか否かというジレンマがある。

準市場における参加は，ボランタリー組織に対しまた別のジレンマを提起する。ボランタリー組織はボランタリー組織同士とまた営利企業と競争することを強いられるだろう。多くの情報が営業上の秘密扱いとなり，ボランタリー組織間で情報を共有しようという意識が低下してしまうかもしれない。協動と競争とのバランスを取ることが必要なのである。競争が支配的な場合には，ボランタリー組織はおそらく営利企業の特徴を備えていくことになろう。そして「ボランタリー」であることの価値が失われてしまうかもしれない。

政府政策はボランタリー部門が機能する社会政策の文脈を決定づける。しかし，ボランタリー部門が社会政策に影響を与える能力には国ごとに違いがある。これまでみてきたように，日本ではそのような機会は生じない。それとは対照的にコーポラティズム型のドイツでは，頂点に位置するボランタリー組織は，大きな法律改正がある際にはいかなる場合でも協議を受ける。また，経済・社会政策の議論を目的とした，労働組合，雇用側，保険組合，政府の各代表からなる常設制度もある。

政府政策の影響の顕著な例には，1980年代にイギリス・アメリカ両国でみられた公的供給サービスに対する政府支援の縮小がある。レーガンとサッチャーはともに公共支出を削減し，需要を充足させる責務をボランタリー部門を含む非国家供給者に移そうとした。ふたりの後継者もこのアプローチを大きく変化させてはいない。ボランタリー部門は国家供給を補完・補足するというかつてイギリスで共有されていた観念は，代替政策に取って代わられつつある。国家供給の補完および補足というのはまさにイギリスのボランタリー部門の役割を言い当てていると思われるが，ドイツ，オランダ，アメリカにおけるこの部門の役割の表現としては物足りないし，フランス，イタリア（1980年代以前）・スウェーデンにおいては大げさであろう。

オランダの事例は，ボランタリー部門にはサービス供給において国家に代替する能力があることを示すものだろう。だが，オランダでのボランタリー部門

の役割は，特定の文化的・歴史的条件に由来している。さらに，政府が資金供給における自らの支配的立場を利用してさらなる統合や合併を奨励しているために，現在このシステムはいくらか圧迫を受けつつある。「サービス組織と政府との関係がなおさらアンビバレントなものになりつつあり」，「政府の影響力と介入の増大が不満や懸念を呼び起こしている」とクレーマーら [1993, p. 83] は述べている。

アメリカのボランタリー部門は，保健医療の一定分野と対人社会サービスにおいてすでに傑出した存在となっているが，多くの国では，ボランタリー部門は保健や社会保障また教育の供給において国家に代替する立場にはないだろう。対人社会サービスはこの代替が実現する可能性が比較的高い。アメリカではこの分野での代替はすでに完了し，イギリスはその途上にある。フランスとイタリアは，この点ではいくらか立ち後れており，再生した中・東欧のボランタリー部門は，いまだにあまりに脆弱で種々の適切なサービスの主要供給者としては貢献できない。

しかし，ボランタリー組織はたんにサービスの供給者というだけではない。諸価値の貯蔵庫でもある。ボランタリズムは他者に貢献する機会を与える。つまり，市民の自尊心や義務の意識を表明する実際的手段となっている。ボランタリー部門はそれ自体多様性に富んでいるが，社会的多様性に貢献し，市民社会や民主政体に不可欠な要素を構成している。ボランタリー部門の将来に関する委員会の報告書 [1996] は次のように述べる。

> ボランタリー組織がその基盤を価値においているということは，それを決定づける特質のひとつである。これは「営利目的でないならば何が目的なのか」という問いかけに対する回答に不可欠なものである。この価値の基盤にはいくつか明確な構成要素がある。他者へのいたわりや利用者の参画，また最も広義には機会の平等などが含まれる。これらは公正さや公平性の問題に対する関心に由来している。（p. 113）

ボランタリー部門が公平さや公正性に関心をもっていることは疑いないが，逆説的なことに，ボランタリー組織の利用が増えると不公平が拡大する場合がある。これはボランタリー供給が均等には行われないことに起因する。都市部

は農村部よりも大きな貢献を受け，富裕地域は衰退地域よりも大きな貢献を受ける。このことがこの部門の公平性を達成する能力に対して疑問を提起する。リート［1990b］は次のように論じる。

> ボランタリー部門には，適切に供給を管理・調整して公平性および供給対象の幅広さを確保していく能力はない。この部門は公平性への対処を苦手とするが，それは特に，ボランタリー・イニシアティブは高いニーズがある地域において最も繁栄しやすいわけではないことに起因している。(p. 282)

リートの分析はイギリスに関してであるが，ソウシン［1986］は同様のニーズレベルとボランタリー活動との食い違いをアメリカにおいて見出している。ボランタリー部門が比較的発達しているイギリスとアメリカにおいてこれが事実だとすれば，これは他の多くの国では同程度以上にあてはまるだろう。不公平は地域性や社会階層だけに関係するわけではない。クライアント集団間でも不均等な分配が行われる。児童や身体障害者また高齢者はボランタリー組織からかなりの貢献を受ける傾向があるが，その一方で，精神障害者，アルコール・薬物依存者，単身ホームレス，特定エスニック・マイノリティ，同性愛者，ひとり親は十分な貢献を受けていない。

　国民内の特定の下位集団の利益となるよう資源を配分するという，ボランタリー組織に一般的にみられるこの傾向は，個別主義あるいは恩顧主義と呼ばれることが普通である。いくつかの点においては，これはボランタリー部門のもつ長所として捉えられるだろう。だが，サラモン［1987, p. 112］がいうように，それは「人間的ニーズに対するコミュニティによる応答を組織化する基盤としては，欠点を抱えることにもなる」。その主要な欠点こそが，それに起因する比較的大きな不公平なのである。公共サービスに恩顧主義の要素が強くみられる福祉国家もある。例えばイタリアには，「多種多様な選挙区民に対し，彼らにしか利益とならない社会政策をもって報いるという長い伝統」［クレーマーら，1993, p. 52］がある。ギリシャにおける同様の状況をローンレンツ［1994a］が記しているが，そこでは新たに構築された参加構造が政党よって不当に利用されているという。すでに恩顧主義的な福祉国家においては，ボランタリー部門

の役割拡大は個別主義の増大につながるだろう。このような国に関してクレーマーら［1993, p. 195］は次のように述べる。「イタリア福祉国家は……すでに悪名高いほどに個別主義的であるため，ボランタリー組織に対するサービス供給機能の移譲拡大により，そのわずかばかりの普遍性もより急速に侵食されてしまうことにもなりうる」。

　ボランタリー組織が行政供給の補完や補足に限定されている限りでは，この部門の長所と短所の検討は，福祉国家全体の分析や評価に対しごくわずかな関連をもつにすぎない。ボランタリー組織が舞台の中央に立つようになってきた現在，その利点と欠点の分析はますますそれらとの関連を強めつつある。この章の狙いは，現在その数を増しつつある利用可能な証拠を通じて，幅広い多様性をみせる福祉国家諸国におけるボランタリー部門の役割について検討することであった。しかしながら，実際的な評価が可能になるのは，この部門を福祉の混合経済における構成要素のひとつとして捉える場合のみであり，それゆえ本章はボランタリー部門の市場また国家との関係に大きく注目してきたのである。次章ではインフォーマル部門を検討する。ボランタリー部門／インフォーマル部門間関係を検討する研究はほとんどない。だが，ボランタリー－インフォーマル関係の分析に有用な枠組みは，ウルフェンデン報告［ウルフェンデン，1978］に示されている。この報告はインフォーマル部門に関連してボランタリー組織の役割を3つ認識している。①家族または近隣形態が存在しない場合，崩壊してしまっている場合，または対処できない場合の代替，②デイセンターや短期施設ケアという形態で一時的ケアを供給することによる，家族に対する圧迫の緩和，③多様な形態の精神的・実際的支援を供給することによる，インフォーマルなケア供給形態の補強，の3つである。これは本章と次章との結びつきをある程度明確に示してくれている。

（1）　6［1995］はこの要請に同意しない。非営利協同組合の扱いが非常にむずかしくなるからである。
（2）　ここでは欧州連合における単一市場の影響に注意。
（3）　これら数値の出典はサラモンとアンハイア［1994］。

第5章
インフォーマル部門と社会福祉

はじめに

　社会福祉におけるインフォーマル部門は一般に親族や友人，近隣住民によって提供される社会的ケアおよび保健医療であると理解されている。それは，介護者，受益者の双方にとって「自然」で目立たないために記録されず，その範囲や重要性は測りがたい。また，たとえ接触（contact）の数や範囲を正確に記録できたとしても，まだ問題は残る。例えば，接触の頻度や期間だけでなく，介護に参加する者が活動に対して感じる思い入れや主観的な意義を考慮に入れた測定単位を的確に定めるのは困難であろう。

　1980年代と1990年代には，インフォーマルケアへの関心が高まっていった。これらの研究の大部分は，家族介護に関するものであり，友人や近隣住民の役割に対して注目したものはずっと少なかった。家族研究の広がりは，特にヨーロッパにおいて顕著であり，多くの人々や機関によって体系化がなされていった。積極的なかかわりをもった機関としては，ヨーク大学社会政策研究機関，同じくヨークにあるジョセフ・ラウントリー財団，ロンドンの家族政策研究センター（the Family Policy Studies Centre），ウィーンのヨーロッパ社会福祉政策研究センター（the European Centre for Social Welfare Policy and Reserch）がある。また，欧州委員会も全国家族政策ヨーロッパ研究所（the European Observatory on National Family Policies）を通じて家族研究の支援に積極的にかかわっており，さらに，1994年は国際家族年であった。研究の大部分は比較研究であり，章が進むにつれてそれらに言及していきたい。

　ルイス [1989] は，1950年代の家族研究がタルコット・パーソンズのような

機能主義者によるものがほとんどであったと述べている。1960年代と1970年代初期には革新的な研究はほとんどみられないが，1970年代中ごろに関心が再び生じ，1980年代には高まりをみせてきた。ルイスは，家族研究が新たに目立ってきたのは，主にフェミニストの理論家によると主張している。

> 家族研究を本格的にさせたのはフェミニスト研究者によるところが大であった。特に重要なことは，生物学上の性と社会学上のジェンダーを区分し，無償労働として妻および母としての女性労働を概念化したことである。[1989, p. 32]

この観察には多くの真実があるが，他の要因もまた作用している。これらの中には次のような動きが指摘できよう。つまり，コミュニティにおけるケアを重視する政策や，支出を削減し費用を国庫から家族へ転嫁したいとする狙いがあり，またニューライトに限らず，衰退する家族への懸念とあわさった，「伝統的家族観」へ回帰させようとする政治的・宗教的右翼からの圧力があった。家族の衰退は社会的・道徳的な不安定と崩壊の兆しであり，また原因であると考えられている。このことは本章の後半で再度論じることにする。

把握が困難で正確な根拠がないなかでのインフォーマル部門の正確な定量化を行うことは問題が多いものの，すべての福祉国家において，インフォーマル部門の寄与するところが大であることはほとんど疑いがない。施設で生活していない（その大部分は施設ケアを受けていない）高齢者や障害者にとっては，インフォーマルシステムは行政部門，ボランタリー部門，営利部門の諸部門のいずれと比べてもはるかに重要な意味をもっている。児童ケアは圧倒的に親によって，またそれが不可能な場合には他の親族によりなされている。

虚弱な高齢者の家族介護に焦点をあてた国際的な比較が，OECD [1994] によって示されている。

> 高齢者が虚弱になり，要介護状態になるのにともない，最初に対応するのは通常家族のつながりであり，またそれは高齢者の介護の最も大きな比率を占めている。……試みに家族介護の価値を測定してみると，介護費用として最も控えめな割合をとったとしても，社会サービスが高度に発達した国においてさえ，行政サービスに比べ，家族介護は少なくとも 3～4 倍を超えるものであることが示されている。[1994, p. 41]

この記述を根拠づけることが本章の主な焦点であるが，まずは概念的，理論的枠組みを組み立てなければならない。この目的のために，次節では3つの問題——コミュニティケア，家族に関する諸理論，政治と家族——について考察したい。

理論的・概念的枠組み

コミュニティケア

　コミュニティケアという言葉の2つの単語のどちらも問題がないわけではなく，最初にコミュニティとケアのそれぞれに関する代替的な意味をいくらか考察したい。我々は19世紀における2人のドイツの社会学者，テンニースとデュルケムの業績に言及することでコミュニティの意味の探索を始めることができる。テンニース [1887] の考えによれば，工業社会への変化がコミュニティのつながりに悪影響を与えた。彼は，ゲ・マ・イ・ン・シ・ャ・フ・ト（コミュニティ）とゲ・ゼ・ル・シ・ャ・フ・ト（アソシエーション）とを区別した。つまり，工業化は社会関係を前者から後者へと移行することをともなったのである。このように，前工業社会は，親族関係，友人関係，近所づきあい，コミュニティ，伝統といった強い絆によって特徴づけられていたが，工業社会においては，人間味がなく組織的なつながりに基礎がおかれている。デュルケム [1983] は，コミュニティの関係における工業化の影響を異なった視点で捉えているが，それは，前工業社会から工業社会への変化は，機械的連帯から有機的連帯への移行をともなうというのである。機械的連帯とは，伝統，慣習，共通の役割などによって特徴づけられる。有機的連帯とは，労働の特殊化および分業化によって特徴づけられ，家族は職場に対しその地位を譲り，諸関係は人々が演じる役割によって支配されるようになる。テンニースは，近代社会におけるより伝統的であり，インフォーマルな個人的な関係の再生の可能性を考察した。同様に，現代のコミュニタリアニズムの人々は，アメリカや他の社会がかつて基盤にしていたコミュニティの理想の喪失を嘆いているが，コミュニティの生活様式に戻ることが望ましくもあり，また実現可能であるとも信じている。そのような理想的な国家がかつて存在していたかどうかは疑問である。少なくとも，エイブラムズ [1977,

1980] が20年以上前に議論していたように，過去にあった小さくて絆の強いコミュニティとは，根底には孤立しながらも苦境を分かちあうことにあり，19世紀の都市のスラムにはコミュニティという意識があっただろうが，都市の再生と改善のためにコミュニティの重要性が失われることは，それほど高くない代償だろう。

コミュニティを定義するうえでの問題のひとつに，その言葉についての非現実的で空想的な解釈がある。この問題は，1990年以降，アミタイ・エツィオーニ [1995] がほとんど宗教的ともいえる熱意でもって展開しているコミュニタリアニズムに関する流行の教義において最も顕著にみられる。彼は，クリントンおよびその他のアメリカの政治リーダーほか，イギリスのブレア首相，ドイツのコール首相から支持を得たが，彼の影響はこの3国を越えて広まった。

コミュニタリアニズムにおいては，権利よりも義務や責任が強調されている。すなわち，それは新しい権利の引き延ばしを求め，既存の権利が先行すべきで，それにより人々がサービスに注意を払うことができるというのである。アメリカ社会は，1960年に，利己主義，貪欲，物質主義を促進させ，国に依存しすぎたため方向を見失ったという議論がある。その是正法は，伝統的な家族観に戻り，「子育ての不足」を一変させることである。さらに関心が他者への奉仕や市民の義務に注がれよう。離婚をすることは困難となり，道徳教育が学校のカリキュラムに導入されよう。犯罪は，（公衆の面前での辱めを含めて）仲間内の圧力，手あたりしだいのアルコールや薬物テスト，地域の自警，犯罪監視組織が組み合わされて取り扱われる。コミュニタリアニズムは，純然たる個人主義の欠点をあらわにするときに，最も強固なものとなる。例えばベル [1993] は，コミュニタリアニズムをリベラルな個人主義への挑戦とみており，西洋の政府が地方民主主義とコミュニティの双方の重要性を認識していないと批判している。

これらの考えの多くは，イギリスのブレア政権下の労働党によって取り上げられてきた。新労働党の形成において，ブレアが主張したコミュニティの重要性が社会主義の真の基盤であるとブレアは強調している。この哲学においては，責任は少なくとも権利と同等程度の重みが与えられており，社会階級についてはまったく言及されていない。義務という言葉において規定される社会主義は，

セルボーン［1994］の研究の主題であり，彼は，市民の義務という概念が社会主義理論の中でもっと大きな役割を与えられるべきだと論じている。ヤング［1994］によれば，セルボーンの研究は「ブレアが規定しようとしているコミュニティ社会主義にとって注目すべきテキストになっている」と述べられている。社会主義における最重要な要素としてのコミュニティという概念は，新労働党以上の長い歴史がある。それは，フランス革命を連想する友愛と密接なかかわりをもち，その言葉は19世紀にオーウェンとモリスによって使用されていた。同じく19世紀には，連帯や友愛という概念は発生期の労働運動を形成した。

メイヨ［1994, p. 48］は，「『コミュニティ』の概念はあてにならず評判は芳しくない」と述べている。代替の社会学的アプローチをめぐる論争とあい争う政治指向性によってますます定義が混乱していると，彼女は述べている。

> コミュニティという言葉は曖昧に使われているだけでなく，異なった政治，政策，実践を正当化するために，異なった用い方や関心をめぐって議論され，論争され，恣意的に用いられてきたのである。［1994, p. 48］

コミュニティを定義づけるのに最も明瞭な方法は，さまざまな関係に関してである。これらの関係は，きわめて近くに住む人々の相互作用や地理的なものを基盤としている。このような相互作用は比較的限られた地域や近隣においては普通に発生するものである。しかしながら，人々は異なったさまざまな関係ももっており，仕事や職業上のグループ，宗教，民族の血統，政治的所属，余暇の追求あるいは苦境を分かちあっていよう。この公式は，関係の特質を無視している。帰属意識，共通のアイデンティティの共有の意識，連帯感，仲間意識は，コミュニティの話をするときに，大部分の人々の心に浮かぶことである。

言葉の有用性について，なぜ幾人かの解説者が疑問を抱くのか，ゆっくりわかってくる。例えばメイヨ［1994, p. 48］は，「『コミュニティ』という言葉を使い続けるべきかどうか，時として問いかけが必要な場合がある」といっている。コミュニティという言葉を用いることから生じる困難や制限を多少避けるために，バルマー［1987］は，第一次集団やネットワークに焦点を当ててはどうかと提言している。彼は，第一次集団の関係や，個人的な関係と，制度化さ

れたあるいは社会的に組み立てられた関係とを区別している。個人的な人間関係は，主として友人，近隣者，親族間のインフォーマルな絆を特徴としている。バルマーは，そのような絆は「愛情，伝統，近接していること（近隣者の場合）を基礎としたものである」(p. 38) と論じている。このような個人的な関係は，「役割，任務，公式な規則，模範」(p. 38) に基づく公式な制度的関係と比較される。この分析は，本章の関心事であるインフォーマルケアの研究に特に関連している。バルマーは以下のように論じている。

　「コミュニティ」の研究から，第一次集団（近隣，友人，親族のいずれで構成されていても）の研究へ強調点を移すことの主な利点は，コミュニティの形而上の問題から免れることができることである。[1987, p. 39]

　バルマーは，また，曖昧な「コミュニティ」という言葉を避ける意味で，「ソーシャルネットワーク」という言葉を用いている。コミュニティでのインフォーマルケアを要約する方法として「社会的ネットワーク」は有用な概念である。なぜならば，ソーシャルネットワークにはコミュニティの定義のいくつかがもつ，地理的制約がないからである。また，広範囲にわたるインフォーマルな関係，複雑でともすれば絡み合っているにもかかわらず，正確に描かれ評価されうる相互作用であっても，社会的ネットワークであればその言葉に含まれるのである。バルマーは次のようにネットワークの分析の利点をまとめている。

　個人的な関係がインフォーマルケアの中心にあるが，さらに，地域の社会的関係の中心でもある。ネットワークという言葉の価値は，「コミュニティ」について語るときに含まれる具体性を避けることができることにあるが，家族あるいは拡大親族グループを越えた幅広い一群のインフォーマルな人間関係についても語ることが可能である。一群の人間関係は，友人，近隣，労働組合を含むまでに拡大される。(p. 109)

　残念ながら，むやみに「ネットワーク」という言葉を使えば，「コミュニティ」という言葉がもついくつかの問題と同じことが起こる。そのひとつは規模である。ネットワークは小さな地方や地域を含み，都市全体を含み，国全体を

第5章 インフォーマル部門と社会福祉 225

含むことができるし,より広域な政治的グループやさらには全世界を含むこともできよう。「ローカル」という言葉は便利かもしれない。しかし,「ローカル」という言葉すら異なった解釈をすることができる。インフォーマルケアを考える際に,個人的な関係や「インフォーマル・ネットワーク」として用いられる関係にかかわってくる。一般に使用される他の言葉に「援助ネットワーク」がある。例えば,4人のアメリカの著者による書物の以下の文章では,「援助ネットワーク」の重要性を強調している。

> 我々は,広範にわたるインフォーマルな援助活動を描くために,「援助ネットワーク」という言葉を用いている。……人間関係のネットワークという文脈のなかでのインフォーマルな援助を強調するが,社会的人間関係に関するより伝統的な視点よりも明らかに概念として優れている。最も一般的な形でのネットワークの概念は,一群のアクター間で行われる特定の取引やお互いに演じる役割と同等にアクター間で成り立つ人間関係の構造に注目をひきつける。[フローランドら,1981, p. 19]

援助ネットワークという考えによって,我々はインフォーマルケアが一般的に意味するものを理解することができる。しかしながら,「ケア」という言葉自身も曖昧で,いくらかの説明が必要とされる。有効できわめてよくなされる区別は,「誰かをかまうこと (caring about someone)」と,「誰かの世話をすること (caring for someone)」である。この区別はよく周知されているが,始まりは比較的最近のことである。パーカー [1980 ; 1981] は,ケアという言葉の2つの間にある差異を明示した人のうちのひとりであり,ダンガーソン [1983, p. 31] は,「誰かをかまうことと誰かの世話をすることとの間の違いをあまりに安易に,しかも正しくなく省略してしまう」ことの危険性に警鐘を鳴らしている。「誰かをかまう」は,愛情と愛着の感覚を表すことであり,「誰かの世話をすること」は,その人々の日々のニーズの世話をすること,つまり人々の生活をより快適にすることである。グレアム [1983] は,労働としてのケアと愛情としてのケアの間に同様の区別を定義している。彼女は「愛の労働」を語っており,心理学と社会政策の両方における分析の多くは,これら2つのケアの側面が密接に絡み合っている点を考慮していないといっている。また,彼女は,

ケアを行うことは活動（労働）とアイデンティティの双方に関連していると論じている。ケアを行うことは女性がアイデンティティを構築するうえで欠かせないものである。フィンチ [1993] は「感情的な労働」の言葉を用いて，彼女自身の議論とグレアムの議論をまとめた。

> ケアの営みは，女性の社会的アイデンティティの構造とは密接な関係があるが，男性にとってはそうではない。労働と愛情は女性を特徴づけるものであり，たとえ男と女が同じ介護を行ったとしても，女の介護者であるという経験が，男の介護者であるということと異なったものにする。[1993, p. 16]

これは用語上の混乱の終わりではない。家族の構成員をケアする動機は人によりさまざまである。たとえ，家族内でさえも，ケアは必然的に愛情の表れであって，他の何ものでもないと決めつけられている。人は，他者を義務や責務といった感覚ぬきに援助するかもしれない。年老いた両親を介護する子どもは，小さなときに受けたことへのお返しであると考えるかもしれない。さらには，お返しは感謝の気持ちの表現としたり，あるいは負債を返済する，より一般的な義務としてみられよう。人（特に女性）を介護の関係へと駆りたてる義務や義理の重要性は，ルイスとメレディス [1998]，アンガーソン [1987] による研究で示されている。フィンチ [1989] による『家族の義務と社会変革』がよく知られるところである。その著書の結論で，介護の実際的な側面の証拠を論評した後，フィンチは述べている。

> 他の側面での家族支援は「義務感」と呼べるものである。これは「義務」の側面であり，たとえ実際にはおこらなくても，人々が親族を援助する覚悟をすべきであるという信念によって政治的議論に影響を与えている。多くの人々にとって，この義務感は家族の絆，特に近い親族の間によって特徴的な鍵となる定義である。家族を支えるのに「義務」を感じるだろうし，このことが避けられない特質を親族の支援に与えている。[1989, pp. 240-41]

しかしながら，義務と愛情は，愛と労働と同様に解くことができないほど絡み合っている。この2つの要素間における相関の強さは経験的には確信をもって

断定することはできない。

　1980年代中ごろから前面に出てきた他の問題は，フォーマルケアとインフォーマルケアの間にしばしば引かれる明確な区別に対する疑問である。アンガーソン［1990］は，イギリスの学者の間で，なぜその区別が永続するのかを説明している。

> おそらく「ケアをすること」（caring）という言葉は，それは当然私的な分野にしか存在しないインフォーマルケアを広く意味しており，イギリスの言葉に入り込んでいるため，ケアに関するイギリスのフェミニストの文献は，暗に公私間の概念的な区分を受け入れ，ケアをめぐる私的な状況を強調する傾向があるということに気づく。［1990, p. 10］

アンガーソンはこのような概念的な区別の有用性に強く疑問を表しており，スカンジナビアの学者たちは，「公私の概念上の区別を組み合わせ，双方の領域共通の要素を分析することに，たんに語彙だけでなく分析機能においても表しているようである」と述べている（p. 13）。フォーマルとインフォーマルケアの区別は，介護に対する支払いが重要となるにつれ曖昧になってくる。これは，重要な課題であるが，介護の受け手と与え手にとって，社会保障の供給は深く結びついているので，それに対する考察は，インフォーマルケアの促進を意図した政策が検証されているこの章の後半で取り上げたい。

　ケアとケアリングの概念は，一見とても簡単そうにみえるが，それは表面だけのことであり，表面を少し取り除くとすぐに徐々に複雑さを増す。ケアの概念を取り巻いている議論の難解さは，ほぼ完全に約20年間のフェミニストの学問に原因がある。

　これまでは，「コミュニティ」と「ケア」という言葉を分けて，ひとまとめにしてこなかったが，今，それらを結合し，すべての福祉国家の政策において好んで採用されている「コミュニティケア」を考察する時がきた。コミュニティケアは，1950年代を通じて流行したとき，施設におけるケアに対するものとしてコミュニティにおけるケアとして定義された。ケアの場所として，施設からコミュニティへの転換を重視することは多面的である。その理由は2種類の

広いカテゴリーに分けられるだろう。すなわち，施設の生活について申し立てられた悪い影響に関連しているものと，コミュニティにとどまることの積極的な利点に関するものとである。

　施設ケアが支持されない要因の中で顕著なものは，1950年代後半と1960年代の調査において，総合施設における生活の悪い影響が喧伝されたことにもよる。すなわち，親しみのある環境や関係を遮断し，入所の手続き時の屈辱，堅苦しい管理への服従，自分自身の日常生活や活動を決定する能力が失われることが，ゴフマン［1961］が「自己の抑制」と呼んでいるものに加わっていく。その多くが物理的にも社会的にも隔離されている総合施設をゴフマンは次のように定義している。

> 総合施設は，多数の同じような状況の人々が，長期間，広い社会から切り離され，一緒に収容され，一律に生活全体を管理されて居住し，作業する場所であると定義されよう。刑務所が刑務所らしくあるゆえんと我々が認識するものが，罪を犯していない人々の属している施設において見出されるということから，刑務所はとてもわかりやすい例となっている。［1961, p. 1］

他の総合施設の主な例には，囲われた修道院と軍隊の兵舎がある。社会福祉と保健医療の分野では，精神病院，慢性疾患患者のホームや病院，高齢者と児童のための居住施設や寄宿学校がある。ゴフマンの研究の多くは精神病院に関連しており，大規模な脱施設化が発展したのは精神保健においてであった。これらの発展に影響を与えたのはゴフマンだけではない。ラング［1959, 1961］とシャッシュ［1961］によって行われた反精神病治療法の運動も，1960年代初期に盛んに行われた。ラングとシャッシュはともに精神医学者であったが，彼らは精神病などというものは存在せず，精神医学者は抑圧的社会の代理人であると主張している。この抑圧の最もはなはだしい発露は精神病院でみられる。これらの考えに対する最も早い反応は1963年にイタリアで出てきたもので，精神病院の民主化（Psichiatria democratica）は，病院の大規模な閉鎖をもたらした新しい法律が通過する1978年までは十分に実現されなかった。その計画は，施設を抑圧のないコミュニティ施設へと置き換えようとしており，そのような施

設が利用できるところでは（例えばトリエステのように），患者の生活をおおいに改善できたのである。[バサグリア，1980；ラモン，1985]。この改良は南部よりも北部や中部のイタリアでより成功した。しかし，特別なコミュニティ施設がない地域が多く，精神病患者は病院から追い出され路頭に迷うこととなった。そのような人々は見捨てられた人（abbondonati）として知られるようになった。

イタリアほど急速でないものの，1960年代後半には，大部分のヨーロッパの国々やアメリカでも変化が生じた。アプローチは違ったが，一般的な傾向としてはコミュニティケアを重視し，施設ケアから遠ざかった。多くの国においてコミュニティでのケアは，多くの専門分野から構成されるチームを基盤とするようになった。アメリカではその計画は十分には実現されることはなかったが，ワンストップの精神保健センターの全国的ネットワークを設立することであった。このようにして，精神保健における施設の入所人口は1960年代後半から減少へとむかっていった。精神保健サービスは他の分野に比べて変化がより顕著で，論争も多いため，ここではより詳細に論じている。また，精神保健は，コミュニティの発展が施設ケアの欠点に部分的に対応する点で他のサービスよりも明確に示している。しかしながら，このような社会心理学的研究に加えて，経済的な考慮やコミュニティケアはより少ないコストですむという仮定に基づいていたことは疑いようがない。コスト面の考慮は，多くの精神病院の改善がひどい状態であったために1950年代と1960年代に特に大きなものであった。例えば，ヒューズとラベル [1986, p. 161] は，アメリカの精神保健サービスの脱施設化プログラム導入の理由のひとつは，「（19世紀の遺産である）既存の公共施設の物理的設備が，修理や立て替えが必要なほど全面的に老朽化した状態になりつつあった」ことだと主張している。同じ遺産は，スカンジナビア諸国は例外であるが，西欧全体で明らかであった。

すでに指摘されているように，コミュニティケアについての議論は施設の否定的な側面だけによるものではなかった。コミュニティの環境におけるケアの利点を強調する肯定的な議論もあった。総合施設が中傷されているのと同時に，多くの研究がコミュニティにおける関係の重要性を強調した。コミュニティへの関心の表れは1954年のコミュニティ研究所の設立である。その機関によって発表された研究の多くは拡大家族の持続性と継続的役割に関連していた。この

ような研究の例として，以下のものを含む。『高齢者の家族生活』[タウンゼント，1957]，『東ロンドンでの家族と親族』[ヤングとウィルモット，1957年]，『ロンドン郊外の家族と親族』[ウィルモットとヤング，1960]。

1960年代のイギリスのコミュニティケアは，コミュニティ内の行政職員の働きかけによるケアを意味することと一般的に解釈されていた。これは，1963年に保健省によって公刊されたコミュニティケアの報告から明らかである。この報告が保健省により行われたという事実は，コミュニティケアが保健および対人社会サービスのみに関していると一般に考えられていたという点で重要となってくる。すなわち，コミュニティケアのための住宅や社会保障の重要性は常に高く評価されていたわけではなかったのである。

コミュニティケアの意味の変化は1970年代に明らかになり始めた。すなわち，コミュニティにおけるケアからコミュニティによるケアへの転換である。この2つの区別は，ベイリー[1972]によって最初に行われた。この意味の変化の重要性をいくら主張してもしすぎることはない。コミュニティによるケアは家族，友人，近隣者によるケアである。このことはイギリスの高齢者ケアに関する白書の中で最も明らかに述べられている。

> たとえどんな額の公共支出が可能になったとしても，そしてそれがいかに配分されたとしても，支援やケアの基本的な資源はインフォーマルで，ボランタリーなものである。これらは，親族，友人関係，近隣者の個人的な絆によってもたらされる。これは代替不可能なものである。取って代わることはできないが，このような支援やケアを支え，必要であれば発達させるのは公的機関の役割である。コミュニティ内におけるケアはコミュニティによるケアを意味しなければならない。[保健社会保障省，1981，p. 3]

コミュニティケアは公的支出を抑え，国の役割を縮小させる機会をもたらすものとして，政府に受けがよい。1981年に欧州委員会の社会発展に関する報告書では以下のように述べていた。

> 欧州委員会のいたるところで過去数年間で居住型施設の入所者数を削減しようとする傾向があり，外来患者サービスやデイケアセンターを支えとし，家庭や家族における

ケアが行われるようになった。現在では,いくつかの政府が人道主義,資源の節約の両方に視点をおいて,この方針を加速させている。[欧州委員会,1982, p. 119]

　その翌年に,委員会は,「コミュニティケアの政策は,政府が,そのようなケアのコストを自分たちの予算から移行したいと切望する政府によってますます勢いよく促進された」と主張した。[欧州委員会,1983, p. 127]。コミュニティケアへ導く経済的緊急事態はほとんど明確に述べられていなかった。コストがインフォーマルのケアラーに転嫁されることが述べられるべきである。
　そして,1980年代初頭までには,コミュニティケアはより好ましい政策のひとつとして確固たるものとなった。大部分の高齢の障害者や慢性疾患をもつ者は,選択肢が与えられると,施設入所よりもコミュニティに残ることを好むということを多くの証拠の優勢が示唆している。それにもかかわらず,特に高齢者の間で施設ケアの要望は依然として高いままである。年齢が高くなり,虚弱になり自立が低くなるにしたがって彼ら(または彼らの親族)は施設入所を考えがちである。入所施設は,ゴフマンが定義している総合施設の特徴が示すレベルによって違いがある。人口の中心部やその近辺にある小規模な施設は,大規模で隔離された精神病院とは大きく異なる。病院の処遇そのものは,精神保健サービスを一般病院のシステムに統合し,治療コミュニティの導入で変化してきた。避難施設をさまざまな形にし,コミュニティでの生活期間を長くし,施設での生活を短くすることを実践することによって,施設生活とコミュニティの二者択一的な選択は緩和された。
　政府によって好まれる定義はコミュニティによるケアであった。この新しい方式やコミュニティケアについての非現実的な視点に対する批判は1970年代後半にすでにいわれていた。例えば,エイブラムス[1979]はコミュニティケアの非現実的な視点を効果的にうち砕く研究を行った。エイブラムスはコミュニティケアを次のように定義づけている。「日常の家庭や職場の環境で行われる,素人の社会構成員による他者に対する援助や支援や保護の供給」(p. 125)。このようにして,コミュニティケアは,行為をする人(素人)によるものとそのことが起こる環境(オープン)によって特徴づけられる。エイブラムスは,自発性をコミュニティケアを特徴づける重要な性質とすることを拒否している。

> 私は，自発性はコミュニティケアの明確な特徴であるといういかなる提案も意識的に，かつ，はっきりと避けたい。……自発性はどのみち，コミュニティケアを体現する，持続した利他的な実践の型の重要な源泉であるという証拠はない。[1997, p. 128]

エイブラムスの一般的な視点は近代工業社会におけるコミュニティケアは「典型的に移り気で，断続的で，あてにならない」(p. 130)が，もし我々がコミュニティケアに関する堅固な基盤を探求するとすれば，相互性に注目しなければならない，ということがエイブラムスの一般的な視点である。コミュニティという環境には，無償のケアの関係があるという空想的な考えは捨てなければならない。すなわち「効果的なコミュニティケアは長期的にも短期的にも相互の利益と常に結びついているという調査結果からは明らかなようである」(p. 132)。

さらに興味をそぐことに，コミュニティケアを主張する財政的な利点は机上のものであるかもしれない。というのは，すべてのコミュニティケアサービスは施設ケアより必ずしも安価であるとは限らないからである。コミュニティケアが，人を不適切なケアのまま放置したり，責任を強調することによって家族に負担をおしつけ，ケアを提供することを意味するならば，得られるものは公費の削減だけであろう。いいかえると，全費用の削減ではなく，要介護者に直面している人に責任を配分し直すことだけが可能なのである。

ヒギンズ[1989]は，コミュニティケアという言葉を「社会政策の中で不必要，かつ，複雑化させる要因であり，いかなる実質的な意味内容や理解を失うこともなく使用をやめることができる」(p. 15)と述べ，この言葉を用いることを拒絶する理論を一段と進めている。ヒギンズは，施設とコミュニティの区別はまったく役に立たないと論じている。

> 実際には，本当の区別は施設と家庭の間にあり，サービスは普通，施設でも，家から（デイケアの場合）も，家にいて（在宅ケアの場合）も，利用できるのである。コミュニティの概念に加えることは，はっきりしない他人によるケアを意味しており，家で親族（特に女性の親族）によって行われるかなりの量のケアを隠蔽している。[1989, p. 15]

上述の引用の中で，ヒギンズは家庭でケアの供給者としての女性の優位性を述べており，1980年代から1990年代後半を通して，フェミニストの研究者がコミュニティケアにジェンダーによる法則があることを批判していることがすでに記録されていた。ケアの仕事の不平等な分担は，家族ケアに密接に関連しており，コミュニティケアのこの重要な側面に関する十分な調整は本章の後の節でみられるであろう。この議論は，いくつかの家族に関する理論研究によって特徴づけられるであろう。

家族に関する諸理論

　この分野における理論の構築を行おうとするときに起こる問題のひとつに，理論が含むべき家族の形態が多様であることがあげられる。家族というと，既婚の夫婦と子どもがいるといったふうに，あたかもすべての家族がほとんど同じであるかのようにいうのは間違いである。キャンプリング［1985, p. ix］は以下のように述べている。「伝統的にかつ近年において証明されるのは，真の家族の明確な特徴は変化しやすいことである」。基本的に家族は２つの世代（１人もしくは２人の成人と子ども）から構成される核家族と祖父母，叔父，叔母，従兄弟，遠縁の親族を含んだ拡大家族とに区別される。しかしながら，この区別は家族の多様性を表すほんの始まりにすぎない。例えば，カップルやパートナーシップをみても，そこにはかなりの多様性があることがわかる。

- 子どものいる結婚をした夫婦
- 子どものいる結婚していないカップル
- 子どものいない結婚した夫婦
- 子どものいない結婚していないカップル
- 退職したカップル
- 子どものいる同性愛者のカップル
- 子どものいない同性愛者のカップル

　これに加えて，ひとり親の母親や父親もいるし，家族と同様に世帯を考慮に入れるのなら，子どもをもたない単身者を含めなければならない。大人の夫婦は，２組の両親のうち，１組の方とともに暮らすかもしれないし，高齢者は成人した子どもと一緒に住むかもしれない。地方と都市部の差異もあるかもしれ

なし，家族は住んでいるところの社会的，文化的環境によって影響を受けるだろう。例えば，部族や階級制度は大きな影響をもつであろう。またこのカテゴリーは，家族の構造上の側面に集中し，家族内の人間関係の多様性を考慮に入れていないことに注目すべきである。

家族の構造や人間関係に関する変化の程度についての継続的な議論がある。この議論の一部は，拡大家族が核家族に取って代わられ消滅してきているという主張と関連している。一方で，ラスレット［1980］は，核家族という特殊な形態は中世以来一般的になったと論じて，それが都市化と工業化の結果であるという主張に反論している。他方，家族ケアを検討する際判明するように，拡大家族は死に絶えたわけではない。拡大家族は日本やその他の東アジアの国々や南欧では存在しており，進化した工業社会の西欧でも残っている。

もう1つの家族の変化についての論争は，家族内の人間関係に関連しており，家族の手段的役割から愛情面での役割へと変化している［ショーター，1975］。このアプローチによれば，家族の単位はより小さくなり，よりプライベートになってくる。結論として，家族内の人間関係はより平等になっている。この視点はデルフィーとレナード［1992］によって論争されている。彼らは，家父長制とは，夫や父の手の中に権力が握られた支配的な独特の家族関係であると主張している。このように，家族とは本質的に圧制的であり，女性は抑圧されている。ダリー［1998］はラディカルなフェミニストの視点をまとめている。

> フェミニストは，今日の女性の従属が核家族の構造やそれを補強するイデオロギーに関連したものであるとほぼ合意しており，これらの発展やその覇権的な性質が資本主義の繁栄と同一であるとしている。（p. 36）

フォックスハーディング［1996］は中間的な立場をとっており，「結婚にともなう家父長制的な性質のために，女性はより多くの自由と生活スタイルの選択肢を狭められている」と論じている。それにもかかわらず，家父長制は弱まってきたが，なくならなかった。彼女は，ウォルビー［1990］の見解を支持しているようである。ウォルビーの見解とは，世帯内の個別の家父長制は，家族や結婚以外の制度に基づいた公的な家父長制に部分的に取って代わられてきた

というものである。フォックスハーディング［1996, p. 105］は，過去10年間で家族は基本的な変化を経験しているが，「より親しい関係がもつ重要性は，緩和されながらも家父長制の枠組みの中で続く」と考えている。家父長制の衰退は，家族と結婚をさらに脆くしている。

家族に関する理論化の多くは，西洋の工業社会に住んでいる白人に関するものであると認識することが重要である。文化的，宗教的要因は，家族構造と役割の決定においてかなり重要である。例えば，東アジアの儒教，ラテンアメリカや南欧のカトリック教などである。同じく，アメリカの部族主義やインドのカースト制度も家族に影響を与えている。発展途上国は，先進国に共通の家族形態とは異なった家族形態をとっているだろう。さらに，国内にも宗教，階級，民族の違いがある。このようなことから，家族に対する社会的供給や支援は，理想としては文化の違いを認識すべきである。これは，数多くの政治的配慮を生じさせるが，次に政治と家族に目を転じてみよう。

政治と家族

ジョーンズとミラー［1996, p. 4］は次のように述べている。「イギリスでの政治論議の中心は，政府が既存の家族形態や家族内の行動を変更するために干渉する，あるいは干渉すべきその方法についてである」。また，世界中の多くの国でも同じ論議が起こっている。そして，本章の後半にある社会政策や家族の議論でみられるように，国と家族の関係についてはさまざまなモデルが存在する。

この節では，保守主義者の見解から着手しつつ，討論の中でイデオロギーの要素を多く扱いたい。なぜならば，保守主義者は常に家族というものの支援者であり，しばしば家族の衰退を嘆き，若者の間の規律の水準の衰退や，さらには社会全体の道徳的，宗教的な標準を衰退させる原因として，家族の衰退というものをみているからである。家族というものは，適切に機能している間は，社会化や社会統制の効果的な手段であるとみなされる。家族は，結婚した夫婦の安定感の源泉になるし，社会に適応した大人となっていくための児童の養育にとって安定した背景となる。経済事情研究所の刊行物においてバーガー［1993］は，伝統的な二人親の家族——彼女は「ブルジョア家族」と呼んでい

るが——は，西洋の工業国では経済的な繁栄の源泉であるとしている。彼女は以下のように述べている。「この形態の家族は，……自信があり，道徳的な責任能力があり，政治責任や経済発展の実践者となるべき起業家的な個々人を創造するのに特に適している」(p. 24)。彼女はこのことから以下のように論じている。「ブルジョア家族と我々が暮らしているタイプの社会の運命は，無情にも絡み合っている」(pp. 24-25)。これは，イギリスやアメリカ，その他の国々での保守的な政治のリーダーによって表されている視点と似通ったものである。

　家族はそのような重要な影響を与えていると考えると，多くの社会問題は不適切で不安定な家族から生じるものとみられてしまうこととなる。『さらば，家族？』と題されたモーガン［1995］の本の前書きにおいて，経済事情研究所保健福祉室長であるデイビッド・グリーンは以下のように述べている。

> パトリシア・モーガンは，いかに夫・妻・子どもという伝統的家族が徐々に母・子ども・国という単位に移り変わっているかを示している。これには二重の危険があると警告している。第1に，崩壊した家族の子どもは次のような不遇を経験する傾向がある。学校では平均以下になり，身体も十分に発達せず，多くの病気を経験し，犯罪や薬物を経験することが比較的多くなる。第2に，父としての責任を取るべき若い男が，そうはせずに，しばしば警察沙汰になるような，どこにも所属しないで略奪を目的とするような生活様式をとることである。［1995, p. iv］

　モーガンは，伝統的家族が衰退している責めを，好戦的フェミニストと，彼らが政策決定者に近づいたせいにした。彼女は，「ひとり親組織のリーダーが，『女性の問題』に責任をもって大臣のキッチンキャビネットに採用されている間，彼らは伝統的家族を弁護するものを誰も含まなかった」と主張した。大臣に助言している者たちは伝統的家族が「より早く完全に払拭すること」を促した（p. 25）。この議論は，家族と性的行動に関する事柄についてラジカルな右派の政治的に優勢な声を強調するもっと一般的なものの完全な裏返しである。この影響を最も反映している例はアメリカの共和党内の優勢な立場である。ストアッシュとミジリー［1991］は，アメリカについて記述する中で，文化的保守主義研究所（the Institute for Cultural Conservatism）に言及している。この研究所は，1987年に声明文を出しており，伝統的な福祉の役割を果たすことがで

きる家族の再活性化を論じている。この研究所は，母親が家にとどまるという伝統的な核家族の役割への回帰を望んでいる。そこでは親の権威を支えるための試みが行われているであろう。離婚，妊娠中絶，婚前交渉，婚外交渉は強く思いとどまらせるべきものとされているであろう。安定した核家族の経済的な充足を確保する活動もあるであろう。

家族は常に宗教から多大なる支援を受けている。アイルランド，イタリア，ポーランド，ポルトガル，スペイン，中南米のようなカトリックの国々では特に明らかである。カトリック教会の離婚・避妊・中絶の禁止は広く適用されているが，議論をここでまとめる必要はない。カトリック教会はまた，現在ドイツとオランダで注目されている補完性原理の表れに責任がある。補完性は中央国家の力から保護することを意図しているが，カトリック教会はまた，家族の重要性を強調しようとしている。スピッカー［1991］は家族の役割にとっての補完性原理に関する説明を行っている。

> 補完性とは，人々がお互いの福祉に対してもっている責任を表明するものとして正当化される。これらは，関係の親密性に左右される。最も親密な関係は主に家族内に存在しているため，社会支援の基本的責任を負うのは家族である。遠くに離れるほど役割は減少する。(p. 4)

同じく興味深いことは，アメリカで福音伝道を行うキリスト教（新教）であり，伝統的な価値へ回帰する復興運動である。ピール［1984, p. 71］は，「1970年代においてはニューライトを特徴づけた家族や社会問題の強調は，ある意味で過去10年間に認識されていた寛大さへの反動である」と論じている。ニューライトによれば，家族の衰退とその結果として生じる礼儀正しい道徳や信仰心の低下だと彼らが認識するものを導いたのは，福祉国家と社会民主主義の思想であるとしている。政治的，宗教的右翼の同盟は，アメリカ社会において，家族というものを中心的な重要な場に回復することで流れを逆転させようとしている。イギリスやヨーロッパ大陸では原理主義者の宗教はアメリカのように強い政治力はない。福音伝道のグループは存在するが，それらの政治的意義は無視してよい。イギリスの英国国教会は，シドニー・スミスによって「祈禱式で

のトーリー党」として描かれ，おそらく福音伝道のキリスト教徒よりも保守党内に影響を与えている。

　しかしながら，ニューライトの家族に対するアプローチには潜在的なパラドクスがある。これは，そのアプローチ内部で完全に互いに矛盾がないわけではない2つのイデオロギー，経済的自由主義と保守的権威主義が同盟していることに起因する。経済的自由主義は経済面においては最小国家を提唱しているが，この視点は社会の領域へと及んでいる。他方，保守的権威主義者は政治的権威の再構築に関心があり，家族の統制には反対していない。最初のグループは，家族を強固にする最良の方法は，政府を排除すること，および家族に自らの決定をさせることであると論じている。しかしながら，アメリカ政治における宗教的右翼と他の保守主義者は，保守主義的権威主義と密接に関連している。例えば，文化的保守主義研究所の提案が多くのレベルでの家族への政府介入を要求していることは明らかである。しかしながら，ミシュラ [1989] は，これらニューライトの考え方の2つの要素の同盟は，特異なものでも逆説的なものでもないとみている。すなわち「経済面に関する自由放任主義と，社会問題における保守主義および権威主義との組み合わせは，特にアメリカで展開しているように，保守主義の歴史ではほとんど目新しい動きではない」(p. 174)。リスター [1996, p. 19] は，イギリスでの保守的家族キャンペーンにおける同じような矛盾を確認している。「家族復興運動は，保守党にとってジレンマと矛盾なしには存在しえなかった。マーガレット・サッチャーが回顧録の中で認識しているように，国家の影響力をおさえるというイデオロギー的公約を家族という『私的な』領域への介入と適合させることは困難である」。また，リスターは，グレイ [1994] によって指摘された幾分微妙な矛盾に言及している。グレイによれば，新自由主義政策の15年は，家族を「閉鎖的な経済改革によるすべての圧力にさらし，その圧力は家族をコミュニティにおいて分裂的で資源不足なものにしている。さらに社会生活を一連の市場交換に還元してしまう公共政策がコミュニティを脆弱で無力なものにしている」という。

　しかし，家族を称賛するのは保守主義者だけではない。1997年のイギリス選挙運動では，ブレアは新しい労働党とは，家族のための党であると表現した。クリントンも1996年の大統領選挙のときに同じようなことを主張している。フ

ランスとドイツでは家族の保護は党の政策を超越するものである。両国ともに家族は憲法のなかで言及されており，大臣の任命において反映されている。フランスにおいては，人口・家族高等評議会（Haut Conseil de la Population et de la Famille）と児童・家族研究所（Institut de l'Enfance et de la Famille）は，大統領の後ろ盾となるものとして高い名声と功績をもっている［アントレ，1994］。

ハバス［1995］はイデオロギーとしての家族を著している。核家族化が進行すると，「モデルは常に階級によって制約を受けるので，それは全階級の現実ではなく中間階級の理想を反映する」（p. 6）と彼女は論じている。ますます私事化される核家族は，すべての家族が判断されるモデルになる。ハバス［1995］はこのプライバタイゼーションの影響を以下のように表している。

> イデオロギーとしての家族は，より広い社会の事象がすべての児童に影響を及ぼすことを否定し，我々が隠遁できるという幻想を与える。それは自分の子どもを育てる「責任」を私事化し，最終的には子どもの欠点は他の子どもや広い社会へ影響を及ぼすという概念を否定している。［1995, p. 7］

家族は，外界の圧力からの安息所を意味し，児童の養育に愛と安定した環境を与え，親の個人的成長と達成感のための機会を与える。たとえ最良のときでも，家族はこの理想を満たすことはむずかしいことがわかるだろうし，また，最悪のときには家族は悲惨なほど短く終わってしまう。家族のプライバシーは女性や児童の身体的，性的虐待を助長する。

保守党員は，結婚と母性が家族の基盤であると定義する。イギリスでは，経済事情研究所は，結婚の衰退と家族の衰退とは同時並行的で密接に結びついたプロセスであるとみている。このことが，離婚制度の改善に対する反対を生じさせた［ウィラン，1995］。デイビッド［1986, p. 139］は，ニューライトが「すべての女性に対して，重要な社会活動としての母親の役割をますますほめたたえている社会政策」を通して，プライベートな家族のモデルを推進させようとしていると主張している。伝統的な家族観では，母親は働かないことが望ましいとされる。女性の母性は「生来」のものとして考えられている。子どもを産むことができるのは女性だけなので，育てることを期待されうるのも女性だけ

であるというものである。妻や子どもを養うという男性の「本能」が,生物学的に事実であるのと同様である。フィッツジェラルド [1983, p. 50] は,この社会生物学的な視点を新自由主義に「内在」する「生物学的原理主義」であると述べている。

多くの点でニューライトはノスタルジーをもって家族の神話的な輝かしい時代を振り返っている。確かにサッチャー元首相がビクトリア時代の価値観まで戻ろうとしたことは真実であり,またイギリスの経済事情研究所,アダム・スミス研究所,アメリカのキリスト教徒連合会,文化的保守主義研究所が公刊した今日の出版物の多くについてもあてはまる。そのことは,ヨーロッパのキリスト教民主党や他の保守的な政党では,声高には言われてはいない。しかしながら,たんなるノスタルジーとして,この視点を片づけてしまうことは間違いであろう。家族が社会のなかで傑出した立場を回復することは,福祉の供給をプライバタイズするさらに大規模な計画の一部である。最小国家という新自由主義の視点は,国の福祉の役割を大きく縮小し,他の制度に機能や責任を転嫁することを意味している。家族は,現在している以上の重い介護の役割を喜んで担うことができると仮定している。次節で明らかにするように,証拠が示すのはこの想定には根拠がないということである。

家族ケア

実証的研究によって,すべての福祉国家における介護の源泉として,家族がいかに重要であるかを証明してきた。核家族のメンバーによって行われる障害者や病人の介護や高齢者と成人した子どもとの間の相互支援システムは特に重要である。それぞれ約10年の期間を隔てて行われた3つの研究は,時期ごとに比較することが可能になる。第1の研究は,エイブラムス [1977] によって行われたもので,コミュニティケアとして定義されるケアは,地域という感覚でのコミュニティに基づくものではなしに,血縁・人種・宗教に基づくもので,特に血縁が重要であることがより詳しい調査によってしばしば明らかになっていると主張した。第2の研究は,ウィルモット [1986] によって行われ,彼も血縁のネットワークの重要性を強調した。マッグローン,パーク,ロバーツ

[1996] による近年の研究はこれら2つの先行研究の調査結果を確認した。

> ……衰退するどころか,家族は永続的に好ましい形態であるように思われる。なるほど,今日親族と暮らしている人々は少なく,仕事への需要の変化のせいもあろうが,10年前に比べるとこれらの家族は少なくなっている。それにもかかわらず,家族は鍵となる社会ネットワークのままであり,多くの人々にとってのインフォーマルケアや支援の一次的な源泉として残っている。[1996, p. 66]

フィンチ[1989],グレンディニング[1992],パーカー[1990;1993]による他の研究はインフォーマルケア・システムの中で家族が優位であることを確認している。これらの研究は主にイギリスに関するものである。しかし,同じ光景は世界中どこででも繰り返される。これは,全国家族政策ヨーロッパ研究所から得られた資料で詳細に証明されている[ディッチほか,1996a, 1996b]。これはEUの主導であるので,その加盟国しか含まれていない。ミラーとウォーマン[1996]もそうであるが,彼らはノルウェーも含んでいる。また,ノルウェーに関する個別的な研究も行われている[ビエルネス,1990;レイラ,1993]。中・東欧の国々の研究は,カナダ,イスラエル,多くの西欧を含むエバースとスベトリック[1993]の研究の中でみられる。日本の情報はグールド[1993]とオカザキほか[1990]の研究の中にみられる。

エイブラムス[1977, p. 133]は初期の研究の中で「血縁は依然として愛情の最も強い基礎と,我々が最も信頼できるケアの基盤として変わりはない」と主張した。ミラーとウォーマン[1996]による最近の研究は「EUすべての国では,家族が配偶者のいない高齢者の介護の圧倒的に主たる源泉であり,成人した子どもが最もよく指名を受ける介護者であることを示している」ことを,多様な研究からまとめている(p. 33)。同じことは他の多くの国々,ヨーロッパの他の国々,オーストラリア,カナダ,日本,ニュージーランド,アメリカ,中南米の国々でもあてはまる。スウェーデンのような高度に発展した福祉国家さえも「高齢者福祉の大部分は家族によって提供されている」と記されているのは興味深い[ヨハンソン,1993, p. 103]。グールド[1993, p. 200]はスウェーデンに関して,「将来高齢者ケアはインフォーマルケアにさらに依存すること

となっていくだろう」と予測している。インフォーマルケアの多くの研究は高齢者に焦点を当てているが，家族は他のグループの人にも多くのケアを行っている。例えば，障害者，慢性疾患患者などである。子どもは家族内で世話される人々の中で最も多い。本章は必然的に高齢者ケアに偏重した調査となっているが，他のグループも考慮されるだろうし，ケアを行う活動の多くがもつ相互扶助的な性質もまた注目されるべきであろう。

ところで，この家族ケアについての議論は大まかな一般的議論の域をそれほど越えるものではない。より内容を深めるために，主な3つの問題を設定してみると以下のようになる。それは，①誰がケアの主な受け手となるか，②誰がケアを担うか，③どのようなサービスが提供されるかである。

我々は，すでにインフォーマルなケアを受ける可能性のある人々を定義している。高齢者（特に虚弱な人），身体障害者，学習障害をもつ人，慢性疾患患者や精神病者である。扶養されている子どもの大多数は家族内で世話されているが，子どもについては，インフォーマルケアという言葉を用いるのは不適当であるといった異なった考え方もまたある。それにもかかわらず，家庭での子どもの養育に誰が主な責任をもつのか，雇用と就学前施設の利用の関係について重要な問題がある。

高齢者のうち介護を受けている人の3分の2は女性である。この理由は明らかである。大部分の虚弱な高齢者は85歳以上のグループで，女性は男性よりも平均寿命が長く，高齢者の集団になるほど男性の数を大きく上回るようになるからである。例えば，イギリスでは1991年に85歳以上の女性の人口は男性の3倍である。介護を受けている人々の中に占める女性の正確な割合は，研究されている国の人口動態の特徴による。しかし，すべての先進工業国のなかでは，高齢女性が高齢男性の数を上回っているため，大きなばらつきがあるわけではない。

近年の研究の注目の多くは，介護者の特徴づけ，特に男性と女性との間の介護に携わる活動の分割へとむかってきた。証拠が示すところによると，女性は「天性の」介護者とみられており，男性にとって都合のよいことに，女性が子どもだけでなく，高齢者や他の扶養親族の介護を行う最も大きな責任をもってほしいという期待がある。フィンチとグローブス [1980] によって書かれた論

文は大きな影響力をもち，よく引用されるが，コミュニティケア＝家族介護＝女性による介護，という「二重の等式」を述べている。

> 所属文化の価値観により，女性が家族におけるケアラーに選定されてしまうことは，実際に生じている実態を示す証拠として反映されている。つまり，夫に対する妻のケア，障害児に対する母のケア，高齢の両親に対する娘のあるいは障害のある兄弟姉妹に対する姉妹によるケアという，各一次責任に関してである。ケアは，また，女性の近隣者やボランティアによっても提供されている。[1980, p. 499]

最近の研究のいくつかに同じ状況について述べたものがある。例えばボールドウィンとトゥイッグ [1991, p. 120] は，男性によるケアは過小評価されてきて，「大部分は女性の活動として一般的に理解されている」と結論している。ビエルネス [1990, p. 114] はノルウェーでの研究をまとめており，「家族の世代間ケアの研究は，ケアリングワークを行うのは真っ先に娘であることを示している」と述べている。マッグローンとクローニン [1994]，アンガーソン [1995] はヨーロッパの事情のなかで介護をみており，研究対象の国々の中でジェンダーのバイアスがあることを調べた。

しかしながら，パーカー [1993, p. 6] によれば，女性が大部分の介護を行うと結論した研究の多くは，「結婚関係とは，特に高齢者に対しての介護が行われる第一の場であることを示す証拠が増えている」ことをあまり考慮していないとしている。これは，1990年のイギリスの全国世帯調査（GHS）の結果を説明することに一部寄与している。GHS は，介護の責任を担っている割合が，男性の13%（290万人）に対して女性が17%（390万人）であるとしている。これらの数字は，1985年の調査（15%が女性，12%が男性）に比べ，格差が拡大していることを表しているが，この違いは思ったよりも顕著ではない。配偶者が介護を行っている場合では，男性と女性の割合が同じ程度である。誰が高齢者の介護を行うかは，介護が可能な者がどこに住んでいるかによるところが大きい。マッグローン，パーク，ロバーツ [1996] による最近の研究では，成人した子どもの30%が親に15分以内で通えるところに住んでおり，親の74%が成人した子どもから1時間以内に通えるところに住んでいることを示している。クレシ

とシモンズ［1987］は，息子と娘が 2 時間以上遠くに住んでいる場合介護を期待されないことを発見した。したがって，もし娘が両親の家から 2 時間以上のところに住み，息子が両親のきわめて近くに住んでいたら，娘より息子の方が援助を期待されただろう。息子が両親とともに住んでいたら，娘よりも主として介護を行うだろう。同居の重要性は，レビンらにより確認されており，同居は誰が介護すべきかを決定する際にジェンダーを乗り越えると述べている。これらの場合とは別に，好み，期待，義務の序列があり，これは配偶者が一番であり，続いて娘，義理の娘，息子，親族，非親族の順である。

しかしながら，ケアリングワークを行う時間やサービスの細かな分析は，ケアが圧倒的に女性に委ねられていることを重ねて示し始めている。1990年のイギリスの全国世帯調査では，ケアについて週20時間以上ケアできる能力をもっているものは，女性ケアラーの24％に対して，男性ケアラーは21％であった。週に20時間以上のケアを行っている人はケアされる人と住んでいるか，かなり近くに住んでいる。一方，最短時間区分であるケアリングワークに従事するのが週 5 時間未満の人は，男性ケアラーの38％で，女性ケアラーでは30％であった。仕事の種類も，ケアを行う者のジェンダーにより異なる。パーカーとロートン［1994］は，ケアの中の「重労働部門」と呼んでいるものと，インフォーマルな援助との違いを区別している。「重労働部門」であるケアは，洗濯，着衣，排泄，食事介助，身体的なニーズと快適さへの一般的な配慮を含むパーソナルケアから成り立ち，大部分は女性によって成り立っている。男性はインフォーマルな援助を多く担っているようである。庭仕事や家の周りの仕事や運転などである。しかしながら，この差は配偶者のケアにはあてはまらない。

上記のようなデータのほとんどは，高齢親族の介護に関するものである。もし，他のグループを考慮に入れたら，介護者としての女性の優位さは確実なものとなる。パーカー［1990］は，1985年に最初に刊行された著書の第 2 版で次のように述べている。

> 高齢者ケアについての証拠に比べ，近年の研究においては，本著の第 1 版に著されているような障害児ケアに関する分析に異議をさしはさむものはほとんどない。大多数の子どもをもつ家族の場合と同様，障害児ケアは母親が大半を占め，その他の家族か

らほとんど援助されずに行っている。(p. 47)

　ケアリングワークに従事する男性，女性に最も共通する年齢は，45歳から64歳である。1990年の全国世帯調査では，この年齢層の女性の27％と男性の20％がケアラーである。確かに，50歳から64歳の人々は70歳以上の層の親をもっている。大部分の国々では，85歳以上の人々の娘や息子は，彼ら自身が年金受給資格の年齢に近づいている。

　介護を行う者と介護を受ける者を考察する際，提供されるサービスの種類に言及する必要がある。しかし，現在，これはより体系的に取り扱う必要がある。セイドら〔1984〕により2年以上前に行われた研究から，ウィルモット〔1986〕が採用した有効な初期のカテゴリーを考察することから始める。次のリストの中にある最初の4つは，先行研究の中で使われたカテゴリーであり，5番目は，ウィルモットによりつけ加えられたカテゴリーである。

1．清拭，入浴，着衣，食事，排泄を含むパーソナルケア（これはパーカー〔1981〕の「お世話（tending）」の概念と一致する）
2．家事援助（料理，清掃，洗濯）
3．補助的ケア（雑用，庭仕事，移送，ベビーシッティングのような主として面倒でない仕事）
4．社会的支援（訪問，交流）
5．監督（弱者を見守る）

　特定のケアの状況でのインフォーマルサポートについてはいくつかの優れた研究があるが，おそらく，家族内で利用されるすべての支援の最も完全な概括は，フィンチ〔1989〕によってなされた。彼女は，援助をさまざまなグループに分けている。①経済的支援，②居住施設，③パーソナルケア，④実際的支援と児童のケア，⑤情緒的，道徳的支援である。これらの各々のカテゴリーは，さらに細かに分けられている。また，フィンチは，兄弟姉妹，児童，祖父母，他の親族を含むさまざまな家族のメンバー間の支援を考察している。彼女はまた，援助とは，相互扶助的に，またライフサイクルにおけるさまざまな段階において（親からの成人した子どもに対する援助〔例えば，経済的支援や便宜〕，成人した子どもからの高齢の弱った両親に対する援助など）与えられるものであると強調

している。

　相互扶助は，形を変えた取引であるともいえよう。しかし，この取引は地域のスーパーマーケットで行われる取引とは違ったものである。それらは，物々交換や長期信用貸しとどこか似通っている。ある関係では，ほとんど即時で継続的相互扶助があり，そこでは，人は同時に与え手にもなれば受け手にもなるのである。高齢になった両親は，大人になった娘や息子のために子守をし，世話をするサービスを行い，娘や息子は両親の家の周りや庭の仕事を助けるだろう。相互扶助は，たんに2つの集団だけを含むものではない。例えば，ある息子や娘が兄弟姉妹よりも近くに住んでいるので，高齢の両親の日常的な介護のほとんどを行っているかもしれないが，遠くに住んでいる兄弟姉妹は，彼らが休暇をとるときに，甥や姪を自分たちのところに預かるかもしれない。むろん読者はより複雑な交換を思い浮かべるだろう。相互扶助は，とても長期にわたるかもしれないし，子どものときに受けた世話のお返しの形として高齢の両親に介護を与える息子や娘の可能性はすでに言及されてきた。この分析は，相互扶助の見込みのない他人に依存している人々に関して重要な意味を含んでいる。

　家族ケアはどこであっても重要であるが，すべての国で等しく重要というわけではない。その重要性は複雑な変数によって変わるだろう。すなわち，文化的期待と実践，居住施設が利用できるかどうか，家族や介護者への援助政策の有効性（社会保障の供給を含む），労働慣行と労働市場の構造，住宅政策である。これらの変数は，本章の後の節で簡単に触れてみたいが，すべてを取り上げるだけの紙幅はない。

　ディッチら [1996a] は，EUにおける家族研究の中で，ヨーロッパの北部と南部の明らかな違いを指摘している。ギリシャ，イタリア（特に南部），スペイン，ポルトガルでは，施設ケアは未発達であり，施設ケアが未発達なのは「伝統的な価値観と公的部門の未発達に起因する」と主張している（p. 118）。ディッチと共著者らは，イギリスでは介護の義務は家族でするかどうか，また，一定の期間するかどうかが交渉の対象になるとしたフィンチとメイソン [1993] による研究に言及しており，これを南欧の国々と対比している。

　対照的に，伝統的な期待はギリシャ，イタリア，ポルトガル，スペインのような南欧

の国々に根強く残っており，そこでは交渉の余地はなく，ケアリングの責務は家族関係の中で避けることのできない部分で，私的領域であり，国の権限から独立しているとみなされている傾向がある。［1996a, p. 113］

　これらの要因の結果として，スペインの高齢者ケアの90％が家族によるもので，イタリアでは重度の障害をもった高齢者の80％が親族から援助を受けている。ギリシャでは，居住施設に入所している高齢者は１％にも満たない。東アジアの国々（特に日本）でも伝統的価値観は，介護の源泉としての家族を強調している。グッドマンとペン［1996, p. 207］は以下のように述べている。「最も単純な見方では，日本は，国家福祉に対する多くのニーズを否定しようとする家族福祉のシステムに特徴があるといえるだろう」と。これはいくらか言い過ぎかもしれないが，デンマークに関するディッチら［1996b, p. 76］の記述とは対照的である。「成人した子どもが高齢者の主たる介護者となることは一般的ではなく，近い将来に変化するものでもない」。

　南欧でみたように，他の方法が簡単に手に入らないところでは，選択肢がないことは明らかである。家族ケアを行うか，何もないかどちらかである。北欧，北米，オーストラリア，ニュージーランドでは，インフォーマルケアを発展させる主な議論は，国家のインパーソナルな専門的介護に依存することを望まないという受け手に好まれる選択肢のひとつであるということである。この仮定はまだ論証されたものではない。

　国のサービスは時には依存性をつくりだすかもしれないが，コミュニティケアの危険性は，新しい，受容がむずかしい形態の依存がつくり出されることである。このことは，支援のない親族が必要な介護を供給することを期待されるときに確かに真実である。親族への依存は，公的サービスに依存するよりもより折り合いがつけづらい。親族の「重荷」にはなりたくないという願いは，高齢者，障害者の間で共通のことである。クレイグとグレンディニング［1993］は，依存の社会的構造と障害者による「依存」のレッテルの拒否を批評し，以下のように続けている。

　これらの見方は，障害者運動に携わるより政治的に活動的なメンバーだけの特権では

ないことに注目することが重要である。「一定の距離を保った親密さ（intimacy at a distance）」という高齢者の願いに非常に似ている。つまり，親族へ過度の依存や恩義を感じさせない関係が望まれているのである。(p. 177)

フィリップソン［1988］は，また高齢者は，インフォーマルな支援がないか十分でない場合にのみ，公的機関の援助を求めるという従来からの見解に疑問を投げかけている。彼は，親戚関係に基づいたインフォーマルケアから，公的な専門的支援へと高齢者が転換していることを示すアメリカの研究を総括している。彼は，以下のように論じている。

> これは，人々が支援を与えないことをいっているわけではない（彼らが常に多大な犠牲を払って行っていることを知っているので）。そうではなくて，コミュニティによるケアは，専門家によるケアよりも魅力的な選択肢ではないと思われていることを示しているのである。家族による支援および関与のほかは。[1998, p. 8]

クレシ［1990, p. 68］は，また，「高齢者や家族の考えを考慮に入れると，インフォーマルケアが一般的に好ましいとする仮定はとても単純すぎる見方であるということは明らかである」と論じている。主に虚弱な高齢者は，若いときには彼ら自身がケアを行っているかもしれず，介護を行う役割を担ったときの家族にかかる負担には気づかないはずはない。ではこれらのプレッシャーに目を転じてみよう。

介護を行うことの影響

介護者自身やその家族に対する，介護の影響を伝えることは困難である。統計から，介護を行うことがたいてい絶え間のない骨折り仕事であるとする見解は伝わってこない。失禁のある虚弱な高齢者は，排泄，身体を洗う，着衣，食事，ベッドへの移動に介助が必要であろう。衣類と寝具はこまめに交換と洗濯を行わなければならないだろう。介護は一日中そして夜は頻繁に継続する。睡眠の妨げやきつい身体労働は疲労を蓄積し，健康を害することもあろう。チャ

ールズワース，ウィルキン，デューリー［1984, p. 7］は，彼らの研究において，介護者の22％が「高齢者の介護によって引き起こされる，もしくは悪化する」健康の問題を実感していることを述べている。男性よりも女性の方が少しばかり健康の悪化を報告している。影響を及ぼすのは身体的な健康だけではない。介護者によって明らかにされる最大の問題のひとつは，長期間にわたる介護行為のストレスに起因する憂鬱と不安であった。このような初期の結果と1992年に出された研究の結果（この調査では，介護者のうち65％が介護行為に健康問題の原因があるとしていると報告されている）との間には，大きな食い違いがある。これらの相異なった結果に対して，完全に納得のいく説明をみつけることはむずかしい。この1992年の調査は全国介護者協議会（CNA）のメンバーによってなされており，その組織は数年間介護を行った後に，初めて参加することができる。介護は長期化するほど，健康により大きな影響を及ぼすことがわかる。協議会のメンバーはより重度の人々に介護を行っているが，これは推測に過ぎない。さらに推測できるのは，2つの調査の間の8年間に，介護者の問題はより注目されるようになり，介護にともなう健康や他の問題をより容認するようになったことが指摘できる。しかしながら，差異は大きく，十分には説明しきれない。

　しかしながら，この2つのレポートの傾向は似通っている。そこに含まれるまったくの身体的労働は身体に害を与える。例えば，CNAの回答者の28％は，背後にある問題に言及した。しかしながら，介護者は健康を悪化させやすい中年後半期であることを記さねばならない。パーカー［1990］は，「介護を行うことと身体の健康の悪化との間の手軽に想定されている因果関係はいまだ証明されていない」（p. 93）と主張している。しかしながら，パーカーがこの結論に達したあとCNAの研究が行われたが，ここでもその因果関係は証明されてはいないが，少なくとも介護行為と身体的不健康との関係が強く示唆されている。しかしながら，パーカーは，「介護者の精神的な安定が犠牲にされているという明らかな証拠がある」と述べている（p. 93）。

　介護者の精神的不健康を助長するいくつかの要因がある。要因のひとつは，活動のいくつかが絶え間なく継続されるという特性であり，介護に対する重い責任をしばしばともなう社会的孤独である。CNAの調査では，介護者の20％は休息がないと報告した。定期的に休息がとれたとしても，多く（62％）が半

日以下である。多く（59%）は臨時の休息もまた短期間であり，1週間以下である。これらの調査結果は，チャールズワースらの研究［1984］を確証するものである。彼らの研究は，「男性は余暇活動が台無しになることにより強い抵抗を示しているけれども」(p. 18)，介護者（男性，女性ともに）の44%が余暇時間に制約があることを報告した。さらなる証拠として，学習障害児の母親たちのストレスを引き起こす要因についてのチェトウィンドの研究がある。休息のなさ，母親の社会生活の制約はストレスに大きくかかわっている。

　それに加えて，家での緊張度が増すことがある。例えば，子どもと夫は，特に妻や母親との時間を高齢者が独占するようになったときに虚弱な高齢者の存在をひどく嫌がるかもしれない。そのような傾向がある。さらにいえば，女性は平穏を維持しようとして板挟みになるかもしれない。ニッセルとボネリー［1982］による研究は，家族の構成員はプライバシーがないことに対し不平を述べ，夫と妻ともに夫婦関係の悪化を訴えている。両親の中には子どもの学業成績が悪くなったと思っているものもいた。これも心配を生み出すもとのひとつである。明らかに，この性質の問題は，介護を受ける者が介護者の家族と生活しているときに起こりやすいが，親族の面倒をみながら家族の家から離れて過ごすときもまた緊張が高まるかもしれない。

　より微妙なリスクとして，介護を受けている人への愛情が限界まで引き伸ばされて，このことにより罪の意識を抱くかもしれない。以前には満足感のもとになっていたものが，腹立たしい義務になるかもしれない。これは，介護をされている人の振る舞いが変わったときによく起こることだろう。例えば身体的に虚弱な高齢者は，精神的苦痛の行動的徴候を表すことがある。これは当然心配の原因になるが，特に理性的なコミュニケーションがとれない問題が生じた場合，介護がさらに困難になる。

　悪化する財政状況は，介護者にとってさらなる問題である。介護者の貧困度や裕福のレベルは個々の状況によるが，社会政策の視点からみると，社会保障の整備，労働市場政策，児童ケア施設の整備と費用，財政政策，所得維持の法的施行が主に影響を与えている。後の節でこれらの問題のいくつかを考察する。ここでの我々の関心は，介護者が直面する財政の問題である。介護者が不利になるいくつかの点がある。最も深刻な問題は雇用形態の制約である。介護者の

家から近くなければならないし，労働時間は介護の責任を配慮してもらわなければならない。これは，パートタイムの仕事を意味するかもしれない。このことは職探しをきわめて困難にするため，介護者は未就業であることが多い。もし仕事をみつけても，低賃金で雇用保障はほとんどなく，昇進の見込みはない場合が多い。納得のいく給料が支払われている職業においてさえ，昇進はなしですまされるかもしれない。ただしそれも長期間であるかどうかも予期できない。ボールドウィン［1985］，ジョシ［1987, 1991］，グレンディング［1989］，パーカー［1990］，ノーデンとラシュコ［1993］，ナフィールド・プロビンシャル病院トラスト［1993］，介護費用同盟（the Caring Costs Alliance）［1996］による研究は，労働機会の減少と低賃金に関する証拠を示した。低賃金は，管理グループと介護を行っているグループとを比較することによって測定されるが，訓練や昇進機会の少なさ，そのことによる所得の減少を計ることは非常に困難である。年金の受給資格を失うことが計算できるように（少し困難であるが），フルタイムの仕事からパートタイムの仕事への移動，パートタイムから完全な無職への移動による損失は，すべて計算することができる。しかし，貨幣的な側面で職業の安定性が低いレベルにあることを測定するのは不可能である。

　財政的平等には他の側面もある。それは支出である。虚弱な高齢者や障害児の介護を行うには余分な費用がかかる。この分野に関するボールドウィン［1977；1981；1985］による先駆的研究，またスミスとロバス［1989］によってなされた研究では，障害児の場合における同様の余分な支出パターンを示している。項目の中で，特別な備品の購入が明らかにされている。住宅改造，食品，衣服，寝具，移送，洗濯，暖房である。雇用機会の減少と追加支出が一緒になることは，余分な支出が減らされた予算から捻出されねばならないことを意味している。

　家族介護に関連している問題は，女性が非常に不利になっていることである。我々は女性は介護の重労働の部分において，男性よりもかかわらせられやすいことを確証してきた。女性はまた，子どもの世話で主要な役割を担っており，家事の雑用を公平な負担以上に担っている。それらの役割のすべてが合わさると，ストレスははかりしれない。次の節で検討するように，介護の責任が拡大したとき，主に有給の仕事を完全に辞めたり，フルタイムの仕事からパートタ

イムの仕事に変わったりするのは通例女性であり，減少した家計をやりくりするといった日々の問題に対処するのも女性である。

社会変化と家族ケア

この節では，さまざまな社会変化を，それが家族ケアに影響を与えている限りにおいて考察する。変化のなかで考察されるべきものとしては，世界規模での高齢者人口の増加，パートナーシップの形態や家族形態の変化，労働市場の変化などである。

人口の高齢化

すべての工業国では，人口における高齢化率の増進を経験してきた。多くの場合，このことは20世紀初頭に始まった長期的な変化であるが，過去40年間で増加は顕著になった。この傾向は21世紀にも引き続くことが予測されている。不安感を抱かされるようなことが数多く語られている。これまでの章で述べられていたように，欧州委員会 (1995) の「人口動態の時限爆弾」の不安や，また『ガーディアン』紙は1994年の世界銀行のレポートを取り上げたが，その見出しは「人口の高齢化は世界的な危機を及ぼす」というものである。OECDとIMFは同じような関心を示していた。コメントの出所から予想できるであろうが，主な懸念は経済的なものである。給付者の数の増加により年金はどのように財源をまかなうべきか，生産性の面で，高齢化は長期的にどのような影響があり，その結果生活水準はどのようになるのかである。依存率 (dependency ratio) と呼ばれているものについて多くの計算がなされている。完全な依存率は，すべての未就職者を計算に入れていなければならない。それは，高齢者，学業を専門とする若者，失業者，重度の身体・精神の障害により仕事に就いていない人々を含んでいる。この合計を，経済的に活動する人々の人数で割る。最も頻繁に用いられる割合は，0〜14歳の人口と65歳以上の人口の合計を15〜64歳の人数によって割るものである。もし目的が高齢者「問題」を強調することであったなら，65歳以上の人口1人当たりの労働年齢人口数を示す数字が算出される。表5-1はOECDの報告 [1994] から抜粋したこのよ

第5章 インフォーマル部門と社会福祉 253

表5-1 主要OECD諸国における高齢者1人に対する労働年齢人口

国	1960	1980	1990	2000	2020	2040
オーストラリア	7.2(1961)	6.6(1981)	6.0(1991)	5.5(2001)	3.7(2021)	2.9(2041)
オーストリア	5.4	4.2	4.5	4.3	3.3	2.1
デンマーク	6.0	4.5	4.3	4.4	3.3	―
フィンランド	8.5	5.6	5.0	4.6	2.9	2.7
日本	11.2	7.4	5.8	4.0	2.4	2.1
ニュージーランド	9.0(1961)	6.4(1981)	5.8(1991)	5.6(2001)	4.1(2021)	2.7(2041)
ノルウェー	5.7	4.3	4.0	4.3	3.6	2.8
スペイン	7.6	5.6	5.0	4.2	3.7	2.1
スウェーデン	5.5	3.9	3.6	3.7	3.0	―
トルコ	15.1	11.3	13.8	11.3	11.0(2005)	―
イギリス	5.5	4.3	4.2	4.1	3.5	2.8
アメリカ	6.5	5.9	5.3	5.4	3.6	2.7

出所：OECD（1994）

うな計算の例である。表5-1のすべての国は同じ方向性で推移しているが，速さが異なっている。日本は1960年から1980年の間で急速に減少し，その後一定の速度で減少している点に注目すべきである。トルコもまた突出しているが，反対の理由からである。2000年まではトルコはいまだ少なくとも他の国と比べて2倍の高齢者1人当たり労働年齢人口をもつことになろう。

表5-1の数字はインフォーマルケアに間接的に重要である。もし予想が正確ならば，年金や高齢者関係の支出への圧力が増すだろう。これは明らかに政府の大きな関心事である。これは次には，家計への圧力，課税の引き上げ，資産調査の強化を意味している。

おそらく，インフォーマルケアとして重要な点は，高齢者の割合が増加することにより要介護者が増加することを意味することである。OECDの数字は，すべてのOECDの国々での高齢者の割合は少なくとも1950年ごろから増え続け，21世紀の中ごろまで増加が続くことを示している。OECD［1994］は，65歳以上の人口は1950年から2050年までに「OECD平均10％以下から20％以上まで」（p. 37）2倍になると予測している。欧州委員会は21世紀の早い時期までに初めて65歳以上の人口が児童の数を上回ると論じている。しかし，これがすべてではない。OECDは次のように述べている。

人口構成が大きく移行している間に，第2の人口動態変化は始まっている。第2の高齢化の過程は，時に高齢者の高齢化といわれるもので，OECDの国々で進行中で，80歳以上の人々が急激に増加している。この数の増加は西・中央ヨーロッパの50％からオーストラリアとカナダの20％以上まで範囲がある。(p. 37)

　表5-2は，人口の割合として2つの年齢グループ（65～79歳と80歳以上）が増加していることを示している。80歳以上の人口の割合は小さいようにみえるが，65～79歳の割合よりも急速に増加している。2000年までにはほとんどの国々で80歳以上の人口の率は1960年の2倍，3倍まで増加するだろう。同じ期間内に日本では5倍の増加を経験するだろう。最も重い介護ニーズがみられるのは80歳以上のグループであるので，このグループの率の増加は介護の要望を増加させる。

　本章の初めに，高齢者と成人した子どもの家の物理的な距離が介護行為の関係および介護される者，そして介護の濃度の関係の重要な決定要因として位置づけられた。同居は特に重要である。高齢者が子どもと暮らす頻度は国によって大きく異なっている。この相違の実例は，日本とスウェーデン，デンマーク，オランダ，ノルウェーを比較することで証明されるであろう。日本では高齢者は子どもや孫と同居する長い習慣がある。2世代，3世代で暮らす65歳以上の人々の割合は減少しているにもかかわらず，日本での割合は西欧と北アメリカと比較できないほど高いままである。1960年に65歳以上の人の87.4％が子どもや孫と同居していたが，1985年までにはその割合は65.5％まで下がっていた。1985年からかなりの減少があったが，割合は優に50％を超えて保っている。これに比較すると，スウェーデンやデンマークでは5％以下，オランダで8％，ノルウェーで11％である。西欧ではイタリアが最も日本の数字に近く39％，続いてスペインが37％，ポーランドが29％，オーストリアが25％である。ドイツ，スイス，イギリス，アメリカはそれぞれ2％以内の差であり，14％から16％の間である。フランスはいくらか高く，高齢者と子どもの同居率は約20％である。OECDの報告［1994］から得ている数字は，高齢者のひとり暮らしの割合は同じく大きな差があることを示している。予測によると，日本はひとり暮らし世帯の高齢者の割合は最も低い（12％）。これは，デンマークの53％，ドイツ，

表 5-2 主要 OECD 諸国における全人口に対する65-79歳および80歳以上人口比

国	1960/61	1980/81	1990/91	2000/01	2020/21
オーストラリア					
65-79	7.27	8.07	8.98	9.30	13.78
80+	1.24	1.74	2.18	2.99	4.12
オーストリア					
65-79	10.44	12.74	11.43	—	—
80+	1.77	2.68	3.69	—	—
ベルギー					
65-79	10.28	11.53	11.35	13.43	15.28
80+	1.94	2.69	3.47	3.65	5.55
カナダ					
65-79	6.38	7.85	9.11	10.19	15.38
80+	1.02	1.85	2.37	3.53	5.06
デンマーク					
65-79	9.01	11.57	11.92	11.10	15.23
80+	1.63	2.78	3.67	4.10	4.29
フィンランド					
65-79	6.45	10.25	10.59	11.42	17.18
80+	0.93	1.81	2.88	3.34	4.35
日本					
65-79	5.00	7.71	9.66	13.34	18.09
80+	0.72	1.39	2.39	3.60	7.10
ニュージーランド					
65-79	4.95	8.26	8.94	8.78	12.18
80+	1.51	1.70	2.29	2.79	3.73
ノルウェー					
65-79	9.15	11.85	12.74	—	—
80+	1.98	2.96	3.76	—	—
ポルトガル					
65-79	—	9.74	10.34	11.18	14.58
80+	—	1.71	2.73	3.09	6.13
スペイン					
65-79	7.01	9.32	10.67	12.70	14.13
80+	1.41	1.94	2.87	3.43	4.46
スウェーデン					
65-79	10.03	13.21	13.46	11.91	15.32
80+	1.94	3.17	4.30	5.01	4.83
イギリス					
65-79	9.80	12.26	11.98	11.51	13.48
80+	1.92	2.70	3.67	4.08	4.55
アメリカ					
65-79	7.84	8.99	9.77	9.51	13.57
80+	1.40	2.28	2.79	3.49	4.11

出所：OECD (1994)

スウェーデン，イギリスの40％，フランス，アメリカの30％以上と比較される。

人口統計の変化の重要性を十分に理解するためには，潜在的介護者を供給するうえで何が起こっているかを知る必要がある。次の2つの項はこの問題のさまざまな側面を考察する。

夫婦と家族形態の変化のパターン

　私はミラーとウォーマン [1996] によるパートナーシップ（partnership）とパートナーリング（partnering）という有用な言葉を借りた。この言葉は公式に結婚した人，同棲している，ないし結婚していないパートナーを含んでいるので有用である。また，ミラーとウォーマンはEU（ノルウェーを加えて）を3つのグループに分けている。第1のグループは4つのスカンジナビア諸国とイギリスであり，低い結婚率と高い同棲率，高い婚外子の数，高い離婚率を特徴とする。このような方法で諸国のグループ分けを解釈する場合は注意が必要である。例えば，デンマークは（1994年に増加した後）現在EUの中で最も高い結婚率であり，続いてポルトガルとイギリスである。ヨーロッパ以外の国々まで分析を広げるのは可能である。たんに離婚率に基づくのであれば，イギリスとスカンジナビア諸国を含むグループに，オーストラリア，カナダ，エストニア，イスラエル，ラトビア，リトアニア，ニュージーランド，アメリカを加えることができるだろう。工業国の間では，世界一離婚率が高いのはアメリカである。EU内ではイギリスが1993年と1994年に実際離婚率が落ちているものの，一番高い。第2のグループの国々は，今あげた国々のまったくの対極にある。ギリシャ，アイルランド，イタリア，ポルトガル，スペインは高い結婚率，低い離婚率・同棲・婚外子率である。さらに，離婚を尺度にすれば，日本，ポーランド，中東・極東・（数多くの例外があるが）中南米の多くの国々を加えることができる。ミラーとウォーマンの第3のグループはオーストリア，ベルギー，フランス，ドイツ，ルクセンブルク，オランダから成り立っており，ほとんどの指標において2つの対極の間にあることになる。このパターンにあてはまらない尺度に婚外子がある。このグループの中では，オーストリアとフランス以外のすべては，ポルトガルとアイルランドよりも婚外子率は低い。

　離婚（と再婚の可能性）は，2つの主な理由から介護に対して重要な関係がある。第1に，離婚とその後の再婚や同棲は大きく血縁ネットワークを複雑にし，また我々はこのことが介護を行うことに及ぼす影響をほとんど知らない。他の家族への義務は離婚後も残るだろうか。その後の再婚はそれ以前婚の義務を消滅させ，新しい義務に代わるのだろうか。第2に，離婚はひとり親家庭の数の増加を実質上進行させる。

第5章 インフォーマル部門と社会福祉　257

表5-3　主要諸国における離婚率（1992年現在）

オーストラリア	2.6*
オーストリア	2.1
ベルギー	2.2
カナダ	2.9**
デンマーク	2.5
フィンランド	2.5
フランス	1.9*
ドイツ	1.9
イタリア	0.4
日本	1.4
ルクセンブルク	1.9
オランダ	2.0
ニュージーランド	2.6
ノルウェー	2.4*
ポーランド	0.8
ポルトガル	1.3
スペイン	0.7
スウェーデン	2.6
イギリス	4.3
アメリカ	4.8

注：1．人口1000人当たりの離婚件数
　　2．*1991年，**1990年
出所：ミラーとウォーマン（1996）および国連人口動態年報，1992年

　同棲しているカップルの割合はかなり異なっている。スウェーデンはこのカテゴリーで最大の割合を占めており，48.1%である。他のスカンジナビア諸国はすべて23%前後である。我々は同棲と介護を行うことの間の正確な関係についてもっと知る必要がある。安定した同棲の関係は，婚姻に基づく関係よりも介護の義務を生じないだろうとする明らかな理由はないが，この分野の研究は必要である。

　高齢者に対する配偶者以外のインフォーマルケアのほとんどは，成人した子どもによって行われていることは明らかであり，これは小規模家族が潜在的な介護者の供給を縮小することを意味している。ひとり親家庭そのものがより小さい家族の規模を意味している。また手助けなく子育てをし，家事や家の外で仕事をすることは介護の仕事を行う時間がほとんどなくなることを意味している。

　表5-4は児童のいるすべての家族に対してひとり親家庭の割合を示してい

表5-4　全世帯に対するひとり親家庭の百分比

オーストラリア(1994)	18
オーストリア(1993)	15
ベルギー(1992)	11
デンマーク(1994)	19
フィンランド(1993)	16
フランス(1990)	12
ドイツ(1992)	19
ギリシャ(1990/91)	11
アイルランド(1993)	11
イタリア(1992)	6
日本(1990)	5
ルクセンブルク(1992)	7
オランダ(1992)	16
ニュージーランド(1992)	25
ノルウェー(1993)	21
ポルトガル(1991)	13
スペイン(1991)	7
スウェーデン(1990)	18
イギリス(1992)	21
アメリカ(1991)	29

出所：ブラッドショーら（1996）

る。この表のデータはミラーとウォーマンの「ひとり親家庭の増加は過去20年以上かそれほどにわたっての多くの国で最も強烈な方向のひとつであった」[1996, p. 21]という主張を確固たるものとしている。ひとり親家庭の大部分は女性である。EUのひとり親家庭の83.3%は女性に率いられている［ディッチら，1996年 a, p. 34］。ひとり親の母親は単身（結婚歴なし），別居／離婚，未亡人である。ブラッドショーら［1996年］は20か国でのそれぞれのカテゴリーのひとり親の母親の割合を確かめた。日本はシングルマザーの割合が最も低く（5%），それに対してオーストリアは49%，スウェーデンは46%，ノルウェーは42%，イギリス，ニュージーランドは38%，アメリカは37%である。別居や離婚した女性を合わせると，ひとり身の母親の半分以上が未亡人であるアイルランド，ポルトガル，スペインを除いて，最大のカテゴリーである。アイルランドでは，離婚は1997年2月に合法になったところなので，ひとり親の母親の61%が未亡人である。

　家族の規模は合計特殊出生率，つまり女性が妊娠可能なときに生む子どもの

表5-5 主要諸国における合計特殊出生率

国	1970	1980	1990	1993
ベルギー	2.25	1.69	1.61	1.59
デンマーク	1.95	1.55	1.67	1.75
フランス	2.48	1.95	1.80	1.65
ドイツ	2.02	1.45	1.50	1.28
ギリシャ	2.34	2.23	1.43	1.34
アイルランド	3.87	2.23	2.17	1.93
イタリア	2.43	1.69	1.29	1.22
ルクセンブルク	1.97	1.50	1.62	1.70
オランダ	2.57	1.60	1.62	1.57
ポルトガル	2.76	2.19	1.48(1989)	1.52
スペイン	2.84	2.22	1.30	1.26
イギリス	2.45	1.89	1.84	1.75
オーストラリア				1.85(1991)
オーストリア				1.50(1991)
カナダ				1.83(1990)
フィンランド				1.78(1992)
日本				1.53(1991)
ニュージーランド				2.12(1989)
スウェーデン				2.12(1991)
アメリカ				2.02(1989)

資料:ディッチら(1996a)および国連人口動態年報,1992年

数に直接関係している。人口を維持するために必要な子どもの数は女性1人に対して平均2.1である。表5-5によるとEUの国々の出生率は1970年から徐々に下がっている。過去のものはないが,EU諸国を超えて現状を比較するために,EU以外の国々の割合も原本の表に加えられた。EUの数字を解説しながら,ディッチら[1996a]は次のように述べている。

> EUすべての国における1993年の出生率は人口維持レベルを下回っている。……EUの南の国々では,1970年代後半に出生率が下がり始めているが(北の国々の約10年遅れであるが),北の国々に急速に追いつき,それどころか超えてしまっている。例えば,スペインとイタリアは現在,ヨーロッパのみならず工業諸国全体の中で最低の割合である。(pp. 28-29)

表5-5からは,過去の比較を含んでいない国々であるがオーストラリア,オ

ーストリア，カナダ，フィンランド，日本，アメリカは人口維持の割合を下回る出生率であることがわかる。スウェーデンとニュージーランドはレベルすれすれである。(表にはないが) 中国とイスラエルはそれぞれ2.38と2.91の出生率をもっている。明らかに，出生の減少は重要な経済的意味をもつが，ここでの我々の関心は家族規模への影響と潜在的介護者の減少である。

労働市場の変化

　伝統的に，すべての国々で女性は対配偶者ケア以外の，主たるケアラーであった。その状況は近年に少し修正されたが，一変したわけではない。したがって，女性の労働市場への参加の増加は，ケアに使える時間に影響を及ぼしている。

　OECD [1984] の女性の雇用についての研究は，「過去30年で労働市場への女性の参加は世界規模で劇的に発展している」と言及している (p. 10)。21の国々を合計して，経済活動に従事する女性の数は1950年から1980年の間に74％増加した。同時期に，経済活動に従事する男性の数は25％増加している。日本だけは女性の参加の実質的な増加は認められない。

　この研究により，参加率が年齢によって変化していることが証明された。通常，高い参加率が20歳から24歳と40歳から44歳でみられ，一方で25歳から34歳で割合が減少している。しかしながら，これには例外がある。例えば，スウェーデンとアメリカでは女性の参加率は20歳から54歳の範囲ですべて同じ割合を維持している。対照的に，ベルギーでは29歳以後は女性の参加率は一様に減少している。

　参加の範囲もまた国によって異なっている。この差異は OECD [1994] の全21か国を対象にした近年の研究で明らかにされている。この研究は，1980年 (前研究の最後の年) から1990/91年までの平均参加率を示す数字を算出している[1]。同期間にわたる比率の変化も計算されている。平均参加率はスウェーデンの75.88％からスペインの29.11％まで多様である。デンマーク，フィンランド，ノルウェーのすべては65％強の割合であり，他方で下の方では，4か国が40％以下である (アイルランド33.05％，イタリア34.23％，ギリシャ36.31％，ルクセンブルク39.33％)。イギリスは55.84％で，アメリカは59.65％である。これらの数

字は比較を行うには有効である一方で，参加のレベルを過小に示している。仕事をする女性は15歳から64歳のすべての女性と比較して測定される。この統計がカバーする期間においては，多くの女性は15歳では学業を専らとしているし，女性の退職年齢は多くの国で64歳以下である。例えば，この期間においては，イギリスは学校を卒業するのは16歳で，女性の退職年齢は60歳である。1996年に16歳から59歳までのすべての女性に対して働いている女性を比較すると，71％が経済活動に従事していた。しかし，食い違いは計算基盤が異なっていることだけによるのではない。1981年から1991年の期間は，景気後退の2つの期間を含んでいた。

　女性がパートタイムで働く割合は国によっていくらか異なる。1980年から1990/91年の間では，ノルウェーとオランダの両方でフルタイム労働以上にパートタイムで働く女性が多く，特に多いオランダは，15.4％の女性の参加増すべてが，パートタイム雇用によるものである。ポルトガルでは，反対に10年間の17.5％増加のすべてがフルタイム雇用によるものであった。スペイン，ギリシャ，アイルランド，イタリアのすべてはパートタイムの割合が5％を下回っており，ルクセンブルクにおいてもたったの6.23％である。重要なのはこれらの5か国では全体にわたり女性の参加率が低いことである。パートタイム労働の機会を欠いていることが，女性の労働市場への参入を制限している可能性がある。アメリカではフルタイム労働の割合はパートタイムの約3倍である。イギリスでは格差がかなり少ない。1996年の計算では，すべての雇用されている女性の45％はパートタイムの仕事である。

　パートタイムで雇用されている女性の大きな傾向は，ケアと関連していることである。欧州委員会［1995］は次のように述べている。

　　もし女性の労働形態が検討されれば，ほとんどの加盟国では子どものいる女性は子どものいない人に比べて，働かないか，またはパートタイムであることが多いことが証明されるだろう。大人を介護している者の比較できる数字はないが，フルタイム労働に制約があることはまさに同じなので，形態は同じようになることが十分にある。（p. 141）

全国家族政策ヨーロッパ研究所の一部に興味深い研究［ブラッドショーら，1996］があり，ひとり親家族の雇用について検討している。ひとり親家族は多くの国でコミュニティの貧困層に多く現れているため，かなり重要な論題である。その研究の価値は20か国に及ぶ調査によって高まっている。国々の多様性はかなりのものである。わかりやすいひとつの指標（有職のひとり親の母親の比率）だけを取り上げてみると，この研究では，アイルランドの23％と比較して日本のひとり親の母親では87％の有給の雇用を示している。フランスは82％が有給の雇用であり，日本に続いて2番目である。ベルギー，デンマーク，スペイン，イタリア，スウェーデン，ルクセンブルクはすべて65％を超えている。オーストラリア，ドイツ，アイルランド，オランダ，ニュージーランド，イギリスはひとり親の母親が有給の仕事をもっているのは50％以下である。フィンランド（65％），ノルウェー（61％），アメリカ（60％）はひとり親の母親の雇用に関しては中間のランクの国である。フルタイムで雇用されている割合は一般的に高く，59％のスウェーデンから94％のフィンランドのように異なっているが，オランダとイギリスはその例外である（各々40％と41％）。

　これらの多様性がみられる理由は人口動態の要因（年齢，結婚状態，児童の数と年齢，母親の教育のレベル）と労働市場の特徴が複雑に絡み合っていることに起因する。施設（就学前の託児所，他のデイケアなど）と支援（児童手当，有給育児休暇）などがひとり親を可能にする。これは社会政策の問題であり，次に，社会政策と家族との関係をみていく。

社会政策と家族

家族政策の特徴

　家族政策は，家族と国家の関係をめぐるより総合的な議論のなかで考えられるべきである(2)。これらの関係に関するすべての考えうるモデルを議論することは，ここではゆきすぎた作業となるだろう。しかし，簡潔で非常に有用なモデルがフォックスハーディング［1996］によって提示されている。そのモデルは理念型として2つの極端な立場を打ち立てることを必要とする。一方の極には

権威主義的なモデルがあり，それは「家族生活のアプローチにおいて，極端に厳格なものとなっている。また，特定の選択された行動パターンと家族形態および他者を禁ずることを強要する明確な意図をもっている」(p. 179)。他方の極には自由放任主義のモデルがある。そこでは，家族がすべきことや家族がそうあるべきことについて国家は何ら影響を行使しようとはしない。すなわち，政府の立場や国家の他の制度は，家族生活が完全な個人の自由や選択の場としてみなされているという意味において自由主義的である」(p. 183)というものである。これらの両極端の見解は，特定の国家を描こうとしているわけではないことを強調しなければならない。それらは分析のパラメーターとして機能する。フォックスハーディング自身この点を強調している。「現実の世界において，このようなモデルは純粋な形態としては存在しない。多くの場合，国家の家族政策は中間的な位置にあり，(専制的でもなく，またはすべて制限されているわけではないが) 家族がどのように機能するかということについて一定の統制力をもっている」(p. 186)。したがって，モデルの精緻化にはもっと明白にするためにこれらの中間のステージを必要としている。フォックスハーディングは次のように説明している。

> 5つの可能性のある中間のモデルが存在しており，比較的権威主義的なものからより自由放任主義的なものまである。これらをコントロールの強弱の尺度において正確に位置づけることはむずかしい。しかし，一般的にはその連なりは，少なくとも特定分野において家族をコントロールしようという明らかな試みからより反応的スタンス，つまり家族のパターンや変化に対応するが，家族に対し直接的なものはもちろん，あからさまな影響を及ぼすことを企図しないものまでの漸次的変化を示す。(p. 186)

家族政策の議論に関連したいくつかの問題がある。ひとつの問題は家族政策と名づけられる明確な政策のない国が多いことである。カマーマンとカーン [1978] は，家族に対する政府の政策の研究の中で14の国々を3つのカテゴリーに分類している。

1. 「明確で包括的な家族政策」をもつ国 (例えば，フランス，ノルウェー，スウェーデン)

2.「明確であるが，家族政策をより限定的」に扱っている国（例えば，オーストリア，デンマーク，フィンランド，ドイツ）
3.「明確な家族政策がない，ないしはそのような政策の概念が拒否されている」国（例えば，カナダ，イギリス，アメリカ）

これらのカテゴリーは20年前のものであるが，まだ分析的な枠組みとして適切である。細部はもちろん少し変更が必要であるが。ジマーマン [1988；1992] による研究は明白な明示的な家族政策と，含蓄的な潜在的なものとを区別している。前者は「家族の考慮が政策の選択に慎重に取り入れられたもの」として特徴があり，後者の家族政策は「家族の考慮は意図的に構造化されていないが，家族に影響があるもの」である [1988, p. 176]。

もうひとつの問題は，家族を取り囲むイデオロギーおよびレトリックと行動との不均衡に関連している。家族に関する政治的イデオロギーはすでに本章の前の項で考察されたが，家族支援のなかで強く表される感情が，消極的な行動や財源不足によることを繰り返し述べておくことは価値がある。本質的にプライベートな制度としてみられていることに政府が介入することには強い抵抗があるかもしれない。このことに関する最も明白な表れはドメスティックバイオレンスの領域への介入をきらうことである。

第3の問題は，家族の構造はとても多様で，政策は別の方法で違う家族に影響を与えるかもしれないということである。政策は，みえる範囲としては普遍的であるかもしれないし，特殊な家族の利益となるように，積極的な優遇策を行うかもしれない（ひとり親家庭，貧困家庭など）。多様性のさらなる根源は，家族政策の目的が変化するかもしれないことである。例えば，スウェーデンの家族政策は，元来人口を増加させるためのものであったが，かなり前から，機会均等やシティズンシップの権利の重要な要素としてその運動における重心を移してきている。

ミラーとウォーマン [1996] は，EU（ノルウェーを加えて）の加盟国における家族政策の強調点の違いを区別している。これらの国を3つのグループに分類している。
1.「全国民一人ひとりの資格とシティズンシップの権利を強調」し，「困っている者は家庭よりも国家からのサービスを期待し，受けることを見込めるこ

とがほとんどであるため，家族に支援を行う法的な要請はあまりない」(p. 46)。(スカンジナビア諸国々)
2．核家族の義務を強調し，「個別化は比較的発達していない。給付と税はほとんどいつも家族の義務を認識したものであり，サービスは主に家族ケアを支援することを意図している」(p. 46)。(北部ヨーロッパの残りの国々〔ベルギー，フランス，ドイツ，アイルランド，ルクセンブルク，オランダ，イギリス〕)
3．相互支援のシステムとしての拡大家族を強調している南欧の国々。「核家族の中には明らかな義務がある。……これらの義務は祖父母，兄弟，おじ，おばにまでもたらされるずっと幅広い家族の義務の中に組み込まれている」(p. 47)。(ギリシャ，イタリア，ポルトガル，スペイン)

ミラーとウォーマンはこれらのカテゴリーに重複があることを注意深く指摘しており，アイルランド，オランダを例にあげている。両国は核家族を強調する国のグループに含まれる。アイルランドは拡大家族が重視されることにおいて南欧の国々の特徴をいくつか持ち合わせており，オランダは「核家族への焦点と個人の権利への関心を結びつけている」(p. 46)。

ミラーとウォーマンのカテゴリー化は西欧に当てはめられるが，ヨーロッパ以外の国々を含むまでに拡大することができよう。このようにして，オーストラリア，カナダ，ニュージーランド，アメリカは確実に「核家族カテゴリー」に入り，一方で日本はこのグループと拡大家族のグループとの間に入る。拡大家族はアフリカの国々や中南米の国々において依然として重要性をもつ。カテゴリー化は，少し詳しく述べられてきた。というのは，それがこれから検討する政策の差異をある程度説明していくからである。しかしながら，どのような政策を含むかを決定するには問題がある。明示的な政策と暗示的な政策の区別をすれば理解しやすいであろうが，しかし暗示的政策の概念につきまとう困難は，家族に影響を及ぼさないような社会政策はほとんどないということである。資料の範囲はその区別を不可欠のものとする。次に4つの領域が簡潔に検討されるであろう。児童や家族の支援，介護への支払い，労働市場政策，家族の影響に関する報告書である。

児童と親への支援

すべての社会保障システムは，元来女性が経済的に男性に依存しているという仮定を基礎としていた。所得維持という面では今や変化しているが，その進展は緩慢で完全なものからはほど遠かった。主として，変化の影響は完全な個人ベースに基づいて，パートナーがお互いに権利を主張したり，給付の支払いを請求したりすることが可能となったことである。

児童手当や家族手当や出産給付はほとんどどこにおいても利用することができ，またそれはほとんど共通して普遍性原則に基づいて供給されている。ブラッドショーら［1993］による15か国の児童支援の研究では以下の主張がなされている。

> この研究に含まれている国の間では家族給付に資産調査を伴わないシステムであることが，いまだ児童手当制度の最も重要な部分である。ほとんどの国は資産調査を行うが，所得関連の制度を実施しない一部の国ではほとんど普遍的といえるまで幅広い所得分配制度で支払われている。現金面では，所得に関連しない家族給付はほとんどの国ではとんどの家族が受けている児童手当パッケージの大きな割合を占めている。（p. 264）

それにもかかわらず，社会保護スキームの批評において欧州委員会［1995, p. 78］は，家族または児童への手当は「1980年以降，GDPとの関連で支出削減を余儀なくされた唯一の大きな機能である」と述べている。これは該当する児童数の減少がひとつの原因である。しかしながら，ベルギー，ドイツ，ギリシャ，スペイン，オランダにおける対GDPでみると1人当たりの支出が減少した。これらの数字は1980年から1993年までの期間に関連している。1995年にオーストリアとオランダは家族手当をさらに削減した。出産給付は西欧で広まっており，EUは1992年に出産休暇の指令を発布し，1994年に施行している。これは最低14週間の産休を保障している。

タイプ，量，適格基準が大きく異なっている家族手当すべてを詳述するのは退屈である。いくつかの国の家族手当に加えていくつかの国では補足的スキームがあり，その多くは資産調査がある。多くの国には，ひとり親家庭，障害児

に関する特別給付も存在する。スウェーデンでは，外国籍の児童を養子にしている親に対する特別給付がある。他のいくつかの給付はあまり広く利用されていない。例えば，児童扶養手当はオーストリア，フランス，ドイツで採用されている。

在宅ケア手当は自宅で2，3歳未満の児童を養育している親に給付され，フィンランド，フランス，ルクセンブルクで利用できる。フランスとルクセンブルクは就学開始年には（資産調査が必要）一時金が支払われる。フランスがすべての項目にでてくることに注目したい。フランスは何年間も出生率増加の政策を追求している。アントレ［1994, p. 150］は「フランスは家族，特に大家族にとって，最も高水準の給付と税金控除制度のある工業国として鑑定されてきた」と述べている。ブラッドショーら［1993］は児童と家族に対する給付の高さによって国をランクづけした表を作成している。住宅コストを計算に入れる前と入れた後いずれにおいても，フランス，ルクセンブルク，ノルウェー，ベルギーがリストの先頭である。デンマーク，ドイツ，オランダ，イギリスはリストの中央である。高水準のスキームのあるフィンランドとスウェーデンは分析に含まれていない。アメリカは住宅費を計算に入れた後は一番下で，計算前でも下から4番目であった。これは紛らわしい調査結果である。世界で最も裕福な国の児童は最も低い給付しか受けていない。

実質的にアメリカは，児童手当や家族手当の一般的な制度がない唯一の国であり，オーストラリアとともに出産給付がない。アメリカでのそれに最も近い政策は要扶養児童家族扶助（AFDC）であり，財源は連邦政府から一部出されるが，州により行われる資産調査がある。給付は貧困のひとり親家庭や親のどちらかに障害があるとき，または，州のうちの半分においては，親が失業しているときに行われる。いくつかの州では1980年初頭からワークフェア・スキームが導入されてきた。この制度ではAFDCの申請者は給付を受ける条件として，働くことを求められる。レーガン大統領はAFDCの適格者を減らすことが予想されたが，「今ある福祉の終焉」をという選挙公約をたてたクリントンの勝利は，AFDCに対する厳しい改革をもたらした（第2章参照）。

中・東欧での共産主義体制の終焉は，必ずしも予測されている改革を導くものではなかった。貧困は増大しており，これは特に児童に対する深刻な結果を

もたらしている。UNICEFの1997年4月に公刊された報告書では厳しい状況が描かれていた。それは，貧困生活にある児童の数は1989年以降2倍以上に増加し250万人であることを指摘している［トレイナー，1997参照］。この重要な問題を克服するためには児童支援の支出の改良以上のものが必要である。

インフォーマルケアへの支払い

　インフォーマルケアに支出することの問題は1990年代に広く議論されていた。この問題は非常に複雑であるため，簡潔な概要だけをここで述べることにする。しかしながら，それでも最も重要な刊行物に言及することにより，この主題についてもっと知りたいという読者には一助となるだろう。その議論は圧倒的に親族によって提供されるインフォーマルケアに限定されている。私はボランティアへの支払いを主題としたものにかなり関連したことは取り扱わない。

　インフォーマルケアに対する支払いはいくつかのかなりはっきりとした目的にかなうであろう。

1．それらは，国家の役割の縮小，責任と費用の近親者への転嫁を正当化する手段であろう。それらは福祉のプライバタイゼーションを達成させるための政策的に受け入れられる方法とみられるであろう。
2．支払いは施設ケアと反対に，コミュニティケアの政策も正当化させるであろう。
3．それらは，行われている行為の価値を認識してインフォーマルケアの重要性の象徴としてみられるであろう。
4．それらは，少なくとも部分的に収入の減少と負わなければならない余分な費用を，介護者に補償するために用いられるであろう。
5．支払いは，介護を受けている人と介護者に権限を与える方法として用いられるであろう。
6．それらは，介護者を勇気づけることを目的とするだろう。特に女性が労働市場を離れて家に入るときにおいてである。

　支払いはさまざまな形態をとっている。①介護者に対する現金給付，②介護を受けている人に対する現金給付，③減税の形態をとった間接的な支払い。ヨーロッパから北アメリカまでの16か国においてのさまざまなアプローチについ

ての指針は，エバースら［1994］にみられる。北欧の国々で用いられているシステムは最も急進的なものである。フィンランド，デンマーク，ノルウェー，スウェーデンにおいては，インフォーマルな介護者は，家族を含めて，ホームヘルパーとして地方自治体に雇用されている［ヨハンソンとスンドストレム，1994；リンソム，1994；シビラ，アントネン，1994；スウィン，1994］。フィンランドではホームケア給付（HCA）が高齢者や障害者に対するインフォーマルな介護者に支払われる［グレンディニングとマクローリン，1993；シビラとアントネン，1994］。

表面上では，HCAはイギリス障害者介護手当（British Invalid Care Allowance, ICA）と類似しているようにみえる。しかしながら，いくつかの大変重要な違いがある。1つ目の違いは管理構造に関連している。ICAは集権化された社会保障システムであり，それに対してHCAは地方自治体に管理され，社会保障との制度的なつながりはない。さらに重要なこととして，ICAは生産年齢で失業している人にのみ支給されるが，HCAにはこのような制限がなく，潜在的介護者は家庭の外で賃金を得て，HCAを代用的なケアの購入に使用することを意味している。

イギリスとフィンランドは一連の障害給付も行っている。イギリスでは，付き添い手当，障害生活手当，障害者就労手当，重度障害者手当を受けることができる。これらの給付にはケアを購入するために使われるべきであるとか，インフォーマルなケアを強化するという意図はない。イギリスにおいて給付は介護者への補償の手段として扱われているために，その程度には矛盾した証拠がみられる。ICAは確かにそうであるが，付き添い手当については反論がある。ホートンとハートハウド［1990］は，付き添い手当に関する研究の中で，給付は家計支出全体を支援するものであると結論づけているが，アンガーソン［1995］はバルドックと行った脳卒中の患者と介護者の実証的研究から得た証拠について，以下のように述べている。「障害者を抱えている多くの世帯は，付き添い手当とは，実際のケアを購入する，あるいは実際のケアラーに対して直接払うために用いるものと理解している」（p. 35）。

これは他の国と比較されたとき，重要になる。フランス，イタリア，オーストリアでは，障害給付はケアを購入するときとインフォーマルなケアラーに対

して弁済をするときに使用するものであるという特別の認識がある。ドイツでは同じような方針に変更する計画をしている。フランス，オーストリア，イタリアはケアラーの費用を補うために十分であると考えられるだけの比較的高い水準の給付を行っている。インフォーマルケアに対する支払いに関するこの方法に対しては，多くの国での障害者運動の支持がある。この議論は，もし彼らに購買力が与えられたならば，ケアの受け手は大きな自己決定権を得ることができるというものである。

しかしながら，さまざまな困難がある。例えば，給付は財政上のニーズに基づいて支払われるものである。それは介護の形態や量に基づいているのではない。さらには，もし支払いのシステムがコスト抑制の考慮のもとに運用されたならば，十分な給付というわけにはいかないであろうし，賃金や弁済の市場価値換算は不可能となるであろう。このことは家族の構成員への信頼につながり，また家庭の外での仕事には耐えられそうにない労働条件をともなった搾取の可能性も生じる。これは，介護者の支援が依然として不可欠なものであることを意味している。さまざまな形態の休息ケアは確かに必要である。ショートステイ，デイケア，ナイトケアにより，虚弱な高齢者や障害者を介護する人が毎日のつらい仕事から休息をとる余裕をつくることは明らかに不可欠である。いくつかの場では託老所（granny-fostering）を実験している。

また，家での家事援助，配食サービス，訪問保健，訪問看護，社会的福祉支援などの在宅ケアの供給によって負担を軽減することができる，そのようなサービスは公的機関から直接的に提供されるか，営利部門やボランタリー部門の供給者により契約され提供される。適切な住宅改修を行った快適な住居や福祉用具の供給はストレスの緩和に役立つだろう。

労働市場政策

女性にとっての適切な場は家庭であるという信念は，かつてのように公然とはいわれなくなっている。しかしながら，議論は少しも終わりになったわけではなく，その信念が公然と口にされないときでも，社会政策のある領域においてはその形成の過程で影響力をもっている。その非難は今や扶養児童を抱えた女性や他の介護の責任をもつ女性にむけられてくる傾向がある。どこの国の右

第5章　インフォーマル部門と社会福祉　271

翼政党であろうと，スカンジナビアの右翼政党であっても，国家は子どものいる女性が労働市場に進出することを奨励すべきではないと考えている。実際に，多くの政党が，在宅にとどまることをめぐって賛否両論を繰り広げている。この議論の興味深い特徴は，女性は子どもの養育に対して主たる責任があるという仮定である。保育所や託児室の場を提供することは女性が働くことを可能にしている。

　私はここで一般的な労働市場政策について話すことを意図しているわけではない。本章の文脈の中での主な関心は，仕事と家庭生活を両立させるための国家政策における試みである。母親が労働市場に入り，離職せず，子どもを産んだ後に仕事に復帰することができるように援助するよう立案された方策に多くの注意がむけられている。2つの大きな分野が考えられる。保育施設の提供と融通のきく労働市場である。ゴーニックら [1997] は，「魅力的な児童養育の選択肢が多くあれば，母親の雇用も増加するという理論的にみた予測を裏づける」(p. 48) 十分な証拠があると述べている。彼らは育児休暇と母親の雇用の関係についての証拠は少ないと述べているが，最も根拠のある評価は育児休暇の増加により母親の労働市場の参加が増加していることだと結論づけている。ゴーニックらによって扱われている他の2つの要素（授業時間と金銭移転）はここでは含まれない。

　育児休暇を検討するときに，長期の休暇という表面では充実した施策が，すべてもしくはかなりの部分が無給になるという事実によってあまり魅力的ではなくなることを認識することが重要である。したがって，フランスでは両親のどちらか（選択できる）は，子どもが生まれてから3年間は期限なしで休暇をとることができるが，第1子に対しては給料の還元はされない。第2子以降では，親は家での子どもの養育に対する給付を受けることができる。同様に，ギリシャ，ポルトガル，スペインの育児休暇は無給である。育児休暇について最も充実した国はスウェーデンである。給料の90％が12か月受けられ，両親の間で配分を選ぶことができる。休暇の配分についての選択の規制は1994年に導入された。母親が全期間とっていたことが明らかになり，1994年には「父の月」が導入された。これにより12か月のうちの少なくとも1か月を父親がとることが必要になった。父親がとらないと全休暇が11か月に減少することになる。ド

イツも時間に関してかなり充実した制度をもっているが、所得の還元はスウェーデンよりは低い。ドイツでは、定額で休暇手当を6か月支給され、続いて、所得に関連した手当を18か月受ける。イタリアでは有給の産休が22週間の後6か月の育児休暇が開始されるが、育児休暇の間の支払いは給料の30％だけである。1995年にデンマークでは育児休暇の期間を6か月に広げたが、還元の割合は失業手当の80％から70％に削減され、さらに1997年には60％に削減された。ゴーニックらの研究では、アメリカの6週間からスウェーデンの52週間（これは正確には育児休暇と呼ばれる）まで母親の産休期間に多様性があることを明らかにした。母親の産休中の賃金還元は、イギリスの46％からドイツ、ルクセンブルク、オランダ、ノルウェーの100％まで異なっていた。対象となる雇用されている女性の割合はさまざまで、オーストラリアで10％、アメリカで25％、イギリスで60％、残りの11か国では100％となっている。EU内では、父親の育児休暇はベルギー、デンマーク、フランス、スペインで行われているが、スペインではたった2日、ベルギーとフランスでは3日、デンマークでは10日である。育児休暇の調査結果をまとめてゴーニックらは次のように述べている。

> 3か国を除いてすべての国では、子どもの誕生後、数か月間仕事の保全と賃金の還元に対するほぼ普遍的な支給がある。アメリカとオーストラリアはまったく例外である。アメリカでは子どもを出産するときの仕事の保全に対する法律はない。オーストラリアでは12か月の仕事の保全を保障する連邦法はあるが、賃金の還元がない。イギリスでもまた、他の国と比較して短く、適格条項の規制があり（例えば最低賃金、職の種類）、雇用された女性のおよそ60％しか仕事の保全と賃金の還元は行われなかった。
> [1997, p. 55]

20か国の保育所はブラッドショーら [1996] によって列挙されている。彼らは3歳以下の児童の施設と3歳以上で就学年齢以前の保育所という伝統的な区別を行っている。より年齢の高い児童グループへの提供は年齢の低い児童に対する提供よりも多い。5つの国の3歳以上の児童の保育所の登録は90％を超えている。その国はベルギー、フランス、統一ドイツ、イタリア、オランダである。より年齢の低い児童の登録では、統一ドイツが57％で他の国より上回っている。日本は2番目で49％であり、ずっとあいてフランスが33％、スウェーデ

ンが32%と続いている。

家族への影響の分析

　政府は家族の重要性とその支援の必要性を語ることが重宝であることはわかっている。しかしながら，夫（父親）が生計中心者であり，子どものいる夫婦を伝統的な核家族とみなしている家族への支援はしばしば制限されている。スカンジナビア諸国の政府は選択的ではなく，家族形態の多様性と女性の労働市場参加支援の必要性を認識している。工業化された世界ではどこでも，国民生活における家族が中心であることについての声明が必ずしも適切な行動をともなっているとはいえない。彼らのまじめな意図が示されている例として，彼らに影響を及ぼしそうな政策が議論されるとき，しっかりとした家族政策を提案し，家族の利益を守る責任をもつ，家族担当大臣を指名する国もある。

　家族への影響の分析は，家族に注意を払うことに焦点をおく手段として示されてきた。その目的はさまざまな種類の家族へ与える影響に関する政策の評価を行うことであり，家族の影響に関する報告書はすべての新しい法律をともなうものである。既存の政策と履行の過程の政策は同様に評価され，監視される。多くの政策は家族の範囲を含んでいる。社会保障，保健サービス，高齢者や障害者へのサービス，教育，児童の養育，住宅，財政，移送，雇用に関する政策は明らかに体系的な家族への影響の評価の対象である。控え目に言っても，目標と影響の不一致が表れている。フォックスハーディングは次のように述べている。

> 政策に関する家族の視点には4つの前提がある。家族と政策の関係は双方向である。家族は実質上公共政策の全体にわたるものであることを考慮されるべきである。家族の多様性の増進は認識され，尊重されるべきものである。家族の全形態（広義の定義）は考慮されるべきである。後者のポイントは価値中立的なアプローチへの試みを提言している。[1996, p. 209]

　家族への影響の分析から，インフォーマルな介護における親族の絆が圧倒的に重要であることが認識できる。同じ理由で，本章でもコミュニティケアにお

いて家族によって行われる重要な部分を強調している。ニュアンスとして，次項で論証しているように，友人や近隣者は二次的ではあるが無意味ではない役割を果たしている。家族への学術的で政策的な注目とは対照的に，介護の源泉としての友人や近隣者は広範囲にわたるものではない。

友人と近隣者

友人は親族や近隣者と区別される2つの重要な点がある。友人は広く分散している点で近隣者と区別され，年齢，ライフサイクルのステージと社会階級の違いがないことによって親族と区別される。

友情は関係者間の対等の程度による。これは相互扶助の関係である。一方的な介護の関係にあることは，友情に発展したり，友情を維持したりすることはできない。アラン [1985] は，友人は「人間関係に同等の財政的で感情的な資源」を与えることができることを明らかにしている。この分野で他の研究者によっても共有されているアランの結論は以下のようである。

> 友情の一部は多かれ少なかれお互いを気にかける（care about）ことであるが，お互いにケアをする（care for）ことは友情の慣例的な構成に内在する要素ではない。……友情に対する一般の考え方とは違って，大多数の日常的な友情関係は，いわゆるいたわりあうコミュニティケアをつくりあげるのにはあまり適していない。[1985, p. 137]

ウィルモット [1986] は同じような結論に達している。彼は，人々は親族よりも友人との間で社会的触れあいをもっているが，「援助という言葉の中でのバイアスは他の方向にあり，高齢，病弱，出産のような危機的な状態では，親族と友人の支援の割合は10対1で親族が勝っている」と述べている [1986, p. 47]。

友人関係には階級，性，年齢などにより違いがある。中産階級は労働者階級より友人が多く，男性は女性より友人が多い。中産階級の人々は，労働者階級よりも地元にはいない友人のいる割合が高い。男性と女性を比較しても同じようにあてはまる。若い人は高齢の人よりも多く友人がいる。友人と近隣者はも

ちろん一致するかもしれないが、きわめて近接になるとプライバシーに踏み込まれるので、友人関係を阻害することとなる。

親族は血縁のつながりに、友人関係は愛着的関係に、親しい近隣者は近接であることに基づいている。バルマー［1987］は、これらのつながりは、異なった機能を持ち合わせているさまざまな関係をもつもので、代替的なものではなく、補足的なものであると提言している。

> 親族のつながりは、親族と日常的に顔を合わせているかどうかにかかわらず、典型的に長期間にわたるつながりである。近隣者とのつながりは顔を合わせるつきあいで、しばしば緊急時においてである。友人とのつながりは共通の関心や体験によって強化された愛着のある基盤に基づき、頻繁に顔を合わせることを含むこともあるし、含まないこともある。このような異なった機能により、ケアの源泉としての親族、友人、近隣者は特に心理的援助や家事援助のときは代替が取って代わるが、お互いの代替としてというよりも必要に応じて異なった形態をとる傾向がある。［1987, p. 87］

身の回りの世話や家事援助は圧倒的に親族によって行われ、近隣者や友人から提供されるサービスはかなり制限された簡単な仕事であることを我々はすでに述べた。ベビーシッティング、母親の一時的な留守時の子どもの世話、荷物の引き渡し、鍵の管理、買い物、子どもの学校の送迎を分担する、貸し借りなどである。そのような仕事の重要性を軽視することは誤りであるが、それらの仕事がコミュニティケア政策を発展させる十分な基盤を形成するにはほど遠いものであることは明白である。

この結論は今も真実であるが、オコーナー［1992］とマッグローンら［1998］による最新の証拠によれば、10年前の研究と比べて、友人がより重要になっていることが示されている。オコーナーは女性の友人関係は非常にしばしば実際的な援助やその他の援助の源であり、時には長期にわたるものであることを発見した。典型的にそのような介護は長期にわたる友人関係からきている。マッグローンらは、イギリス社会研究調査の回答者に、さまざまな援助が必要になったときに最初に誰に頼むかについて尋ねた。友人は結婚の問題や抑うつに関する援助の際には特に重要なものであった。結婚問題に関するときに友人をあげた回答者の割合は27%であり、抑うつに関するときは総体の数字は

21%であった。しかしながら，この最後の数字はさらに分析がなされている。結婚した人にとっては配偶者が援助の主な源泉であるが，離婚や別居している人で友人の名をあげる割合は44%にのぼり，独身者では40%である。

ま と め

インフォーマル部門が行政，ボランタリー，営利部門よりも多くのケアを提供しているという証拠は明白である。同様に，インフォーマルなケアのシステムにおいては家族が圧倒的に広く行っていることも明らかである。家族の中でも女性が主たる介護者であることも疑いの余地はない。

介護者の生活はしばしば制約され，家の外とのかかわりは少なく，ボランタリー部門や行政のサービスからの援助もほとんどない。パーカー[1990]はインフォーマルケアに関する研究の批評の中で次のように述べている。

> さまざまな資料から収集できる証拠によると，可能なサービスはインフォーマルなケアラーに全体としてはほとんど影響がないようである。第1に，インフォーマルな介護を行っている人に依存している人はサービスを受けることはほとんどなく，そのようなサービスを受けるときは長期的な支援というよりも緊急事態に利用することが普通である。第2に，サービスを分配する基準はしばしば不合理（ニーズに関して分配されない）で，差別的（女性の介護者がいるところには提供されない）である。(p. 125)

インフォーマルな介護のシステムは行政サービスの縮小を補うことができるという，世界中のいろいろなところで保守的な政府によってつくり出されている仮定については，証拠に基づいて真剣に議論されねばならない。家族の場合，その仮定はおそらく誤っている。友人と近隣者の場合では，おそらく楽観的すぎるであろう。これはインフォーマル部門の重要性を否定するものではないが，追加的な仕事を吸収するその能力に疑問を投げかける。事実，社会的，人口動態的変化は家族の介護能力を萎縮させるであろうし，同時に要介護者の数は増えている。これらの変化をほとんど（もしくはまったく）考慮に入れていない政策は現実味がなく，その目的を遂げることはない。

コミュニティケアの費用が計算される際には，貨幣価値に置き換えることがむずかしいとしても，家族，特に女性の身体的，精神的，財政的負担の観点で社会的コストが考慮される必要がある。家族介護の搾取的な可能性は常に留意されなければならない。性的な分業が家庭でも継続されるのなら，女性の雇用における機会均等について論じる意味はほとんどない。インフォーマル部門に関する社会政策の主要な目標は，過剰な責任を人々に押しつけることではなく，現実的な選択を人々に提供することである。人々が虚弱な高齢者や障害者の介護の選択をする場合には，すべての可能な支援が与えられるべきである。彼らが利用可能であるとわかっている支援は，彼らが選択するときに考慮することのひとつである。また，直接には介護しないと選択した人々が意にかなう代替的なサービスが存在すると確信できるようになるべきである。福祉の混合経済にいくらかでも利点があるとすれば，それは選択肢を制限するのではなく，むしろ拡大するものでなければならない。

（1）　ルクセンブルクとギリシャの事例は1988年で，ドイツの事例は1989年である。
（2）　読者は第2章に戻って参照してほしい。

第6章
結　　論

　福祉分野における混合経済は，新しい正統な議論である。それは，現状の正当な手法として受け入れられており，また将来のビジョンとして世界中で支持されている。1989/90年の中・東欧とソ連の政治体制の崩壊によって福祉の混合経済という普遍的なヘゲモニーは促進された。中国のような共産主義国でさえ，市場主義と競争主義を経済体制に取り込むことで，福祉の混合経済を発展させている。エバース［1993］は，この変化の本質的な特徴をまとめている。

> 「福祉国家の危機」が顕在化し始めてから10年以上が経ち，議論の最も重要な要因のひとつへの解決手法が明らかになったと思われる。国家中心の福祉政策の概念は，朽ちるとともに影響力を失っていった。また，それは，政治的残像としても，無条件のイデオロギー的支持を受けてはいない。北欧諸国においてさえ，どのように少なく見積っても懐疑的な意見が増加してきている。最近では，ほとんどの国々（特にもともとの共産主義諸国）において，自由主義経済が理論面と実践面で生じていた違いを埋めつつある。(p. 3)

　ヒル［1996］は，彼の混合経済への変化における影響評価のなかで，エバースよりも懐疑的な立場を取っているが，同様にその変化のプロセスを認めている。福祉の混合経済に起因する考えが政府にとって魅力的である一番の理由は，政府の公約が社会政策のコストの抑制であるからと彼はいう。だから，「政策手法のグローバリゼーションとは，社会政策コストの抑制という考え方が世界中を駆けめぐった結果である。福祉の混合経済は，上昇し続ける社会政策コストへの有効な処方箋として受けとめられている。しかし，混合経済によって達成できるものは懐疑的である」(p. 315)。

　この本の序章においても明確にし，その後の章においても，福祉の混合経済

は新しいことではないと述べてきた。最初の部分で述べたことだが，福祉国家というものは常に混合的であり，1970年代後半から始まったことは，その（ミックスの）バランスを国家から供給や資金の調達や規制といった他の拠り所へ移すための協調的な試みである。このことは，補助金や税金の支出を抑えて，利用料の値上げや一部負担を導入した結果として，サービス供給のコストを個人や家族に移したり，ある程度までボランタリー部門に移す試みを含んでいる。

　しかし，福祉の混合経済への分析において，完全なトップダウン・アプローチを採用することに対して前文で警告したが，それは繰り返し警告しておかなければならない。政府の政策と国際金融市場からの圧力が，混合経済化を進める中心的な役割を担っている一方で，社会の階統制の下層部からの影響もある。その社会の階統制の下層部とは，圧力団体や社会活動団体（消費者運動団体や女性運動団体など）も含んでおり，もちろん，中・東欧では大衆の不平不満が大きな変化を生み出していった。控えめにいえば，より多くの市民や利用者の声を反映する需要があり，しっかりとしたセルフヘルプの成長があった。それ以上に，政府や国際金融市場のコントロール能力を超えた，人的かつ社会的変化が生まれていった。

　先の章では，国別の福祉ミックスに関する正確な割合を示した。端的にいえば，アメリカでの市場とボランタリー部門の優れた役割と，スウェーデンでのそれらの限定的な役割との比較である。ドイツとオランダでの中央政府の補完性原理に起因してもう一例あげれば，その他のヨーロッパ諸国の一般的なものに比べてボランタリー部門がより大きな役割を担うことを認めている。連邦国家の構成単位の間にも多様性がみられることがある。特に下位の国家単位が，国家レベルの政策の実施を修正したり，意思決定を行う権限をもっていればなおさらである。この点は，レーガン政権下の「新しい連邦主義」やそれに続くブッシュ政権やクリントン政権で，福祉への支出，また福祉改革へのアプローチにおいて，各州に独自の裁量権を与えていることからも明確である［オコーナー，1998］。すなわち，多くの国々が地方分権政策をとっているのである。

　もちろん，地域ごとのサービス内容にはミックスによる多様性がある。正確に多様性の程度を述べられないが，一般的な比較がある。わずかばかりさえ包括的たることを意図するものはない。

- たいていの社会福祉事業は，国家が支配的である。
- このことは失業補償制度にもあてはまる。保険制度を基礎としているので，被雇用者と雇用主が分担金を支払っている。デンマークとドイツとスウェーデンでは労働組合が制度を運営するために重要な役割を担っている。
- 年金は，政府と職業団体と個人用の年金市場の混合によって維持されている。
- 高齢者や要介護者への社会的ケアは4つの部門すべてから成り立っており，政府，民間企業，ボランタリー部門，特に最も負担が重いのは家族などのインフォーマル部門である。
- ほとんどの国において，教育はもっぱら政府の役割であるが，しばしば個人やボランタリー部門によっても行われる。
- 保健医療制度は，保険や直接的な供給に基づいて行われているが，西欧のように公的に資金供給がなされているか，アメリカのように個人保険に多くを頼った圧倒的な個人資金のよるものか，もしくはシンガポールのような義務的な預金制度が存在する。その他の国（特に日本や中国）では，しっかりした企業別の保険制度がある。

　この本では，福祉ミックスがすべての時勢において有効に機能するわけでないとしている。安定的な民主制国家では変化は穏やかな傾向であり，危機がある場合や，第二次世界大戦のような世界的な事件が起こったりする場合は変化がより急になる。革命と反革命やクーデターは大きな変化をもたらし，そのようななかでは，新しい政権にとって福祉改革は優先度の低いものである。中・東欧諸国やピノチェト軍事政権下の抑圧的なチリを，西欧における福祉ミックスのスピードや規模と比較すれば理解できる。民衆の運動をともなった中・東欧の変化は特に劇的であり，ほんの数年のうちに，国家的支配システムから民間企業やボランタリー部門を含んだ混合的な手法へと変化を遂げた。しかし，たんにサービスの供給や配布を眺めているだけでは，変化の一部のことしかわからないうえに，また4つの部門間のバランスを歪めてしまいがちである。資金調達や規制までも考慮に入れなくてはいけない。

　福祉の混合経済の議論は，しばしば政府の役割を小さくする議論であると述べてきた。グローバリゼーションの増大といった，今までとは違った方向からの挑戦によって，国民国家の立場自体が問われている。多国籍企業と国際金融

市場の増大する権限と影響力が,国際経済の圧力を考慮することなしに,国家にその政策を決定できないようにしている。ヒル [1996, p. 53] が述べているように,「多国籍企業が,社会的保護および失業の影響の改善といった分野で,政策の選択を決定しがちである」。エスピン-アンデルセン [1996] は,その特徴を述べている。

> 現在の年金改革からもわかるように,政府の政策形成の自由がなくなってきているかもしれない。旧共産主義諸国やラテン・アメリカ諸国だけではなく,イタリアやスウェーデンにおいても,増大する国際金融が政府にとって何が可能で何が望ましいかを決定してしまうだろう。結局は,グローバリゼーションが民主的な選択を奪い取るという警告的な予見がある。(pp. 256-57)

　西側の福祉国家への国際的な圧力の最近の例では,ドイツは特に医療の面で十分なコスト抑制を試みていないという OECD の報告書がある。1997年8月の OECD によるドイツの経済に関する報告では,購入者と供給者に分かれて契約に基づいているイギリス・モデルによって,供給者指向の保健医療制度を改善するように指摘されている。国際通貨基金 (IMF) はその援助を求める国々よりもアメリカの利益を優先したことで非難を受けた。それは特に,1997/98年の東アジアの金融危機への対応に対しての批判である。インドネシアや韓国やタイは IMF からの援助を受けたが,その緊急援助の条件は厳しかった。すなわち,IMF は厳しい景気後退の通貨政策を主張したのである。しかし,これは新しいことではなく,1976年のイギリスのときにも行われていたことを明らかにしておきたい。イギリスは3年間もインフレーションと失業が続き,ポンド危機を引き起こして,IMF に援助を求めた。IMF は専門家チームを送って状況を調査した。最終的に,IMF は,公的支出と公的債務の抑制という厳しい条件において,支援することを承諾した。
　ハットン [1997] は,国民国家の政策決定能力に関してはあまり悲観的ではなく,世界銀行や IMF や OECD よりもむしろ多国籍企業との関係について言及している。

国家と世界市場の力関係は非常に複雑である。多国籍企業にとっても,新しい環境は,国家と同等に危険なことである。近年の国家は,政策選択どおりに国民経済を運営する能力が弱まっている。一方で国家の役割は,民間とのパートナーシップ,企業活動の規制,国家の関与の縮小,適切な税金の徴収,歳出レベルの管理といったものが重要になっている。実際には,国家さえも同等の力を持ちえない。(pp. 30-31)

グローバリゼーションのもうひとつの側面は,グローバル経済の重要な特徴である自由な経済が競争を拡大させていることである。これは,しばしば極東との競争と結びつけられたが,西側経済への影響は,賃金下落や失業への圧力となった。執筆中の現在(1998年2月)において,金融危機がこの方程式にあてはまるかどうかはわからないが,東アジアのすべての住民が経験している苦難はかなり明白である。ヒル [1996] は,活動的な低賃金の労働者を用いることや高質な労働力の創出によって競争優位を生み出すことに,政策は単独でかかわるべきではないと論じる。そして,リピエッツ [1992] が国家や国家間の連帯に基づいた地域の連帯が必要であると述べたことを,ヒルは引用している。ヒル [1996] は,「悲惨な競争」のなかにいる必要はなく,「現代社会の挑戦とは新しい道を見つけ出すことであり,それは仕事の分配だけでなく,持続的な世界全体の成長をすべての人々が享受できるような生産からの利益の再分配を行うことである」(p. 200) と述べている。世界は成長を必要としていると想定しているが,「分配的,環境的結果に配慮を払うことなく」(p. 317),それを追求することは誤りである。

　エスピン-アンデルセン [1996] が,過去10年間の経済的・社会的変化への対応が福祉国家によってどのように異なっているかを調査している。先進工業国の福祉国家は3つの「手法」からひとつを選択している。その3つとは,スカンジナビア諸国の手法 (the Scandinavian route),新自由主義的な手法 (the neo-liberal route),労働供給削減的な手法 (the labour reduction route) である。1980年代半ばまで,スカンジナビア諸国の手法は仕事を創出し,特に女性に対して,公的部門のパートタイムの仕事を与えてきた。これは結果的にコスト高が高い税金に導くことを示しただけで,公的部門の雇用の拡大は終わることとなった。現在もスウェーデンの失業率はかなり高い。公的部門のサービス供給

能力が衰えるにともなって，コミュニティの裕福層が公的部門から民間部門へとサービスの供給主体を移している。伝統的に，スカンジナビア諸国，特にスウェーデンにおいては，所得再分配モデルが広い結果の平等をめざしていた。所得再分配こそがこの政策の唯一の狙いであり，政策の部分として「すべての家庭において，誰もが行うような社会的活動を行えるように，必要な財を手に入れることができる」［エスピン－アンデルセン，1996, p. 262］と保証している。この手法の問題点は，公平性と公正性である。過去のスカンジナビア諸国では，労働市場のレベルが高かったことと全体的な制度のおかげで，大勢の中間層を含んだすべての人々に質の高いサービスを供給でき，この公平性の問題は内包できていた。エスピン－アンデルセンがいうように，それは社会の合意を生み出す力があったからであるが，そのような力は風化しており，再構築しなくてはならない。それにもかかわらず，確かに困難を経験しているが，スカンジナビアの福祉国家は，それらの国々のいくつかは新自由主義的な手法を追随しているが，福祉国家の原則を捨てようとはしていない。

　新自由主義的な手法は，アメリカやイギリスやニュージーランドをよく例にあげるが，オーストラリアとカナダも含まれており，その特徴は以下である。それは，①保健医療と福祉の市場主義の重要性，②福祉から職域福祉制度への移行，③選択制の重要性，④援助に値する貧困と値しない貧困との区別，⑤社会的支出の打ち切りと社会保障の削減，⑥賃金規制の緩和，である。新自由主義国家が支出の削減を検討するときは，付随的に民間市場を重要視している。疑いもなく，イギリスとアメリカは，1980年代を通して強いニューライトに傾倒した保守党政権であり，カナダでも1985年から1993年までは同様に傾倒した政府であった。オコーナー［1998］は，アメリカの展開について述べている。

> 公的部門の規模を元に戻そうとするならば，行政は，社会福祉サービス市場の将来性を考えなければならない。民間部門は利益のための存在であるが効果的にサービスを提供できると信じて，レーガン政権は市場主義を，支出を削減させ，政府の関与を減らし，サービスの供給を多様化させる手法とみなしていた。（pp. 52-53）

しかし，皮肉なことに，新自由主義的な手法が浸透しているのは，保守党政権

であるアメリカやカナダやイギリスではなく，労働党政権であるニュージーランドである。ニュージーランドは最も安定的に広範囲に福祉を行う国家のひとつであるが，包括的に新自由主義的な手法を取り入れて，実質的に福祉制度を徐々に廃止したが，それは1980年代に影響力を増したニューライトの象徴である。

イギリスとスカンジナビア諸国を除くほとんどの西欧諸国は，労働供給削減的な手法をとっていて，原則的には早期の退職を勧告している。しかし，エスピン-アンデルセンが認めているように，労働供給削減的な手法は，1990年代にかなり修正され，ほとんどの国々では退職年齢が引き上げられ，勤労期間が長期化した。ニューライトの思想は西欧諸国において影響力をもっているが，新自由主義諸国と比較して，実際の政策での影響は限定的でしかない。もちろん，ニューライトの論議が不足しているのではない。マンゲン［1991］を例にあげる。

> ラディカルライトの経済議論は，議論のレベルではあるが，第一次オイルショック後の西ドイツで強く現れたし，コール首相やキリスト教民主同盟（保守）や自由民主党（リベラル）も含めた発言の中で繰り返し聞こえた。(p. 100)

コール首相がおおいに主張した転換政策（*wendepolitik*）は新保守主義政策に新自由主義的な手法を取り入れることを約束し，福祉を切り詰め，政府の役割を縮小するものであったが，実際には実行されなかったと，マンゲンは述べている。セルフヘルプへの取り組みのわずかな増加と，社会保障の若干の削減，限られた民営化があっただけで，大規模な福祉国家の改革というものはなかった。マンゲンがこの論文を書いた後に，給付の大幅な削減と契約による市場の創造が始まった。

ドイツの最近の試み的な変化は，その他のヨーロッパ諸国とよく似ている。例えば，欧州委員会［1995］は，欧州連合の保健医療改革について述べており，それは，細かな違いはあるものの「ほぼすべての国々は……契約による管理を導入する傾向にある」(p. 115) といっている。エスピン-アンデルセンの分類からすれば，これらの進展は，かなり堅苦しい融通の利かない制度になるかも

しれない。多くの福祉国家のこの10年間の進展は,明らかに示された3つの手法のどれかひとつに収まるものではなかった。政府は,その手法に気づかないままに,いくつかの手法を同時に進んだり,別の手法へと逸脱したりしているかもしれない。

西欧諸国,北アメリカ,オーストラリア,ニュージーランドの福祉国家への簡単な分析がある。その他の3地域の,ラテン・アメリカ,中・東欧,東南アジアは,福祉国家として十分に発展していない。急速な経済的,政治的,社会的な変化が,比較的短い期間において福祉ミックスへの本質的移行をもたらしたので,これらの3地域での福祉の混合経済の分析は注意深く行わなくてはならない。

新自由主義的な手法への熱望はいくつかのラテン・アメリカ諸国でみられ,チリにおいて最も顕著であり,それほどではないがアルゼンチンにおいてもみられる [ボルズッキー, 1991；フーバー, 1996]。しかし,第2の傾向はブラジルとコスタリカを例にあげて,ラテン・アメリカでみうけられる。フーバー [1996, p. 175] の観測によれば,コスタリカは注目に値する。「なぜなら,社会民主的熱意をともなって,独自の社会政策を確立した唯一のラテン・アメリカ国家であり,また,小国が新自由主義モデルへの移行の圧力を跳ね返して,その政策を守ることができた珍しい事例であるからである」。ブラジルの福祉国家としての進歩はやや停滞しており,現在の政策目標は国家内の普遍的な制度へと移行することである。しかし,ブラジルの受益のレベルは低く,制度が相当に不平等である。

中・東欧の共産主義体制の崩壊後,ニューライトの経済学者とビジネスの専門家が自らをアドバイザーとして素早く売り込み,そして市場がいくつかの分野で立ち上がった。例えば,スタンディング [1996, p. 245] によれば「営利民間の診療所や民間によるより良い施設への参入が広がっており,その一方で,公的保健医療制度に注ぎ込まれていた資源は切り詰められており,また民間部門が製薬工業へも進出したりしている」。不確実な要因がある国々での福祉国家としての進展を予測するのは困難だが,短期的には,チェコ,ハンガリー,ポーランド,スロベニア,旧ソ連のいくつかの共和国は,程度の違いはあれども,新自由主義的な手法を追随していると思われる。旧東ドイツは旧西ドイツ

の政策を追随するだろう。

　エスピン‐アンデルセンの説 [1997] は，しっかりした判断が形成されるまでもう少し発展を待たなくてはならないとしているが，東南アジア諸国は，新自由主義に仮に分類されていると思われる。さらに，それらの国々では社会権の拡大圧力が発生するであろうとしている。1997/98年の金融危機までに，いくつかの東南アジア諸国は急速な経済発展を経験しており，それは福祉国家の増大への潜在的な需要の発生であり，しかし現在ではその発展は沈静化しているが，その需要は抑えられないであろう。少なくとも仮の分類では新自由主義になっている場合は，社会的制度と保健医療制度への公的支出が比較的少なく，国の公的供給を大幅に拡大するには相当な障害が存在するであろう。しかし，西側の視点で東南アジアの福祉国家を判断するならば，グッドマン，ホワイト，クワン [1997] による日本，韓国，香港，シンガポール，台湾の研究では，福祉支出の対 GDP 比の簡単な比較では誤った印象を受けることを指摘している。彼らも主張しているのは，「その他の論者が言うように，政府が行った福祉サービスの供給が控えめに見積もられている」(p. 373) ということである。国家の関与が過少評価されるのは，「福祉分野の資金調達に政府が参加する独特な方法に原因がある」(p. 373)。一般的な国家の行動は，直接資金を供給するのではなく，奨励的な福祉政策を行うことである。しかし，東南アジア諸国と西欧諸国の間の違いというのは想定されるほどに大きいものではないであろうとし，国家の規制する役割を考慮に入れて再検討すると西欧諸国との違いを削除しなくてよいというのが，彼らの結論である。

> 東南アジアの政府は，西側の政府ほどは福祉の役割を担っていない。だが，自助努力や相互扶助が奨励され，政府には頼れないだけでなくスティグマを感じるといった批判的なイデオロギーのなかでは，実際には，共同体，会社，家族といった政府以外の組織が，福祉のなかで重要な役割を担うと期待されている。(p. 374)

　1970年代半ばから，社会支出の上昇率はスローダウンしており，それは絶対値ではなく対 GDP 比においてである。ほとんどの国々は社会支出の拡大を抑制しようとしており，12か国からなるヨーロッパ共同体では，1970年から1980

年まで対 GDP 比で平均5.1%も社会支出を伸ばしてきたが，1980年から1990年までは平均1.1%の伸びしかない。オコーナー［1998］によれば，よく似た変化がアメリカでもみられる。しかし，社会支出上昇率の相当な低下をこれらの数字は示すが，いくつかの国が追求してきたのは低下の規模ではなかった。

アメリカやイギリスの政府は削減の強硬な論者であったが，ピアソン［1994］は，1980年代のレーガン政権とサッチャー政権の削減政策の詳細をみると，両政権の政策実施の結末は彼らの望んでいた姿には達していなかったと結論づけている。ピアソンの分析は非常によく議論がなされており，満足のいくものである。

政府が希望どおりの削減を実施する能力は，用いられる戦略や直面する抵抗に左右される。削減の戦略はいろいろな手法がある。

- ごまかしという方法は，政府の情報をうまく使ってコントロールする力に負っている。削減の規模と内容をあいまいにできた場合や，その中での政府の役割を国民心理の中で小さくできた場合に，削減政策は反対に遭う可能性は少ない。ゆるやかな削減は，短期間に急激な削減を行うより，広い範囲で持続的な反対をかわすことができる。マイルズ［1996, p. 136］は，カナダの「こっそりとした福祉」（Welfare by stealth）といわれるごまかしについて述べている。
- 削減することへの可能性のある反対を区分したら，サービスや手当を受け取っている人たちと，それ以外である。それは，消費者と生産者という区分を作ることを可能にするかもしれない。
- 削減によって失った幾分かを保証することで，反対を和らげることもできる。

アメリカとイギリスでは，政治的にリスクの少ない雇用政策を用いる機会があったが，それはあらゆる意味で有効というわけではなく，成功する保証はなかった。それ以上に，その機会が訪れたとしても，その政策を採択する利益に優先する，いくつかの重要な制限要因が存在していた。

ピアソン［1994］は，福祉国家の弾力性について述べている。

> 削減への積極的な努力を呼びかけたにもかかわらず，福祉国家はほとんど手つかずのままで大きい，……福祉国家の削減政策を理解する試みは，社会政策には戦後の国内

復興政策の要素が多いことに気づくことから始まる。(p. 179)

　序章で示したように，福祉国家は最も人気があるが，他の重要な政策を犠牲にしてしまうほどコストがかかるというのが，最もやむにやまれぬ点である。一般大衆に福祉国家が人気があるというよりも，むしろ削減に反対している強力な利益団体がいる。エスピン-アンデルセンはこの点について展開させている。

> 公共選択論者は，……福祉国家の官僚と住民によって支持された現状こそが，両者の共犯の結果であると指摘する。しかも，福祉国家は今も残っていて，サービスに傾倒していて，多くの労働力を養っている。特にスカンジナビア諸国では，3分の1が公的部門に雇われている。しかも，強力で，専門的で，よく組織されたロビー活動である。そして，大臣や政府は移ろいやすくなり，官僚だけが残される。膨大な政治学の論文からは，ほとんどの政策決定は，議会ではなく，官僚によって決められることが示されている。(pp. 265-66)

　ピアソン[p. 181]が述べるように，福祉国家の弾力性への2番目の理由は，「魅力的な民間企業という選択肢がなかったからである」。レーガンの方がサッチャーよりも削減という点では成功した。オコーナー[1998]によれば，レーガン政権は，対GDP比でのアメリカ政府の福祉への支出を削減することができた。しかし，そのプログラムによって，その結果が出たかはっきりしなかった。ピアソンとオコーナーの統計の結果をあわせると，失業給付，所得税，メディケアは実際に増えていたが，失業補償，要扶助児童世帯扶助（AFDC），食糧切符，住宅，教育，職業訓練，雇用，社会サービスといった分野での削減がなされていた。第2章で述べたように，ほとんどの失敗は連邦政府の政策ではなく州政府の政策の結果として起こったが，AFDCの受給者は最大の社会的被害者に属した。イギリスでは年金，住宅（住宅手当を含む），失業手当，児童手当の削減があり，資力調査に基づく給付は着実に増えてきていた。欧州委員会の報告[1995]によるとイギリスは1980年から1993年の間にEU加盟国の中で，対GDP比で最も社会支出を拡大している。EUの平均は3.6％の上昇であったが，イギリスは6.8％の上昇であった。ベルギー，ドイツ，ルクセンブ

ルクの3か国においては,1980年から1993年の間に対GDP比での社会支出は実際には落ち込んだ。

福祉国家の影響の変化としてニューライトのイデオロギーを特徴づけているが,ニューライトの哲学は,削減を主な判断基準として常に用いているわけではない。増税を避ける必要性や,政府によって多くの手当やサービスの資金を賄うことの困難さが増大していることがしばしば引き合いに出されるが,それ自体がグローバル経済のなかでの経済競争で必要なことである。例として,ライトマン［1991］の主張を引用しよう。

> カナダは,新保守主義やニューライトにイギリスのサッチャー政権やアメリカのレーガン政権のように熱心ではなかった。その時期に,特に1970年代半ばにマネタリズムになってから,カナダの福祉国家は激しい論争のもとに生まれた。それは,半世紀近い格闘の末に得られた基礎の再構築であった。この後退は,少なくとも表面的には,はじめはイデオロギーに基づくものではなかったが,カナダの文脈に現れたときには,ラディカルライトの主張であって異なっていた。その代わりに,カナダの福祉国家の解体論が,主に財政力の議論でなされており,また,連邦の財政プロセスにおける構造的欠陥を減らす必要性が議論されている。（p. 141）

欧州通貨同盟に加盟するための必要な要件を満たすために必要な根拠として,西欧の政府が社会支出の削減を一般的に正当化していることが注目される。

それ以上に,削減政策の成功は,それを実施するためにイデオロギーの集約や熱望と政治的な巧みさによって決まっていくものであるが,簡単なものではない。たとえ短い期間であっても,政府が抑えられないような支出は確かにある。例えば,世界経済の落ち込みや技術革新などのグローバルな事項や,過去の政策からやらなくてはならない義務もある。イギリスで支出削減する過程での問題点は,1980年代初めと1990年代初めの高い失業率であった。それで,社会保障費が顕著に上昇した。このことから,特定の分野の政策を全体の支出だけから論じることは危険であることがわかるだろう。（イギリスの事例であるが）個人への手当の額を減らすことは可能であるが,全体ではまだ大きな負担である。長期的な全体像は,その他の要因も高い支出に結びついているなかで,政府のコントロールを超えて,人口に占める高齢者の割合が増加しているので

ある。

　削減の目標達成というささやかな成功があったことが，レーガンやサッチャーの政策の結果として，イギリスやアメリカにおける大部分の人々の暮らしむきが悪くならなかったという喜ばしい結末を導いたわけではない。ピアソン[1994]は次のように強く主張している。

> 誤解を避けるために，レーガン政権やサッチャー政権は，所得分配にほとんど影響を与えなかったというあらゆる批判から距離をおきたい。実際には，この事例への反対意見として，1980年代に両国では所得の不平等が急速に拡大し，その過程では公共政策が重大に関与していた。（p. 5）

租税政策にはある種の不平等がある。グレンナスター[1991]は，最も決定的な変化は租税制度および社会福祉の資金調達において生じたと述べている。所得税の高率なものは下げられ，一方で社会保障への分担金を増大させることで，これとバランスを取っている。租税に関してもう1点ある。すべての国の政党は，選挙で勝つためには，増税をせずに，場合によっては減税するような公約が必要だと考えているようである。低い租税というのは，サービスの削減か，使用料の値上げによってなしうる。私はヒル[1996]の言い分を強く支持する。

> ……広義の社会政策とは，重く，予見できず，不平等に，個人や家族にのしかかる社会的な費用への最善の対策を，多くの場合において提供することであると人々は捉えている　　正統派経済学は，必然的に税金とかかわることになっても公的支出の拡大を擁護する左派の政治家を恐れているが，議論される必要がある。（p. 318）

1997年8月31日の『オブザーバー』紙の記事[ブリアミー，1997]は，興味深いことに，アメリカでの増大する不満を「アメリカの政治は，神聖視されて批判や攻撃が許されないものになっている」と表した。すなわち，政治的指導者が保証するものは税金と公的支出の削減である。そのような不満は，保守的なバージニア州やピッツバーグ州の働いている人たちからであった。ピッツバーグ州で余分な支出として優先されているのは教育費であり，その計画は貧しい家庭の子どもたちへの就学前教育のプログラムの立ち上げである。しかし，計

画の資金は，政府に圧力をかけて，政府ができうる限り早く資金供給を引き継ぐよう求めると決めた。バージニア州でも，支出で優先されるのは道路と同じぐらいに教育費である。

　不平等と貧困は増大し，それはすでに知られているアメリカやイギリスのみでなく，幅広い国々においてみられた。高い失業率は働いている者と働いていない者との間に不公平感を生み出し，さらに，生み出されている不平等の度合いは賃金水準の問題であり，寛大な失業補償にかかわっている。いくつかの国々では人材の流動率が落ちているが，それは重要なことではない（第2章参照）。だが，経済的支援は部分的な議論であり，もしサービスを提供する態度や方法が失業した人々にスティグマを感じさせるならば，手当を受け取っている人に自己の価値を損なわせてしまう。市民の身分や権利や利益は，ますます彼らの雇用によって決定づけられるようになる。レビタス［1996］の社会的排除に関する論文での議論である。

> 社会的排除の概念は，貧困や不平等の多様な結果を述べることで独自に発展したが，新しい支配的な議論の中での決定的な要因として取り囲まれている。その議論の中で，社会的な共同体や連帯の豊富さは，社会的排除が対比されるのは包摂ではなく統合であり，労働市場での統合と解釈される……。議論の中では，社会的排除の概念が，働いていない人の価値を下げ，また働いている人の間の不平等をあいまいにし，同様に資産階級とそれ以外の人々との間の基本的な社会の区分けを不明瞭にしている。(p. 5)（強調的に追加する）

　働いている者と働いていない者の違いが深まっている。この20年間で，2つの大量失業の時期があった。それは，1980年代初めと1990年代初めである。1995年以降，いくつかの国々で失業は減っていたが，1997年8月の最近の失業率の数字では，フィンランドが15%で，ベルギー，フランス，イタリア，スペインが12%を超えたあたりであった。ドイツの失業率は11.5%，スウェーデンでは9.1%，カナダでは9%である。対照的に，ノルウェーの失業率は3.4%で，日本が3.5%，アメリカは4.8%である。中・東欧では，チェコ（4.5%），エストニア（4.5%），リトアニア（5.9%），ウクライナ（2.1%）を除いて，高い失業率である。中・東欧で，経済の変革や福祉ミックスへの変化は，不平等と貧困

を拡大してきた。スタンディング［1996, p. 231］は，失業と雇用の取り扱いを任されている社会保障制度が欠落しているなかで「大衆の失業」と彼が分類したものの結末は，「窮乏と貧困の拡散」の発展であったと述べている。

　私が知っている限りでは，中・東欧の極貧の人々を記述するときに，「アンダークラス」というレッテルを使う者はいない。その言葉は，アメリカとイギリスに関してのみ用いられている。「アンダークラス」は，1950年代の問題家族の研究や，オスカー・ルイス［1964］の貧困の文化への研究や，1970年代に一般的であった国家における窮乏の循環の研究と明確に結びついている。これらの異なる分析が一般的であったことは，貧困というものが，ある意味で，被害者の生活行動の結果であると考えられていたからである。「アンダークラス」という概念は一般的になったが，原点は定かでなく，マレー［1984］が1980年代のアメリカにおいてこの概念を発展させ，さらに，1990年と1994年のイギリスに適用した。マレーの論点の重要なところは，生活行動によって自らを貧困にしている人々が大勢いるということである。彼がいうには，アンダークラスは，貧困の程度ではなく，貧困の種類と関係がある。アンダークラスの人々は，マレーによって「新しい下層階級」と記述されているように，仕事への嫌気，国家の手当への依存，私生児（マレーの定義），異常な子育て習慣，犯罪行為（特に若い男性）によって識別される。マレーは高い道徳観念を用いるが，彼の研究は言葉遣いや主張においては豊かであるが，根拠に乏しい。ダーレンドルフ［1987］とフィールド［1989］は，アンダークラスという言葉を用いるが，生活行動的な問題よりも構造的な問題を主張しているので，マレーとは根本的に異なっている。マレーのイギリスに関する2つの論文への批判的な論評には，リスター［1996］がある。リスターの論評は，マレーの議論の根拠とそれに基づく結論に疑問を投げかけている。さらに，生活行動を重視すると，本当の問題点を見失ってしまうという批判もある。リスターは次のようにいっている。

　　「アンダークラス」の研究で，社会科学者，政治家，報道機関が見落とすことは，一方では，構造的な力が人々を貧困へと追いやっていることと，もう一方で，それらの被害者の多くが豊かさと社会復帰に反対していることである。［1996, p. 12］

アンダークラスの議論と福祉の混合経済との関係は，社会的排除という関係ある議論において見出される。アンダークラスがあるかないかにかかわらず，貧困や極貧の人々の中には，完全なシティズンシップから排除された人々がいる。手当を削減され，さらには，より限定的で時には罰則的な資格基準を用いられ，「国家の後退」によって最も不利な方向へ影響を受けた人々がいる。彼らは，市場の信頼性が拡大したために，営利化が大幅に進んだことで，最も影響を受けた人々である。第3章にあるように，貧しい人々は市場取引への限界的な参加以外は排除されている。ボランタリー部門（第4章参照）は，社会的連帯と社会的統合を生み出す機能があるが，排除や個別主義を進める機能もある。コミュニティの貧しい人々は，コミュニティ・ネットワークの外におかれている。しかし，あまり確かではなく，少ない事実に基づいて論じられているが，貧しい人々はインフォーマル部門によって十分には支えられていない可能性があり，——もしそうなら，疑いもなく，相互に助け合う機能が資源の不足によって抑えられている。家族介護における男女間の不平等や経済的不平等は，第5章で記述された。

それ以上に，福祉の混合経済からの断片的な制度では，あまり人々にサービスが行き届いておらず，政府は，公平な配分を確保し，権利を保障することが困難であると知るであろう。そうであっても，政府は権利を保障できる唯一の存在であって，そうあるべきならば細かな規制が必要とされるであろう。だが，ほとんどの論文は規制緩和について述べているので，越えなくてはならない政治的な障害があるだろう。サービスの供給や保健医療と福祉サービスの資金調達に関する規制の全体的な問題は，研究のさらなる進展を必要としている。規制の形式は次のように求められている。①技術革新や実験への必要性と，公的資金の支出における誠実さの必要性のバランスをとること。②ボランタリー部門の独立性を保護するとともに，その活動を歪めない。③膨大な財政的資源や人手をサービスの供給から監視や評価に転用しない。④品質を保証する。⑤サービスの消費者を巻き込む。⑥救済策への効果的な認可や供給によって支援する。

以上のことから，規制における国家の役割は，新しい福祉ミックスにおいて，量と質において拡大しなくてはならないであろうし，また，このことは国家と

それ以外の部門との新しい形式のパートナーシップを形作っていくだろう。この20年間に，直接供給者としての国家を離れた福祉ミックスへの移行がみられ，民間企業やボランタリー部門は，1970年代初めに比べて優れている。それ以上のものがインフォーマル部門に期待されている。しかし，これらの変化と拡大するグローバリゼーションにもかかわらず，福祉国家の中において国家はいまだに大きな役割を担っている。すなわち，国家は規制者として規制を維持するだけでなく，国家が，その他の福祉ミックスの参加者がそれに基づいて活動できるような規制，政策，優先事項を設定し，また，国家は資金調達の主な財源である。これらの役割を果たしながら，国家は公正と平等主義という幅広い目的を追求する機会を有している（もしくは，これらの適切なバランスを保つこと）。1980年代にいくつかの国々であったように，これまで述べてきたと同様に，より大きな不平等にたどり着くかもしれない。

　要約すると，福祉ミックスへの移行にともなった変化は，次のものを含む。①給付とサービスの削減と，基準の厳格化，②料金や一部負担の増額，③在宅介護，年金，住宅，保健医療の民間による供給の拡大，④アメリカとイギリスから多くの国々への契約文化の広がり，⑤新自由主義の哲学の強い影響を受けた国々における，また経済，政治，社会の急速な変化を経験している中・東欧諸国における，不平等と貧困の増加，⑥政府の構造と公的サービスの本質における変化。

　その一方で，国の福祉システムが欠陥をもっているという疑いはないが，一般的にいわれているのは，福祉システムが過剰な官僚的硬直性を有するとして批判されている。もし，福祉ミックスへの移行が，より敏感で応答的なサービスを利用者にもたらし，公的に利用者に権限を与え，より本来的な自律性と選択を与えて，さらにシティズンシップの強固な擁護の保証をするならば，福祉分野における国家とその役割を再評価することで，それらの便益が確認される。すべて福祉国家はその結果によって判断されなければならないが，簡単に測れる事象から結果を考えてはいけない。所得や富の再分配，住宅と教育と保健医療の質，もしくは十分な社会保障のシステムといったものがある。これらはすべて重要であるが，他にもあまり覚知できないが，生活の質に大きくかかわる重要なアウトカム（成果）がある。それらは，市民の自尊心や自律性の擁護，

または安全性の認識と自己の価値の認識，といったものを含んでいる。

　1970年代半ばから危機にあるといわれている福祉国家は，今も続いている。これは，危機という言葉は適切な表現ではないということだろう。すなわち，問題があることは疑いないが，その問題が危機に必ずしも結びついていない。福祉国家の弾力性は，膨大な一般大衆，力強い利益団体の支援によってもたらされた結果であり，市場主義を促進するニューライトの努力にもかかわらず一貫した実効性のある選択肢が欠如したためでもある。これらの抵抗の強さが，この大変化の時代を通じて，十分に福祉国家を存続させている。つまり，これから先の変化においても，それらは十分に福祉国家を維持させていくだろう。

解　説

　本書は，*Mixed Economies of Welfare ; A Comparative Perspective*, Prentice Hall, 1999 の全訳である。前著『福祉国家のゆくえ』(1993年) の出版から10年近い時間が経過した。本書の謝辞で述べられているように，この間，旧ソ連の崩壊，ドイツ統合という出来事があり，グローバリゼーションという流れのなかで多国籍企業と国際経済機関が影響力を強めてきた。また，東南アジアにおいては急速な経済発展がみられ，その後これらの国々は経済危機に見舞われた。さらには EU が誕生するなど，近年の世界の動きをあげれば枚挙に暇がない。

　過去50年間，福祉国家はさまざまな形で変容を遂げ，政府と市場の役割は時に再考され，両者の活動領域の見直しが図られてきた。今，世界経済のグローバル化により，福祉国家のみとして成立しえない状況が生まれている。政府は管理統制だけではなく，サービスを提供し管理する機能を備えるように求められており，市場は政府とのパートナーシップのもとで新しい機能を創出しようとしている。

　社会保障や社会福祉の領域においては，市場への不信が根強く残っているものの，「福祉の混合経済 (mixed economy of welfare)」として政府から市場への転換が行われてきた。いわゆる「福祉国家の市場化」はレーガン大統領とサッチャー首相時代に進められたが，市場の機能そのものは社会的な規制を受けて修正されてきた。著者ノーマン・ジョンソン (Norman Johnson) が述べているように，最近では「福祉の混合経済は現状の正当な手法として受け入れられており，また将来のビジョンとして世界中で支持されている」（本書の結論）。医療や福祉においても，市場機能の接近は第三セクターやエージェンシーという形態を通して最大限に取り入れられており，市場からの参加と補完が試みられているのである。

　同様に，わが国の社会保障においても，民間，とりわけ営利部門の役割が重

視されている。医療，年金制度の分野ではコストが増大しており，政府はその抑制策と民営化政策の導入を進めている。特に1990年代以降，医療，年金，社会福祉の各分野にわたる構造改革が議論されてきたのは周知のとおりである。

「福祉の混合経済」とは何を意味するのだろうか。この言葉のもつ意味について，ジョンソンは次のように説明している。それは「福祉多元主義」(welfare pluralism) と同じ意味をもつという。「福祉多元主義」という用語は1978年の『ウルフェンデン報告』が出された後にイギリスで一般的に使われるようになった。福祉の混合形態で重要なのは，供給と財源調達との関連性である。つまり，供給方法が財源の形態を規定し，財源のあり方が供給方法を変えていくのである。特に財源調達と規制を考察すべきだという。

福祉ミックス論の系譜をみておくと，1980年代中ごろに，リチャード・ローズ，白鳥令，丸尾直美などの福祉ミックス論が提示されている。この初期の類型化では，政府部門中心の北欧・イギリス型の福祉国家，市場・民間重視の北米型の福祉国家，家族などのインフォーマル部門に依存した日本などのアジア型福祉国家がイメージされた。

続いて，エバースとスヴェトリックの多元福祉国家論（『多元主義のバランス：高齢者ケアの新しい福祉ミックス』1993年）が出され，また協同組合の役割を重視するペストフの福祉三角形の理論が示された。一方，リンドベックの『複合社会』では，政府などの組み合わせによる多元福祉社会が述べられている。最近では，市場重視のアメリカ型，政府重視の北欧型，保守的，コーポラティズム的なドイツ型の福祉国家に分類した，エスピン-アンデルセンの福祉国家類型モデルが有名である〔加藤寛・丸尾直美編著『福祉ミックスの設計―「第三の道」を求めて』有斐閣，2002年〕。

さて本書の特徴を述べるとすれば，福祉の混合経済を国際比較の視点から展開しているところにある。いかなる福祉国家であれ，福祉の混合経済をめぐる問題のひとつは公私関係の明確な区別であると著者はいう。ただし，福祉の混合経済において「適切な」バランスを打ち立てる定説はない，とも述べている。ある状況やある国において適切であることは，他の状況や他国においては適切ではない。そうであるから，本書においては各部門の長所や短所を分析し，どのように各部門が相互に関係しているかを検討している。福祉の混合経済が異

なった方法で解釈されることを論証するために，国際比較のアプローチが展開されているのである。

　例えばアメリカでは，市場はきわめて優位な状況にあり，それを補完するボランタリー部門がある。これに対し，スウェーデンでは政府の部門が圧倒的である。またドイツとオランダでは，中央政府が補完性原理（principle of subsidiarity）に基づいて福祉の運営を行っており，ボランタリー部門が大きな役割を担っている。その特徴を著者は以下のようにまとめている。

- ほとんどの場合，社会福祉の事業は州のレベルで決められている。
- 年金では，政府，職業団体，個人年金の市場で混成されている。
- 高齢者ケアは，行政部門，営利部門，ボランタリー部門，インフォーマル部門の4つから成り立っているが，最も重い負担が家族に課されている。
- 保健医療は保険については，西欧では公的な財政支援があり，アメリカは個人保険によるものが多い。日本などは企業別の保険制度がある。

　著者は福祉の混合経済を比較分析する際，①二国間の関係（大規模な国家部門を有するスカンジナビア諸国と，営利部門が広く存在するアメリカとの比較），②時系列的な関係（第二次世界大戦後の国家部門の大規模な拡張と近年の相対的な縮小との比較），③サービス間の比較（教育における国家部門の優位性と，住宅における営利部門の優位性との比較），④サービスにおけるさまざまな要素（アメリカの保健医療における病院とナーシングホームとの比較），を視点においている。特に混合の形態として地域ごとのサービスの内容に多様性があることに着目しており，4つの部門の間の「関係性」を解き明かすことの重要性を強調している。

　本書は部門別の課題を詳述している。まず国家部門については，近年ニューパブリックマネジメント（NPM，新公共経営管理）という手法が導入されている。NPMでは市民が顧客として扱われるが，消費者保護は不十分と著者はみている。特に市場原理と起業家的経営の導入によって，伝統的に公共サービスがもつ貴重なエトスが失われており，効率性とコストの抑制を強調するあまり公正性を見失っている。また，契約志向型の地方自治体において競争が必ずしも生じるわけではなく，コスト抑制の試みはむしろ高い処理コスト等を生み出していると指摘している。

　次に，営利部門については，例えばイギリスでは福祉領域への参入が増えて

おり，いまや高齢者施設の大部分は民間営利の事業者の手中にある。その拡大はデイケアや在宅ケアにまで及んでいる。営利事業者が利潤を生み出すために，公的資金が使われてよいのかという根本的な議論がイギリスで展開されているのは興味深い。

また，ボランタリー（民間非営利）部門については，契約を締結する際，従来の民間独自の活動が縮小され，かつ行政との契約業務に時間を奪われる実態があるという。民間独自の活動とはアドボカシー（権利の代行）やサービス開発の業務であるが，福祉改革のもとで不利な環境におかれているのである。例えば，行政が契約価格を引き下げるかまたは増額しない場合，ボランタリー機関は供給を減らすか，またはサービス水準を維持する代わりに公的機関の補助とならざるをえないのである。

そして，インフォーマル部門については，コスト削減の転嫁先は個人，家族，ボランタリー部門へとむけられる。コミュニティケアは家族によるケア（care by families），そして女性によるケアを意味する。公的サービスが削減される場合，そのコストは親族によって負担されなければならない。

近年，福祉の混合経済に生じている変化とはどのようなものであろうか。伝統的な混合経済における関係性を特徴づければ，政府とボランタリー部門との「協働的」分業にあった。現代の混合経済となると，営利事業者が政府やボランタリー部門に加わってくる。その関係性は「協働的」というよりはむしろ「競争的」となっている。実際市場供給に有利に働くように，多くの福祉国家はこのモデルに接近している。供給と財源調達・規制との分離は，福祉の混合経済の分析における共通テーマといえよう。

著者は，福祉の混合経済における変化について，次のように要約している。①給付とサービスの削減と，制限された適格基準，②料金や一部負担の増額，③施設ケア，年金，住宅，保健医療における民営化の進展，④契約文化がアメリカとイギリスから他の国へと広がっていること，⑤不平等と貧困の広がり，などである。

では，福祉の混合経済を推進する国家の狙いはどこにあるのだろうか。それは，サービスの直接供給者としての国家の役割を縮小することにある。また，財政と規制の役割を保持することも狙いである。このようにして国家の機関は

供給者よりもむしろ条件整備者 (enabler) に変質しているのである。

　現代の福祉の混合経済では，行政はサービス供給全体に対する責任を負いながら，営利部門とボランタリー部門からサービスを購入している。サービスはますます契約ベースで供給されているのである。例えば社会福祉や保健医療における契約業務は，競争を通して効率性を高め，同時に選択肢を広げて消費者にエンパワーメントをもたらすとされている。このことはとりわけアメリカやイギリスにおいて発展しており，わが国を含む他国では今のところ揺籃期にある。

　福祉の混合経済はどのように類型化できるのだろうか。著者は，実は福祉の混合経済は整然としたパターンとなって現れてこないと述べている。したがって，福祉の混合経済という用語そのものは特定の混合形態を意味せず，中立なものとして考えられている。しかし，その実態は中立と程遠いものであることに注意を要する。混合経済への動きは世界規模で国家の役割を見直す動きと一体化しているのである。その過程において，公共サービスのエトスや国家の構造もまた変化を余儀なくされている。「国家の役割を縮小すること (rolling back the state)」の本質的な特徴は，公共支出を削減する（あるいはむしろ現実的には抑制する）ための政府の試みである。

　このように政府にとっての福祉の混合経済への誘引は，社会政策コストの抑制となっている。そのため，「政策手法のグローバリゼーション」（著者の言葉）は，社会政策コストの抑制という考え方が世界中を駆けめぐった結果であるという。

　グローバリゼーションが勢いを増すなかで，今国家の立場そのものが問われている。多国籍企業と国際金融市場が国際経済を左右しており，わのわのの国家は自身で政策決定を行えない状況が生まれている。近年の国家は，政策選択どおりに国家経済を運営する能力を弱めており，民間とのパートナーシップ，企業活動の規制，支出レベルの管理などを実施せざるをえない。

　著者の結論は，国家部門のもつ可能性とその活動の充実である。福祉国家の批判としてよく議論されるのは，肥大化した官僚制における福祉プログラムの硬直的な運営である。このような悪しき側面を克服するために，福祉の混合経済がめざすべき方向は，応答的で責任制をもつサービス供給システムを構築し，

エンパワーメントを通して自己決定権と自己選択権を保障することである。そのためには国家部門を市民の手でつくり直すこととなる。国家部門が掲げるべき項目としては，①革新的で実験的な取り組みに対して，節度をもって公的資金の支出を振り向けること，②ボランタリー部門の自主性を尊重し，その活動を歪めないこと，③財政的資源やスタッフの時間をサービスの供給からモニタリングなどに転用しないこと，④品質を保証すること，⑤サービス利用者を参画させること，⑥効果的な制裁や賠償命令で支えること，などである。また，国家は規制者として規制業務にとどまるのではなく，福祉の混合経済にかかわる供給主体に規制，政策，優先事項をつくり，公正と平等主義を構築することの意義を著者は述べている。「規制における国家の役割は，新しい福祉ミックスにおいて，利用と質で拡大するべきで，公的部門とそれ以外の部門との協力によって新しい形式を作り出す機運が生じる」と指摘している。読者の意見はどのようなものであろうか。

　また，特に注目してほしいのは，日本の読者のために書き下ろされた「前文」である。それはわが国の公私関係について述べているが，公私の境界があいまいなわが国の状況は問題であるとみている。まず著者は，介護保険制度について，選別主義的な制度から普遍主義的な制度への転換をもたらすものという評価をしている。ただし，問題点を2つ指摘している。それは利用者負担の導入と営利事業の参入についてである。著者は今後この2つの点が問題を生み出すとみている。ボランタリー部門については，社会福祉協議会などが過度に公的な財源に依存しており，人事交流も盛んに行われているため，公私の境界が不明確となっている点を見逃していない。

　以上，福祉ミックスの現状やそのあり方について，国際比較の視点から，本書を参考にしていただければ幸いである。

　さて，ここで翻訳作業について触れておきたい。2000年の冬から2001年の夏にかけて3度にわたり，私たちは翻訳の打ち合わせのため渡英したが，その際ジョンソン先生から直接にご教示を受ける機会を得た。先生は，いつもポーツマスの駅で明るい笑顔で出迎えてくださり，大学や自宅に招いて特別講義をしてくださった。また大学街のレストランでの会食も忘れられない思い出であり，

先生のおもてなしは心温まるものであった。いつもルース夫人が会話に参加され，楽しいひと時を過ごすことができた。あらためてジョンソン夫妻に感謝の意を表しておきたい。

　なお，翻訳の分担については，前文と第1章および解説を山本隆が担当し，第2章と第3章を青木郁夫，序文と謝辞および第4章を村上真，第5章を山本惠子，第6章を永井真也が担当した。また，全体の調整を山本隆と青木郁夫が行った。

　最後になったが，法律文化社編集部の田靡純子氏には大変お世話になった。心からお礼を申し上げる次第である。

訳者を代表して

山本　隆

参 照 文 献

Abrams, P. (1977) 'Community care: some research problems and priorities', *Policy and Politics*, no. 6, pp. 125-51.
Abrams, P. (1980) 'Social change, social networks and neighbourhood care', *Social Work Service*, no. 22.
Adams, R. (1990) *Self-help, Social Work and Empowerment*, Basingstoke: Macmillan.
Alcock, P. (1996) *Social Policy in Britain: Themes and Issues*, Basingstoke: Macmillan.
Allan, G. (1985) *Family Life*, Oxford: Blackwell.
Althusser, L. (1972) *Lenin and Philosophy and Other Essays*, London: New Left Books. 西川長夫訳『レーニンと哲学』人文書院, 1970年。
Anheier, H. K. (1987) 'Indigenous voluntary associations, nonprofits and development in Africa', in Powell, W. W. (ed.) *The Nonprofit Sector: A Research Handbook*, New Haven: Yale University Press.
Anheier, H. K. and Knapp, M. (1990) 'An editorial statement', *Voluntas*, vol. 1, no. 1, pp. 1-12.
Anheier, H. K. and Seibel, W. (eds) (1990) *The Third Sector: Comparative Studies of Nonprofit Organizations*, Berlin: de Gruyter.
Anheier, H. K. and Seibel, W. (1993) *Defining the Nonprofit Sector: Germany*, Baltimore: The Johns Hopkins University.
Anheier, H. K. and Seibel, W. (1998) 'The nonprofit sector and the transformation of societies: a comparative analysis of East Germany, Hungary and Poland', in Powell, W. W. and Clemens, L. (eds) *Private Action and the Public Good*, New Haven: Yale University Press.
Archambault, E. (1993) *Defining the Nonprofit Sector: France*, Baltimore: The Johns Hopkins University.
Ashford, D. E. (1985) 'Governmental responses to budget scarcity: France', *Policy Studies Journal*, vol. 13, no. 3.
Atkinson, R. and Cope, S. (1997) 'Community participation and urban regeneration in Britain', in Hoggett, P. (ed.) *Contested Communities*, Bristol: Policy Press.
Atlas, J. and Dreier, P. (1983) 'Mobilize or compromise? The tenants' movement and American politics', in Hartman, C. (ed.) *America's Housing Crisis, What is to be*

Done ?, Boston: Routledge and Kegan Paul.

Bachrach, P. and Baratz, M. (1962) 'The two faces of power', *American Political Science Review*, vol. 56, no. 4, pp. 947-52.

Baldock, J. (1991) 'The frail elderly and the risks of a mixed economy or personal care services', paper prepared for international research project, *Shifts in the Welfare Mix; Social Innovations in Welfare Policies-A Case for the Elderly*, Vienna: European Centre for Social Welfare Policy and Research.

Baldwin, S. (1977) *Disabled Children — Counting the Costs*, London: Disability Alliance.

Baldwin, S. (1981) *The Financial Consequences of Disablement in Children: Final Report*, York: Social Policy Research Unit.

Baldwin, S. (1985) *The Costs of Caring*, London: Routledge and Kegan Paul.

Baldwin, S. and Twigg, J. (1991) 'Women and community care: reflections on a debate', in Maclean, M. and Groves, D. (eds) *Women's Issues in Social Policy*, London: Routledge, pp. 117-35.

Banting, K. G. (1995) 'The welfare state as statecraft: territorial politics and Canadian social policy' in Leibfried, S. and Pierson, P. (eds) *European Social Policy: Between Fragmentation and Integration*, Washington DC: The Brookings Institution, pp. 269-300.

Barrett, M. (1981) *Women's Oppression Today*, London: Verso.

Barry, N. (1991) 'Understanding the market', in Loney, M., Bocock, R., Clarke, J., Cochrane, A., Graham, P. and Wilson, M. (eds) *The State or the Market: Politics and Welfare in Contemporary Britain* (2nd edn), London: Sage, pp. 231-41.

Bartlett, W. (1991) *Quasi-markets and Contracts: A Market and Hierarchies Perspective on NHS Reform*, Bristol: School for Advanced Urban Studies.

Bartlett, W., Propper, C., Wilson, D. and Le Grand (eds) (1994) *Quasi-Markets in the Welfare State*, Bristol: School for Advanced Urban Studies.

Basaglia, F. (1980) 'Problems of law and psychiatry: the Italian experience', *International Journal of Law and Psychiatry*, vol. 3, no. 3, pp. 17-37.

Bauer, R. (1996) 'Third sector and new social politics in Germany: A case study report', paper presented to international meeting, *Third Sector, the State and the Market in the Transformation of Social Politics in Europe*, Milan.

Baumol, W. J., Panzar, J. C. and Willig, R. D. (1982) *Contestable Markets and the Theory of Industry Structure*, New York: Harcourt Brace Jovanovich.

Bawden, D. and Palmer, J. (1984) 'Social policy: challenging the welfare state', in Palmer, J. and Sawhill, I. (eds) *The Reagan Record*, Cambridge: Ballinger Publishing Company.

Bayley, M. (1972) *Mental Handicap and Community Care*, London: Routledge and

Kegan Paul.

Bell, D. (1993) *Communitarianism and its Critics*, Oxford: Clarendon Press.

Benington, J. (1974) 'Strategies for change at the local level: some reflections', in Jones, D. and Mayo, M. (eds) *Community Work One*, London: Routledge and Kegan Paul.

Ben-Ner, A. and Van Hoomison, J. (1993) 'Nonprofit organizations in the mixed economy: a demand and supply analysis', in A. Ben-Ner and B. Gui (eds) *The Nonprofit Sector in the Mixed Economy*, Michigan: Michigan University Press.

Bennett, F. (1987) 'What future for social security ?', in Walker, A. and Walker, C. (eds) *The Growing Divide*, London: Child Poverty Action Group, pp. 120-8. 佐藤進ほか訳『福祉大改革――イギリスの改革と検証』法律文化社, 1994年。

Bennett, R. J. (ed.) (1990) *Decentralisation, Local Governments and Markets: Towards a Post-Welfare Agenda ?*, Oxford: Oxford University Press.

Bentley, A. F. (1908) *The Process of Government*, Chicago: University of Chicago Press. 上林良一・喜多靖朗訳『統治過程論――社会圧力の研究』法律文化社, 1994年。

Beresford, P. (1988) 'Consumer views: data collection or democracy ?' in Allen, I. (ed.) *Hearing the Voice of the Consumer*, London: Policy Studies Institute.

Beresford, P. (1991) 'Against enormous odds', in Thompson, C. (ed.) *Changing the Balance: Power and People Who Use Services*, London: National Council for Voluntary Organisations.

Berger, B. (1993) 'The bourgeois family and modern society', in Davis, J., Berger, B. and Carlson, A. *The Family: Is it Just Another Lifestyle Choice ?*, London: Institute of Economic Affairs, pp. 8-27.

Beveridge, W. (1948) *Voluntary Action: A Report on Methods of Social Advance*, London: Allen & Unwin.

Biggs, S. J. (1986) 'Bureaucratization and privatization of care for old people'. Paper presented at Conference on Bureaucratization and Debureaucratization of Social Welfare, Zurich.

Billis, D. and Glennerster, H. (1998) 'Human services and the voluntary sector: towards a theory of comparative advantage', *Journal of Social Policy*, vol. 27, pt. 1, pp. 79-98.

Billis, D. and Harris, M. (1992) 'Taking the strain of change: UK local voluntary agencies enter the post-Thatcher period', *Nonprofit and Voluntary Sector Quarterly*, vol. 21, no. 3, pp. 227-49.

Borzutsky, S. (1991) 'The Chicago Boys: social security and welfare in Chile', in Glennerster, H. and Midgley, J. (eds) *The Radical Right and the Welfare State: An International Assessment*, Hemel Hempstead: Harvester Wheatsheaf.

Bradshaw, J., Ditch, J., Holmes, H. and Whiteford, P. (1993) 'A comparative study of

child support in fifteen countries', *Journal of European Social Policy*, vol. 3, no. 4, pp. 256-71.
Bradshaw, J., Kennedy, S., Kilkey, M., Hutton, S., Corden, A., Eardley, T., Holmes, H. and Neale, J. (1996) *Policy and the Employment of Lone Parents in 20 Countries*, York: Social Policy Research Unit, University of York.
Brandon, D. (1991) *Innovation Without Change ?*, Basingstoke: Macmillan.
Brindle, D. 'NHS to sell private care plans', *The Guardian*, 25 March 1996.
Brittan, S. (1977) *The Economic Consequences of Democracy*, London: Temple Smith.
Brook, L., Hall, J. and Preston, I. (1996) 'Public spending and taxation', in Jowell, R., Curtice, J., Park, A., Brook, L. and Thomson, K. (eds) *British Social Attitudes, the 13th Report*, Aldershot: Dartmouth Publishing Company, pp. 185-202.
Browne, A. C. (1984) 'The mixed economy of day care: consumer versus professional assessments', *Journal of Social Policy*, vol. 13, pt. 3, pp. 321-39.
Buchanan, J. M. and Tullock, G. (1962) *The Calculus of Consent*, Ann Arbor: University of Michigan Press. 米原淳七郎・宇田川璋仁訳『公共選択の理論：合意の経済倫理』東洋経済新報社，1979年。
Bulmer, M. (1987) *The Social Basis of Community Care*, London: Allen & Unwin.
Burkitt, B. and Ashton, F. (1996) 'The birth of the stakeholder society', *Critical Social Policy*, vol. 16, no. 4, pp. 3-16.
Burns, D., Hambleton, R. and Hoggett, P. (1994) *The Politics of Decentralisation: Revitalising Local Democracy*, Basingstoke: Macmillan.
Cambridge, P. and Brown, H. (1997) 'Making the market work for people with learning disabilities: an argument for principled contracting', *Critical Social Policy*, vol. 17, no. 2, pp. 27-52.
Campling, J. (1985) 'Editor's introduction', in Gittins, D. *The Family in Question*, Basingstoke: Macmillan.
Carers National Association (1992) *Listen to Carers; Speak Up, Speak Out: Research Among Members of CNA*, London: Carers National Association.
Caring Costs Alliance (1996) *The True Cost of Caring: A Survey of Carers' Lost Income*, London: Carers National Association.
Carvel, J. (1993) 'EC urged to act as number of homeless reaches 2.5m', *The Guardian*, 25 September.
Castles, F. G. (1996) 'Needs-based strategies of social protection in Australia and New Zealand', in Esping-Andersen, G. (ed.) *Welfare States in Transition: National Adaptations in Global Economies*, London: Sage, pp. 88-115.
Cawson, A. (1982) *Corporatism and Welfare: Social Policy and State Intervention in Britain*, London: Heinemann.

Chamberlayne, P. (1990) 'Neighbourhood and tenant participation in the GDR', in Deacon, B. and Szalai, J. (eds) *Social Policy in the New Eastern Europe*, Aldershot: Avebury.

Chamberlin, J. (1977) *On Our Own: Patient-Controlled Alternatives to the Mental Health System*, New York: McGraw-Hill. 中田智恵海監訳, 大阪セルフヘルプ支援センター訳『精神病者自らの手で――今までの保健・医療・福祉に代る試み』解放出版社, 1996年。

Charlesworth, A., Wilkin, D. and Durie, A. (1984) *Carers and Services: A Comparison of Men and Women Caring for Dependent Elderly People*, Manchester: Equal Opportunities Commission.

Chetwynd, J. (1985) 'Factors contributing to stress on mothers caring for an intellectually handicapped child', *British Journal of Social Work*, 15, pp. 295-304.

Clarke, J. and Newman, J. (1997) *The Managerial State*, London: Sage.

Clotfelter, C. T. (ed.) (1992) *Who Benefits from the Nonprofit Sector?*, Chicago: University of Chicago Press.

Cockburn, A. (1996) 'From new deal to great betrayal' *The Observer*, 4 August.

Commission of the European Communities (1982) *Report on Social Developments Year 1981*, Luxembourg: Office for Official Publications of the European Communities.

Commission of the European Communities (1983) *Report on Social Developments Year 1982*, Luxembourg: Office for Official Publications of the European Communities.

Commission on the Future of the Voluntary Sector (Chair: Deakin, N.) (1996) *Report of the Commission on the future of the Voluntary Sector*, London: NCVO Publications.

Craig, G. and Glendinning, C. (1993) 'Rationing versus choice: tensions and options. Cash and care for disabled and older people and their carers', in Page, R. and Deakin, N. (eds) *The Costs of Welfare*, Aldershot: Avebury, pp. 165-82.

Currie, E. (1990) 'Heavy with human tears: free market policy, inequality and social protection in the United States', in Taylor, I. (ed.) *The Social Effects of Free Market Policies*, Hemel Hempstead: Harvester Wheatsheaf, pp. 299-318.

Cutler, T. and Waine, B. (1997) 'The politics of quasi-markets: how quasi-markets have been analysed and how they might be analysed', *Critical Social Policy*, vol. 17, no. 2, pp. 3-26.

Dahl, R. (1956) *A Preface to Democratic Theory*, Chicago: University of Chicago Press. 内山秀夫訳『現代デモクラシー序説』三嶺書房, 1988年。

Dahl, R. (1982) *Dilemmas of Pluralist Democracy: Autonomy Versus Control*, New Haven: Yale University Press.

Dahrendorf, R. (1987) 'The erosion of citizenship and its consequences for us all', *New Statesman*, June.

Dahrendorf, R. (1990) *Reflections on the Revolution in Europe*, London : Chatto and Windus. 岡田舜平訳『ヨーロッパ革命の考察――「社会主義」から「開かれた社会」へ』時事通信社, 1991年。

Dale, J. and Foster, P. (1986) *Feminists and State Welfare*, London : Routledge and Kegan Paul.

Dalley, G. (1988) *Ideologies of Caring*, Basingstoke : Macmillan.

David, M. (1986) 'Moral and maternal : the family in the right', in Levitas, R. (ed.) *The Ideology of the New Right*, Cambridge : Polity Press.

Davidoff, P. and Gould, J. (1970) 'Suburban action : advocate planning for an open society', *Journal of the American Institute of Planners*, quoted in Higgins, J. (1978) *The Poverty Business: Britain and America*, Oxford : Blackwell.

Davis Smith, J. (1995) 'The voluntary tradition : philanthropy and self-help in Britain 1500-1945', in Davis Smith, J., Rochester, C. and Hedley, R. *An Introduction to the Voluntary Sector*, London : Routledge.

Deacon, B., Castle-Kanerova, M., Manning, M., Millard, F., Orosz, E., Szalai, J. and Vidinova, A. (1992) *The New Eastern Europe: Social Policy Past, Present and Future*, London : Sage.

Deakin, N. (1994) *The Politics of Welfare: Continuities and Change*, Hemel Hempstead : Harvester Wheatsheaf.

Deakin, N. and Walsh, K. (1996) 'The enabling state : the role of markets and contracts', *Public Administration*, vol. 74, no. 2, pp. 33-48.

Deakin, N. and Wright, A. (eds) (1990) *Consuming Public Services*, London : Routledge.

Dean, H. and Taylor-Gooby, P. (1992) *Dependency Culture: The Explosion of a Myth*, Hemel Hempstead : Harvester Wheatsheaf.

Delphy, C. and Leonard, D. (1992) *Familiar Exploitation: A New Analysis of Marriage in Contemporary Western Societies*, Cambridge : Polity Press.

Department of Health and Social Security (1981) *Growing Older*, London : HMSO.

DiMaggio, P. and Powell, W. (1983) 'The iron cage revisited : institutional isomorphism and collective rationality in organizational fields', *American Sociological Review*, 82, pp. 147-60.

Ditch, J., Barnes, H., Bradshaw, J., Commaille, J. and Eardley, T. (1996a) *A Synthesis of National Family Policies 1994*, York : Social Policy Research Unit.

Ditch, J., Bradshaw, J. and Eardley, T. (1996b) *Developments in National Family Policies in 1994*, York : Social Policy Research Unit.

Domberger, S. and Hall, C. (1996) 'Contracting for public services : a review of Anti-

podean experience', *Public Administration*, vol. 74, no. 2, pp. 129-47.
Dowler, E. and Calvert, C. (1995) *Nutrition and Diet in Lone-parent Families in London*, London: Family Policy Studies Centre.
Downs, A. (1957) *An Economic Theory of Democracy*, New York: Harper and Row. 古田清司監訳『民主主義の経済理論』成文堂, 1980年。
Downs, A. (1967) *Inside Bureaucracy*, Boston: Little, Brown.
Dunleavy, P. (1991) *Democracy, Bureaucracy and Public Choice*, Hemel Hempstead: Harvester Wheatsheaf.
Dunleavy, P. and O'Leary, B. (1987) *Theories of the State: The Politics of Liberal Democracy*, Basingstoke: Macmillan.
Durkheim, E. (1893) *The Division of Labour in Society*, translated by Simpson, G. (1933) New York: Free Press. 井伊玄太郎訳『社会分業論』講談社学術文庫, 1989年。
Easton, D. (1953) *The Political System: An Inquiry into the State of Political Science*, New York: Knopf. 山川雄已訳『政治体系』ぺりかん社, 1976年。
Edwards, S. (1996) 'Opening Doors to the Community', *The Guardian*, 22 May.
Ehrenreich, B. and English, D. (1979) *For Her Own Good: 150 Years of the Experts' Advice to Women*, London: Pluto Press.
Emms, P. (1990) *Social Housing: A European Dilemma ?*, Bristol: School for Advanced Urban Studies.
Enthoven, A. C. (1985) *Reflections on the Management of the NHS*, London: Nuffield Provincial Hospitals Trust.
Enthoven, A. C. (1993) 'The history and principles of managed competition', *Health Affairs*, Summer Supplement.
Esping-Andersen, G. (1990) *The Three Worlds of Welfare Capitalism*, Cambridge: Polity Press. 岡沢憲芙・宮本太郎監訳『福祉資本主義の三つの世界』ミネルヴァ書房, 2000年。
Esping-Andersen, G. (1996) 'After the golden age? Welfare state dilemmas in a global economy', in Esping-Andersen, G. (ed.) *Welfare States in Transition: National Adaptations in Global Economies*, London: Sage, pp. 1-31.
Esping-Andersen, G. (ed.) (1996) *Welfare States in Transition: National Adaptations in Global Economies*, London: Sage.
Esping-Andersen, G. (1997) 'Hybrid or unique? The Japanese welfare state between Europe and America', *Journal of European Social Policy*, vol. 7, no. 3, pp. 179-89.
Estrin, S. and Le Grand, J. (1989) 'Market socialism', in Le Grand, J. and Estrin, S. (eds) *Market Socialism*, Oxford: Clarendon Press, pp. 1-24.
Estrin, S. and Winter, D. (1989) 'Planning in a socialist market economy', in Le Grand, J. and Estrin S. (eds) *Market Socialism*, Oxford: Clarendon Press.
Etzioni, A. (1988) *The Moral Dimension: Towards a New Economics*, New York:

Free Press.
Etzioni A. (1995) *The Spirit of Community*, London: Fontana Press.
European Commission (1994) *Social Protection in Europe*, Luxembourg: Office for Official Publications of the European Communities.
European Commission (1995) *Social Protection in Europe*, Luxembourg: Office for Official Publications of the European Communities.
European Commission (1993) *Social Protection in the Member States of the European Union*, Luxembourg: Office for Official Publications of the European Community.
Evans, R. and Harding, A. (1997) 'Regionalisation, regional institutions and economic development', *Policy and Politics*, vol. 25, no. 1, pp. 19-38.
Evers, A. (1990) 'Shifts in the welfare mix. The case of care for the elderly - mapping the field of a cross-national research project', paper prepared for international research project, *Shifts in The Welfare Mix; Social Innovations in Welfare Policies - The Case of Care for the Elderly*, Vienna: European Centre for Social Welfare Policy and Research.
Evers, A. (1993) 'The welfare mix approach: understanding the pluralism of welfare systems', in Evers, A. and Svetlik, I. (eds) *Balancing Pluralism: New Welfare Mixes in Care for the Elderly*, Aldershot: Avebury.
Evers, A., Piji, M. and Ungerson, C. (eds) (1994) *Payments for Care: A Comparative Overview*, Aldershot: Avebury.
Evers, A. and Svetlik, I. (eds) (1993) *Balancing Pluralism: New Welfare Mixes in Care for the Elderly*, Aldershot: Avebury.
Ferriman, A. (1992) 'Private patients swamp hospitals and insurers', *The Observer*, 21 June.
Field, C. (1996) 'New Zealand Labour repents love affair with market', *The Observer*, 21 April.
Field, F. (1989) *Losing Out: The Emergence of Britain's Underclass*, Oxford: Blackwell.
Filer, J. H. (1975) *Giving in America: Toward a Stronger Voluntary Sector*, Washington DC: Report of the Commission on Private Philanthropy and Public Needs.
Finch, J. (1984) 'The deceit of self-help: preschool playgroups and working class mothers', *Journal of Social Policy*, vol. 13, pt. 1, pp. 1-20.
Finch, J. (1989) *Family Obligations and Social Change*, Cambridge: Polity Press.
Finch, J. (1993) 'The concept of caring: feminist and other perspectives', in Twigg, J. (ed.) *Informal Care in Europe*, York: University of York.
Finch, J. and Groves, D. (1980) 'Community care and the family: a case for equal

opportunities ?', *Journal of Social Policy*, vol. 13, pt. 4.
Finch, J. and Mason, J. (1993) *Negotiating Family Responsibilities*, London: Routledge.
Finn, D. (1994) *A New Partnership? Training and Enterprise Councils and the Voluntary Sector*, London: London Boroughs Grants Committee.
Fitzgerald, T. (1983) 'The new right and the family', in Loney, M., Boswell, D. and Clarke, J. *Social Policy and Social Welfare*, Milton Keynes: Open University Press.
Flora, P. (1985) 'On the history and current problems of the welfare state', in Eisenstadt, S. N. and Ahimeir, O. (eds) *The Welfare State and its Aftermath*, London: Croon Helm.
Forder, J., Knapp, M. and Wistow, G. (1996) 'Competition in the Mixed Economy of Care', *Journal of Social Policy*, vol. 1, pt. 2, pp. 201-21.
Fox Harding, L. (1996) *Family, State and Social Policy*, Basingstoke: Macmillan.
Freeman, R. and Clasen, J. (1994) 'The German social state: an introduction', in Clasen, J. and Freeman, R. (eds) *Social Policy in Germany*, Hemel Hempstead: Harvester Wheatsheaf.
Friedman, M. and Friedman, R. (1980) *Free to Choose*, Harmondsworth: Penguin. 西山千明訳『選択の自由』日本経済新聞社, 1980年。
Froland, C. Pancoast, D. L., Chapman, N. J. and Kimboko, P. J. (1981) *Helping Networks and Human Services*, Beverly Hills: Sage.
Gamble, A. (1988) *The Free Economy and the Strong State: The Politics of Thatcherism*, Basingstoke: Macmillan. 小笠原欣幸訳『自由経済と強い国家――サッチャリズムの政治学』みすず書房, 1990年。
George, V. and Wilding, P. (1994) *Welfare and Ideology*, Hemel Hempstead: Harvester Wheatsheaf. 美馬孝夫・白沢久一訳『イデオロギーと社会福祉』勁草書房, 1988年。
Gidron, B., Kramer, R. M. and Salamon, L. M. (eds) (1992) *Government and the Third Sector: Emerging Relationships in Welfare States*, San Francisco: Jossey-Bass.
Gilbert, N. and Gilbert, B. (1989) *The Enabling State*, New York: Oxford University Press. 伊部英男監訳『福祉政策の未来――アメリカ福祉資本主義の現状と課題』中央法規出版, 1999年。
Ginsburg, N. (1992) *Divisions of Welfare*, London: Sage.
Glendinning, C. (1989) *The Financial Needs and Circumstances of Informal Carers: Final Report*, York: Social Policy Research Unit.
Glendinning, C. (1992) *The Costs of Informal Care: Looking Inside the Houshold*, London: HMSO.

Glendinning, C. and McLaughlin, E. (1993) 'Paying for informal care : lessons from Finland', *Journal of European Social Policy*, vol. 3, no. 4, pp. 239-53.

Glendinning, C. and Millar, J. *Women and Poverty in Britain : The 1990s*, Hemel Hempstead : Harvester Wheatsheaf.

Glennerster, H. (1991) 'The radical right and the future of the welfare state', in Glennerster, H. and Midgley, J. *The Radical Right and the Welfare State : An International Assessment*, Hemel Hempstead : Harvester Wheatsheaf, pp. 163-74.

Glennerster, H. (1992) *Paying for Welfare : The 1990s*, Hemel Hempstead : Harvester Wheatsheaf.

Glennerster, H. (1995) *British Social Policy Since 1945*, Oxford : Blackwell.

Glennerster, H. and Midgley, M. (eds) (1991) *The Radical Right and the Welfare State : An International Assessment*, Hemel Hempstead : Harvester Wheatsheaf.

Glenny, M. (1990) *The Re-birth of History*, Harmondsworth : Penguin.

Goffman, E. (1961) *Asylums : Essays on the Social Situation of Mental Patients and Other Inmates*, New York : Doubleday. 石黒毅訳『アサイラム――施設収容所の日常生活』誠信書房, 1984年。

Goffman, E. (1968) *Stigma : Notes on the Management of Spoiled Identity*, Harmondsworth : Penguin Books. 石黒毅訳『スティグマの社会学――烙印を押されたアイデンティティ』セリカ書房, 1970年。

Goodin, R. E. (1988) *Reasons for Welfare : The Political Theory of the Welfare State*, Princeton : Princeton University Press.

Goodman, R. and Peng, I. (1996) 'The East Asian welfare states : peripatetic learning, adaptive change and nation-building', in Esping-Andersen, G. (ed.) *Welfare States in Transition : National Adaptations in Global Economies*, London : Sage, pp. 192-224.

Goodman, R., White, G. and Kwon, H-J (1997) 'East Asian social policy : a model to emulate ?', in May, M., Brunsdon, E. and Craig, G. (eds) *Social Policy Review 9*, London : Social Policy Association.

Gornick, J. C., Meyers, M. K. and Ross, K. E. (1997) 'Supporting the employment of mothers : policy variation across fourteen welfare states', *Journal of European Social Policy*, vol. 7, no. 1, pp. 45-70.

Gough, I., Bradshaw, J., Ditch, J., Eardley, T. and Whiteford, P. (1997) 'Social assistance in OECD countries', *Journal of European Social Policy*, vol. 7, no. 7, pp. 17-43.

Gould, A. (1993) *Capitalist Welfare Systems : A Comparison of Japan, Britain and Sweden*, London : Longman. 高島進・二文字理明・山根祥雄訳『福祉国家はどこへいくのか』ミネルヴァ書房, 1997年。

Graham, H. (1983) 'Caring : a labour of love', in Finch, J. and Groves, D. (eds) *A*

Labour of Love: Women, Work and Caring', London: Routledge and Kegan Paul.
Gramsci, A. (1971) *Selections from the Prison Notebooks*, edited by Hoare, Q. and Nowell-Smith, G., London: Lawrence and Wishart.
Gray, J. (1992) *The Moral Foundations of Market Institutions*, London: Institute of Economic Affairs Health and Welfare Unit.
Gray, J. (1994) *The Guardian*, 9 June. Quoted in Lister, R. (1996) *op. cit.*
Gray, J. (1996) *After Social Democracy*, London: Demos.
Green, D. G. (1996) *Community Without Politics: A Market Approach to Welfare Reform*, London: Institute of Economic Affairs.
Green, D. G. (1997) 'From National Health monopoly to National Health guarantee', in Gladstone, D. (ed.) *How to Pay for Health Care: Public and Private Alternatives*, London: Institute of Economic Affairs Health and Welfare Unit, pp. 30-56.
Habermas, J. (1976) *Legitimation Crisis*, trans. McCarthy, T., London: Heinemann
Habermas, J. (1984) 'Legitimation problems in late capitalism', in Connolly, W. (ed.) *Legitimacy and the State*, Oxford: Blackwell. 細谷貞雄訳『晩期資本主義における正統化の諸問題』岩波書店, 1987年。
Ham, C. (1996) *Public, Private or Community: What Next for the NHS ?*, London: Demos.
Hambleton, R. (1994) 'The contract state and the future of public management', paper presented to Unemployment Research Unit conference, *The Contract State and the Future of Public Management*, Cardiff.
Hansmann, H. (1980) 'The role of the nonprofit enterprise', *Yale Law Journal*, 89, pp. 839-901.
Hansmann, H. (1987) 'Economic theories of nonprofit organizations', in W. W. Powell (ed.) *The Nonprofit Sector: A Research Handbook*, New Haven: Yale University Press.
Hantrais, L. (1994) 'Comparing family policy in Britain, France and Germany', *Journal of Social Policy*, vol. 23, pt. 2, pp. 135-160.
Harris, M. (1996) 'Do we need governing bodies ?', in Billis, D. and Harris, M. (eds.) *Voluntary Agencies: Challenges of Organisation and Management*, Basingstoke: Macmillan, pp. 149-65.
Hartman, C. (1983) (ed.) *America's Housing Crisis: What is to be Done ?*, Boston: Routledge and Kegan Paul.
Havas, E. (1995) 'The family as ideology', *Social Policy and Administration*, vol. 29, no. 1.
Hayek, F. A. (1944) *The Road to Serfdom*, London: Routledge and Kegan Paul. ― 谷藤一郎訳『隷従への道――全体主義と自由』東京創元社, 1954年。
Hayek, F. A. (1976) *Individualism and Economic Order*, London: Routledge and

Kegan Paul. 嘉治元郎・嘉治佐代訳『個人主義と経済秩序』(ハイエク全集第3巻) 春秋社, 1990年。
Health Care Information Services (1994) *The Fitzhugh Directory of Independent Healthcare*, London : Health Care Information Services, cited in Laing and Buisson (1994).
Hedley, R. and Rochester, C. (1992) *Understanding Management Committees*, Berkhamsted : Volunteer Centre.
Heidenheimer, A. J., Heclo, H. and Adams, C. T. (1983) *Comparative Public Policy*, New York : St Martin's Press.
Henry J. Kaiser Family Foundation (1994) *Uninsured in America*, Washington DC : Kaiser Health Reform Project.
Hernes, H. (1987) *Welfare State and Woman Power : Essays in State Feminism*, Oslo : Norwegian University Press.
Higgins, J. (1989) 'Defining Community Care', *Social Policy and Administration*, vol. 23, no. 1, pp. 3-16.
Hill, M. (1993) *The Welfare State in Britain : A Political History Since 1945*, Aldershot : Edward Elgar.
Hill, M. (1996) *Social Policy : A Comparative Analysis*, Hemel Hempstead : Prentice Hall/Harvester Wheatsheaf.
Hirst, P. (1994) *Associative Democracy : New Forms of Economic and Social Governance*, Cambridge, Polity Press.
Hodgkinson, V. A. and McCarthy, K. D. (1992) 'The voluntary sector in International perspective : An overview', in McCarthy, K D., Hodgkinson, V. A. and Sumariwalla, R. D. (eds) *The Nonprofit Sector in the Global Community : Voices from Many Nations*, San Francisco : Jossey-Bass.
Hood, C. (1991) 'A public management for all seasons ?', *Public Administration*, vol. 69, no. 1, pp. 3-20.
Horton, C. and Berthoud, R. (1990) *The Attendance Allowances and the Costs of Caring*, London : Policy Studies Institute.
Horton, S. and Jones, J. (1996) 'Who are the new public managers ? An initial analysis of "next steps" chief executives and their managerial role', *Public Policy and Administration*, vol. 11, no. 4, pp. 18-44.
Huard, P., Mossé, P. and Roustang, G. (1995) 'France', in Johnson, N. (ed.) *Private Markets in Health and Welfare : An International Perspective*, Oxford : Berg, pp. 65-90.
Huber, E. (1996) 'Options for social policy in Latin America : neoliberal versus social democratic models', in Esping-Andersen (ed.) *Welfare States in Transition : National Adaptations in Global Economies*, London : Sage, pp. 141-91.

Hughes, N. S. and Lovell, A. M. (1986) 'Breaking the circuit of social control: Lessons in Public Psychiatry from Italy and Franco Basaglia', *Social Science and Medicine*, vol. 23, no. 2, pp. 159-78.
Hughes, O. E. (1994) *Public Management and Administration: An Introduction*, Basingstoke: Macmillan.
Hutton, W. (1997) *The State to Come* (Extracts), London: Vintage.
Institute for Policy Studies (1994) *Towards a Vital Voluntary Sector I: A Statement of Principles*, Baltimore: The Johns Hopkins University.
Jamese E. (1987) 'The nonprofit sector in comparative perspective', in W. W. Powell (ed.) *The Nonprofit Sector: A Research Handbook*, New Haven: Yale University Press.
Johansson, L. (1993) 'The state and the family: policy, services and practice in Sweden', in Twigg, J. (ed.) *Informal Care in Europe*, York: Social Policy Research Unit, pp. 103-08.
Johansson, L. and Sundström, G. (1994) 'Sweden', in Evers, A., Pijl, M. and Ungerson, C. (eds) *op. cit.*, pp. 87-100.
Johnson, L. (1991) *Contracts for Care: Issues for Black and Other Ethnic Minority Voluntary Groups*, London: National Council for Voluntary Organisations.
Johnson, N. (1987) *The welfare State in Transition: The Theory and Practice of Welfare Pluralism*, Brighton: Wheatsheaf. 青木郁夫・山本隆訳『福祉国家のゆくえ——福祉多元主義の諸問題』法律文化社, 1993年。
Johnson, N. (ed.) (1995) *Private Markets in Health and Welfare: An International Perspective*, Oxford: Berg.
Jones, H. and Millar, J. (eds) (1996) *The Politics of the Family*, Aldershot: Avebury.
Joshi, H. (1987) 'The cost of caring', in Millar, J. and Glendinning, C. (eds) *Women and Poverty in Britain*, Brighton: Wheatsheaf.
Joshi, H. (1991) 'Sex and motherhood as handicaps in the labour market', in Maclean, M. and Groves, D. (eds) *Women's Issues in Social Policy*, London: Routledge, pp. 179-93.
Jowell, R., Brook, L. and Dowds, L. (1993) *International Social Attitudes: The 10th BSA Report*, Aldershot: Dartmouth.
Judge, K. and Knapp, M. (1985) 'Efficiency in the production of welfare: the public and private sectors compared', in Klein, R. and O'Higgins, M. (eds) *The Future of Welfare*, Oxford: Blackwell, pp. 131-49.
Kamerman, S. B. and Kahn, A. J. (eds) (1978) *Family Policy: Government and Families in Fourteen Countries*, New York: Columbia University Press.
Kempson, E. (1996) *Life on a Low Income*, York: Joseph Rowntree Foundation.

Kendall, J. and Knapp, M. (1996) *The Voluntary Sector in the UK*, Manchester: Manchester University Press.

Kins, A. (1975) 'Overload: problems of governing in the 1970s', *Political Studies*, vol. 23, nos. 2 and 3.

King, D. S. (1987) *The New Right: Politics, Markets and Citizenship*, Basingstoke: Macmillan.

Kirkpatrick, I. and Lucio, M. M. (1996) 'Introduction: the contract state and the future of public management', *Public Administration*, vol. 74, no. 2, pp. 1-8.

Knapp, M., Wistow, G., Forder, J. and Hardy, B. (1994) 'Markets for social care: Opportunities, Barriers and Implications', in Bartlett, W., Propper, C., Wilson, D. and Le Grand (eds) *Quasi-Markets in the Welfare State*, Bristol: School for Advanced Urban Studies, University of Bristol.

Knight, B. (1993) *Voluntary Action*, London: Centris.

Kohl, J. (1981) 'Trends and problems in postwar public expenditure development in Western Europe and North America', in Flora, P. and Heidenheimer, A. J. (eds) *The Development of Welfare States in Europe and America*, New Brunswick: Transaction Books.

Kolberg, J. E. (1991) 'The gender dimension of the welfare state', *International Journal of Sociology*, vol. 21, no. 2, pp. 119-48.

Kramer, R. M. (1981) *Voluntary Agencies in the Welfare State*, Berkeley: University of California Press.

Kramer, R. M. (1987) 'Voluntary agencies and the personal social services', in Powell, W. W. (ed.) *The Nonprofit Sector: A Research Handbook*, New Haven: Yale University Press.

Kramer, R. M., Lorentzen, H., Melief, W. B. and Pasquinelli, S. (1993) *Privatization in Four European Countries: Comparative studies in government-third sector re-lationships*, Armonk, New York: M. E. Sharpe.

Kuhnle, S. (1981) 'The growth of social insurance programs in Scandinavia', in Flora, P. and Heidenheimer, A. J. (eds) *The Development of Welfare States in Europe and America*, New Brunswick: Transaction Books.

Kuhnle, S. and Selle, P. (eds) (1992) *Government and Voluntary Organizations: A Relational Perspective*, Aldershot: Avebury.

Kuti, E. (1993) *Defining the Nonprofit Sector: Hungary*, Baltimore: The Johns Hopkins University.

Kuti, E. (1996) *The Nonprofit Sector in Hungary*, Manchester: Manchester University Press.

Kvist, J. and Sinfield, A. (1997) 'Comparing tax welfare states', in May, M., Brunsdon, E. and Craig, G. (eds) *Social Policy Review 9*, London, Social Policy Associa-

tion, pp. 249-75.
Laing, R. D. (1959) *The Divided Self*, London: Tavistock. 阪本健二・志賀春彦・笠原嘉訳『ひき裂かれた自己』みすず書房, 1971年.
Laing, R. D. (1961) *The Self and Others*, London: Tavistock. 志賀春彦・笠原嘉訳『自己と他者』みすず書房, 1975年.
Laing and Buisson (1994) *Laing's Review of Private Healthcare, 1994*, London: Laing and Buisson Publications.
Laming, H. (1985) *Lessons from America: The Balance of Services in Social Care*, London: Policy Studies Institute.
Laslett, P. (1980) 'Characteristics of the Western European familiy', *London Review of Books*, 16 October -5 November.
Lawrence, R. (1983) 'Voluntary' action: a stalking horse for the right?', *Critical Social Policy*, vol. 2, no. 3, pp. 14-30.
Leadbetter, C. (1997) *The Rise of the Social Entrepreneur*, London: Demos.
Leat, D. (1988) *Voluntary Organisations and Accountability*, London: National Council for Voluntary Organisations.
Leat, D. (1990a) 'Voluntary organisations and accountability: theory and practice', in Anheier, H. K. and Seibel, W. (eds) *The Third Sector: Comparative Studies of Nonprofit Organizations*, Berlin: De Gruyter.
Leat, D. (1990b) 'Overcoming voluntary failure: strategies for change', in Sinclair, I., Parker, R., Leat, D. and Williams, J. *The Kaleidoscope of Care: A Review of Research on Welfare Provision for Elderly People*, London: HMSO.
Leat, D. (1996) 'Are Voluntary Organisations Accountable?', in Billis, D. and Harris, M. (eds) *Voluntary Agencies: Challenges of Organisation and Management*, Basingstoke: Macmillan.
Le Grand, J. (1991) *The Theory of Government Failure*, Studies in Decentralisation and Quasi-Markets, Bristol: School for Advanced Urban Studies.
Le Grand, J. and Bartlett, W. (eds) (1993) *Quasi-Markets and Social Policy*, Basingstoke: Macmillan.
Le Galès, P. and John, P. (1997) 'Is the grass greener on the other side? What went wrong with French regions, and the implications for England', *Policy and Politics*, vol. 25, no. 1, pp. 51-60.
Leira, A. (1993) 'Concepts of care: loving, thinking and doing, in Twigg, J. (ed.) *Informal Care in Europe*, York: Social Policy Research Unit, pp. 23-40.
Leung, J. C. B. (1994) 'Dismantling the iron rice bowl: welfare reform in the People's Republic of China', *Journal of Social Policy*, vol. 23, pt. 3, pp. 341-62.
Levacic, R. (1991) 'Markets and government: an overview', in Thompson, G., Frances, J., Levacic, R. and Mitchell, J. (eds) *Markets, Hierarchies and Networks*,

London: Sage, pp. 35-47.

Levin, E., Sinclair, I. and Gorbach, P. (1989) *Families, Services and Confusion in Old Age*, Aldershot: Gower.

Levitas, R. (1996) 'The concept of social exclusion and the new Durkheimian hegemony', *Critical Social Policy*, vol. 16, no. 1, pp. 5-20.

Lewis, J. (1989) 'Introduction to Part III: Social Policy and the Family', in Bulmer, M., Lewis, J. and Piachaud, D. (eds) *The Goals of Social Policy*, London: Unwin Hyman, pp. 131-40.

Lewis, J. (1992) 'Gender and the development of welfare regimes', *Journal of European Social Policy*, vol. 2, no. 3, pp. 159-73.

Lewis, J. and Meredith, B. (1988) *Daughters Who Care*, London: Routledge.

Lewis, O. (1964) *The Children of Sanchez*, Harmondsworth: Penguin.

Lightman, E. (1991) 'Caught in the middle: the radical right and the Canadian welfare state', in Glennerster, H. and Midgley, J. (eds) *The Radical Right and the Welfare State: An International Assessment*, Hemel Hempstead: Harvester Wheatsheaf, pp. 141-60.

Lindblom, C. (1977) *Politics and Markets*, New York: Basic Books.

Lingsom, S. (1994) 'Norway', in Evers, A., Pijl, M. and Ungerson C. (eds) *op. cit.*, pp. 67-86.

Lipietz, A. (1992) *Towards a New Economic Order*, Cambridge: Polity Press.

Lister, R. (ed.) (1996) *Charles Murray and the Underclass: The developing debate*, London: The Institute of Economic Affairs and *The Sunday Times*.

Lister, R. (1996) 'Back to the family: family policies and politics under the Major government', in Jones, H. and Millar, J. (eds) *op. cit.* pp. 11-32.

Lorenz, W. (1994a) *Social Work in a Changing Europe*, London: Routledge.

Lorenz, W. (1994b) 'Personal social services', in Clasen, J. and Freeman, R. (eds) *Social Policy in Germany*, Hemel Hempstead: Harvester Wheatsheaf.

Lowe, R. (1993) *The Welfare State in Britain Since 1945*, Basingstoke: Macmillan.

Lukes, S. (1974) *Power: A Radical View*, Basingstoke: Macmillan. 中島吉弘訳『現代権力論批判』未来社, 1995年。

Lundström, T. and Wijkström, F. (1995) *Defining the Nonprofit Sector: Sweden*, Baltimore: The Johns Hopkins University.

Lyons, M. (1995) 'The development of quasi-vouchers in Australia's community services', *Policy and Politics*, vol. 23, no. 2, pp. 127-40.

Mangen, S. (1991) 'Social policy, the radical right and the German welfare state', in Glennerster, H. and Midgley, J. (eds) *The Radical Right and the Welfare State: An International Assessment*, Hemel Hempstead: Harvester Wheatsheaf, pp. 124-40.

Marmor, T. R., Schlesinger, M. and Smithey, R. W. (1987) 'Nonprofit organizations and health care', in Powell, W. W. (ed.) *The Nonprofit Sector: A Research Handbook*, New Haven: Yale University Press, pp. 221-39.

Marsland, D. (1996) 'Community care as an alternative to state welfare', *Social Policy & Administration.* vol. 30, no. 3, pp. 183-88.

Marx, K. and Engels, F. (1977) *The Communist Manifesto*, Moscow: Progress Publishers. 村田陽一訳『共産党宣言』大月書店, 1983年。

Mayo, M. (1994) *Communities and Caring: The Mixed Economy of Welfare*, Basingstoke: Macmillan.

MacAdam, E. (1934) *The New Philanthropy*, London: Allen and Unwin.

McGlone, F. and Cronin, N. (1994) *A Crisis in Care? The Future of Family Life and State Care for Older People in the European Union*, London: Family Policy Studies Centre.

McGlone, F., Park, A. and Roberts, C. (1996) 'Relative values: kinship and friendship', in Jowell, R., Curtice, J., Park, A., Brook, L. and Thomson, K. (eds) *British Social Attitudes, the 13th Report*, Aldershot: Dartmouth, pp. 53-72.

McLean, I. (1987) *Public Choice: An Introduction*, Oxford: Blackwell.

Meekosha, H. and Mowbray, M. (1995) 'Activism, service provision and the state's intellectuals: community work in Australia', in Craig, G. and Mayo, M. (eds) *Community Empowerment: A Reader in Participation and Development*, London: Zed Books.

Melief, W. B. (1993) 'The Netherlands: institutionalized privatization', in Kramer, R. M., Lorentzen, H., Melief, W. B. and Pasquinelli, S. *Privatization in Four European Countries: Comparative Studies in Government-Third Sector Relationships*, New York: M. E. Sharpe, pp. 67-86.

Michels, R. (1911) *Political Parties: A Sociological Study of the Oligarchical Consequences of Modern Democracy*, trans. Paul, C. and Paul, E. (1959), New York: Dover. 南博・樋口晟子訳『現代民主主義における政党の社会学；集団活動の寡頭制的傾向についての研究』木鐸社, 1973年。

Miliband, R. (1969) *The State in Capitalist Society*, London: Weidenfeld and Nicholson. 田口富久治訳『現代資本主義国家——西欧権力体系の一分析』未来社, 1970年。

Millar, J. (1996) 'Women, poverty and social security', in Hallett, C. (ed.) *Women and Social Policy*, Hemel Hempstead: Prentice Hall/Harvester Wheatsheaf.

Millar, J. and Warman, A. (1996) *Family Obligations in Europe*, London: Family Policy Studies Centre.

Miller, D. (1989) 'Why markets?', in Le Grand, J. and Estrin, S. (eds) *Market Socialism*, Oxford: Clarendon Press, pp. 25-49.

Miller, D. (1990) *Market, State and Community: Theoretical Foundations of Mar-*

ket Socialism, Oxford : Clarendon Press.
Miller, S. M., Rein, M. and Levitt, P. (1995) 'Community action in the United States', in Craig, G. and Mayo, M, (eds) *Community Empowerment : A Reader in Participation and Development*, London : Zed Books.
Mills, C. W. (1956) *The Power Elite*, Oxford : Oxford University Press. 鵜飼信成・綿貫譲治訳『パワー・エリート』東京大学出版会，1958年。
Milne, R. G. (1987) 'Competitive tendering in the NHS : an economic analysis of the early implementation of HC(83)H8', *Public Administration*, vol. 15, no. 2, pp. 145-60.
Mishra, R. (1984) *The Welfare State In Crisis*, Brighton : Wheatsheaf.
Mishra, R. (1989) 'Riding the new wave : social work and the neoconservative challenge', *International Social Work*, no. 32.
Moore, B. (1966) *Social Origins of Dictatorship and Democracy. Lord and Peasant in the Making of the Modern World*, Boston : Beacon Press. 宮崎隆次・森山茂徳・高橋直樹訳『独裁と民主政治の社会的起源──近代世界形成過程における領主と農民』岩波書店，1986年。
Morgan, P. (1995) *Farewell to the Family ? Public Policy and Family Breakdown in Britain and the USA*, London : Institute of Economic Affairs.
Mosca, G. (1896) *The Ruling Class*, trans. Kahn, H. D. (1939), New York : McGraw-Hill. 志水速雄訳『支配する階級』（現代思想9）ダイヤモンド社，1973年。
Murray, C. (1984) *Losing Ground : American Social Policy, 1950-1980*, New York : Basic Books.
Murray, C. (1990) *The Emerging British Underclass*, London : Institute of Economic Affairs.
Murray, C. (1994) *Underclass : The Crisis Deepens*, London : Institute of Economic Affairs.
Myles, J. (1996) 'When markets fail : social welfare in Canada and the United States', in Esping-Andersen, G. (ed.) *Welfare States in Transition : National Adaptations in Global Economies*, London : Sage.
National Consumer Council (1995), *Budgeting for Food on Benefits*, London : National Consumer Council.
National Council for Voluntary Organisations (1984) *Voluntary Organisations*, London : Bedford Square Press.
Navarro, V. (1994) *The Politics of Health Policy : The US Reforms, 1980-1994*, Oxford : Blackwell.
Niskanen, W. A. (1971) *Bureaucracy and Representative Government*, Chicago : Aldine-Atherton.
Niskanen, W. A. (1978) 'Competition among government bureaus', in Buchanan, J. M.

(ed.) *The Economics of Politics*, London: Institute of Economic Affairs.
Nissel, M. and Bonnerjea, L. (1982) *Family Care of the Handicapped Elderly: Who Pays ?*, London: Policy Studies Institute.
Noden, S. and Laczco, F. (1993) 'Combining paid work with eldercare', *Health and Social Care*, 1, pp. 81-9.
Novak, M. (1991) *The Spirit of Democratic Capitalism*, Lanham, Maryland: Madison Books and London, The Institute of Economic Affairs Health and Welfare Unit.
Nowak, J. (1988) *Soziale Probleme und Soziale Bewegungen*, Basle: Beltz. Cited in Lorenz, W. (1994b).
Nozick, R. (1984) *Anarchy, State and Utopia*, Oxford: Blackwell. 嶋津格訳『アナーキー,国家,ユートピア』木鐸社, 1985年。
Nuffield Provincial Hospitals Trust (1993) *Looking Forward to Looking After*, London: Nuffield Provincial Hosipitals Trust.
O'Connor. J. (1973) *The Fiscal Crisis of the State*, New York: St Martin's Press. 池上惇・横尾邦夫監訳『現代国家の財政危機』御茶の水書房, 1981年。
O'Connor, J. (1984) *Accumulation Crisis*, New York: Blackwell. 佐々木雅幸・青木郁夫ほか訳『経済危機とアメリカ社会』御茶の水書房, 1988年。
O'Connor, J. (1998) 'US social welfare policy: the Reagan record and legacy', *Journal of Social Policy*, vol. 27, pt. 1, pp. 37-61.
O'Connor, P. (1992) *Friendships Between Women*, Hemel Hempstead: Harvester Wheatsheaf.
OECD (1984) *The Employment and Unemployment of Women in OECD Countries*, Paris: OECD.
OECD (1985) *Social Expenditure 1960-1990*, Paris: OECD.
OECD (1993) *Managing with Market-Type Mechanisms*, Paris: OECD.
OECD (1994) *New Orientations for Social Policy*, OECD Social Policy Studies, no. 12, Paris: OECD.
OECD (1996) *Tax Expenditures: Recent Experiences*, Paris: OECD.
Offe, C. (1984) *Contradictions of the Welfare State*, ed. Keane, J., London: Hutchinson.
Okazaki, Y., Tsuji, T., Otomo, E., Hayakawa, K., Ibe, H. and Furuse, T. (1990) *Responding to the Needs of an Aging Society*, Tokyo: Foreign Press Center.
Olsson Hort, S. E. and Cohn, D. (1995) 'Sweden', in Johnson, N. (ed.) *Private Markets in Health and Welfare: An International Perspective*, Oxford: Berg, pp. 169-202.
OPCS (1992) *General Household Survey 1990*, London: HMSO.
Orosz, E. (1995) 'Hungary', in Johnson, N. (ed.) *Private Markets in Health and*

Welfare : An International Perspective, Oxford : Berg.

Osborne, D. and Gaebler, T. (1992) *Reinventing Government : How the Entrepreneurial Spirit is Transforming the Public Sector From Schoolhouse to Statehouse, City Hall to the Pentagon*, Reading, MA : Addison-Wesley. 高地高司訳『行政改革』日本能率協会マネジメントセンター, 1995年。

Owen, D. (1965) *English Philanthropy, 1660-1960*, Cambridge, MA : Harvard University Press.

Pahl, J. (1989) *Money and Marriage*, Basingstoke : Macmillan.

Palmer, J. L. and Sawhill, I. V. (eds) *The Reagan Record*, Cambridge, MA : Ballinger.

Pareto, V. (1916) *The Mind and Society*, London : Cape. 北川隆吉訳『社会学大綱』青木書店, 1987年。

Parker, G. (1990) *With Due Care and Attention : A Review of the Literature on Informal Care*, 2nd edition, London : Family Policy Studies Centre.

Parker, G. (1993) *With This Body : Caring and Disability in Marriage*, Buckingham : Open University Press.

Parker, G. and Lawton, D. (1994) *Different Types of Care, Different Types of Carer : Evidence from the General Household Survey*, London : HMSO.

Parker, R. A. (1980) *The State of Care*, Jerusalem : Brookdale Institute of Gerontology and Adult Human Development in Israel.

Parker, R. A. (1981) 'Tending and social policy', in Goldberg, E. M. and Hatch, S. (eds) *A New Look at the Personal Social Services*, London : Policy Studies Institute.

Peele, G. (1984) *Revival and Reaction : The Right in Contemporary America*, Oxford : Oxford University Press.

Petracca, M. P. (1992) *The Politics of Interests : Interest Groups Transformed*, Boulder, CO : Westview Press.

Phillips, A. (1996) 'Faltering Reform', *Maclean's*, 2 December, 1996.

Phillipson, C. (1988) *Planning for Community Care : Facts and Fallacies in the Griffiths Report*, Centre for Social Gerontology, University of Keele.

Pierson, P. (1994) *Dismantling the Welfare State ? Reagan, Thatcher and the Politics of Retrenchment*, Cambridge : Cambridge University Press.

Piven, F. and Cloward, R. (1993) *Regulating the Poor*, New York : Vintage Books.

Polanyi, M. (1951) *The Logic of Liberty*, Chicago : University of Chicago Press. 長尾史郎訳『自由の論理』ハーベスト社, 1988年。

Pollitt, C. (1993) 'The struggle for quality : the case of the National Health Service', *Policy and Politics*, vol. 21. no, 3. pp. 161-70.

Poulantzas, N. (1973) *Political Power and Social Classes*, London : New Left Books.

田口富久治・綱井幸裕・山岸紘一訳『資本主義国家の構造——政治権力と社会階級』未来社,1981年。
Poulantzas, N. (1978) *State, Power, Socialism*, London: New Left Books. 田中正人・柳内隆訳『国家・権力・社会主義』ユニテ, 1984年。
Qureshi, H. (1990) 'Boundaries between formal and informal care-giving work', in Ungerson, C. (ed.) *Gender and Caring: Work and Welfare in Britain and Scandinavia*, Hemel Hempstead: Harvester Wheatsheaf, pp. 59-79.
Qureshi, H. and Simons, K. (1987) 'Resources within families: caring for elderly people', in Brannen, J. and Wilson, G. (eds) *Give and Take in Families: Studies in Resource Distribution*, London: Allen and Unwin.
Ramon, S. (1985) 'The Italian psychiatric reform', in Mangen, S. P. (ed.) *Mental Health Care in the European Community*, Lodon: Croom Helm.
Randon, A. and 6, P. (1994) 'Constraining campaigning: the legal treatment of non-profit policy advocacy across 24 countries', *Voluntas*, vol. 5, no. 1, pp. 27-58.
Ranson, S. and Stewart, J. (1994) *Management for the Public Domain: Enabling the Learning Society*, Basingstoke: Macmillan.
Rawls, J. (1972) *A Theory of Justice*, Oxford: Clarendon Press. 矢島鈞次監修訳『正義論』紀伊国屋書店, 1979年。
Richardson, A. (1984) *Working with Self-help Groups*, London: Bedford Square Press.
Richardson, J. (1993) *Reinventing Contracts: Transatlantic Perspectives on the Future of Contracting*, London: NCVO publications.
Riches, G. (1990) 'Market ideology and welfare reform: the breakdown of the public safety net in the new Canada', in Taylor, I. (ed.) *The Social Effects of Free Market Policies*, Hemel Hempstead: Harvester Wheatsheaf.
Ross, G. (1987) 'From one left to another: *Le social* Mitterrand's France', in Ross, G., Hoffman, 3. and Malzacher, 3. (eds) *The Mitterrand Experiment*, Cambridge: Polity Press.
Salamon, L. M. (1987) 'Partners in public service the scope and theory of government-nonprofit relations', in Powell, W. W. (ed.) *The Nonprofit Sector: A Research Handbook*, New Haven: Yale University Press.
Salamon, L. M. (1992) *America's Nonprofit Sector: A Primer*, New York: The Foundation Center. 入山映訳『米国の「非営利セクター」入門』ダイヤモンド社, 1994年。
Salamon, L. M. (1993) 'The nonprofit sector and democracy: prerequisite impediment, or irrelevance?' paper prepared for the Aspen Institute Nonprofit Sector Research Fund symposium, Wye MD.
Salamon, L. M. and Anheier, H. K. (1992) *In Search of the Nonprofit Sector 1: The*

Question of Definitions, Baltimore: The Johns Hopkins University.
Salamon, L. M. and Anheier, H. K. (1994) *The Emerging Sector: An Overview*, Baltimore: The Johns Hopkins University. 今田忠監訳『台頭する非営利セクター：12カ国の規模，構成，資金源の現状と展望』ダイヤモンド社，1996年。
Salamon, L. M. and Anheier, H. K. (1996) 'Explaining the nonprofit sector: a cross-national analysis', Paper presented to the Second Annual Conference of the International Society for Third Sector Research, Mexico City.
Sandford, C. (1993) *Successful Tax Reform*, Bath: Fiscal Publications. Quoted in Kvist, J. and Sinfield, A. (1997) 'Comparing tax welfare states', in May, M., Brunsdon, E. and Craig, G. (eds) *Social Policy Review 9*, London, Social Policy Association.
Savas, B. S. (1987) *Privatization: The Key to Better Government*, Chatham, N. J.: Chatham House.
Schumpeter, J. (1944) *Capitalism, Socialism and Democracy*, London: Allen and Unwin. 中山伊知郎・東畑精一訳『資本主義，社会主義，民主主義』東洋経済新報社，1951年。
Schwarzmantel, J. (1994) *The State in Contemporary Society: An Introduction*, Hemel Hempstead: Harvester Wheatsheaf.
Seibel, W. (1992) 'Government-nonprofit relationships in comparative perspective: The cases of France and Germany', in McCarthy, K. D., Hodgkinson, V. A. and Sumariwalla, R. D. (eds) *The Nonprofit Sector in the Global Community: Voices from Many Nations*, San Francisco: Jossey-Bass.
Selbourne, D. (1994) *The Principle of Duty*, London: Sinclair-Stevenson.
Seyd, R., Simons, K., Tennant, A. and Bayley, M. (1984) *Community Care in Dinnington: Informal Support Prior to the Project*, Sheffield: University of Sheffield.
Shackle, G. L. S. (1972) *Epistemics and Economics: A Critique of Economic Doctrines*, Cambridge: Cambridge University Press.
Shaw, I. (1995) 'The quality of mercy: the management of quality in the personal social services', in Kirkpatrick, I. and Lucio, M. (eds) *The Politics of Quality in the Public Sector*, London: Routledge.
Shirley, I. (1990) 'New Zealand: the advance of the New Right', in Taylor, I. (ed.) *The Social Effects of Free Market Policies*, Hemel Hempstead: Harvester Wheatsheaf.
Shorter, E. (1975) *The Making of the Modern Family*, New York: Basic Books. 田中俊宏ほか訳『近代家族の形成』昭和堂，1987年。
Siegal, D. and Yancey, J. (1992) *The Rebirth of Civil Society: The Development of the Nonprofit Sector in East Central Europe and the Role of Western Assistance*,

New York: Rockefeller Brothers Fund.
Sipilä, J. and Anttonen, A. (1994) 'Finland', in Evers, A., Pijl, M. and Ungerson, C. (eds) *op. cit.*, pp. 51-66.
Smart, V. (1996) 'Mighty regions unnerve Brussels', *The European*, 15 August.
Smith, B. H. (1993) 'Non-governmental organizations in international development: trends and future research priorities', *Voluntas*, vol. 4, no. 3, pp. 326-44.
Smyth, M. and Robus, N. (1989) *The Financial Circumstances of Families with Disabled Children Living in Private Households*, London: HMSO.
Social Security Advisory Committee (1988) *Sixth Report*, London: HMSO.
Sosin, M. (1986) *Private Benefits.: Material Assistance in the Private Sector*, London: Academic Press.
Spicker, P. (1991) 'The principle of subsidiarity and the social policy or the European Community', *Journal of European Social Policy*, Vol. 1, no. 1.
Standing, G. (1996) 'Social protection in Central and Eastern Europe: a tale of slipping anchors and torn safety nets', in Esping-Andersen, G. (ed.) *Welfare States in Transition: National Adaptations in Global Economies*, London: Sage, pp. 225-55.
Stephens, J. D. (1996) 'The Scandinavian welfare states: achievements, crisis and prospects', in Esping-Andersen, G. (ed.) *Welfare States in Transition: National Adaptations in Global Economies*, London: Sage, pp. 32-65.
Stoesz, D. and Midgley, J. (1991) 'The radical right and the welfare state', in Glennerster, H. and Midgley, J. (eds) *The Radical Right and the Welfare State: An International Assessment*, Hemel Hempstead: Harvester Wheatsheaf.
Sullivan, M. (1996) *The Development of the British Welfare State*, Hemel Hempstead: Prentice Hall/Harvester Wheatsheaf.
Summer, L. and Shapiro, I. (1994) *Trends in Health Insurance Coverage, 1987 to 1993*, Washington, DC: Center on Budget and Policy Priorities.
Svetlik, I. (1991) 'Welfare pluralism, welfare mix, social innovation and the fall of "real socialism"', in Huston, L. (ed.) *Shifts in the Welfare Mix: The Case of Care for the Elderly*, Eurosocial Report 36, Vienna: European Centre for Social Welfare Policy and Research.
Swane, C. E. (1994), 'Denmark', in Evers, A., Pijl, M. and Ungerson, C. (eds) *op. cit.*, pp. 101-24.
Szalai, J. and Orosz, E. (1992) 'Social Policy in Hungary', in Deacon, B. *et al.*, *The New Eastern Europe: Social Policy Past Present and Future*, London: Sage.
Szasz, T. (1961) *The Myth of Mental Illness*, New York: Harper. 河合洋ほか訳『精神医学の神話』岩崎学術出版社, 1975年。
Taylor, I. (ed.) (1990) *The Social Effects of Free Market Policies*, Hemel Hempstead: Harvester Wheatsheaf.

Taylor, M. (1995) 'Community work and the state: the changing context of UK practice', in Craig, G. and Mayo, M. (eds) *Community Empowerment: A Reader in Participation and Development*, London: Zed Books.

Taylor, M. (1996) 'Between public and private: accountability in voluntary organisations', *Policy and Politics*, vol. 24, no. 1, pp. 51-72.

Taylor, M. and Hoggett, P. (1994) 'Trusting in networks? The third sector and welfare change', in 6, P. and Vidal, I. (eds) *Delivering Welfare: Repositioning non-profit and co-operative action in Western Europe*, Barcelona: Centre d'Iniciatives de l'Economia Social.

Taylor-Gooby, P. (1985) *Public Opinion, Ideology and State Welfare*, London: Routledge and Kegan Paul.

Taylor-Gooby, P. (1991) *Social change, Social Welfare and Social Science*, Hemel Hempstead: Harvester Wheatsheaf.

Taylor-Gooby, P. (1993) 'What citizens want from the state', in Jowell, R., Brook, L. and Dowds, L. (eds) *International Social Attitudes*, Aldershot: Dartmouth Publishing Company, pp. 81-102.

Timmins, N. (1995) *The Five Giants: A Biography of the Welfare State*, London: HarperCollins.

Titmuss, R. M. (1967) *Choice and the Welfare State*, London: Fabian Society.

Titmuss, R. M. (1970) *The Gift Relationship: From Human Blood to Social Policy*, London: Allen and Unwin.

Toft, C. (1996) 'Constitutional choice, multi-level government and social security systems in Great Britain, Germany and Denmark', *Policy and Politics*, vol. 24, no. 3, pp. 247-61.

Tönnies, F. (1887) *Community and Association*, translated by Loomis, C. P. (1955), London: Routledge and Kegan Paul. 杉之原寿一訳『ゲマインシャフトとゲゼルシャフト』岩波文庫, 1957年。

Townsend, P. (1957) *The Family Life of Old People*, London: Routledge and Kegan Paul.

Traynor, I. (1997) 'Democracy proves dire for children', *The Guardian*, 22 April.

Truman, D. (1951) *The Governmental Process*, New York: Knopf.

Ungerson, C. (1983) 'Why do women care?', in Finch, J. and Groves, D. (eds) *A Labour of Love: Women, Work and Caring*, London: Routledge and Kegan Paul.

Ungerson, C. (1987) *Policy is Personal: Sex, Gender and Informal Care*, London: Tavistock.

Ungerson, C. (ed.) (1990) *Gender and Caring: Work and Welfare in Britain and Scandinavia*, Hemel Hempstead: Harvester Whearsheaf. 平岡公一・平岡佐智子訳『ジェンダーと家族介護』光生館, 1999年。

Ungerson, C. (1995) 'Gender, cash and informal care: European perspectives and dilemmas', *Journal of Social Policy*, vol. 24, pt. 1, pp. 31-52.

Vulliamy, E. (1997) 'Read our tips — don't cut taxes', *The Observer*, 31 August.

Wærness, K. (1990) Informal and formal care in old age: what is wrong with the new ideology in Scandinavia today ?', in Ungerson, C. (ed.) *Gender and Caring; Work and Welfare in Britain and Scandinavia*, Hemel Hempstead: Harvester Wheatsheaf, pp. 110-32.

Walby, S. (1990) *Theorising Patriarchy*, Oxford: Blackwell.

Walker, A. (1984) *Social Planning: A Strategy for Socialist Welfare*, Oxford: Blackwell. 青木郁夫・山本隆訳『ソーシャルプランニング——福祉改革の代替戦略』光生館, 1995年。

Walker, A. (1990) 'The strategy for inequality: poverty and income distribution in Britain 1979-89', in Taylor, I. (ed.) *The Social Effects of Free Market Policies*, Hemel Hempstead: Harvester Wheatsheaf.

Walker, A. (1993) 'A cultural revolution ? Shifting the UK's welfare mix in the care of older people', in Evers, A. and Svetlik, I. (eds) *Balancing Pluralism: New Welfare Mixes in Care for the Elderly*, Aldershot: Avebury.

Walker, M. (1996) 'Electrifying Issue for US', *The Guardian*, 27 January.

Walsh, K., Deakin, N., Smith, P., Spurgeon, P. and Thomas, N. (1997) *Contracting for Change*, Oxford: Oxford University Press.

Watts, R. (1990) 'Jam every other day: living standards and the Hawke governmnent 1983-9', in Taylor, I. (ed.) *The Social Effects of Free Market Policies*, Hemel Hempstead: Harvester Wheatsheaf.

Weale, A. (1983) *Political Theory and Social Policy*, Basingstoke: Macmillan.

Weisbrod, B. (1977) *The Voluntary Nonprofit Sector*, Lexington, MA: Lexington Books.

Whelan, R. (ed.) (1995) *Just a Piece of Paper ? Divorce Reform and the Undermining of Marriage*, London: Institute of Economic Affairs.

Wiewel, W. and Gills, D. (1995) 'Community Development Organisational Capacity and US Policy: Lessons from the Chicago Experience 1983-1993', in Craig, G. and Mayo, M. (eds) *Community Empowerment: A Reader in Participation and Development*, London: Zed Books.

Wilding, P. (1992) 'Social policy in the 1980s', *Social Policy and Administration*, vol. 26, no. 2, pp. 107-16.

Wilensky, H. L. and Lebeaux, C. N. (1965) *Industrial Society and Social Welfare*, New York: The Free Press. 四方寿雄ほか監訳『産業社会と社会福祉』岩崎学術出版社, 1971年。

Williams, F. (1989) *Social Policy: A Critical Introduction*, Cambridge: Polity Press.

Willmott, P. (1986) *Social Networks: Informal Care and Public Policy*, London: Policy Studies Institute.

Willmott, P. (1989) *Community Initiatives*, London: Policy Studies Institute.

Willmott, P. and Young, M. (1960) *Family and Class in a London Suburb*, London: Routledge and Kegan Paul.

Wistow, G., Knapp, M., Hardy, B. and Allen, C. (1994) *Social Care in a Mixed Economy*, Buckingham: Open University Press.

Wolch, J. (1990) *The Shadow State: Government and Voluntary Sector in Transition*, New York: The Foundation Center.

Wolf, C. (1988) *Markets or Governments*, Cambridge, MA: MIT Press.

Wolfenden, J. (1978) *The Future of Voluntary Organisations*, London: Croom Helm.

Wollert, R. and Barron, N. (1983) 'Avenues of collaboration', in Pancoast, D. L., Parker, P. and Froland, C. (eds) *Rediscovering Self-help: Its Role in Care*, Beverly Hills: Sage.

World Bank (1994) *Averting the Old Age Crisis: Policies to Protect the Old and Promote Growth*, New York: Oxford University Press.

Young, H. (1994) 'Only Blair dares to admit that the good old days are gone', *The Guardian*, 16 June.

Young, M. and Willmott, P. (1957) *Family and Kinship in East London*, London: Routledge and Kegan Paul.

Zimmerman, S. (1988) *Understanding Family Policy: Theoretical Approaches*, Newbury Park: Sage.

Zimmerman, S. (1992) *Family Policies and Family Well-being*, Newbury Park: Sage.

6, P. (1994) 'Conclusion: will anyone talk about 'the third sector' in ten years time ?', in 6, P. and Vidal, I. (eds) *Delivering Welfare: Repositioning non-profit and co-operative action in Western Europe*, Barcelona: Centre d'Iniciatives de l'Economia Social.

6, P. (1995) 'The voluntary and non-profit sectors in continental Europe', in Davis Smith, J., Rochester, C. and Hedley, R. (eds) *An Introduction to the Voluntary Sector*, London: Routledge.

6, P. and Vidal, I. (eds) (1994) *Delivering Welfare: Re-positioning Non-profit and Co-operative Action in Western European Welfare States*, Barcelona: Centre d'Iniciatives de l'Economia Social.

▶著者紹介

ノーマン・ジョンソン（Norman Johnson）

ポーツマス大学大学院教授（社会・歴史研究科社会政策担当）
主要著書　The Welfare State in Transition: The Theory and Practice of Welfare Pluralism, Wheatsheaf, 1987.
Private Markets in Health and Welfare: An International Perspective, Berg, 1995.
邦　訳　田端光美監訳『イギリスの民間社会福祉活動―その歴史と現状』全国社会福祉協議会，1989年
青木郁夫・山本隆共訳『福祉国家のゆくえ―福祉多元主義の諸問題』法律文化社，1993年

▶監訳者紹介

青木郁夫（あおき　いくお）　第2章，第3章

阪南大学経済学部教授
1954年，静岡県生まれ
京都大学大学院経済学研究科博士課程修了
主要論文　「都市-農村共生型医療利用組合の展開―広区単営組合時代の幕開け」『阪南論集社会科学編』第30巻第1号，1994年
The Japanese Pharmaceutical Industry and Industrial Policy in the Era of 'Mega-Competition',『阪南論集社会科学編』第36巻第1号，2000年
「イギリスにおける社会サーヴィス改革とニュー・パブリック・マネジメント」『季刊行財政研究』第45号，行財政総合研究所，2000年

山本　隆（やまもと　たかし）　日本の読者への前文，第1章，解説

立命館大学産業社会学部教授
1953年，滋賀県生まれ
岡山大学大学院文化科学研究科博士課程修了（学術博士）
主要著書　『分権時代の福祉財政』（共著）敬文堂，1999年
『福祉国家の射程』〔社会政策学会誌第6号〕（共著）ミネルヴァ書房，2001年
『福祉行財政論―国と地方からみた社会福祉の制度・政策』中央法規，2002年

▶訳者紹介

山本恵子（やまもと　けいこ）　第5章

近畿福祉大学社会福祉学部助教授

村上　真（むらかみ　まこと）　序文，謝辞，第4章

同志社大学大学院法学研究科政治学専攻博士課程後期在籍

永井真也（ながい　しんや）　第6章

同志社大学大学院総合政策科学研究科博士課程後期在籍

2002年11月30日　初版第1刷発行

グローバリゼーションと福祉国家の変容
──国際比較の視点──

著　者　ノーマン・ジョンソン
監訳者　青　木　郁　夫
　　　　山　本　　　隆
発行者　岡　村　　　勉

発行所　株式会社　法律文化社

〒603-8053 京都市北区上賀茂岩ケ垣内町71
電話 075(791)7131　FAX 075(721)8400
URL:http://web.kyoto-inet.or.jp/org/houritu/

© 2002 I. Aoki, T. Yamamoto Printed in Japan
共同印刷工業株式会社・藤沢製本所
装幀　前田俊平
ISBN 4-589-02604-X

訓覇法子著
アプローチとしての
福 祉 社 会 シ ス テ ム 論
A5判・320頁・本体2800円

社会システムに立脚した福祉社会システムと福祉生産・供給システムをひとつの枠組みとして、国際的視点から先進諸国の社会政策とその効果、福祉の組織化、現代のポスト福祉国家議論を体系的に展開。日本の福祉を分析する視座を提供する。

岡沢憲芙・宮本太郎編
比 較 福 祉 国 家 論
―揺らぎとオルタナティブ―
A5判・290頁・本体2800円

80年代の「福祉国家の危機」以降の揺らぎと対抗を分析し、各国の諸政策と制度を紹介。さらに、現状を乗り越えるオルタナティブを現代の争点と関連させて検討する。政治学、行政学、社会政策学、社会学の専門分野を越えて第一線の論者が概説。

デヴィッド・ヘルド編／中谷義和監訳
グローバル化とは何か
―文化・経済・政治―
A5判・210頁・本体2400円

グローバル化を社会科学として概念化した最良の入門書。グローバル化のインパクトが、何をどう変えてきたのかについて、様々な現象の実証的分析と諸理論の批判的検討を行い、グローバル化の理論的提起を試みる。

社会政策学会編〔社会政策学会誌第8号〕
グローバリゼーションと社会政策
A5判・286頁・本体2900円

グローバリゼーションの展開をふまえ、社会政策的見地からその問題点と課題を明らかにする。アメリカや、それとは対極をなすアジアでの労働者や労使関係、労働組合運動の実相など、生の実態からグローバリゼーションの側面を浮き彫りにする。

ディディエ・ドマジエール著／都留民子訳
失 業 の 社 会 学
―フランスにおける失業との闘い―
四六判・224頁・本体2600円

失業とは何か。フランスにおける失業の推移、失業対策、失業者生活をめぐる社会学研究の動向を明らかにする作業を通して、失業概念の構築と変容のメカニズムを解明する。日本との比較や研究課題については〈補論〉で論及。

──── 法律文化社 ────

表示価格は本体（税別）価格です